Charlize
Ek leef my droom

CHRIS KARSTEN

Kaapstad Pretoria

50 HR&R
1959 - 2009

Hierdie boek is gepubliseer in die jaar waarin
Human & Rousseau sy vyftigjarige bestaan vier.

Kopiereg © 2009 Chris Karsten
Eerste uitgawe in 2009 deur Human & Rousseau,
'n druknaam van NB-Uitgewers,
Heerengracht 40, Kaapstad

Teksredakteur: Annelie Ferreira
Voorplatfoto: Gallo Images/Contour Photos
Bandontwerp: Anton Sassenberg
Tipografie deur PETALDESIGN
Geset in 10.5 op 14.5 pt Minion
Gedruk en gebind deur Paarl Print, Oosterlandstraat, Paarl, Suid-Afrika

ISBN 10: 0-7981-5027-0
ISBN 13: 978-0-7981-5027-9

Alle regte voorbehou. Geen gedeelte van hierdie boek mag sonder die
skriftelike verlof van die uitgewer gereproduseer of in enige vorm of
deur enige elektroniese of meganiese middel weergegee word nie, hetsy
deur fotokopiëring, skyf- of bandopname, of deur enige ander stelsel vir
inligtingsbewaring of -ontsluiting.

Vir Simone

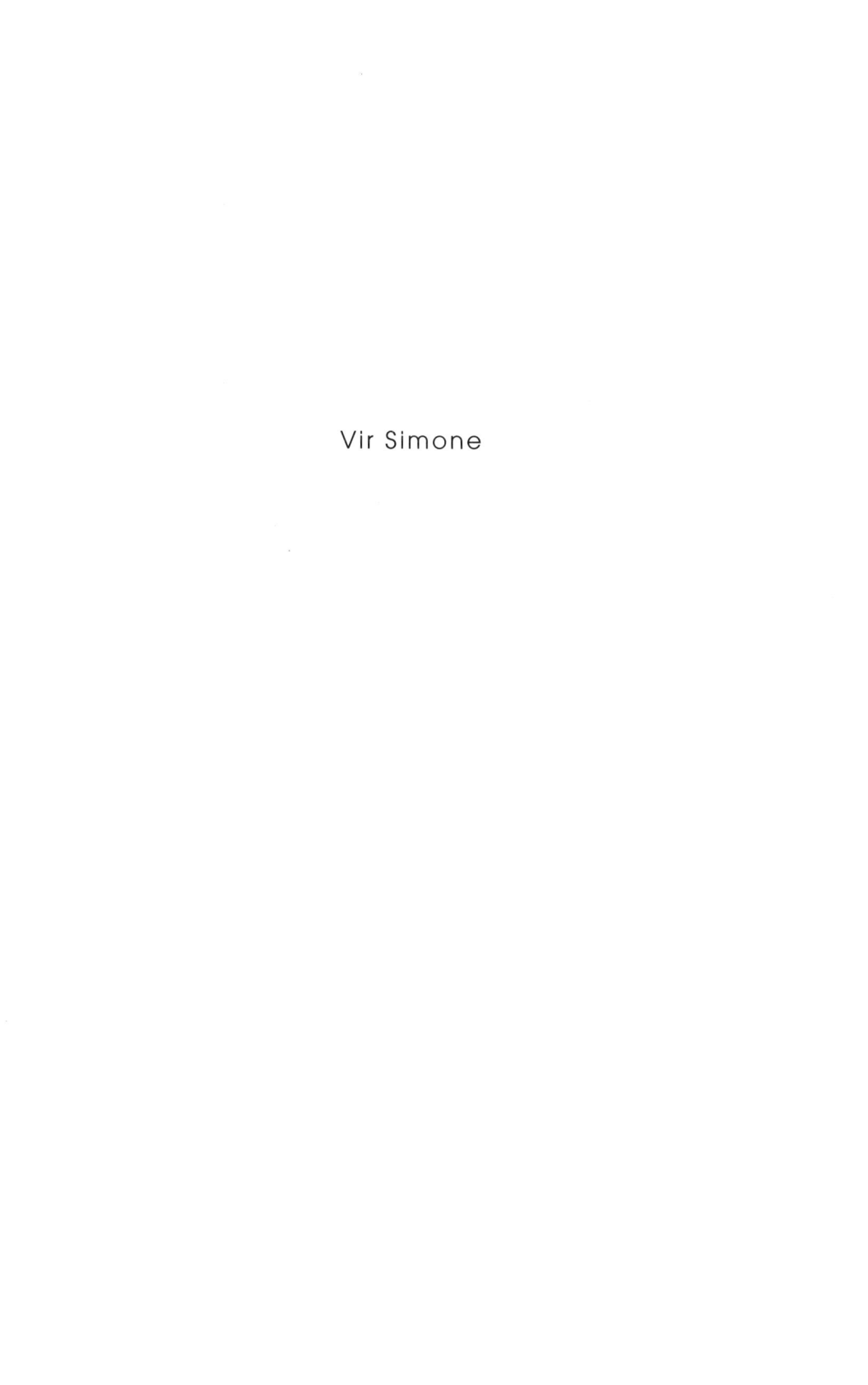

Inhoud

Haar kleintyd 11
Pelgrim 11
Herkoms 14
Rabbedoe 22
Ouma 28

Benoni, 1991 34
Treurspel 34
Raaisel 50

Op pad, 1991–1992 53
Wenner 53
Model 62
Ballet 66

Los Angeles, 1993 71
Hollywood 71
Die casting couch 80
Vloermoer 85

Eerste rolle, 1994–1995 88
Deurbraak 88
Diere 94
Villa 99

"The Next Big Thing", 1996 103
"Is ek 'n ster?" 103

Uit Afrika, 1997–1998 115
"Verraad" 115
Die rocker 119
"Ek is hier!" 124

Ná die eerste golf, 1999–2001 135
Pa en dogter 135
Razzie 146
Hedonis 150
Ierse liefde 154

***Monster*-waagstuk, 2002–2003** 167
Ma en dogter 167
Aileen Wuornos 172
Die moorde 178
Patty Jenkins 182
Lesbiese rolle 186

Oscartriomf 191
Debat 191
Op die kruin 196

"Nuwe" Charlize 204
Herskepping 204
Naaktheid 210
Omstredenheid 215
Kinderprojek 228

Myners en strokies, 2004–2006 230
North Country 230
Lelike rolle 236
Geldsake 243
In haar hangkas 251

Die filmmaker, 2007–2009 258
Amerikaanse burger 258
Verwonde vroue 262

Op pad na veertig 279
Eie mens 279

Notas 285
Bronneregister 287
Danie Theron se geslagsregister 296
Polisieverklarings 298
Charles Theron se boedel 299
Oscarwenners van 2004 300
Filmografie 301

Heldeverering is die grondslag waarop Hollywood gebou is. Maar soms tree iemand uit hierdie droomfabriek na vore wat nie bewonder word net omdat sy beroemd is nie. Charlize Theron is meer as net 'n glansgesig; sy het persoonlikheid, sy het menings, sy is van vlees en bloed.

En sy't 'n woordarsenaal wat 'n begaafde matroos sal laat bloos, kan in tekkies en jeans 'n kroeg vol mans met veerpyltjies uitstof, en in 'n aandrok vir Demi Moore en Ashton Kutcher met Hollywood Domino's klop. Sy skater uit die maag, en is voor op die wa, selfs parmantig. Sy is sonder pretensies en troon onbeskaamd op spykerhakke bo die geselskap uit. Jy kan haar, met die eerste aanblik en tot jou eie skade, aansien vir 'n dowwe dolla. Maar sy het ys in haar are; oor Charlize maak jy nie 'n sommer 'n blondinegrap nie. Die gevoel is dat sy jou nek kan knak.

Wat is dan haar geheim, om van 'n plot op Putfontein te vorder tot die panteon van sterre? Blote geluk, of toeval, is dit nie. Dat sy beeldskoon is, het gehelp. Maar iets besonders is in haar raakgesien. Boweal het sy geloof en vertroue in haarself en sy wéét hoe om verbete aan haar droom te klou. Vandat sy as jong tiener vir Tom Hanks en Daryl Hannah in *Splash* gesien het, was sy oortuig sy kon die rol van die meermin beter vertolk.

Maar duisende ander jong meisies kom met dieselfde kwaliteite en drome in Hollywood aan. Min slaag.

In die vroeë negentigs is die musikant en sanger Jackson Browne nog in 'n romantiese verbintenis met die einste Daryl Hannah en veral bekend vir twee trefferalbums, *The Pretender* en *Running on Empty*. In "Boulevard" sing hy oor die hoop en die wanhoop van jong aspirantaktrises in Hollywood.

Down at the golden cup / They set the young ones up / Under the neon light / Selling day for night / The hearts are hard and the times are tough / Down on the boulevard the night's enough / Nobody knows you / Nobody owes you nothin' / Nobody shows you what they're thinking / Nobody baby . . .

Maar hy het nie rekening gehou met 'n tawwe Afrikanermeisie wat in 1993 ook hier aanland nie. Net veertien jaar later, aan die begin van September 2007, word meer as 'n straatblok van een van hierdie einste boulevards waaroor Browne sing vir drie dae afgesper tydens die verfilming van *Hancock*, waarin Charlize teenoor Will Smith speel. Dit veroorsaak groot verkeerschaos in die hart van Hollywood. 'n Geïrriteerde motoris sê aan 'n joernalis: "Dis sleg genoeg vir verkeer wanneer daar 'n première in Hollywood Boulevard is. Maar vir drie dae! Nie elkeen in hierdie dorp is 'n toeris of in die filmbedryf nie."

Hy is waarskynlik onbewus daarvan dat die vroulike ster in die nuwe prent in dieselfde beroemde Hollywood Boulevard ontdek is. Vandag is sy op die A-lys en het 'n Oscar op haar kaggelrak, en het sy haar as filmmaker gevestig.

In 2008 word sy voor die vrystelling van *Hancock* uitgevra of sy nie soms in hierdie dolle geroesemoes van Hollywood verlang na meer sorgelose dae nie, soos in Benoni.

"My lewe ís sonder sorge. Ek het as aktrise begin sonder opleiding of kennis van hierdie bedryf. Maar ek het baie gelees, biografieë van groot akteurs, Marlon Brando, James Dean, wroegende akteurs. Ek het gedink dis wat jy moet doen as jy 'n werklik goeie aktrise wil wees: wroeg. Maar ek het dit gehaat. Ek het 'n slag gedink as dit is waaroor Hollywood gaan, kan ek dit nie doen nie. Jy raak te afgeslote, jou lewe word koud. Die probleem is, in die filmbedryf leef jy soos in 'n vistenk. Mense wys vingers, kritiseer jou, probeer jou aftrek.

"Maar toe eksperimenteer ek met 'n rol wat ek regtig geniet het. Ek kon lag en grappies maak. En van toe af was die lewe goed.

"Ek glo aan dissipline. As jy werk, werk jy; as jy leef, leef jy. Ons kry net één kans. Ek wil nie eendag dink ek het hierdie een opgemors nie. Ek weet vir 'n feit as ek op my sterfbed lê, wanneer dit ook al is, sal ek kan sê: 'This has been one helluva ride.'"

Haar kleintyd

> My lewe as kind was nie oor my ma wat rondloop en sê:
> "Kyk hoe mooi is jy" nie, maar oor: "Het jy die koei gemelk?"
> Charlize, InStyle, 1998

Pelgrim

Min mense is ooit volkome vry van hulle herkoms, daarom soms die heimwee na ou plekke vol vae, maar aangename herinneringe. Meermale is ons teleurgesteld op ons terugreis, want wat ons begroet, is nie altyd waarop ons gehoop het nie. In Februarie 1997 onderneem Charlize háár pelgrimstog om afskeid te gaan neem van Plot 56 op die Putfonteinse landbouhoewes naby Benoni in Gauteng. Sy is toe al byna ses jaar uit dié huis waarin sy grootgeword het, die huis waarin sy 'n prinses was en haar eerste kinderdrome vleuels gekry het. Ook die huis waarin haar pa op 'n verskriklike winternag gesterf het.

Maar teen 1997 is die onskuld van die kind weg. Toe dwaal hier nog net die spoke rond. Dit is 'n hartseer groet, maar in Hollywood is sy "The Next Big Thing" en die onderskeid tussen kuns en lewe reeds wasig. Miskien nie in haar kop nie, maar ten minste in baie van haar uitsprake wanneer sy haar herinneringe aan Putfontein oproep.

In daardie eerste ylhoofdige Hollywood-jare verwys Charlize dikwels nostalgies na haar Afrikaherkoms, na koeimis tussen haar tone, na haar boerbok, die rondloperdiere waarmee sy grootgeword het, kinders wat op donkies skool toe ry. Maar in latere jare glip opmerkings deur wat soms lyk na regstellings op hierdie byna pastorale prentjie wat sy graag voorhou.

Die spontaneïteit wat haar as kind al gekenmerk het, behou sy egter steeds, wend dit selfs tot haar voordeel aan, saam met 'n goeie skeut halsstarrigheid wat so noodsaaklik is vir oorlewing in Hollywood. Ná die vrystelling van *Mighty Joe Young* word sy in Desember 1998 in 'n onderhoud met die modetydskrif Vogue geprojekteer as 'n mengsel van kinderlike onskuld en Boeretaaiheid saam met 'n gemaklike seksualiteit, 'n soort Suid-Afrikaanse weergawe van Ava Gardner: "Charlize Theron is a Boer, which in Afrikaans means *dwelling on the earth*. 'That is what we were.'"

Háár "dwelling on the earth", die stukkie Putfonteinse aarde wat Charlize as kind bewoon, is egter skaars 'n plaas, nouliks 'n vae, geromantiseerde afskynsel van Karen Blixen se koloniale *Out of Africa*. Hiervoor kan 'n mens haar verskoon, want as jong kind was sy besig om haar fantasieë uit te leef op 'n hoewe van twee hektaar, waar sy tog na aan grond en diere grootgeword het. Sy stam inderdaad uit 'n familie van *boere* sowel as *Boere*, soos tereg in Amerikaanse onderhoude na haar verwys word. Haar voorsate was plaasboere én Boerekrygers.

Nou boer sy in Hollywood. Nou leef sy haar fantasieë nie meer uit op net twee hektaar nie, maar oor die ganse wêreld. Ná haar Oscar skryf 'n Suid-Afrikaanse koerantrubriekskrywer: "Soos die engele het Los Angeles sy bestaan aan die versending van boodskappe te danke. Maar waar die engele voor God se troon sing, het die engele van Los Angeles 'n goddelike orde van hulle eie gestig: hulle is die boodskappers van hulle eie heerlikheid. Dáárom moet hulle so hard aan hulle kortstondige glans werk. Of 'n mens nou goedkeurend of afkeurend na Los Angeles kyk, bly dit 'n feit dat dit die eerste wêreldhoofstad in die geskiedenis is wat sy posisie te danke het aan die openlike en volgehoue skepping van illusies. Hierin is Charlize 'n uitstekende leser en vertolker van die stad van illusies, Suid-Afrika se koningin van die videosfeer."

In Augustus 2008 gaan besoek ek hierdie nuwe speelveld van haar, Los Angeles, legendariese plek van engele, illusies en narsisme. Ek kry haar eerste Hollywood-spore by 115 South Fairfax Avenue, teen die buitemuur 'n lewensgrootte embleem van 'n plaasnooi in silhoeët. Dis geen illusie nie; dit is waaragtig so. Dáár is sy, 'n meisie met vlegsels en gieter in die hand, 'n paar bushaltes suid van Hollywood, in een van Tinseltown se besigste strate wat al die wêreldberoemde boulevards kruis met hulle betowerende beelde van glans en glinster: Wilshire, Beverly, Santa Monica, Sunset, en Hollywood Boulevard self.

Sou dié meisie met die vlegsels heimwee vir Charlize gebring het toe sy in 1993 die eerste keer haar voete in hierdie vreemde stad gesit het? Of in die Farmer's Market skuins oorkant Fairfax, waar *celebrities* op 'n Saterdag sonder Gucci's, grimering of ophef om kosstalletjies, jazz en countrymusiek met gewone Angelenos meng?

Sy vertel hoe gerieflik die Farmer's Market was waar sy 'n toebroodjie met grondboontjiebotter en konfyt vir $1,50 kon koop voor sy verder haar voete seer geloop het, af na Wilshire Boulevard se vername agentekantore, of op na Hollywood Boulevard, spesifiek die stuk tussen La Brea en Gower, waar die mites en legendes van Hollywood vasgevang is en waar die wit Hollywood-teken agter teen die heuwel van Griffith Park jou bly lok en bekoor. Dit is hier, in Hollywood Boulevard, waar sy sprokiesagtig in 'n bank ontdek is. Die bank is lankal gesloop. Op die hoek van Hollywood en Vine het 'n nuwe toringkompleks met duur *apartments* verrys. In die Broadway Hollywood-gebou het sy later self 'n eksklusiewe *penthouse* gekoop met 'n uitsig op Hollywood Boulevard, 'n paar honderd tree van haar sypaadjiester op die Hollywood Walk of Fame.

Vir Charlize het die dolosse perfek geval, dink ek, my oë op 'n tenger jong meisie, miskien elf, twaalf, nie ouer as dertien nie. Op die Hollywood Walk of Fame voor die Kodak sit sy op 'n opvoustoel, lang roesbruin hare, rooi rokkie, haar dun beentjies in pers *tricots*. Sy sing vir verbygangers en toeriste onder begeleiding van kitaarspel. Die kitaarspeler is vyftien, miskien sestien. Hy kan haar broer wees. Agter hulle staan 'n klerekoffertjie. Voor hulle val munte en eendollarnote.

Ek onthou hoe Charlize as jong meisie ook eens mense teen betaling in 'n winkelsentrum in Benoni met haar kitaar gaan vermaak het. Hierdie enetjie staar my sonder glimlag of emosie aan toe ek haar afneem, asof sy deur my kyk, miskien met 'n kop vol drome, dat háár naam ook eendag op 'n ster verewig gaan word tussen dié van Charlize en Nicole Kidman en Halle Berry. Almal daar om haar voete.

Boulevard of Broken Dreams, word hierdie stuk straat ook genoem.

Herkoms

Oor Charlize se afstamming word gereeld in oorsese publikasies daarna verwys dat sy aan moederskant (Maritz) van Duitse en aan vaderskant (Theron) van Franse herkoms is. Charlize se voorouers kan direk teruggevoer word tot die eerste Hugenote in Suid-Afrika. Nadat sy in 2004 die Oscar vir *Monster* wen, publiseer die genealogiese afdeling van die Hugenote-Gedenkmuseum in Franschhoek naby Kaapstad 'n artikel oor die stamverwantskap tussen Charlize en kmdt. Danie Theron, beroemde Boereheld van die Anglo-Boereoorlog (1899–1902). Hierdie artikel kom ook onder die aandag van die Amerikaanse Hugenotevereniging, wat toe besig is met 'n reeks projekte oor die Franse Hugenote se bydrae tot en invloed op die Amerikaanse samelewing, onder meer in die teater en kunste.

Twee jaar tevore was die naam Danie Theron ook wêreldwyd in die nuus: toe Nelson Mandela in 2002 die Danie Theron-standbeeld by die Voortrekkermonument se Fort Schanskop in Pretoria onthul. Ná self byna drie dekades in tronke bring Mandela as vryheidsvegter grootliks op Afrikaans hulde aan Theron wat vir die Afrikanersaak teen Britse imperialisme geveg en gesterf het.

Die Theron-stamvader is vermoedelik Jacques Thérond, wat op 11 Mei 1668 in Nîmes, Languedoc, Frankryk, gebore is en op 2 Desember 1739 in Drakenstein naby Kaapstad sterf. Hy was getroud met Marie Jeanne Du Pré van Béthune in Artois, wat in 1763 in die distrik Tulbagh in die Kaap dood is. Daniel Johannes Stephanus (Danie) Theron is op 9 Mei 1872 in Tulbagh gebore, die negende van Willem Wouter Theron se vyftien kinders.

Groot gesinne was kenmerkend van hierdie aardse boeremense, en sekerlik nie beperk tot Afrikaners nie. Charlize se ouma Bettie kom uit so 'n groot gesin en het self ses kinders gehad. Op haar agterstoepie op Kuruman deel sy (toe al 78) met my die geheim van die "ou mense" se baie kinders. Sy sê vanslewe is almal saans vroeg kooi toe ná 'n dag se harde, eerlike werk. En weer uit die vere voor die son jou in die katel betrap. Die gebruik soggens was dat die eerste een wat wakker word, gewoonlik 'n kind, almal in die huis wek en dan die vuur gaan stook vir koffiewater. Dit is dán, in hierdie lomerige tydjie van nog 'n bietjie inlê voor die koffie kom, dat die kans in die hoofslaapkamer benut is om die gesin gou uit te brei!

Die latere Boereverkenner Danie Theron kwalifiseer hom eers as onderwyser en toe as regsgeleerde en open sy eie prokureursfirma in Krugersdorp, net wes van Johannesburg. Hy ontmoet vir Hannie Neethling en hulle raak verloof. Maar in Augustus 1898 sterf Hannie tot Theron se diepe skok onverwags aan longontsteking. 'n Ruk ná haar dood kom hy die eerste keer onder landwye aandag weens 'n weerspannige streek kenmerkend van die Therons.

Ses maande voor die uitbreek van die Anglo-Boereoorlog, in April 1899, is W.F. Moneypenny, vars uit Engeland, skaars twee maande redakteur van The Star in Johannesburg. In 'n klimaat wat allermins bevorderlik is vir goeie verhoudinge tussen Afrikaners en Engelse meen Moneypenny dit gepas om in sy koerant neerhalend na "the ignorant Dutch" te verwys. Soos baie Boere in daardie tyd het Theron 'n kort patriotiese lont en hy gaan eis 'n apologie van Moneypenny. Toe dié weier, gee Theron hom 'n paar warm klappe wat sy bril breek. Op Dinsdag 25 April 1899 verskyn Theron op aanklag van aanranding in die hof en verweer "uiterste provokasie". Hy word tot tronkstraf van twee maande of 'n stewige boete van £20 gevonnis, wat sy ondersteuners terstond by die hof insamel en betaal.

Kort ná die uitbreek van die oorlog stig hy die Theron-Verkenningskorps (TVK) wat konsentreer op spioenering en guerrilla-aanvalle op Britse magte. Hy sneuwel op 5 September 1900 in 'n geveg in die Gatsrand naby Fochville tussen Johannesburg en Potchefstroom. Sy TVK-manskappe begrawe sy oorskot in die Pienaar-familiekerkhof by Elandsfontein en in 1903 word hy langs sy verloofde, Hannie, op haar familieplaas, Eikenhof, langs die Kliprivier herbegrawe. Hy was nooit getroud nie en laat dus geen direkte nasate agter nie.

Een van sy broers was Charles Jacobus (Charlie) Theron, kind nommer dertien, wat hom later as boer en spekulant in Namakwaland bevind het, tot so ver noord as Vioolsdrif aan die Oranjerivier, grens tussen Suid-Afrika en Namibië. Charlie laat doop een van sy seuns Danie, na sy Boereheldbroer.

Namakwaland is 'n harde streek, genoem na die inheemse Namaqua-Khoi-bewoners, met pleknaame wat getuig van geesryke, aardse verbondenheid. Vioolsdrif het sy naam volgens oorlewering te danke aan 'n musikant wat net onthou word as Jan Viool.

Dit is op Springbok (ook Suid-Afrika se nasionale diere-embleem), hoofdorp van hierdie dor gebied en aan die begin van Namakwaland se wêreldberoemde veldblommetyd, dat Danie Theron van Pofadder en die aanvallige Bettie Beets van Vioolsdrif op 8 Augustus 1947 trou. Bettie is net sewentien jaar oud en reeds vyf maande swanger en hulle eerste kind, Charles, word 'n paar maande later op 27 November 1947 gebore.

Charles trou op sy beurt later met Gerda (née Maritz), en hulle het 'n dogter, Charlize.

Aan moederskant is Charlize se Maritzvoorsate nog genealogies onvolledig en net teruggespeur tot haar ma, Gerda, se grootouers, Phillipus Rudolf Maritz en Gerda Jacoba Aletta Kruger van Tsumeb (Namibië). Charlize se oupa en ouma aan Maritzkant (Gerda se ouers) is Jacob Johannes Maritz en Johanna Maria Barindina Stofberg. Gerda is op Prieska in die Noord-Kaap gebore, een van vier kinders.

Danie en Bettie Theron se verbintenis lewer ná Charles nóg drie spruite op: Hennie, Danie en Elsa, voordat die huwelik begin verbrokkel. Naas hulle rebelsheid is die Theronmans – en nie net húlle nie – dikwels in huislike konflik met hulle vrouens oor strawwe drinkgewoontes. Op hulle beurt was die Theronvroue sterk en uitgesproke – géén man sou op hulle koppe sit nie.

Toe daar vir Bettie Theron in dié huwelik net krummels oorbly, vat sy haar drie jongste spruite oor die Oranjerivier na die suide van Suidwes-Afrika (huidige Namibië) waar sy haar tweede man, Willie Kruger, ontmoet. Hulle het nog twee dogters, Yvonne en Karen, voordat hy haar ontval.

Bettie se oudste, Charles, bly aanvanklik op Springbok in die skoolkoshuis agter wanneer sy ma Suidwes toe trek. Daar voltooi hy sy matriek en is in sy laaste skooljaar hoofseun. Hy is 'n akademiese uitblinker en goeie sportman, maar sy ma onthou hom veral as 'n pligsgetroue en hardwerkende jong seun op sy ouerplaas.

In 2008 gesels ons by haar woonplek op Kuruman oor haar seun Charles en haar kleindogter Charlize, wat so baie van hierdie goeie eienskappe van haar pa geërf het. Hoeveel nagte het dié seun nie in die vrugteboord geslaap nie, sodat hy in die vroeë oggendure op sy pos kon wees om vir hulle leibeurt water uit die kanaal uit te keer.

Steeds, ná al die jare, raak Bettie bewoë wanneer haar geliefde seun ter sprake kom, veral die manier waarop hy dood is. En as sy oor Charlize praat, wat haar ouma en haar pa se name deel (Charles en Elizabeth) en haar ouma nou verwerp het, besef ek dié sterk vroue het klein hartjies.

Ná skool sluit Charles hom by sy gesin in Suidwes aan, nou in Otjiwarongo in die noorde van dié land. Hier in Otjiwarongo sien Charles in 1968 die pragtige Maritzdogter raak. Gerda se spoorwerkerpa sterf op 9 Februarie 1968 in 'n ongeluk, skaars tien dae ná Gerda se vyftiende verjaardag. Sy is in st. 8, ses jaar jonger as Charles. Haar hare is heuningblond, haar rokkies kort, en almal ken haar as Koot. Sy word later Gerda en noem haarself ook Gerta. Maar as Koot woon sy en haar suster en twee broers saam met haar weduweema, Hannie, in 'n stasiehuisie langs die treinspoor in Otjiwarongo. Sy blink uit in atletiek, maar die gesin is arm en daar is vir haar nie veel geleenthede nie.

In 2004 lig Charlize self die sluier so effe oor haar ma se grootwordjare: "Sy was blond terwyl haar sibbe donker was; sy was lank en hulle was kort. En sy was ontevrede met die min geleenthede wat sy gehad het as jongste kind in die gesin – sy moes tuisbly en haar ma versorg. Sy was baie talentvol, 'n goeie gimnas en goed in sport. Maar sy is nooit aangemoedig nie; daar was nie kanse vir haar nie. Al die ander kinders is weg en sy moes tuisbly. Op negentien het sy gerebelleer en padgegee. Jare later sou besoeke aan haar ma haar humeurig stem.

"Ek het die invloed van haar agtergrond gevoel op die manier waarop sy my grootgemaak het. Alles wat sy nié gehad het nie, wou sy vir my gee. Op 19, toe sy weg is, het sy gevoel sy wil dié dinge kry wat sy nooit gehad het nie." (Gerda was nie negentien toe sy van haar ma weg is nie, want op agtien was sy en Charles al getroud.)

Die aantreklike Charles is in Otjiwarongo die de facto-broodwinner en versorger van sý weduweema en die ander vyf sibbe. Maar Bettie besluit in dié tyd om suidwaarts na Keetmanshoop terug te keer, waar die lewenskoste draagliker is en 'n groot huis vir al die kinders meer bekostigbaar. Gerda, smoorverlief op Charles, los skool, los ma Hannie en suster en broers, en trek saam met die Therons af Keetmanshoop toe. Charles kry vir haar werk as telefoniste by sy werkgewer.

Gerda is omtrent twee jaar volwaardig lid van die Therongesin met Bettie as matriarg wat haar hande vol het met al die spruite. En Gerda, of Gertruida, onthou Bettie, was tóé al 'n koppige een – en minirok wou sy dra, so skaamteloos kort dat jy haar broekie kon sien as sy net effe draai. En kwáái; van haar is al gesê sy sal jou blindederm uithaal sonder verdowing.

Charles is 23 toe hy en Gerda op Vrydag 29 Januarie 1971 trou, twee dae nadat sy agtien word. Charles werk toe vir 'n padboumaatskappy en hy en Gerda voer aanvanklik 'n soort nomadiese lewe in woonwaens met die bou van nuwe paaie in die Noord-Kaap. Tydverdryf in sulke harde verlatenheid vind padbouers dikwels in 'n bottel. Charlize beweer later haar pa het aanvanklik opgehou drink toe hy en haar ma getroud is. Vir hierdie inligting is Gerda klaarblyklik haar enigste bron.

Met Charles en Gerda se verhuising Witwatersrand toe maak Charles ook kennis met die verhuring en administrasie van swaar masjinerie vir grondverskuiwings en padkonstruksie. Toe sy werkgewer hom vir 'n paar maande Skotland toe stuur vir verdere ervaring, gryp die jong egpaar die geleentheid gretig aan.

Ná hulle terugkeer na Suid-Afrika ontdek Gerda teen Kersfees 1974 sy is swanger. Gerda is 22 jaar oud toe haar en Charles se dogtertjie op Donderdag 7 Augustus 1975 gebore word. Die ingenome pa stuur onmiddellik 'n telegram aan sy ma in die Noord-Kaap. Die telegram, gerig aan "Bettie Kruger", met posstempel "Birchleigh" ('n woonbuurt van Kemptonpark aan die Oos-Rand), lui: "7 lb dogter gebore albei wel liefde."

Bettie, wat die telegram steeds in 'n album bewaar saam met baie aandenkings, foto's en briefies van Charlize aan haar ouma, meen die "7 lb" was moontlik 'n tikfout van die poswerker wat die telegram versend het. "Charlize was maar 'n tenger ou dingetjie, sonder 'n enkele haartjie op haar kop."

Maar die kaalkopbaba word 'n pragtige dogtertjie met 'n sagte ronde koppie. Haar trotse pa streel graag met die palm van sy hand oor hierdie kaal babakoppie en gee haar die bynaam "Kieriekoppie". Hierdie troetelnaam bly in 'n verkorte afleidingsvorm vassteek, en Charlize word vir vriende en familie vir altyd "Kerrie". Selfs ná die wêreldroem van 'n Oscar praat die familie met deernis en trots van "ons Kerrie wat so baie bereik het", en haar ma noem haar in hulle private gesprekke Kerrie.

Charlize sê later sy het eers op vier begin hare kry, ongeveer die tyd toe hulle na die plot op Putfontein verhuis het. Namate sy ouer word, verander Charlize se babablonde hare in 'n ligte bruin, die kleur wat dit sou bly en wat 'n mens ook in *In the Valley of Elah* (2007) sien. "Dis regtig ek. Dis die natuurlike kleur van my hare. Dis ek met baie min grimering, dis soos ek lyk," sê sy in 2008 aan 'n Ierse koerant.

Kort ná Charlize se geboorte duik daar 'n geleentheid vir Charles op om sy eie besigheid te begin. Soos sy gebruik voor belangrike besluite, vra hy eers sy ma se advies op Kuruman. Hy is onseker oor die groot stap, want daar is nou 'n kind in hulle huis in Farrarmere in Benoni. Maar hy het 'n kans vir 'n kontrak vir grondverskuiwings by Bapsfontein en as hy 'n tweede verband op die woonhuis kan uitneem, sal hy sy eerste masjinerie kan aanskaf. Hy bespreek dit ook met Gerda en besluit om by die diep kant in te spring. (Charlize gebruik in latere onderhoude dikwels die metafoor van swem of verdrink om haar eie lewenspad te beskryf.)

Dit is 'n goeie besluit van Charles. Met sy dood skaars twaalf jaar later word ietwat oordrewe gesê dat Charles Theron meer padboumasjinerie gehad het as die hele Transvaalse provinsiale administrasie.

In 1980 koop hy 'n hoewe van 2,237 ha in die Rynfieldlandbouhoewes, ook bekend as Putfontein, waar hy genoeg ruimte het vir sy groeiende besigheid. Op Plot 56 in Sewende Weg in Cloverdene, sowat 14 km van Benoni, oos van Johannesburg, begin Charles en Gerda konstruksiemasjinerie uitverhuur en registreer hulle G & C Construction en G & C Plant Hire. Die buurt het 'n landelike atmosfeer en die hoewe is groot genoeg om die groot voertuie te berg, operateurs te huisves en 'n paar koeie en honde aan te hou. Die industrialisasie van die Witwatersrand het reeds na hierdie hoewegebiede oorgespoel sodat dit die ideale omgewing is van waar sakeondernemings bedryf kon word met maklike toegang tot snelweë na die Oos-Rand met sy aaneengeskakelde nywerheid- en mynbousentra soos Benoni, Boksburg, Brakpan, Germiston, Springs en verder aan tot in Johannesburg.

Dit is hierdie paddastoelstede om Johannesburg, ook na die weste, wat ingesluit word by die benaming Witwatersrand, waar die wêreld se rykste goudare in die negentiende eeu ontdek is en steeds ontgin word. Die indruk wat die besoeker kry, is van mynhope en skagte en rokende fabriekskoorstene tot ver verby Putfontein – 'n effens ander prentjie as die een wat in 2000 in 'n onderhoud met Charlize in Tatler geskets word: "Sy het 'n halwe wêreld verwyderd [van Los Angeles] op 'n plaas grootgeword naby 'n klein dorpie met die naam Benoni, omtrent 'n uur se ry deur digte bosse van Johannesburg af."

Dit is dié soort verwysing na Charlize se "plaasagtergrond" wat vir Amerikaners en Europeërs 'n byna eksotiese perspektief verleen aan hierdie ster uit Afrika wat in die middel negentigs opgang in Hollywood begin maak. En Charlize is duidelik traag om hierdie beeld reg te stel. Die punt is dat sy van vroeg af 'n intuïtiewe aanvoeling vir die bedryf het. Sy het nie net 'n liefdesverhouding met die kamera se lens nie, maar het ook 'n besondere begrip van hoe die koppe ágter die skerms werk. Sy ken die waarde van persepsie en beeld, en wat is in Hollywood aanlokliker as so 'n beeldskone plaaskind uit Afrika?

Die Broadway-dramaturg en Hollywoodse draaiboekskrywer Ben Hecht, wat twee Oscars verower het ondanks sy uitgesproke sinisme oor die filmbedryf, skryf in sy biografie *A Child of the Century* dat roem in Hollywood met net 'n goeie reklameagent aan die lewe gehou kan word. Charlize verstaan dit en druk al die regte knoppies – in so 'n mate dat sy later selfs as ongenaakbaar beskryf word. Hiervoor ontlok sy respek van die Hollywood-grootbase, want hulle is self genadeloos.

Dit is moeilike jare vir Charles en Gerda ná hulle babadogtertjie se geboorte. Hulle werk hard aan hulle nuwe besigheid, maar Charles het 'n werkywer wat hom al as skoolseun onderskei het. Ook Gerda is 'n harde werker, al word haar tyd nou verdeel tussen baba en werk. Sy en Charles begin binne 'n paar jaar die vrugte pluk.

Charles is trots op sy mooi vrou en hulle dogtertjie, maar almal wonder van selfs voor hulle troue af oor die versoenbaarheid van Charles en Gerda se uiteenlopende geaardhede. Charles is gasvry, meelewend, lok mense aan, en sy huis en kroeg staan vir almal oop, vertel sy suster, Elsa, aan my. Dit word die plek waar vriende en familie graag saamtrek vir lag en gesels en kuier. Gerda is meer ingetoë, selfs kil en knorrig wanneer haar huis vertrap word. En sy het 'n bitsige tong. Haar man se joviale gesteldheid en drinkery saam met vriende krap aan haar. Die botsing van hulle persoonlikhede lei tot rusies, en wanneer hy laat tuiskom, sluit sy soms die huis se deure en moet hy buite in die woonwa gaan slaap.

Met Charlize se opvoeding is dit Gerda wat grootliks sorg vir ouerlike tug en dissipline, die borsel of skoen inlê as dit nodig is om die jong boompie in die regte koers te buig. En hiermee is sy nie traag nie. Charlize vertel later dat Gerda haar selfs met 'n klerehanger bygekom het. Haar tante, Elsa Malan, onthou hoe sy 'n slag tussenbeide moes tree toe Gerda vir Charlize pak wou gee omdat Charlize nie haar hare met opknapper gewas het nadat sy ure in die swembad deurgebring het nie. Gerda was erg ontsteld dat die kind se mooi, lang hare sou verniel van al die son en chemikalieë.

Oor haar ma se tug sê Charlize: "Ek het harde slae op die boude gekry. Ek kan nie sê hoe dankbaar ek daarvoor is nie. My ma het my gedissiplineer. Dit kan nie vandag in Amerika gebeur nie, want sy sal in die tronk gegooi word, en dis jammer, want ek het dit altyd verdien. Nooit het ek gedink dis onregvardig nie en het altyd agterna vir haar om verskoning gaan vra, omdat ek geweet het ek was verkeerd.

"Sy het my met enigiets geslaan wat sy in die hande kon kry: 'n hareborsel, skoen, veral 'n skoen. Ek is eenkeer geslaan omdat ek onbeskof was teenoor 'n vrou in 'n winkel. 'n Ander keer is ek skool toe met afdrukke van Disneykarakters op my bobene omdat die figuurtjies op 'n klerehanger was wat sy gegryp het. Ek het tamatiesop geëet voordat ek my skoolklere uitgetrek het en toe van die sop op my klere gemors. Ek het daardie slae verdien, want ek was oneerbiedig. My ma het al die wasgoed gedoen en gekook, die huis versorg terwyl sy ook die besigheid bedryf het. Ek het dit verstaan. Ek moes respek betoon. Ek het nie die klere gewas nie, sý het."

Charles maak sy stem dik om Charlize goeie maniere te leer, maar 'n dik stem is omtrent al waartoe hy in staat is. Veral vir Gerda se kwasterigheid loop hy lig, en soek gou witvoetjie as hy aan haar kwaai kant beland, want hy is geen engel nie. Maar Charlize is die punt van Charles se hart.

Sy is mooi en talentvol, en hy spog graag met haar, van kleins af al. "Sing 'n bietjie vir ons," por hy haar op familiekuiers, en sy vat haar kitaar en sing en dans.

Sy is gebore vir vertoon en aandag. Gerda onthou in Huisgenoot hoe Charlize in gr. 1 met 'n kitaar skool toe is om die kinders te gaan vermaak. Op twaalf het sy vir sakgeld in 'n winkelsentrum in Benoni kitaar gespeel en R50 per dag verdien.

Rabbedoe

Op die hoewe ontluik Charlize in 'n pragtige kleuter en op ses al begin sy 'n liefde en aanvoeling toon vir dans, en word sy na haar eerste danslesse gevat. "As kind was ballet my flieks ... om te dans, om jou te verbeel jy's 'n prinses of 'n feetjie. Ek het altyd my eie klein fliek opgemaak," vertel sy in 1997 in die eerste vloedgolf van onderhoude met die vrystelling van haar eerste twee flieks, *2 Days in the Valley* en *That Thing You Do!*

Daar is toe 'n byna onversadigbare behoefte om met hierdie pragtige jong skoonheid uit Afrika te gesels, haar menings te vra oor alles en nog wat. Haar gesig en lyf verkoop tydskrifte van Turkye tot in Swede, van Hongarye tot in Australië, en haar publisiteitsdanse is ligvoets en spontaan, haar sensualiteit vars en getemper. Sy ken die spel; die geheim is om nie alles te wys nie, net te terg.

In 1998 onthou sy die hoewegebied só in 'n onderhoud: "Dit was die soort dorpie waar kinders met donkies skool toe gery het. My beste maat was my troetelboerbok genaamd Bok. Ek was die soort kind met ongelooflike drome. Ek wou 'n kitaarspeler word, toe 'n danser, en my ma het hierdie drome altyd probeer akkommodeer."

In 'n ander onderhoud: "Ek het nie ryk grootgeword nie, maar my ma het al my drome ernstig opgeneem, selfs al was hulle hoe vergesog. As ek een week sê ek wil 'n klassiekekitaarspeler word, het ek kitaarlesse gekry. As ek sê: 'Ma, ek wil skilder', het sy gesê: 'Oukei, kunsklasse'; wanneer ek konsert wou hou, het sy die mans se sakevergadering onderbreek en hulle na die woonvertrek laat kom waar ek vir hulle in my ma se klere en skoene gedans het. Dis soos ek grootgeword het. Wanneer daar mense was, was dit: Vermaak!"

Charlize begin haar skoolopleiding in die Laerskool Putfontein, so drie kilometer van hulle hoewe in Sewende Weg. Gepas reg langs die skool in hierdie konserwatiewe Afrikaanse gemeenskap deel die NG kerk van die Benoni-Oos-gemeente dieselfde reusekoeltebome in Kerkstraat, Putfontein.

Dit is 'n plek waar kinders kaalvoet skoolgegaan het. Of hulle ook op donkies skool toe is? Wel, miskien, maar ek twyfel. In 2008 word vertel dat sy met 'n elektriese gholfkarretjie skool toe gery het, selfs met 'n Beach Buggy. Die gholfkar kan mens glo, want haar pa het haar gruwelik bederf. Maar die donkies, vermoed ek, is later bedink as fiktiewe byspelers tot hierdie klein pastorale tablo.

Jong Charlize is 'n opgewekte en spontane kind, met die selfvertroue wat enkelkinders dikwels kenmerk en sy het 'n goeie streep koppigheid. Sy is 'n rabbedoe wat graag saam met seuns speel en meeding. Sy geniet die buitelug en die ruimte van die hoewes. Vir 'n klein kind is twee hektaar sekerlik byna 'n plaas. Hier swem sy, ry sy perd, val 'n slag af en breek haar sleutelbeen.

Op ses begin sy met private balletklasse en is ook lief vir sport. Sy neem by die skool deel aan atletiek en is lid van die st. 2-korfbalspan.

Sally Beal was haar gr. 2-onderwyseres by die Laerskool Putfontein, waar Charlize later hoofmeisie was, soos haar pa hoofseun op Springbok. "Ek kon tóé al sien daar steek iets in hierdie kind."

Retseh Jansen, op laerskool een van Charlize se beste maatjies, onthou goed hoe Charlize in hulle laerskooldae al haar fantasiewêreld uitgeleef het. "Ons was toe nog te klein om van Hollywood te weet, maar sy was oortuig sy gaan eendag op TV wees." Jansen onthou ook dat Charlize se pa haar bederf het. "Hulle was taamlik welaf en Charlize was die enigste kind."

Vir die sewejarige Charlize was daar niks lekkerder nie as om haar klasmaats met dans en sang te vermaak. Selfs al het hierdie vertonings nie altyd volgens plan verloop nie, het dit Charlize nooit van stryk gebring nie. Eenkeer het sy tydens 'n balletuitvoering voor die hele skool gestruikel en geval. 'n Ander kind sou in trane uitgebars het. Charlize het net geglimlag, haar rokkie reggetrek en aangehou dans asof niks verkeerd was nie. Beal meen dit is dié eienskap wat haar in latere jare deur die gesin se probleme gedra het.

Op greinerige tuisvideo's fladder sy vol selfvertroue soos 'n vlinder oor die verhoog. Dat Charlize énige soort dans geniet het, blyk uit foto's van haar laerskooldae waarop sy selfs in Volkspeledrag verskyn, 'n tradisionele Afrikanerdansvorm. Op twaalf maak sy skoonskip in verskeie danskompetisies in die Oos-Rand en haal die plaaslike gemeenskapskoerant met 'n foto.

Toe Charlize in 2004 die Oscar wen, is een van haar neefs aan moederskant, Kobus Maritz, 'n 32-jarige afleweringsman vir wegneemetes in Kimberley. Hy vertel hoe hy en Charlize kleintyd op die Therons se kleinhoewe saamgespeel het, hoe sy toe al motorfiets gery het en hoe hulle saam gaan hengel en veerpyltjies gespeel het. "Sy was een van daardie meisies wat nie omgegee het om saam met die seuns vuil te word nie – 'n regte klein rabbedoe." (In 'n toneel in *North Country* gooi sy veerpyltjies na 'n bord en dit is selfs vir 'n onkundige oog duidelik dat daardie arm, pols en vingers jare se pyltjie-ervaring het.) Sy leer ook op 'n jong ouderdom kar bestuur en word 'n vernuftige bestuurder. Jare later, met die verfilming van *The Italian Job*, gaap die monde op die filmstel oor die behendige manier waarop sy die Mini Coopers hanteer.

Charlize sê in 2000: "Ek het nog altyd van die dualiteit gehou om saam met die manne vuil te word en daarna in 'n aandrok en met oorringe die glansding te doen."

Maar dit is in die relatiewe afsondering van die hoewe dat sy haar ook in en om die huis sélf vermaak in 'n fantasiewêreld wat sy vir haarself begin skep namate sy in die inryteater van Benoni kennis maak met Hollywood se verbeelde lewe. Dit is gewoonlik Vrydagaande dat hulle die komberse inpak en sy en Gerda inryteater toe gaan, met Charles wat sy vriende se geselskap verkies. Vrydagaande word die nuwer vrystellings uit Hollywood vertoon. Een van die eerste prente wat 'n blywende indruk op haar maak, is Tom Hanks se *Splash*. Later ry sy met haar fiets om video's in Cloverdeneweg te gaan huur. Prente soos *Say Anything* (1989) en *Dirty Dancing* (1987), met 'n jong Patrick Swayze teenoor wie sy sou optree in *Waking Up in Reno*, bly in haar vrugbare verbeelding vassteek. "*Sheena, Queen of the Jungle* (1984) het my lewe verander," word sy dikwels later aangehaal.

Ná haar rol as 'n vrouemyner in *North Country* noem sy in 'n GQ-onderhoud in 2008 spesifiek Meryl Streep se *Kramer vs. Kramer* (1979) en

Silkwood (1983) – albei flieks oor sterk vroue wat ondanks teenkanting die stelsel aanvat – wat haar ook van haar grootwordjare bybly.

Sou Charlize haar dalk met haar eie keuse van karakterrolle op die lees van Meryl Streep skoei?

Oor die invloed van fantasie in haar vormingsjare vertel sy later: "Ek het as kind 'n baie aktiewe verbeelding gehad en was versot daarop om my gesig te grimeer en kostuums aan te trek om rolle te speel, of stories te vertel."

Charlize onthou hoe sy haarself in haar ma se grootmensklere in rolle in haar gunstelingprente begin inleef het. "Ek onthou toe ek *Splash* gesien het, het ek afgunstig en 'n bietjie verlief gevoel – want Tom Hanks is so oulik en wie is die blondine [Daryl Hannah] en waarom kan ek nie sy wees nie? Toe het ek die eendedam skoongemaak en in die skoon water ingeklim en my verbeel ek is daardie meermin op wie ek so jaloers was."

Oor haar landelike jeug sê sy: "Ek voel verskriklik bevoorreg dat ek die onskuld van die natuur konstant om my kon hê. Ek het nie rekenaarspeletjies of Nintendo gehad nie. Ons het skaars TV gehad. Ons het drie ure per dag TV gehad en ek het met een TV-kanaal grootgeword. [Suid-Afrika het eers in 1975 beperkte TV-uitsendings gekry.]

"Ek het op mitologie [van die tokkelos] grootgeword, van mense wat stories om vure vertel het. Jou verbeelding is al wat jy gehad het. Ek was nooit 'n skugter kind nie en kon my só in my verbeelding uitleef. Ons het nie baie gehad nie, nie weens armoede nie, maar ek het skaars 'n pop gehad, bloot omdat ek nie daarin belanggestel het nie. Vir my was alles in die kop."

In 2008 sê sy in die New York Times: "Ek was as kind gewoonlik kaalvoet, met geen Game Boys, geen rekenaars nie. Ons het sanksies gehad, so daar was geen konserte nie. Jy moes jouself vermaak."

Was daar in haar kammawêreld 'n ontluikende tienerseksualiteit? Wanneer sy nou al die beroemde akteurs in haar rolprente soen, onthou sy dalk haar heel eerste soen? word sy in 2000 gevra.

"Natuurlik. Hy het draadjies aan sy tande gehad. Ons was buite agter die huis en ons het pas na *Friday the 13th* gekyk. 'n Regte romantiese fliek! Daar staan ons toe soos ons dit beplan het. Soos, oukei, jy kom oor en dan kyk ons die fliek en dan soen ons. Sy naam was Nicky. Ons staan daar in die agterplaas en ek is soos, 'Jy wil dit doen . . . wil jy dit doen? Wel, oukei, kom ons doen dit.' En daar staan ons so lank en redeneer daaroor, dit was aaklig. Toe's dit donkerte, spoeg en tong . . . ek was twaalf, dink ek, twaalf of dertien."

Pottie Potgieter, wat op Putfontein gewoon het, onthou die Therons. "Sy was haar pa se oogappel, maar dis eintlik haar ma wat agter haar sukses staan. "Gerda het Charlize altyd ge-*groom* en ge-*polish*. Sy was 'n mooi kind en haar ma het gesorg dat dit nie ongesiens verbygaan nie."

Nog 'n skoolvriendin sê: "Ek het altyd geweet sy sal dit ver bring. Sy was van kleins af 'n flukse meisie. Sy het dieselfde deursettingsvermoë as haar oorlede pa."

Sy verower in haar sewe jaar in dié laerskool talle trofeë, medaljes en ander toekennings vir 'n verskeidenheid uitvoerende kunsvorme, van ballet en Spaanse danse tot sang en toneel. Michèle Pöhl-Phillips, wat vir Charlize dansklasse gegee het van sy ses tot dertien jaar oud was, noem haar 'n uitsonderlike student. "Sy was 'n slag die lojale swaeltjie in ons skooluitvoering van Oscar Wilde se *Happy Prince*. In die sterftoneel was sy so dramaties, daar was nie 'n droë oog in die gehoor nie."

Gillian Bonegio het Charlize in Spaanse dans onderrig, en na haar liefde vir flamenko sou Charlize ook later dikwels verwys. Bonegio sê oor Charlize: "Sy het 'n wonderlike sin vir humor gehad, was prakties, nederig en vol selfvertroue. Die oomblik dat sy op 'n verhoog verskyn het, was die gehoor oorrompel. Dit was nie net haar skoonheid nie, ook haar elegansie. Sy was altyd anders, ouer as haar jare. Altyd spesiaal.

"Op 'n Spaansedans-kampioenskap het Charlize vier tellings te vroeg opgestap en toe sy agterkom sy is te vroeg, het sy gedraai, en met die draai haar waaier verloor. Ek sit daar in die gehoor met my hart in my keel en wonder wat sy nóú gaan doen? Maar sy gaan net aan, improviseer met haar arms en doen die dansstappies en lyk net absoluut normaal. Niks kon haar van stryk bring nie."

Van Charlize se ballet uit haar hoërskooldae onthou Bernice Lloyd, haar balletonderwyseres aan die Hoërskool Die Kruin (later die Skool vir die Kunste) in Johannesburg, só: "Sy het op dertien aan haar skoolmaats gesê sy was 'n prinses in 'n vorige lewe. Haar klasmaats – byna almal kinders van die platteland – het haar geglo." Belangriker, sê Lloyd, dit het gelyk of Charlize dit sélf glo . . .

"Een middag het net Charlize vir haar balletles opgedaag. En toe ek die ander meisies later uitvra waar hulle was, want hulle ouers betáál vir die klasse, sê hulle: 'O, jy weet, Charlize was 'n prinses in haar vorige lewe en ons is die slawe wat haar koshuiskamer moes skoonmaak.' Die kinders het haar byna verafgod.

"Charlize het onmiddellik uitgestaan. Sy was vasberade, bogemiddeld, en baie langer as die ander. Haar skoonheid het jou eerste getref. Sy het vir my gesê: 'Ek gaan nog eendag baie beroemd wees, weet jy.' Ek het nie gedink sy gaan 'n aktrise word nie, eerder 'n ballerina of 'n model. Sy sou in elk geval ook in enige van dié twee loopbane suksesvol gewees het. Sy was ook baie musikaal."

Boonop het sy vroeg al 'n gedugte sakesin gehad. Soos blyk uit die sjokolade wat sy gekoop het om in die koshuis teen 'n wins van die hand te sit.

Oor Charles se dood sê Lloyd: "Uiterlik het sy nie veel emosie gewys nie. Sy het 'n paar dae ná die voorval teruggekom skool toe." Die voormalige onderwyseres het Charlize se ouers klaarblyklik goed geken en sy beskryf Charles en Gerda as 'n sjarmante paartjie. "Hy was uiters aantreklik," sê sy en voeg by (oënskynlik onversoenbaar met Charlize se eie herinneringe aan haar pa): "Haar pa was altyd daar, skoolkonserte, vergaderings . . ."

Bonegio onthou dat Charlize enkele dae ná haar pa se dood terug was op skool asof niks verkeerd was nie. "Sy kon haarself regruk en haar lewe hervat soos 'n ware kunstenaar."

In 1988, toe Charlize nog volgehou het dat haar pa in 'n motorongeluk dood is, sê sy aan Jamie Diamond van die tydskrif Mademoiselle oor haar pa en haar ballet: "Hy was daar. Soms. Hy het nooit geweier dat ek lesse neem nie. Maar hy was nooit by my uitvoerings nie. Hy was 'n alkoholis. Dit was nie 'n goeie huwelik nie. Dit was vir my goed om op kosskool te wees om weg te kom daarvan."

Ná *That Thing You Do!* oor die Amerikaanse popkultuur van die sestigs illustreer sy in 1996 haar afsondering as kind op die hoewe só: "Wat die popkultuur betref, was ek as kind seker vyf jaar agter enigiemand anders. Maar my ma het my onder 'n kombers by die inryteater ingesmokkel om na flieks te gaan kyk wat 'n R-ouderdomsperk gehad het. Op tien het ek die riller *The Shining* gesien. Op dertien het ons 'n sekspraatjie ['the birds-

and-the-bees talk'] gehad, en daarna na *Fatal Attraction* gekyk. My ma was so cool. Flieks was 'n manier waarop sy die geheime van die lewe aan my verduidelik het, en ek het deur films geleef."

Die sogenaamde "agterstand" met pop is van die vreemde voorbeelde wat sy dikwels in haar onderhoude tydens haar opgangsjare in Hollywood gebruik om 'n beeld te probeer voorhou van amperse onskuld, ongekunsteldheid selfs. Maar nooit naïwiteit nie.

Dit is moeilik om te glo dat 'n tiener wat lewenslesse by haar ma leer aan die hand van *Dirty Dancing* en *Fatal Attraction*, 'n meisie vol selfvertroue wat mense met kitaar en sang in 'n winkelsentrum vermaak en haar vriendinne in 'n skoolkoshuis, 'n agterstand in moderne popkultuur sou hê. Dieselfde jaar (1996) waarin sy die opmerking oor haar popagterstand maak, woon sy 'n konsert van Cyndi Lauper in Los Angeles by en vertel agterna dat sy as tiener so 'n groot bewonderaar van Lauper was dat sy selfs haar hare 'n slag pienk gekleur het.

'n Vriendin wat saam met haar op hoërskool was, vertel ook byvoorbeeld van hulle pret in die koshuis met Charlize altyd vooraan. "Sy sou op haar bed staan, en terwyl die liedjie 'Black Velvet' speel, die sang namaak, toneelspeel met gebare en mal gaan terwyl sy lekkergoed uit haar kas na ons gooi om te vang.

"En sy sou gemaak-ekstaties kreun: 'O, Keanu Reeves, Keanu Reeves . . .' Jy weet, die tipiese st. 7-skoolmeisie wat dol is oor hierdie groot akteur. En later sien ons die toneel [in *Sweet November*] en kan skaars ons oë glo . . . sy soen dan vir Keanu Reeves!" ("Black Velvet" is Alannah Myles se 1990-treffer.)

Ouma

Met haar ouma Bettie het Charlize as dogtertjie 'n hegte band gehad. Bettie is ná Charlize se geboorte weer getroud, dié slag met Christo Moolman, 'n motorelektrisiën op Kuruman in die Noord-Kaap. Hiervandaan het sy dikwels op Benoni gaan kuier, waar haar dogter Elsa en dié se gesin op Plot 25 op die hoek van Cloverdeneweg en Derde Weg ingetrek het, naby Charles en Gerda op Plot 56.

Ná haar pa se dood verbreek Charlize en Gerda egter alle bande met Bettie en die res van die Theronfamilie. Nooit, in enige onderhoude, verwys sy ooit weer na haar ouma nie. Soos later blyk, het Charlize hierdie band geknip nadat Bettie gesuggereer het dat Charlize se optrede vroeër die aand van haar pa se dood moontlik onregstreeks tot die treurspel gelei het.

Maar dat daar eens 'n liefdevolle band was tussen ouma en kleindogter (ook Bettie se eerste kleinkind), blyk uit die talle briefies, foto's en geskenkies van Charlize aan haar ouma.

Tydens verskeie gesprekke met Elsa, Charlize se tante en Charles se suster, begin 'n prentjie ontvou van komplekse familieverhoudinge, veral met Gerda. Ek kom ook onder die indruk van die hegte familieband tussen die Therons, die byna heldeverering vir Charles, wat as jong seun gehelp het om 'n gesin sonder pa bymekaar te hou, en die sentrale rol wat hy tot met sy dood vervul het. (Ek hoor ook hoe Elsa al haar telefoongesprekke uit George na haar ma, Bettie, op Kuruman afsluit met die woorde: "Ek's lief vir Mamma.")

In 2008 gaan kuier ek by Bettie Moolman op Kuruman. Sy en haar bejaarde man, wat steeds werk om die pot aan die kook te hou, bly in 'n tweeslaapkamerwoonstel agter op die erf van 'n ander kleindogter, binne stapafstand van die NG Moederkerk. Voor op die sypaadjie groei 'n reusekameeldoring. Ek sit saam met haar op tuinstoele onder 'n afdak by die agterdeur. Bettie, met gryswit hare los tot byna op haar skouers, roep vir tee en steek 'n sigaret aan – en nie die eerste van die oggend nie. Sy lag. "Die kinders wil hê ek moet ophou rook." Agter in die tuin is Bettie se blomme in vrolike kleure. Sy sê sy is soggens douvoordag al in haar blombeddings. Op 30 Januarie 2009 sal sy 79 jaar oud wees, en het reeds 'n nier en deel van haar dikderm weens kanker verloor.

Ek soek in haar gesig na trekke van haar pragtige, wêreldberoemde kleindogter. Om die mond kan jy dit opmerk, maar dit is moeilik om gesigte te vergelyk wanneer die kloof van ouderdom 46 jaar is.

"Watter kleur is Charlize se oë nou eintlik?" vra ek. "Soms word gesê dis blou, soms groen, soms skakerings tussenin."

"Grys." Haar antwoord is sonder 'n nanosekonde se aarseling. "Dis presies die kleur van haar pa se grys oë. Charlize het dieselfde dromerige oë as Charles, dieselfde hartseer oë . . ."

Sy noem haar kleindogter "Charliese".

Die skinkbord met tee kom op die lap waarmee die bolaaierwasmasjien bedek is.

Sy wys na die deure van die dubbelmotorhuis wat opgerol is. In die motorhuis staan rusbanke en gestoffeerde stoele. "Ons gaan die garage nou as sitkamer inrig. Die woonstelletjie is te klein. In die garage is genoeg sitplek as die kinders en kleinkinders kom kuier."

Sy skink nog tee en steek nog 'n sigaret aan. "Maar ek weet nie of Charlize ooit weer daar uit Hollywood hier sal kom kuier nie. Een van die kinders sê hulle het gelees [Stuart] Townsend wil haar graag bring sodat ons weer by mekaar kan uitkom, maar Gerda is glo daarteen gekant. Daai Gerda . . ."

'n Hollywood-ster in 'n garagesitkamer?

Sy staan op vir 'n toer deur haar woonstel. Teen mure en op tafels en kassies wys sy trots die foto's van haar mooi dogters en kleindogters. By elkeen steek sy vas, vertel 'n storie. Die sepiakiekie is van haar jonger suster, toe nog jonk. "Kyk hoe pragtig was sy," sê Bettie. Die Theronvroue, dink ek, is inderdaad nie net sterk nie, maar móói mense, jy kan die goeie gene sien wat aan Charlize oorgedra is, van albei kante af, want Gerda is self 'n mooi vrou.

Maar tussen al die geraamde foto's val dit my eensklaps op, nie wat daar is nie, maar wat afwesig is: waar is Charlize se gesig dan? Hier is geen huldiging van 'n befaamde kleindogter nie. Hier is geen uiterlike vertoon van 'n Theronspruit se wêreldroem nie. Geen foto van Charlize met haar Oscar nie, al het die hele Theronclan daardie nag saam met die res van Suid-Afrika gebars van trots.

Die verklaring is hartseer en baie ironies: van Charlize is al derduisende foto's geneem wat elke aspek van haar loopbaan toelig, sy't selfs haar eie fotograaf. Maar dié ouma het nog nooit 'n spesiale foto van haar kleindogter ontvang vir 'n raam teen 'n muur nie. Sy moet Charlize se gesig op tydskriffoto's deel met vreemdelinge oor die res van die wêreld. Al wat sy het, is dié wat sy eens van 'n klein dogtertjie ontvang het.

Ouma Bettie bring die spesiale Charlize-album en 'n rooi bliktrommeltjie saam buitetoe. Sy beklee miskien nie 'n ereplek teen 'n muur nie, maar in album en trommel word Charlize wel gekoester. Uit die trommeltjie haal Bettie 'n pakkie geborduurde sakdoekies wat 'n jong Charlize vir haar ouma as geskenk gegee het. Die vingers streel oor die sakdoekies. Sy sit dit terug, klik die deksel toe. Ek sal graag wil weet hoe die ratte op daardie oomblik in haar kop werk. Dit is amper gewyd om haar swyende vertroeteling van 'n memento van byna twintig jaar te aanskou.

Daar is ook geskenke ná 'n vakansie op Mauritius. En die briefies, saam met foto's wat Charlize van kleins af aan haar ouma gestuur het, is almal plegtig en georden in die album. Daar is Charlize op klasfoto's, in balletrokkies, saam met haar hondjie Lulu, pienk strikkie om die nek.

Ontelbare families het soortgelyke foto's in albums van klein dogtertjies wat almal dieselfde lyk. Party glimlag met haasbekke, ander is skugter vir die kamera, sommige stuurs, sommige duidelik vrypostig. Charlize lyk asof sy vir die lens van 'n kamera gebore is, in gemaklike poses, 'n opvallende, natuurlike skoonheid. Dit kos nie 'n kristalkyker om voorspellings oor háár te doen nie.

Bettie wys 'n kop-en-skouers-foto van Charlize in haar laerskooldrag. Haar lang ligbruin hare is in twee poniesterte weerskante van haar kop met twee rekbobbels vas, netjies, maar die een bobbel hoër as die ander, nogal vir amptelike skoolfoto's. "Toe sy die foto vir my stuur, het ek dadelik die skewe bobbels gesien en gebel om te hoor hoekom Gerda die kind se hare dan so skeef vasgebind het. Charlize sê toe haar ma was die oggend voor skool te besig en haar pa het haar hare uitgeborsel en die twee poniestertjies vir haar gemaak."

Sy wys 'n getikte briefie en vertel die staaltjie agter dié briefie. Charles het in 1983 'n tikmasjien vir sy besigheid se korrespondensie gekoop. Bettie kuier toevallig by hulle toe Charles die tikmasjien in sy kantoor kom neersit en sy ma aansê om te sorg dat Charlize, toe agt jaar oud, nie met die nuwe tikmasjien speel nie. Hy ken haar vlytige vingertjies. Maar hy is skaars uit of ouma en kleindogter smee 'n komplot. Charlize kan haar onhandige voorvingers net nie van die aanloklike toetse van die tikmasjien afhou nie, en ouma rol 'n vel papier in en gaan staan wag by die deur om te waarsku as haar pa aan 't kom is. En Charlize begin tik:

```
n Brakkie ag n brakkie wil ek kerswees he so dat
hy sans kan waghou en voor my bed le ek skryf vir
kersvadr n broevie om te vra vir n brakkie ag n
brakkie en skelem weg te jag
Chalize t
```

O, hoe lekker het sy en Charlize nie oor dié briefie gelag nie, onthou sy. Die tikpoging, met die datum 4 Junie 1983 in Bettie se handskrif, bewaar sy saam met Charlize se ander briefies in haar netjiese kinderlike handskrif, almal vrolik en selfs oordadig in kleurpotlode met kleurryke blommetjies en hartjies versier. Op 5 Desember 1984, nege jaar oud, skryf sy aan haar ouma op Kuruman:

> Ouma ek is nog baie lief vir Ouma geniet dit in Koereman.
> Liefte van Charlize

Op 17 Julie (sonder jaartal, maar klaarblyklik toe al meer taalvaardig):

> Liewe Ouma
> Hoe gaan dit daar. Hier gaan dit goed. Ek hoop nie Ouma is siek nie. Ouma die griep het my. Ouma ek gaan weer dans, maar hierdie keer gaan ek toe-toe dans doen. My paps se baard is al baie lank en my mamas laat haar hare groei. Ouma moet vir my 'n briefie skryf. Ouma ek moet nou groet. Ouma ek is jammer dat die briefie so kort is, maar volgende keer skryf ek 'n langer brief. Onthou ek het ouma nog baie, baie lief.
> Groete van Charlize

Op haar eie briewe aan Charlize ná Charles se dood, selfs na 'n adres in Hollywood, kry Bettie nooit enige reaksie nie. "Dinge was sedert daardie donker nag nooit weer dieselfde nie. Ek treur steeds oor my seun se dood. Ek treur oor my kleindogter wat my nie wil ken nie. Ek is bly sy het dit so ver gebring, maar ek is net baie hartseer dat haar pa nie hier is om haar sukses te sien nie."

Tog bly sy hoop om hierdie kleindogter van haar weer te sien, of ten minste haar stem te hoor, want Bettie weet nie hoeveel verjaardae sy nog het nie. "Ek gee nie om of sy beroemd of ryk is nie, ek wil haar net graag weer sien."

Ek groet en los my aansteker vir haar; sy't hare opgerook. En ek kan nie help om te dink wat Charlize hier op Kuruman mis nie, weg van faam en rykdom. Hoe meet 'n mens die illusies van Hollywood teen 'n album en bliktrommeltjie vol ongeveinsde liefde en verlange?

Jy kan jou amper 'n tafereel verbeel, daar op die plastiekstoele by die agterdeur: Ouma en kleindogter se geboë koppe dig bymekaar oor goeie herinneringe, Charlize se geskater.

Maar toe ek onder die kameeldoring in my kar klim, is 'n ander beeld in my kop, die beeld op die foto wat die Charlize-album afsluit. 'n Bietjie bisar, maar seker gepas in hierdie nagedagtenis aan die twéé mense wat Bettie op een nag verloor het: die foto van Charles in sy kis, oë geslote asof hy net slaap.

Benoni, 1991

> Net daarna het iemand aan die kombuisdeur geslaan. Ek het aan my ma gesê dat dit my pa is en dat ek bang is vir hom.
>
> Charlize in haar polisieverklaring, 1991

Treurspel

In 1991 bied Rooi Rose (later rooi rose), 'n Johannesburgse tydskrif wat hoofsaaklik gerig is op vrouelesers, 'n kompetisie aan vir aspirantmodelle. Die wenner kry die kans om aan 'n internasionale modelkompetisie, New Model Today, in Italië te gaan deelneem. Een van Rooi Rose se vereistes is: "Ons wenner moet 'n model van formaat wees, of een met goeie potensiaal, want sy gaan Suid-Afrika oorsee verteenwoordig."

'n Lewe as model is menige jong meisie se droom, en met Charles en Gerda se goedkeuring skryf die vyftienjarige Charlize haar in.

Teen dié tyd wys daar ernstige krake in haar ouers se huwelik en die familie is bewus daarvan, veral Charles se suster, Elsa Malan, wat saam met haar gesin net 'n paar strate van die Therons af in Cloverdene woon.

Die twee skoonsusters, Gerda en Elsa, het 'n jare lange, hegte vriendskap, byna soos susters. Dit spruit nog uit hulle jeug in Suidwes toe Gerda skool gelos en by die Therons ingetrek het.

Vandag bly Elsa (intussen ook geskei) in George in die Suid-Kaap, en sit met haar twee seuns die familietradisie van harde werk voort. Hulle bedryf 'n suksesvolle familiebesigheid wat swaar masjinerie vir konstruksie uitverhuur, ook aan die mynbedryf in die noorde van die land. Sy het ook 'n dogter, nou klaar met skool. Baie mense dink die dogter is selfs mooier as haar ouer niggie Charlize. Sy het albums vol knipsels en foto's van Charlize, en ook hierdie neefs en niggie bly hoop dat hulle eendag met Charlize herenig sal word.

Elsa gesels in talle gesprekke openhartig oor die familie se wel en wee, gee amper 'n kroniek, vratte en al. Wat hulle as familie seermaak en wat hulle nie begryp nie, is waarom Gerda en Charlize so summier die bande met die Therons afgesny het. Te meer, waarom Charlize se pa in die internasionale media as 'n alkoholis en skurk voorgestel word, aanvanklik selfs dat hy sy vrou en dogter aangerand het.

Elsa skets ander prentjies as dié van Charlize, wat in 2000 vir die eerste keer oor die huislike treurspel begin praat. Só onthou Elsa hoe sy dikwels saam met Gerda en Charles op hulle bed gelê en klets het. Charles het sy koerant gelees, of soms vir hulle lemoene geskil terwyl hulle gesels. Hy het graag sout op sy lemoenskyfies geëet. (In Hollywood Hills druk Charlize graag vars lemoensap vir haarself uit van lemoene van haar eie bome.) Maar Elsa erken ook dat haar broer, soos ander mans in die familie – selfs aangetroudes – goed om 'n bottel kon kuier. En waar drank is, skuil moeilikheid.

Elsa gaan haal die aanloop tot die noodlottige gebeure by Sondag 16 Junie 1991. Oudergewoonte gaan sy en Gerda die Sondag saam met hulle kinders kerk toe, langs die laerskool. Ná kerk wag Elsa en Gerda buite in die wintersonnetjie op hulle kinders in die Sondagskool. Elsa kom agter dat Gerda gekwel is oor haar huwelik en vra hoekom sy en Charles nie eerder skei nie. Gerda sê nee, sy kan nie, sy moet bly ter wille van Charlize, en die geldsake van die besigheid is ingewikkeld.

Die daaropvolgende Donderdag ry Charles na 'n veiling van swaar masjinerie in Pretoria. Hy eet twee pasteitjies en kom met 'n snoek by sy suster se huis aan. Hy vra dat Elsa die snoek vir Gerda sal gee. Laat die middag ry Elsa met die snoek na Gerda se huis. Gerda is stug, wil nie die vis hê nie, verwerp Charles se soenoffer. Die aand gaan eet Charles saam met sakevriende en sy broer Danie in 'n restaurant.

Die volgende dag, op Vrydagmiddag 21 Junie 1991, vat Gerda vir Charlize na 'n fotografiese ateljee in Johannesburg vir die neem van 'n fotoporteseulje vir Charlize se inskrywing vir die Rooi Rose-wedstryd. Charles wil nie saamgaan nie en gaan kuier eerder die middag by sy suster, Elsa, se huis. Sy broer Danie en dié se vrou, Engela, het uit Kuruman kom kuier. Wanneer Danie kom kuier, is dit by hulle suster Elsa, want hy en Gerda sit nie om dieselfde vuur nie.

Danie het 'n nuwe bakkie gekoop en hy vat Charles vir 'n rit. Op pad terug stop hulle by 'n drankwinkel in Rynfield vir 'n klein botteltjie Underberg van 20 ml, 'n bitter drankie van kruie wat in aperitiewe gebruik word. Charles sê hy het hoofpyn en sy maag is ongesteld van die pasteie by die veiling die vorige dag. Hy meen die Underberg sal help. Danie koop 'n bottel vodka.

Terug in Elsa se huis sit die familie om die kombuistafel: Danie en sy vrou, Engela, Elsa en hulle spannetjies kinders. Elsa se man, Jacques, is weg op 'n sakebesoek. Almal gesels vrolik om die tafel. Veral die seuns hou daarvan om na Charles se vertellings te luister. Hy vertel graag jag- en dierestories. Dié aand om die kombuistafel hang die kinders aan sy lippe terwyl hy demonstreer hoe klein voëltjies in hulle ma's se bekkies gevoed word. Vroegaand, te midde van die geselsery, maak Elsa en Engela koffie en toebroodjies. Danie skink vir hom en Charles vodka. Charles drink ook die Underberg vir die maagpyn.

Dit is hoe Elsa die eerste deel van daardie noodlottige aand se gebeure om die kombuistafel in haar huis beskryf. Hierdie toneel van alledaagse huislikheid verskil drasties van hoe die joernalis-skrywer Lin Sampson bespiegel in 'n essay in haar bundel *Now You've Gone and Killed Me*. En tot die Therons se grimmigheid is dit vir hulle 'n verdere aanduiding van pogings om hulle voor te stel as 'n clan van ongesofistikeerde plotbewoners waaruit Charlize en Gerda met groot gretigheid ontsnap het; plotbewoners met 'n bakkie in die oprit en Weense worsies en biltong vir 'n maaltyd.

"Die drank het 'n gevoel van drama en bravade gegee aan 'n aand waarin ou griewe soos gekweste voëls rondgefladder het. Dalk het hulle onthou hoe Gerda eenkeer gedreig het – soos Elsa later sou getuig – om Danie en Charles te skiet en hulle breine teen die muur te smeer. Dalk was hulle bewus daarvan dat Engela gevoel het Charles was met 'n 'besitlike' vrou getroud, wat 'op sy kop gesit het', soos sy ook in die hof gesê het. Miskien het hulle ook gepraat oor al die kere wat Charles uit sy eie huis gesluit is."

Elsa sê aan my: "Ons familie het maar besluit om alles net so te los, nie meer te probeer om ons kant te stel teen al die onwaarhede wat die wêreld ingestuur word nie. Dit maak net verder seer."

Sy vertel hoe Gerda en Charlize later daardie Vrydagaand omstreeks halftien buite voor die huis stilhou ná die fotosessie. Charlize kom ingestorm, deur die kombuis, reguit toilet toe. Gerda steek in die kombuisdeur vas en vra hulle huis se sleutels by Charles. Hy nooi haar in, sê sy moet net vyf minute wag, dan ry hy saam terug huis toe. Maar Gerda wil nie kom sit nie, sê sy en Charlize gaan ry. Sy stap uit met die sleutels.

Toe Charlize uit die toilet kom agter haar ma aan, vra Charles vir haar hoekom sy niemand groet nie. Hy het haar goeie maniere geleer, sy groet mense, veral haar eie familie, wanneer sy by 'n vertrek inkom. Maar Charlize is uit by die kombuisdeur agter haar ma aan.

Nou is die atmosfeer in die kombuis skielik dik. Charles is omgekrap, die gemoedelikheid daarmee heen. Hy staan op en bel sy huis van die telefoon teen die kombuis se muur. Hy praat met Charlize. Elsa-hulle hoor Charles is ontsteld. Hy plak die foon neer. "As sy my vanaand weer uitsluit, skiet ek die deur se slot af." Hy het 'n klein, geleende .22-pistool by hom wat hy van 'n vriend wil koop.

Elsa sê: "Ag, Charles, moenie simpel wees nie, jy het mos die karavaan waar jy kan slaap."

Sy onthou hoe hy sy hand vertroostend op haar skouer gesit en vir sy broer Danie gevra het om hom in sy nuwe bakkie huis toe te vat, net vier strate verder, op met Cloverdeneweg, regs in Sewende Weg. Nr. 56 is so 'n paar honderd meter verder agter 'n hoë muur en bome aan die linkerkant van die straat.

Toe hulle uitstap, vra Charles vir Elsa: "Kan ek maar hier kom slaap as Gerda my uitgesluit het ... die karavaan is te koud?"

Sy lag. "Natuurlik, hier's altyd vir jou plek."

Charles stap uit in sy leerbaadjie teen die koue. Danie saam, traag, want hy en Gerda vermy mekaar.

Elsa sê haar twee broers was skaars tien minute weg toe een van hulle werkers vervaard kom roep en vertel van 'n skietery by Charles se huis. Elsa en Engela jaag na Sewende Weg en kry vir Gerda in die kombuis. Sy leun in haar winternagklere teen die stoof. Elsa ruik onmiddellik die kruit en vra vir Gerda: "Wat het gebeur? Waar's Charles?"

Gerda antwoord: "In die kamer..."

Toe Elsa in die hoofslaapkamer kom, lê Charles op sy maag tussen die bed en die ingeboude kas met die geel deure, by die ingang na hulle en suite-badkamer. Sy sien bloed aan die rugkant van sy leerbaadjie. Sy hurk en draai sy gesig om. Sy roep na hom: "Charles . . ." Onder haar hand is sy gesig nog warm, sy bril stukkend.

Kort daarna kom die polisie en 'n dokter. Charlize sit huilend en geskok in die sitkamer, 'n kombers om haar gegooi. Ook sy is in haar nagklere.

Charles sterf net ná tien die aand. Hy was 43 jaar oud.

Speurdersersant Hendrik Delport van die speurtak van Putfontein neem die ondersoek oor. Bloedmonsters word van Charles getrek, sketse van die toneel gedoen en 'n polisiefotograaf neem foto's van Charles se liggaam. Hierdie foto's sien ek later in die polisiedossier. Die dokter het hom omgedraai met die vergeefse noodbehandeling en Charles lê nou op sy rug tussen die bed en hangkas, voor die ingang na die badkamer.

Om kwart voor twaalf die nag word sy liggaam na die polisielykwa uitgedra.

Charles se ma, Bettie, kom die Saterdag uit Kuruman by Elsa aan en word Sondag na haar seun se huis gevat. Sy wil self sien wat daar gebeur het en vra Gerda en Charlize uit oor die Vrydagaand se tragiese gebeure.

Die polisie open 'n misdaaddossier vir strafbare manslag en op Maandag 24 Junie 1991 begin polisiemanne beëdigde verklarings van al die betrokkenes afneem. Ook Bettie lê 'n verklaring af oor haar gesprekke met Gerda en Charlize.

Charlize teken elke vel van haar handgeskrewe verklaring. Sy en Gerda verklaar albei dat Charles dronk was en hulle met 'n haelgeweer wou skiet.

Die verklarings is woordeliks soos dit afgeneem en in die polisiedossier aan my beskikbaar gestel is. Plek-plek word woorde in die verklarings gebruik wat eie is aan die formele, omslagtige taalgebruik van die polisie.

Charlize se verklaring lui:

> Ek mej. Charlize Theron, 'n blanke van 15 jaar oud, woonagtig te Plot 56 7de Weg, Cloverdene, tel [verwyder], Die Kruin Hoërskool Johannesburg st. 8, verklaar:
>
> Op Vrydag 1991-06-21 om ongeveer 21:30 het ek en my moeder by ons woning aangekom. Daar aangekom het ons gesoek

na die huis se sleutel. Ons het 'n spesiale plek waar ons dit bêre, maar kon egter nie die sleutel kry nie.

Ons is toe na mev. Malan toe op die hoek van Cloverdeneweg en Derde Weg. Toe ons daar aankom, was my vader (die oorledene) en sy broer, mnr. Danie Theron, daar.

Hulle het in die kombuis gesit en was besig om drank te drink. Ek is nie seker presies watse drank nie.

My ma het die sleutel by my vader gevra. Ek kon hoor dat my vader aggressief was teenoor my moeder. Sy het egter die sleutel van die huis gekry en is toe alleen na ons voertuig toe.

Daarop het ek gehoor hoedat my vader se broer, Danie Theron, vir my vader sê: "Hoekom vat jy haar kak?"

Hulle het verder gepraat, maar ek kon nie presies hoor wat daar gesê is nie. Ek is daarop ook uit die huis en is toe saam met my moeder na ons huis. Nadat ons by die huis aangekom het, het my moeder al die deure behoorlik gesluit.

Ons het ons nagklere aangetrek en net toe het die telefoon begin lui. My moeder het gesê dat ons dit nie moet antwoord nie. Ons het die foon aanhou laat lui. Ná 'n baie lang ruk het die foon opgehou lui. Net daarna het dit weer begin lui. Ek het toe maar die telefoon gaan optel.

Dit was my vader. Hy het weer met my begin baklei en gesê hoekom groet ek nie die mense nie. Ek wou aan hom verduidelik dat ek nie die ander mense gesien het nie. Maar hy het net al hoe harder gepraat. Daarop het hy gevra waar my ma is en gesê: "Waar's daai bleddie bitch?"

Ek het vir hom gesê dat hy asseblief moet ophou om so te praat. Hy het daarop gesê: "Fok julle almal!" Dit het hy 'n hele paar keer gesê en die telefoon neergegooi.

Ek het daarop aan my ma gesê dat ek bang is. Sy het my die heeltyd probeer kalmeer. Net daarna het iemand aan die kombuisdeur geslaan. Ek het aan my ma gesê dat dit my pa is en dat ek bang is vir hom.

Daarop het ek in die bed geklim en vir my ma gesê dat sy vir my pa moet sê ek slaap. Ek het my lig afgesit.

My moeder is daarop na die kombuis. Ek het gehoor hoedat my ma die kombuisdeur oopmaak. Die traliehek was egter nog gesluit. Ek het gehoor hoedat hy (my pa) vir my ma vra hoekom sy nie die deur vir hom oopgelos het nie. My ma het geantwoord dat ek en sy alleen was. Daarop het my vader verskriklik begin vloek en skel. Ek het hom nog nooit so hoor vloek nie. My ma het vir hom gesê hy maak haar bang en dat sy hom nog nooit so gesien het nie.

Daarop het hy geskree dat as sy nie die deur oopmaak nie, gaan hy haar doodskiet. Ek het gehoor hoedat die deur toeklap. Net daarna het 'n skoot geklap. My ma het in die gang afgehardloop. Ek het gehoor hoedat haar kasdeur oopgaan. Die volgende oomblik het sy by my kamer ingestorm. Daar het nog 'n skoot geklap.

Net daarna het ons gehoor hoedat my vader teen die deur [van Charlize se kamer] slaan. My moeder het die deur toegedruk. Hy het die deur probeer oopstoot. Die volgende oomblik het daar nog 'n skoot geklap. Dit was reg deur my kamerdeur en deur my venster.

Daarop het my pa gesê dat hy ons al twee gaan "vrek" skiet met sy haelgeweer. Ek het gehoor hoedat hy na die hoofslaapkamer toe gaan.

My ma het gesê sy was bang dat hy ons gaan doodmaak. Toe is sy ook uit die kamer. Die volgende oomblik het ek 'n klomp skote gehoor. Ek weet nie hoeveel nie, maar dit was baie. Daarop het ek gehoor hoedat my ma begin skree. Dit was 'n histeriese skree. Ek het toe ook uit my kamer gegaan.

Toe ek in die gang kom, het ek my pa se broer, Danie Theron, in die gang gesien. My moeder het in die slaapkamer in 'n hoekie gesit. Ek het na haar gehardloop en gevra: "Wat het gebeur?" My moeder het gehuil en gesê: "Charlize, ek het hulle geskiet, ek het hulle geskiet." Daarop het ek die liggaam van my vader op die grond langs die bed gesien. Daar was ook bloed.

Daarop het ek vir my ma geskree dat ons moet wegkom. Ek het een van ons voertuie se sleutels gegryp. Toe ek buite kom, het ek my pa se broer in die bakkie gesien klim.

My ma het geskree: "Gaan roep oom Wick (ons bure)!" wat ek toe ook gedoen het. Hy het die polisie geskakel.

In my teenwoordigheid het die liggaam geen verdere letsels en of beserings opgedoen nie. Ek kan ook meld dat my ma in geen stadium enige drank gedrink het nie. Sy was nugter.

Ek ken en verstaan die inhoud van die verklaring en begryp dit. Ek het geen beswaar teen die eed nie. Ek beskou die eed as bindend op my gewete.

Gerda se verklaring stem in baie opsigte ooreen met dié van Charlize (hulle was alleen in die huis toe Charles daar inkom en die skietery begin):

> Ek, mev. Gerda Jacoba Alletta [sic] Theron, 'n blanke vrou ID [verwyder] woonagtig te Plot 56 7de Weg, Cloverdene tel. [verwyder], eie besigheid te Plot 56 7de Weg, Cloverdene, verklaar onder eed:
>
> Op Vrydag 1991-06-21 om ongeveer 21:30 het ek en my dogter, Charlize, by ons woning te bogenoemde adres aangekom. Daar gekom, kon ons nie ons huis se sleutels vind waar ons dit gewoonlik los nie.
>
> Ons is daarop na mev. Malan te h/v Cloverdeneweg en Derde Weg, Cloverdene. Daar aangekom het ek my oorlede man, Charles Jacobus Theron ID [verwyder], daar aangetref saam met sy broer, mnr. Danie Theron. Hulle was besig om te drink. Ek is nie seker wat dit was nie. Ek kon egter agterkom hy praat sleeptong en kon dit ook in sy gesig sien. Dit was baie rooi.
>
> Ek het aan hom gevra waar die huis se sleutel is. Hy het gesê ons moet wag, hy wil net sy dop klaar drink.

Ons wou egter nie wag nie en mev. Malan het my ons huis se sleutel gegee, en ek is toe terug na ons voertuig. My dogter het by my aangesluit en ons is terug huis toe.

By die huis het ek die deure oopgesluit en toe weer behoorlik gesluit en het daarop ons nagklere aangetrek. Net daarna het die telefoon begin lui. Ek het aan my dogter gesê dat sy dit nie moet optel nie. Ná 'n lang ruk het die telefoon gestop. Net daarna het dit weer begin lui. My dogter het dit toe opgetel en ek kon aflei dat sy met my man praat. Hy het baklei met haar en ná 'n ruk die telefoon in haar oor neergesit.

Ongeveer 22:00 dieselfde datum het ek 'n geslaan aan die kombuisdeur gehoor. My dogter was bang en het in die bed geklim. Ek is daarop na die kombuis. Daar het ek die binnedeur oopgesluit. Die veiligheidsdeur was nog gesluit. My oorlede man en sy broer was beide buite die deur.

My oorlede man het daarop my verskriklik begin vloek en gevra hoekom ek die deur sluit. Ek het hom geantwoord dat ons alleen is by die huis. Daarop het hy gesê hy soek geld. Ek het vir hom gesê ek sal vir hom geld gaan haal. Hy het gesê: "Maak oop die deur of ek skiet jou dood." Daarop het ek die deur weer toegedruk en amper onmiddellik het hy 'n skoot afgetrek met 'n vuurwapen wat in sy hand was.

Die wapen is 'n .22-pistool, Astra no. [verwyder]. Die vuurwapen is die eiendom van [verwyder]. My man was besig om die wapen oor te koop van [verwyder].

Daarop het hy vir my gesê: "O, jy dink ek kan nie in die huis kom nie!"

Daarop het ek kamer toe gehardloop en my .38-Taurus Special-rewolwer Reeksno. [verwyder] wat my eiendom is, gaan haal uit my kas. Ek is toe terug na my dogter se kamer.

Net daarna het my man, wat baie vinnig in die huis ingekom het, teen die deur [van Charlize se kamer] begin slaan. Ek het die deur toegedruk. Ek het nog 'n skoot gehoor en later gesien dat die patroonpunt deur die kamerdeur is en deur die venster.

Daar het hy geskree: "Vanaand skiet ek julle albei met die haelgeweer vrek!" Daarop is hy na die slaapkamer. Ek was baie bang en het gevrees vir my en my dogter se lewe.

Ek het agter hom aangehardloop in die kamer in. Ek het net op hom begin skiet. Ek weet nie hoeveel keer nie. Ek het gesien dat hy val.

Toe ek omdraai, het ek sy broer agter my gesien en instinktief nog 'n skoot in sy rigting geskiet. Sy broer het geval.

Daarop het my dogter uit haar kamer gekom en my kom help. Ons het albei gehuil.

My dogter het toe ons bure gaan roep en hulle het die polisie ontbied.

Ek het later die liggaam aan s/sers. Delport uitgeken as mnr. Charles Jacobus Theron.

Die liggaam het geen verdere letsels of beserings in my teenwoordigheid opgedoen nie.

Ek is vertroud met die inhoud van die verklaring.

Danie Theron het buite gewag nadat Charles die kroegdeur oopgedwing het. Eers toe hy die skote binne hoor, het hy ingegaan. Sy verklaring lui:

Ek mnr. Daniël Theron, 'n blanke man 36 jaar oud, woonagtig te [verwyder], Kuruman, tel. [verwyder], eie besigheid, verklaar onder eed:

Op Vrydag 1991-06-21 om ongeveer 15:30 het my broer mnr. Charles Theron (die oorledene) my gebel en gesê ek moet gou 'n draai by hom kom maak. Op daardie stadium het ek gekuier by ons suster te Plot 25, Cloverdene.

Ek wou eers nie gaan nie, aangesien ek en Charles se vrou, mev. Gerda Theron, nie goed oor die weg gekom het nie. Hy het gesê dat sy hulle dogter weggevat het en nie nou daar is nie. Ek is daarop na sy huis te Plot 56, 7de Weg, Cloverdene.

Ek het 'n kort rukkie daar gekuier en ons is toe weer terug na Plot 25, Cloverdene.

Daar aangekom het ek gou my [nuwe] voertuig, 'n bakkie, reggemaak en toe vir Charles gesê om gou saam met my te ry sodat hy kan voel hoe ry die bakkie. Terwyl ons toe gery het, het ons sommer gou by 'n drankwinkel gestop te Rynfield [in Benoni] en 'n bottel vodka gekoop, asook 'n klein botteltjie 20 ml-Underberg. Die klein bottel wou hy drink vir sy hoofpyn. Ons is weer terug na Plot 25, Cloverdene.

By die huis het Charles sy klein botteltjie Underberg gedrink. Ek het daarna vir ons elkeen 'n glas vodka ingegooi en ons het by die tafel gesit en gesels. Gedurende ons gesprek kon ek agterkom dat my broer baie druk het en vir 'n paar dae wou gaan rus.

Die hele aand het Charles net 2 glasies vodka gedrink.

Terwyl ons nog gekuier het, ongeveer teen 21:15, het Charles se vrou, mev. Theron, en sy dogter, Charlize, daar opgedaag.

Charlize het ingekom en sonder om te groet direk toilet toe gegaan. Mev. Theron het nie ingekom nie, maar net by die deur gestaan en gevra waar die huis se sleutels is. Charles het vir haar gesê hy het die sleutel. Hy het vir haar gevra om asseblief in te kom en te sit. Hy sal net nog 5 minute besig wees. Sy het daarop gesê dat hy [onduidelik] sy nie inkom nie.

My vrou het daarop vir mev. Theron die sleutels gegee. Sy is toe weer daar weg. Sy dogter het ook weer net uitgeloop sonder om te groet. Hulle is toe daar weg. Charles het sy vrou gevra om hom nie weer uit te sluit nie. Ek kon agterkom Charles was ontsteld.

Nadat ek hom 'n Vadersdagkaartjie gewys het wat my kinders vir my gemaak het, het hy nog meer ontsteld geraak.

Daarop het hy die telefoon gevat en na sy woning gebel. Die telefoon het 'n rukkie gelui en is toe beantwoord. Ek het afgelei dat dit sy dogter, Charlize, is wat geantwoord het.

Ek kon hoor hoe Charles vir Charlize vra hoekom sy nie die mense gegroet het nie. Ek het afgelei dat sy terugpraat, waarop Charles baie kwaad geword het en geskree [het]. Hy het gesê: "Man, fok jou en jou ma!" Daarop het hy die telefoon neergegooi.

Hy het weer kom sit en ná ongeveer 15 minute het hy besluit om te ry. Hy het gesê dat ek hom moet huis toe vat. Eers wou ek niks doen nie en wou hom my bakkie se sleutels gee sodat hy self kan ry. Hy het egter daarop aangedring dat ek hom moet wegvat.

Toe ons gery het, het hy die opmerking gemaak dat hy vanaand seker weer in die 12-boor se loop vaskyk.

Ek kan ook noem dat mev. Theron my al op vorige geleenthede gedreig het dat sy my sal skiet.

Toe ons daar kom, het hy gesê ek moet nog gou 'n drankie kom drink. Ek wou nie, want ek wou nie verder moeilikheid maak nie. Charles het egter aangedring daarop.

Toe ons op die stoep kom, het hy gesê dat sy vrou hom alweer uitgesluit het. Hy het aan die deur geruk, maar niemand het oopgemaak nie. Daarop het hy gesê: "Vanaand skiet ek die slot af." Hy het ook toe 'n skoot afgevuur op die slot. Daarna het hy aan die skuifdeur geruk.

Die keer het hy weer 'n skoot afgetrek in die grond in. Op geen stadium het mev. Theron die deur oopgemaak of iets geskree nie.

Ek het op die stadium vir Charles gesê hy moet ophou en probeer om hom vas te hou. Hy het egter losgeruk en gesê: "Los my uit."

Ek was bang en het besluit dis veiliger om buite te staan. Ek het amper by die bakkie gaan staan waar dit donker was. Ek kon hoor hoedat Charles weer aan die skuifdeur ruk. Op daardie stadium het hy die [skuif-]deur oopgekry en ek kon hoor hoedat die skuifdeur oopskuif.

Net daarna het ek 'n skoot hoor klap. Ek het toe geskrik en begin nadergaan. Toe ek by die stoepdeur kom, het ek 'n tweede skoot gehoor, en toe nog meer skote, ek weet nie presies hoeveel nie.

Ek het besef dat daar nou groot moeilikheid is en het by die skuifdeur ingehardloop.

Toe ek om die draai in die gang inkom, het ek mev. Theron binne die deur, hul slaapkamerdeur, gesien staan. Sy het na my toe gekyk. Die rewolwer was ook nog in haar hand.

Toe sy my sien, het sy onmiddellik die wapen opgetel en geskiet. Ek het my hande opgetel en eenkant toe geduik in 'n hoek van die gang. Toe het ek besef sy het my raakgeskiet. Ek het net stil gelê en gemaak of ek dood is. Mev. Theron het tot by my geloop, ek kon haar voetstappe hoor, en stilgestaan. Sy het omgedraai en teruggedraf kamer toe. Daar het ek opgekyk en gesien hoedat sy weer in die kamer ingaan.

Ek het onmiddellik opgespring en uitgehardloop. Ek was in die linkerhand gewond. Die bloed het uitgespuit op 'n stadium.

Ek wou net wegkom en toe ek buite kom, het ek gehoor hoedat Charlize 'n vreeslike gil gee. Net daarna het ek nog 'n skoot gehoor. Ek het net gehardloop. My bakkie se sleutels was binne-in die huis waar ek dit laat val het.

Die polisie het toe later die toneel besoek en oorgeneem.

Elsa Malan was eerste by haar broer se liggaam in die slaapkamer en sy verklaar:

Ek mev. Elizabeth Johanna Malan, 'n blanke vrou 31 jaar oud, woon- en werkagtig [sic] te Plot 25, h/v Cloverdeneweg en Derde Weg, Cloverdene, tel. [verwyder] verklaar onder eed:

Op Vrydag 1991-21-06 om ongeveer 15:30 het my broer mnr. Charles Theron van Plot 56 7de Weg, Cloverdene, my ander broer Danie wat tans by ons kuier, gebel en gevra dat Danie [by Charles] moet kom kuier. Danie het toe 'n rukkie daarna vertrek na Charles Theron te Plot 56 7de Weg, Cloverdene.

'n Rukkie daarna het Charles en Danie hier by ons plot opgedaag. Danie het vir Charles sy nuwe bakkie gewys en hulle het eers 'n entjie gaan ry.

Toe hulle terugkom, het Charles 'n botteltjie Underberg 20 ml gehad. Hy het gesê hy het 'n geweldige hoofpyn en dat hy die botteltjie sal drink aangesien dit die hoofpyn sal wegvat. Hy het nie veel meer drank gedrink nie.

'n Rukkie daarna het ek gebad en kon hoor [hoe] iemand hier [in die kombuis] praat. Ek het my nie gesteur daaraan nie en is later ná ek klaar gebad het, vertel dat dit Charles se vrou was wat hier was. Dis mev. G. Theron en haar dogter mej. C. Theron.

Ek het daarop aan Charles gevra hoekom Charlize, sy dogter, nie ingekom het nie. Hy het daarop gesê sy het wel ingekom, maar dat sy niemand gegroet het nie, net die toilet gebruik en toe weer uitgeloop het.

Daar was voorheen struweling tussen Danie en mev. Theron.

Daarop het Charles besluit om sy dogter te bel. Hy het haar toe gebel en eers mooi gepraat en gevra hoekom sy so lelik met sy familie was.

Ek het gehoor dat Charlize skreeu op Charles. Ek kon ook hoor hoe mev. Theron op die agtergrond skreeu.

Daarop het Charles baie kwaad geword en gesê: "Sê vir daai fokken bitch sy moet haar bek hou, en fok jou ook." Daarop het hy die telefoon neergegooi. Hy was merkbaar baie ontsteld.

'n Rukkie daarna het Danie en Charles afgery na mev. Theron en Charles se woning. Danie wou eers nie saamgaan nie omdat hy en mev. Theron glad nie oor die weg gekom het nie. Maar Charles het daarop aangedring dat hy saamgaan.

'n Rukkie daarna het ons die rapport ontvang dat daar 'n skietery was en is toe dadelik na Charles se plot.

Toe ons daar aankom, het ons die oorlede Charles in die [hoofslaap-]kamer aangetref. Danie was nie op daardie stadium daar nie.

In my teenwoordigheid het die liggaam geen verdere letsels en nog beserings opgedoen nie.

Bettie Moolman vertel in haar verklaring van haar gesprek Sondag met Gerda en Charlize toe sy in hulle huis gaan kyk het waar haar seun gesterf het:

> Ek mev. Elizabeth Johanna Moolman, 'n blanke vrou woonagtig te [verwyder], Kuruman, tel. [verwyder], verklaar onder eed:
> Op Sondag 1991-06-23 was ek te Plot 25 Cloverdene by my dogter mev. Malan. Die oorledene in die saak, mnr. C. Theron, is [sic] my seun gewees.
> Op [Sondag] 1991-06-23 het mev. [Gerda] Theron my geskakel en gevra dat ek moes oorkom na haar. Sy is die oorledene se vrou, my skoondogter.
> Toe ek by Plot 56 Cloverdene kom, het mev. Theron my ingenooi en ons het begin gesels. Ek het aan mev. Theron gevra dat sy my asseblief moet vertel wat werklik op die [Vrydag-]aand van 1991-06-21 daar gebeur het.
> Mev. Theron het gesê dat die oorledene woedend was omdat hulle hom uitgesluit het uit sy eie huis en omdat sy dogter hom na bewering nie sou gegroet het by familie vroeër die aand nie.
> Sy het verder gesê dat die oorledene en sy broer Danie Theron dronk was.
> Ek het daarop aan haar gevra dat sy my moet wys hoe alles gebeur het. Sy het eerste aan my die kombuisdeur gewys waar die oorledene wou inkom. Sy het gesê dat sy nie die deur vir hom wou oopmaak nie, en dat hy toe 'n skoot daar afgevuur het.
> Daarna het sy vir my die kroegdeur gewys en gesê dat die oorledene die [skuif-]deur oopgeforseer het.
> Ons het verder gestap en in die gang in 'n inham [het ek] gesien dat daar skoongemaak is. Ek het aan mev. Theron gevra of dit die plek is waar sy Danie geskiet het. Sy het bevestigend geantwoord.
> Daarop is ons na die hoofslaapkamer waar die skietery plaasgevind het. Ek het opgemerk dat daar verskeie kolle bloed was wat toegegooi was met lakens.
> Mev. Theron het gesê: "Ma, dit is die sterkste mens. Hy wou nie val nie."

Sy het haar hande in die lug ge-[onduidelik] en verder gesê: "Here God, help my dat ek hom nog een skoot kan gee dat hy kan val."

Ons is toe terug na haar kantoor. Daar het ek aan die oorledene se dogter Charlize gevra hoekom sy nie die oorledene gegroet het by die familie voor die voorval nie. Dan sou die voorval dalk nie gebeur het nie.

Charlize het toe na haar ma gekyk en gevra: "Kry ek nou al die skuld?" Daarop het sy opgespring en uitgehardloop buite toe. Sy het gehuil.

Charlize het ná 'n ruk teruggekom.

Ek het daarop aan mev. Theron gevra dat as sy die oorledene so gehaat het, hoekom sy hom nie eerder geskei het nie. Sy het toe na Charlize gewys en gesê: "Ma weet tog, dit was ter wille van dié kind."

Ek het hulle toe vertel van 'n voorval gedurende 'n vorige keer waar dit gebeur het dat mev. Theron die oorledene uitgesluit het uit die huis. Hy het toe sommer deurgery na Kuruman na my toe. Die dag voor hy teruggekom het na sy huis, het ek hom in sy kamer gekry waar hy gehuil het. Hy het my meegedeel dat hy bang was om terug te gaan. Hy wou nie al die verwyte en slegte dinge hoor nie. Hy is toe daar weg.

Daar was egter nog steeds kwelvrae, soos hoekom het sy nadat sy hom geskiet het, nie hulp ontbied nie, of hoekom nadat hy begin steier het, [het sy] nie weggehardloop nie.

Verder wil ek ook sê: Vir die afgelope 20 jaar was my seun die oorledene nog altyd mev. Theron se ondergeskikte. Sy is 'n baie kwaai persoon en het nooit iemand se gevoelens in ag geneem nie.

Ons heg baie waarde aan familiebande, wat sy as belaglik beskou het. Sy was 'n uitgesproke persoon, met min agting vir familie, selfs haar eie.

Hy, my seun, was nooit, waarvan ek weet, ooit gewelddadig teenoor haar nie. Sy daarenteen was baie gewelddadig teenoor hom.

(Die verklarings van die werker Joseph Gawele en ondersersant Anton Koen, die eerste polisieman op die toneel, is in die Notas.)

Later toets Jaivanti Bhana, 'n forensiese analis, die bloedmonster wat van Charles geneem is en bevind dat Charles se bloedalkoholvlak 0,21 g per 100 ml was. Dit is inderdaad aansienlik meer as net die twee glasies vodka waarvan Danie in sy verklaring melding maak.

Raaisel

Charles word op 26 Junie 1991, vyf dae ná die skietery, in die Benoni-Oos-begraafplaas ter ruste gelê waar Charlize bitterlik langs sy graf huil. 'n Eenvoudige grafsteen word opgerig met sy naam, geboorte- en sterfdatum op die granietkopstuk met die woorde "Eggenoot, vader en seun", saam met 'n Bybelversie sonder teksverwysing: "Ek sê vir julle, as julle geloof het soos 'n mosterdsaad, sal julle berge kan versit."

Dit is besonder gepas vir Charles, wat van brandarm seun tot miljoenêrsakeman berge versit het, soos sy enigste dogter ook later sou regkry.

Ses maande ná sy dood begin 'n geregtelike doodsondersoek in die landdroshof in Benoni, waar getuienis aangehoor word, ook dié van Charlize, oor die gebeure van daardie Vrydagaand. Op 19 Februarie 1992 berig 'n Johannesburgse koerant oor 'n onverwagte wending in die geregtelike ondersoek:

> *Die 44-jarige miljoenêr se familie het gevra forensiese toetse moet in die polisielaboratoriums gedoen word op die klere wat hy die aand van die skietery aangehad het. Hulle het die klere by die lykhuis in ontvangs geneem. Prokureur Sim Kotzé, van Kemptonpark, wat die deftig geklede weduwee, Gerda Theron, 39, gister met die derde ondersoekdag bygestaan het, het gesê: "Ons het geen beswaar teen sulke toetse nie. Ons wil hê alles moet op die tafel kom."*

'n Patoloog getuig vier skote het Charles getref, onder meer in sy linkerarm, linkerskouer en bors. Die laaste getuie is Joseph Gawele (hy word ook Rakwele genoem). Die 71-jarige werker van Charles getuig dat Charles aan die veiligheidsdeur gepluk en aan die kombuisdeur agter die veiligheidsdeur geklop en toe 'n skoot op 'n (leë) hondehok afgevuur het. "[Mev. Theron] het hierop die kombuisdeur oopgemaak. Sy het gevloek, gevra wat aan die gang is en die deur toegeslaan en gesluit." Joseph is diep aangedaan terwyl hy getuig.

Landdros Rencia Knight beslis op 3 September 1992 dat die hof geen bevinding kan maak nie weens oënskynlike teenstrydighede tussen die forensiese verslag en dié van die patoloog. Die patoloog meen die wond aan Charles se linkerblad is 'n uitgangswond en in die forensiese verslag is bevind dit is 'n ingangswond. Die landdros verwys die saak na die destydse vervolgingsgesag, wat uiteindelik twee jaar later eers besluit om Gerda nie te vervolg nie.

Charles se familie is ontsteld dat geen verhoor plaasvind waarin die gebeure van die aand uitgepluis kon word nie. Volgens ondersers. Anton Koen se verklaring (die eerste polisieman op die toneel) blyk dit dat Charles drie skote geskiet het en Gerda vyf skote. Sy ma, Bettie, skryf selfs 'n brief aan die landdros waarin sy sekere aantygings maak. Ook Danie Theron is ongelukkig dat Gerda nooit aangekla is van poging tot moord omdat sy hom ook in die huis raak geskiet en sy vingers vergruis het nie. Maar daar is, terselfdertyd, ook verligting dat Charlize ná die trauma van haar pa se dood 'n hofsaak gespaar bly.

Elsa sê toe die polisie Charles se klere wat hy die aand van sy dood aangehad het, aan haar teruggee, het sy deur sy sakke gevroetel. In sy broeksak was nog die sleutel van die kluis waarin hy sy gewere en kontantgeld gehou het. Dit is dié kluis waarin ook die haelgeweer was waarvan Gerda en Charlize in hulle verklarings melding maak. Die kluis was by die deur van die hoofslaapkamer. Dit blyk Charles het by die kluis verbygeloop sonder om die sleutel uit sy sak te haal. Sy liggaam het voor die ingang na die badkamer gelê. Elsa sê dit lyk asof Charles verby die kluis na die badkamer op pad was.

Maar vir haar en haar familie bly dit 'n raaisel wat daardie nag in sy kop gebeur het wat hom, 'n oënskynlik sagmoedige man, na deurslotte laat skiet het. Wat só 'n vrees by ma en dogter gewek het dat hulle gemeen het hulle lewe word bedreig. (Charlize sê later as sy in haar ma se skoene was, sou sy dieselfde gedoen het.)

Gerda bedryf nog vir 'n ruk haar en Charles se besigheid en verhuis van die plot na 'n mooi huis in Benoni. Sy raak ook betrokke in 'n vriendskap met Ivor McCulloch, 'n eertydse huis- en sakevriend van die Therons, en geskeide pa van twee seuns. Een van die seuns, Denver, is dieselfde ouderdom as Charlize, en hulle ken mekaar al van kleins af. In haar brief aan die landdros verwys Bettie Moolman na McCulloch wat Gerda tuis kom vertroos het ná Charles se dood. Gerda en McCulloch het inderdaad later so 'n hegte verhouding dat Charlize na hom as haar "stiefpa" verwys. Hy en Gerda besoek haar in Amerika en hulle word selfs by glansgeleenthede saam met Charlize afgeneem.

Maar Charles se dood bring 'n einde aan Charlize se verhouding met haar pa se familie en haar ouma Bettie. Haar ouma se beskuldiging in die gesprek die Sondag ná haar pa se dood moes vir Charlize bitter moeilik gewees het om te aanvaar.

Bettie sê aan my sy het darem die troos dat sy haar seun se laaste woorde aan haar nooit sal vergeet nie, danksy die innige gebruik in die Theron-familie: "Ek's lief vir Mamma."

Op pad, 1991–1992

Sy was soos tien duisende ander jong meisies, in haar ma se hoëhakskoene en krale voor die spieël, met haasbekkie en kaal voete skool toe.
Maar Charlize was ook ánders as tien duisende ander jong meisies.
Want aan haar voet het die glasskoentjie gepas.

Joan Kruger, Rooi Rose

Wenner

Die beoordelaars van Rooi Rose se Model '91-wedstryd doen hulle aanvanklike keuring in Junie 1991 vir 'n kortlys uit die meer as 600 inskrywings op grond van die foto's wat die meisies saam met hulle inskrywings instuur. Retha Snyman, organiseerder van die wedstryd en ook destyds jare lank organiseerder van die Mej. Suid-Afrika-skoonheidswedstryd, sê op die foto's wat hulle moes deurgaan, was Charlize 'n mooi gesiggie, maar nie uitsonderlik nie. Daar was mooier meisies, baie met modelervaring, en sy was baie jonk. Tog is besluit om haar by die kortlys in te sluit vir persoonlike onderhoude, waarna die finaliste gekies sou word.

"Toe ons hierdie deelnemers op die kortlys die eerste keer persoonlik ontmoet, was daar egter geen twyfel nie. Sy was een van die jongstes, maar sy het die selfvertroue gehad van iemand baie ouer as haar vyftien jaar. Wanneer sy 'n vertrek ingestap het, was al die aandag op haar. Daardie kombinasie van skoonheid, talent en natuurlike grasie is uniek. Dit was duidelik dat sy daardie *iets* het wat nodig is vir sukses."

Twaalf dae ná haar pa se dood word aangekondig Charlize is een van tien finaliste in die modelwedstryd. Foto's van hierdie finaliste word op 3 Julie 1991 gepubliseer, van elkeen 'n vollengtefoto in swemdrag en 'n gesigfoto. Charlize se hare is lank en nat gestileer asof sy uit die water kom. Die byskrif lui: "Lieflike Charlize Theron kom van Benoni se wêreld. Sy is vyftien jaar oud, 1,75 meter lank en haar mate is 84–65–91."

Op Vrydagaand 2 Augustus, ses dae voor haar sestiende verjaardag, word Charlize tydens 'n regstreekse TV-uitsending in Johannesburg as Model '91 aangewys, sonder enige ondervinding van modelwerk. Een van haar pryse is om in Italië aan die internasionale New Model Today-kompetisie te gaan deelneem. Nadat sy haar pryse op die verhoog ontvang het, vra sy of sy 'n paar woorde kan sê en bedank almal met groot selfvertroue en sjarme. Joan Kruger, toe redakteur van Rooi Rose, sê die gehoor moes gewonder het of Charlize werklik net 'n st. 8-skoolmeisie was. "Charlize se vasberadenheid is iets waarmee 'n mens vinnig kennis maak as jy met haar gesels. Die ken word net so effens meer uitgestoot."

Maar nou is hierdie pragtige tiener op pad Italië toe en hoe weerloos of sterk gaan sy wees? En hoe voel haar ma? Om ambisie vir jou dogter te hê, is niks nuuts nie, wel om haar op so 'n jong ouderdom uit te lewer aan plunderaars van jong modelle.

Joan voer die oggend ná die kroning op 3 Augustus 1991 die heel eerste tydskrifonderhoud ooit met Charlize in 'n hotel in Johannesburg. Ondanks net vyftien minute se slaap daag Charlize op, "vars soos 'n lenteblaar in haar sjiek pakkie", met Gerda aan haar sy.

As redakteur van Rooi Rose, borg van die kompetisie, en self 'n ma van 'n tienerdogter het Joan verantwoordelik vir die jong Charlize gevoel. (Haar dogter het saam met Charlize balletlesse bygewoon en in uitvoerings gedans.) En vir die eerste keer onthul sy in 2008 aan my ook haar ernstige bedenkinge van destyds oor die Italiaanse modelmaatskappy wat haar tydskrif se borgvennoot was, veral nadat in daardie tyd in die Suid-Afrikaanse Sunday Times ontstellende berigte verskyn het oor die slaggate vir jong modelle in Italië.

"Die meisies is almal in woonstelle in Milaan gehuisves en moes self vir hulle uitgawes betaal, wat hulle finansiële verpligtinge soms so laat ophoop het dat hulle dikwels diep in die skuld geraak het en byna enigiets sou doen. Die destydse Suid-Afrikaanse konsul-generaal in Milaan het self aan my vertel hoe 'n radelose jong meisie by hom om hulp kom aanklop het."

Tydens die onderhoud met Charlize vra Joan reguit: "Daar word soms lelike dinge oor die modelwêreld gefluister. Dink jy jy's volwasse genoeg om dit te kan hanteer?"

Charlize se antwoord soos dit toe in die tydskrif verskyn het, is nie dié van 'n vyftienjarige nie, reeds tipies vol selfvertroue: "Ek glo ek sal die druk kan verwerk. Anders sou ek nie eens ingeskryf het nie. Ek glo in myself. Ek is positief. Die negatiewe dinge moet ek eenvoudig verwerk. Ek het 'n vermoë om gelukkig te wees. My voete staan vas op die grond."

En Gerda merk op: "Benoni en Milaan is ook maar net 'n vliegtuig ver van mekaar."

Joan skryf oor haar reaksie by die hoor van hierdie woorde: "Dié wat geweet het van die groot hartseer wat sy met haar pragtige glimlag verberg het, kon net met nog groter respek na haar kyk." Gerda se enigste opmerking oor die tragedie was egter 'n skouerophaling en lakoniese: "Dit het gebeur. Ons is albei nog geskud daardeur, maar ons moet na die toekoms kyk. Dit is vir Charlize 'n vuurdoop, maar ek het vertroue in my kind."

Byna presies sewentien jaar ná daardie gesprek met die twee Theronvroue herleef Joan in Augustus 2008 daardie ontmoeting. Sy vertel hoe sy Charlize as vyftienjarige ervaar het, skaars sewe weke ná haar pa se dood, en hoe sy in daardie stadium geen spesmaas gehad het dat dié kind eendag só beroemd sou word nie. Sy erken wel: "Ek wás bekommerd oor Charlize. Nare goed is gesê oor wat in Italië op jong modelle kon wag. En weerloser as wat sy was, kon jy amper nie kry nie."

Of so het sy gedink.

"Toe vra ek haar oor haar pa. Charlize en Gerda het vir 'n breukdeel van 'n sekonde na mekaar gekyk, waarna Charlize bloot antwoord dat haar pa in 'n ongeluk dood is."

("Die oë blink en ma en dogter kyk vir mekaar met groot begrip," het Joan dit destyds in Rooi Rose gestel.)

Joan sê aan my die volle betekenis van daardie veelseggende blik het haar nie dadelik getref nie. Sy het eers 'n rukkie later besef: "Daar was ys in Gerda en Charlize se are, nie kwesbaarheid nie. Almal het al op skool geglo sy was in 'n vorige lewe 'n prinses. Miskien was ons net te blind, of te dom, of het ons net die vyftienjarige raakgesien en nie die staal in haar nie.

"Charlize het enorme selfdissipline en doelgerigtheid gehad, maar nie een van ons het gedroom dat sy dit so ver sou bring nie ... dalk as model, maar nooit as so 'n beroemde filmster nie."

Nadat Charlize die modelkompetisie in Italië gewen het, het Joan se vrese nie verminder nie, al het Charlize toe 'n modelkontrak gehad en was sy uit hulle hande. "Ek het later gehoor dat sy in 'n Italiaanse fliek gespeel het. Maar dis veral toe ek 'n portefeulje foto's van haar in onderklere sien, dat ek diep bekommerd was. Self 'n ma, was dit die laaste ding wat ek wou sien. Deesdae is modelle van veertien, vyftien 'n algemene ding, maar nie daardie tyd nie. En veral nie in die vreemde nie. Ek het dikwels met Gerda hieroor gepraat, maar sy het gesê dat hulle goed na Charlize kyk. Miskien het hulle..."

Joan sê sy het destyds ingestem om die geheim van Charles Theron se skietdood te bewaar en ontken dat daar sprake was dat Charlize haar sou onttrek. Sy was net te sterk, haar lewe het aangegaan.

Later verbreek Rooi Rose en die Italiaanse modelborg hulle verbintenis, al maak 'n Italiaanse talentjagter daarop aanspraak dat hý Charlize eintlik in 1991 "ontdek" het. Hoewel Gianfranco Iobbi teen 2008 steeds jong talent in Suid-Afrika kom soek, was hy al in 1990, voor Charlize se ontdekking, midde-in groot omstredenheid toe hy 'n elfjarige meisie van die Kaap gekies het om 'n modelkursus in Italië te gaan doen.

Dawn Gardiner, wie se dogter Margaret 'n suksesvolle model en Mej. Heelal geword het, sê in 1990: "Margaret het eers op sestien gegaan. Ons was toe steeds bekommerd, maar sy was baie volwasse vir haar ouderdom."

Ook Lynette Fourie, nog 'n ma van 'n suksesvolle Suid-Afrikaanse internasionale model, Tanya, se kommentaar is gevra: "Dis 'n wonderlike geleentheid as 'n kind se ma kan saamgaan, maar dis nie so maklik as wat dit klink nie. Geen werk is gewaarborg nie en al kies 'n modelagentskap haar, moet sy steeds aan kliënte blootgestel word." Sy sê Tanya moes in Italië van deur tot deur met haar portefeulje stap en 'n jong meisie moet sterk wees vir die werklikhede van modelwerk, die daaglikse blootstelling aan verwerping. "Só 'n kind moet 'n baie stabiele opvoeding en 'n spesiale persoonlikheid hê."

Iobbi gee op 31 Augustus 1993 aan die Johannesburgse dagblad Beeld riglyne waaraan 'n jong model moes voldoen as sy sukses wou behaal. Vir hom is lang of kort, blonde of donker hare, of 'n kort of lang neus, nie belangrik nie, maar dit waarna die modemark op 'n bepaalde tydstip soek, die regte voorkoms op die regte tyd op die regte plek. Hy sê 'n fotografiese model wat sukses wil behaal, begin op 'n baie jong ouderdom en op negentien, twintig is driekwart van haar loopbaan verby. Op die loopplank begin hulle loopbane eintlik eers ná twintig en as hulle hulleself baie goed versorg en selfdissipline toepas, kan hulle tot op dertig baie goed vaar.

Maar wat meen hy maak van 'n model 'n wenner?

"'n Suksesvolle model is amper soos 'n suksesvolle atleet. Sy moet weet of sy vir naellope of langafstande wil kwalifiseer. En dan moet sy die deursettingsvermoë hê om haar ideaal te verwesenlik. En daar is tog belangrike fisieke eienskappe: as haar heupe breër as 90 cm is, sal sy moeilik aanvaar word; 'n fotografiese model moenie korter as 1,72 m wees nie en 'n loopplankmodel nie korter as 1,77 m nie; hoe jonger sy is, des te beter is haar kanse."

Op 17 Mei 1994 word die dertienjarige Celesté Fourie van Bloemfontein in Johannesburg aangewys as die wenner van die New Model Today-wedstryd en Iobbi word so aangehaal: "Vars en onskuldige gesiggies met sproete is in. Daarom is die neiging nou om jonger en jonger meisies as modelle te gebruik. Hulle moet ook lank en slank wees met 'n ongeskonde voorkoms. Toe ek Celesté vir die eerste keer gesien het, het ek onmiddellik geweet: hier is die wenner."

'n Maand later word hierdie neiging om meisies van so jonk as elf en dertien as modelle te werf, deur die TV-aanbieder Felicia Mabuza-Suttle op die Suid-Afrikaanse TV-program Top Level bespreek. Een van die deelnemers is 'n jong meisie van Johannesburg, net Tracey genoem, wat beweer sy is verkrag toe sy in Italië modelwerk gedoen het.

Die gehegtheid tussen Charlize en haar ma het ook vir Retha Snyman, organiseerder van Rooi Rose se modelwedstryd, destyds opgeval. "Maar Gerda het Charlize toegelaat om haar eie besluite te neem. Dit was Charlize wat wou gaan en haar ma het haar die ruimte gegee om self te besluit. Gerda was baie dapper om haar dogter op daardie ouderdom oorsee te laat gaan."

Retha kom ook die eienskap van Charlize teë wat later so kenmerkend van haar suksesvolle lewe sou word: deursettingsvermoë, byna 'n verbetenheid om te slaag met alles wat sy aanpak. "Haar pad is nie die pad wat elke meisie kan stap nie. Sy was hardwerkend en stiptelik, 'n perfeksionis. As daar 'n fotosessie was, was sy tien minute voor die tyd al klaar, reg aangetrek en gereed om te werk. En sy was so besorg oor al haar troeteldiere wat sy moes agterlaat toe sy Italië toe is."

Teen die middel van Augustus vertrek Charlize Milaan toe, maar haar eerste afklimplek is in Casablanca in Marokko vir die eerste ronde van die New Model Today-kompetisie. Aletta Alberts gaan maak as assistent-regisseur vir die Suid-Afrikaanse TV-program Top Billing 'n insetsel oor Charlize tussen 64 ander aspirantmodelle van regoor die wêreld. "Sy was soos 'n dogtertjie, ongekunsteld en baie mooi. Van haar balletopleiding het sy grasie gekry en haar ma het voorspel sy gaan wen."

In Marokko word 'n video-insetsel verfilm vir die gala-aand waarop die New Model Today-wenner aangewys sal word en hier maak Aletta kennis met Charlize se volharding: "Charlize het in Marokko van 'n kameel afgeval en haar kakebeen ontwrig en duim beseer. In die hospitaal is haar kakebeen reggedruk en haar duim behandel. Sy het van haar hospitaalbed opgestaan en gesê: 'Kom ons gaan terug.'

"Die fotosessie is afgehandel. Sy het dryfkrag gehad en geweet wat sy wou hê. En sy het toe al die wenresep geken: dissipline en 'n houding van 'the show must go on.'"

Op Vrydagaand 20 September 1991 wen die jong Charlize die internasionale modelkompetisie in Positano aan die Amalfikus in die suide van Italië, waar later tonele verfilm is vir *Under the Tuscan Sun* (2003) met Diane Liane. Charlize wen ook 'n modelkontrak vir 'n jaar, en haar skoolloopbaan is verby. Modefoto's van haar verskyn in tydskrifte in Suid-Afrika, Italië en Frankryk en sy tree ook op in TV-advertensies.

In November sê Gianfranco Iobbi van Studio di Milano dat Charlize 'n rol in 'n Italiaanse rolprent gekry het as 'n Duitse vrouespioen in oorlogtydse Italië.

In Desember 1991 is sy met bultende koffers vol klere terug vir 'n vakansie by haar ma in Suid-Afrika en hulle gaan vir Kersfees saam Mauritius toe. "Ek was in my lewe nog nooit so besig nie. Dit klink oordrewe, maar 'n mens het nie meer tyd vir jouself nie. Ek kan nie eens meer ballet doen waarvoor ek so lief is nie," sê Charlize toe aan Rooi Rose.

Sy is opgewonde oor haar eerste hap aan die lewe as model by die Italiaanse agentskap en vertel dat sy en ander modelle selfs 'n gimnasium het om hulle lywe fiks en soepel te hou. Sy sê mededinging tussen die modelle is besonder straf. En weer toon sy hoe vinnig sy 'n begrip kan kry van enige omgewing waarin sy haar bevind. Soos wat sy Hollywood se werkinge gou sou snap, het sy ook vinnig 'n aanvoeling vir die lewe van 'n model: "Ons is buite werkure groot vriendinne. Maar as jy gaan werk, doen jy dit alleen, want jy moet 'n goeie indruk op jou eie kan maak. 'n Mens moet nooit teenoor moontlike kliënte laat blyk dat jy 'n krakie in jou mondering, 'n sagte plekkie, het nie. Hulle sal geneig wees om jou dan uit te buit. Ek weier byvoorbeeld volstrek om bostukloos of naak te poseer, en hulle moet dit net aanvaar. Ek weet ek kan een van die beste modelle ter wêreld word. Ek sorg ook dat ek altyd myself is, want as jy voorgee jy's iets anders, onthou jy later nie meer wie jy werklik is nie. Dit was my behoud die afgelope paar maande. Ek was nog altyd baie seker van myself en my doelwit in die lewe."

In hierdie onderhoud in Desember 1991 laat die nou 16-jarige Charlize terselfdertyd géén twyfel oor waarheen haar kop eintlik mik nie: aktrise. Sy wil nie 'n model wees nie, selfs nie 'n ballerina soos sy later vertel nie. Oor haar eerste fliekrol in die Italiaanse prent sê sy: "Dís wat ek werklik wil doen. Ek wil die roem en glans van Hollywood smaak. Die akteursbedryf in Suid-Afrika is so beperk. Wanneer 'n mens eers naam in Amerika gemaak het, weet die hele wêreld van jou. Ek sal vir 'n paar jaar nog modelwerk doen. Solank ek net naby die rolprentwêreld is."

Oor moontlike vrese oor wat in die tyd van haar modelkontrak op haar kan wag, sê sy die paar maande in Italië het haar gou volwasse gemaak, en dat sy nie meer so emosioneel is nie.

Ja, nou was dit baie duidelik. Nóg 'n jong, sterk Theronvrou is besig om haar voete te vind. En struikelblokke op haar pad maak haar nie weerloos nie, dit bring die taaiheid in haar uit. Die tragedie van 'n pa se dood kan 'n kind se gees knak, Charlize het daarin krag gevind. Joan Kruger het opgemerk hoe ma en dogter se oë mekaar vlugtig ontmoet. Maar as sy 'n oomblik van kwesbaarheid in daardie blik gelees het, was dit omdat niemand toe reeds die staal onder Charlize se heilsame sjarme vermoed het nie.

And the show must go on.

Ná hulle terugkeer van Mauritius word in Januarie 1992 berig:

Charlize Theron (16) van Benoni gaan vanjaar [1992, haar voorlaaste skooljaar] *die skoolbanke verruil vir die internasionale modewêreld. Dié langbeen-skoolmeisie het verlede jaar een van die mees gesogte internasionale modelwedstryde in Italië gewen. Charlize het in September verlede jaar die New Model Today-titel voor die neuse van sestig ander jong modelle van oor die wêreld heen weggeraap.*

Sy vertrek op 2 Februarie [1992] *vir drie maande na Italië, waarna sy vir twee maande New York toe gaan. Sy gaan ook 'n maand of wat Los Angeles toe. Japan en Duitsland kom daarna aan die beurt.*

Dié selfversekerde jong meisie se kop staan ook verhoog se kant toe. Sy is kort ná haar kroning in Italië 'n rol in 'n Italiaanse TV-rolprent aangebied. Dié ondervinding het sy geweldig geniet. Charlize het verlede jaar standerd agt aan die Hoërskool Die Kruin in Johannesburg voltooi. Sy beoog om haar skoolloopbaan eendag te voltooi, maar wil nou eers naam maak in die internasionale modewêreld.

Hier aan die begin van haar internasionale loopbaan as model skryf sy in 1992 'n briefie aan haar laerskool-alma mater met die opskrif: "Aan almal by Laerskool Putfontein".

Dit was in 1981 toe ek vir die eerste keer my graad een klas ingestap het. Trots het my ma langs my gestaan en vir my gesê: "Dis jou nuwe juffrou en al jou nuwe maatjies." Maar al wat ek vir haar die heeltyd gesê het was dat sy nie moet vergeet om my 12 uur te kom haal nie. Om eerlik te wees het ek die dag toe so geniet dat my juffrou, vir wie ek die heeltyd tannie gesê het, my moes kom sê dat my ma vir my wag. Daardie dag was maar net een uit die talle wonderlike dae wat ek by Putfontein deurgebring het.

Ek glo definitief in 'n toekoms vir almal, dis seker hoekom ek so 'n geloof het in die jeug van SA asook die hele wêreld. Ek hoop eendag sal almal kan sien hoe belangrik ons kinders is, en ook 'n goeie opvoeding en geleerdheid. Ek kan uit die ondervinding sê dat 7 jaar van laerskool seker die belangrikste jare in 'n kind se grootword is. Tussen ouers en skool word saamgewerk om net die beste dissipline en morele waardes te ontwikkel. Die kind ontwikkel self, saam met die vriende, daardie onnutsigheid wat kleindeels saam met hom bly deur sy lewe. Myne was baie praat, waarvan elke personeellid kan getuig en moenie vergeet nie – hopeloos te veel energie.

So word daar saam gewerk met die vriendelikste en hoogs gekwalifiseerde personeel. Hierdie onderwysers het 'n groot deel van my persoonlikheid opgebou en ek is definitief skuldig aan 'n paar grys hare wat veroorsaak is deur die jare wat ek daar was. Ek dank my Redder vir wonderlike mense soos hulle.

Van kleins af het ek 'n groot liefde gehad vir baie goed, seker te veel, maar hiervoor het ek my ma te danke. Ballet, sport, musiek en drama. Jy noem dit, ek het dit gedoen. Dit alles is wat my gehelp het om te wees waar ek vandag is. Ek spandeer nou meeste van my tyd oorsee waar ek maande lank model- en televisiewerk doen, iets wat ek terdeë geniet. Dis partykeer moeilik om ver van die huis te wees maar dan altyd so maklik met 'n mamma wat my in liefde grootgemaak het en my altyd vertroos met die woorde: "Onthou ek glo in jou en staan saam met jou, maak nie saak hoe ver jy van my af is nie, moenie vergeet nie, ek is baie lief vir jou!" Ouers wees lief vir julle kinders, hulle is ons toekoms.

Aan alle leerlinge: Julle lewe lê voor julle, maak seker julle lewe elke dag tot sy volste met ware mening en geluk. Geniet die goeie en vermy die bose, wees dankbaar en altyd nederig. Dis wonderlik om jonk te wees. So geniet elke oomblik en moet nooit ophou glo in jou droom nie!

Baie liefde, Charlize Theron.

Opmerklik in hierdie briefie, en ook die ander wat haar ouma bewaar, is Charlize se herhaaldelike betuigings van liefde ("Onthou ek het ouma nog baie, baie lief"), haar verwysing na haar ma wat haar voortdurend van haar liefde verseker het ("Ek is baie lief vir jou"), haar aanmoediging aan ouers om vir hulle kinders lief te wees. En die gebruik van Bettie se eie kinders, selfs as volwassenes, om steeds élke gesprek af te sluit met "Ek's lief vir Mamma."

Dié briefie is steeds op 'n erebord vir Charlize by die skool, tussen laerskool-klasfoto's, 'n groot gesigfoto wat sy onderteken het en 'n foto van haar met haar Oscar. Gert Kachelhoffer, latere hoof van Laerskool Putfontein, sê dié briefie word as inspirasie vir leerders bewaar. Die skooltjie is so trots op hierdie oudleerling dat artikels oor haar dikwels vir begripstoetse gebruik word.

Soos haar raad aan die laerskoolkinders, besluit Charlize ook, selfs op daardie jong ouderdom, om nooit op te hou glo aan háár droom nie. Maar sy bedoel nie die vae drome wat gewoonlik by jong mense spook nie. Toe sy in 1992 vir haar modelkontrak na Italië vertrek, is haar oë vas op 'n spesifieke droom.

Die vraag waaroor egter dikwels bespiegel word, is of Charlize op sestien 'n heeltydse model sou geword het as haar pa bly leef het. Dit is bloot akademies, maar in 2008 antwoord sy só in GQ: "As omstandighede anders was, kon ek miskien gewag het, hoërskool klaargemaak het. Maar dit was my kans, my enigste kans."

Sy het destyds begryp dat daardie skote in haar ouerhuis alles onherroeplik verander het. Saam met haar pa was haar onskuld as kind weg. Fantasie het plek gemaak vir werklikheid. Sy kon nie uitstel nie, sy móés haar droom aangryp en dit gaan uitleef.

Model

Met Charlize se toetrede tot die genadelose wêreld van modelle in die jare negentig is die sogenaamde "Supermodel" die hoogtepunt van glorie, van *glamour* in al sy vertalings en verbuigings, selfs begeerliker as om 'n A-lys-aktrise in Hollywood te wees.

Die supermodel tree in die openbaar op, verdien miljoene, word deur paparazzi-fotograwe agtervolg, en trou met 'n Hollywoodse akteur of 'n

Italiaanse graaf. Linda Evangelista sê in Vogue sy staan nie uit die bed op vir minder as $10 000 per dag nie. Aan die begin van 1991 kry Christy Turlington 'n kontrak van $800 000 vir twee weke se werk elke jaar, en Claudia Schiffer onderteken 'n paar jaar later 'n kontrak van $12 miljoen. Modebase soos Karl Lagerfeld verklaar dat supermodelle meer bekoring inhou as enige topaktrise.

Aan die begin van Charlize se loopbaan as model in 1992 is dít die wêreld wat op haar wag: die "topvyf" regeer die loopplank – Claudia Schiffer, Linda Evangelista, Christy Turlington, Naomi Campbell en Cindy Crawford (eens getroud met Richard Gere), en haute couture voer die modebotoon. Maar dinge verander. Weens die hoër omset van prêt-à-porter word haute couture teen die laat negentigs en in die nuwe millennium hoofsaaklik op loopplanke vertoon om die status van modehuise te bevorder, en teen die tyd dat Charlize in Los Angeles beland om werk te soek as aktrise, is die aansien van modelle aan die kwyn. Dit blyk die modelle se eie sukses is vir hulle ondergang verantwoordelik. Vertonerige en pronkerige modes van vorige dekades word afgeskaal en modehuise soek na modelle wat nie hierdie modes met hulle glansende persoonlikhede en name oorheers nie. Op enkele uitsonderings na verdwyn die supersterre van die loopplank af en neem die supersterre van films opnuut hulle regmatige plek in – en niemand se tydsberekening is so perfek as Charlize Theron s'n nie.

Sy het die gesig en vol lippe van 'n ster uit Hollywood se Goue Era, die lenige figuur van 'n model, en die grasie en sensualiteit van 'n ballerina.

As model het sy ook die fyn kunsies van reg aantrek geleer, hetsy in jeans en tekkies of in haute couture. "My belangrikste mode-advies het ek as tienermodel in Milaan gekry," sê sy toe sy jare later as aktrise weer, soos dikwels steeds gebeur, haar lyf model hou vir 'n fotosessie, dié slag in 'n rooi halternekrok van Oscar de la Renta. "Materiale van 'n uitrusting kan verskil, maar kleurskakerings moet bymekaar pas. Selfs jou swarte moet pas. To me sexy isn't a short skirt and your tits hanging out." Mooi skoene, 'n romp tot op die knieë, en Vargas-rooi lipstiffie – dís wat glans is, sê sy. "Ek dink nie ouderwetse glans sal ooit verdwyn nie en daaroor is ek baie bly," en sy wys dit in 'n goue Gucci-halternektop met kraletjies en 'n fraiingsoom, en 'n Marc Bouwer met 'n lae hals.

Die regisseur-akteur Robert Redford sien hierdie "ouderwetse" glans in Charlize raak en kies haar vir die rol van Adele Invergordon in *The Legend of Bagger Vance*, 'n kostuumprent wat in 1931 afspeel. "Skoonheid kan 'n belemmering wees," sê Redford oor Charlize. "Dit kan jou té bewus maak van jouself, maar sy was met haar oudmodiese voorkoms in dié rol soos 'n vis in die water." Sy laat hom dink aan die sterre toe hy jonk was, soos Barbara Stanwyck en Carole Lombard, sê hy.

In 1998 sê sy aan InStyle oor haar kortstondige loopbaan as model dat sy die vryheid daarvan geniet het: "Op skool moes ek 'n uniform dra en elke Maandagoggend het hulle ons naels bekyk. Dit het my nie gepla nie. Op daardie ouderdom is daar soveel druk op jou dat dit lekker was om nie soggens op te staan en te wonder wat jy moes aantrek nie. Dit was lekker om as model al die vryheid en onafhanklikheid te hê en te leer van ontwerpersklere soos Armani.

"Met my dansagtergrond het ek geleer van dissipline, wat beteken het om agt ure op 'n dag te oefen. Skielik het ek in 'n loopbaan as model beland waar dissipline gegaan het oor wat jy éét. Daardie hele idee het my nie aangestaan nie. Dit was nie iets waarna ek gestreef het nie ... die mentaliteit van 'n maatband en 'n skaal, van verloor nog vyf pond en jy sal 'n supermodel word.

"Ek is van kleins af geleer om myself nooit te sien as hierdie wonderskone poppie nie. Soos enige vrou sien ek ook tekortkominge aan myself – skewe tande, pigmentasie, 'n ronde gesig. ['n "Dutch-doll face", noem sy haar gesig later.] Die oomblik as ek gewig aansit, wys my gesig dit. As ek soms 'n uitslag op my gesig kry en weet ek lyk nie goed nie, wil ek net tandepasta koop en huis toe gaan.

"Maar ek het vroeg geleer: hoe minder jy probeer om mooi te lyk, hoe meer kom jou ander goeie hoedanighede na vore."

Maar hoe het sy régtig oor modelwerk gevoel?

In Februarie 1997 sê sy aan die Suid-Afrikaanse tydskrif Huisgenoot: "Die eerste paar maande was baie opwindend, maar modelwerk was nie vir my nie. Ek haal my hoed af vir die meisies wat dit werklik geniet, maar ek kan nie verstaan hoe iemand heeldag voor 'n fotograaf kan poseer nie. Ek het die modelwêreld verpes. Dit was baie frustrerend om te voel ek bereik niks met my lewe nie."

In Desember 1998 sê sy aan die Calgary Sun: "Ek het elke oomblik van modelwerk gehaat. Dit was net 'n middel tot 'n doel."

Om só water te trap, móés vir haar ongedurig gewees het. Sy is op pad na haar groot avontuur, die adrenalien pomp, sy sien haar naam in skitterende letters. Maar as model luier die enjin net. Dit is nie soos sy dit beplan het nie, en sy is ongeduldig.

Later temper sy die persepsie effens dat sy modelwerk so gehaat het, maar nie die frustrasie van die maatband nie: "Ek het van modelwerk gehou," sê sy in 2000 aan Glamour, "behalwe as hulle my gemeet het. Ek het myself belowe niemand sou my ooit weer meet nie. Wanneer ontwerpers nou my mates wil neem, sê ek net: 'Geen maatband nie, ek is 'n 8.'"

In Julie 1992 kom sy weer vlugtig uit Europa by haar ma in Suid-Afrika kuier, maar vlieg op 6 Augustus, die dag voor haar sewentiende verjaardag, na Hamburg in Duitsland vir 'n modevertoning. In Oktober kroon sy haar New Model Today-opvolger in Italië en vertrek hierna vir 'n verblyf van drie maande in Miami in Amerika. Daar kom Gerda in Desember 1992 vir haar dogter kuier. (Min verjaardae en Kerstye verloop sonder dat ma en dogter bymekaar is, waar Charlize haar ook al in die wêreld bevind.)

In Miami raak Charlize bevriend met Jauretsi Saizarbitoria, wat saam met haar by die modelagentskap Michelle Pommier werk. Jauretsi se familie is lede van die groot uitgeweke Kubaanse gemeenskap in Miami en ontferm hulle oor Charlize. Jare later sou Charlize en Jauretsi se paaie weer kruis.

In Februarie 1993 is sy terug in Italië vir 'n Armani-vertoning, maar groot besluite wag op haar. Sy is nie meer gelukkig met heeltydse modelwerk nie, is aan die einde van haar modelkontrak en kry ook nie die rolprentaanbiedinge uit Hollywood waarop sy so hoop nie. Sy vlieg New York toe vir 'n laaste modefotosessie van drie dae voor die verstryking van haar kontrak. En besluit om daar aan te bly en verder in ballet te studeer. Sy meen sy kan haar studie met deeltydse model- en advertensiewerk finansier en oortuig Gerda dat sy 'n ballerina wil word.

Later stel sy dit só in die New York Times se Style-tydskrif: "Ek wou altyd gedans het, selfs as model. Ek het die vermoë gehad om 'n groter model te word as wat ek was. Maar modelwerk was soos om 'n kelnerin te wees – 'n manier om vir 'n ander loopbaan te betaal, en daardie loopbaan was dans."

Haar besluit om ballet te doen was, soos modelwerk, eerder 'n verposing as 'n einddoel. As sy "altyd" wou gedans het, was dit as tydverdryf, nie as loopbaan nie. Van haar droom as aktrise in Hollywood sou sy nie afwyk nie. Langs die pad het sy bloot afdraaipaadjies bewandel, maar sy het nooit fokus verloor nie, al klink dit soms so. Sy was wel deeglik bewus van eertydse modelle en balletdansers wat Hollywood se sogenaamde "casting couches" vol lê vir filmrolle.

Om álbei op haar CV te hê, model én balletdanser, kon vir haar die deure na rolverdelingsagente open, veral om te vergoed vir die een groot gebrek in haar aansienlike mondering: geen formele opleiding of ervaring as aktrise nie. Buitendien, dramaonderrig is die hoeksteen van 'n verhoogaktrise se loopbaan, nie noodwendig dié van 'n Hollywood-ster nie. En in háár oë is sterre.

Op hoërskool in Johannesburg het sy en 'n goeie skoolmaat wat saam met haar ballet geneem het, wel gewonder oor 'n loopbaan in dans. "Ons het begin praat oor wat ons ná skool gaan doen. Die idee was om in 'n balletgeselskap te gaan dans. Toe vind ons uit wat hulle betaal, en dog dis nie genoeg om van te leef nie. Ek kry toe die plan dat ons [as *chorus girls*] by Sun City moet gaan dans, want hulle betaal so goed."

Veral in Suid-Afrika se apartheidsjare, te midde van ekonomiese en kulturele boikotte en streng sensuur teen wat genoem is kommunistiese en sedelike verderf, was die Sun City-hotel-en-casino-kompleks, soos 'n Las Vegas-in-die-kleine, 'n uitvlug na bostuklose dansers en sinlike genietinge. Voor Charlize 'n *show girl* kon word, kry sy egter die gaping as model. Maar sommer vroeg op haar eerste Hollywood-treë beland sy op nerfdikte na amper wéér in hierdie *show girl*-slaggat.

Ballet

Ballet is dikwels in selfs die negentiende eeu nog in sekere kringe beskou as 'n beuselagtige tydverdryf waarmee die eerste *chorus girls* hulle tussen flirtasies met getroude mans besig gehou het. Maar vir ernstiger dansers soos Charlize het ballet 'n vryheid van beweging gebied waarin sy haarself kon uitdruk. Met tone uit, boude in, het sy van vroeg af al die dissipline van grasie aangeleer. Balletposes het 'n natuurlike sensualiteit aan haar liggaam gegee. En oor haar liggaam, selfs wat onder haar rok is, was sy nog nooit skaam nie, vertel sy later.

Die Joffrey-balletskool is in 1952, 'n jaar voor Gerda se geboorte, deur Robert Joffrey en Gerald Arpino in New York gestig met die doel om beroepsdansers te ontwikkel en op te lei vir Amerikaanse balletgeselskappe. Die skool, wat ook sy eie balletgeselskap in Chicago het, behaal gou 'n reputasie as een van die land se voorste opleidingskole in veral klassieke ballet. Buitelandse studente vir die intensiewe kursus van vier jaar kom van lande so ver uiteen as Israel, Rusland, Spanje, Italië, en Charlize uit Suid-Afrika, onthou Maurice Brandon Curry, direkteur van opvoedkundige programme aan Joffrey, later nadat Charlize 'n Oscar as aktrise gewen het.

Joffrey sterf in 1988, maar sy invloed en geestelike nalatenskap bly sterk voortleef in die skool se visie, dat studente moet besef dat hulle nie net kan staatmaak op hulle fisieke talente nie, maar dat die strewe na 'n loopbaan in ballet uiteindelik ook "tussen die ore" uitgemaak moet word. Joffrey het sy studente laat glo dat hulle enigiets kan bereik. Maar Brandon Curry sê enigeen wat in die uitvoerende kunste is met 'n verwagting van roem en sukses, is daar om die verkeerde redes.

Die skool begin aanvanklik in 'n ou sjokoladefabriek in Greenwich Village in Manhattan voordat dit in 1960 'n permanente tuiste kry in 'n gebou by 434 6th Avenue, ook bekend as die Avenue of the Americas, in die Village.

Edith D'Addario, onder die studente bekend as "Mrs D", is direkteur van die balletskool, streng maar meelewend, en ontferm haar oor tienerstudente wat hulle ineens in die ongenadige strate van New York bevind, veral in hierdie eklektiese buurt van Manhattan. Nuwe studente van buite New York word in 'n spesiale inligtingstuk bekend gestel aan die omgewing van die balletskool, en gewaarsku teen gevare.

As jy enige tyd van die dag of nag honger is, besoek die French Roast Café op die hoek van 6th Avenue en 11th Street, word aan hulle vertel. By Cosi net verder aan kry jy Javakoffie en 'n gesonde slaaitoebroodjie. Ook in 6th Avenue is Sammy's Noodle Shop, Bagel Buffet en Ray's Pizza.

Selfs vir klere en skoene word die aanwysings na goedkoop winkels gegee, soos Urban Outfitters net af in 8th Street. As jy vars groente, brood en kaas soek om self tuis kos te maak, is Union Square by 14th Street die aangewese bestemming. En was jou klere by Suds net wes van 10th Street, en Jerry's Dry Cleaners is al vir dekades die balletskool se droogskoonmakers.

Dit is in hierdie omgewing en atmosfeer waar die jong Charlize in 1993 as buitelandse balletstudent in Greenwich Village by 'n onopvallende deur instap, op met smal trappe na die kantore en ateljees van die Joffrey op die derde en vierde verdiepings, in die voetspore van ten minste twee bekende danser-akteurs wat ook hulle opleiding aan Joffrey gehad het: Patrick Swayze en Ronald Reagan Jr., seun van oudpres. Ronald Reagan, self 'n gewese Hollywood-akteur.

Charlize kry woonplek in 'n koue kelderkamer sonder vensters en sou, soos die meeste ander studente, dankbaar wees vir al hierdie wenke oor goedkoop eet en koop.

Aan die begin van 1993 is Charlize toegewy aan haar ballet. Die basiese onderrig begin met fundamentele ballettegniek vir artistieke uitdrukking, *pointe* met oefeninge in *arabesque*, *fouetté* en *pirouette* vir krag, balans en lirisme, en *pas de deux* om saam met 'n dansmaat eenheid van beweging en artistieke kommunikasie aan te leer. Sy bring tot agt uur per dag op haar tone langs die *barre* en voor die spieëls deur. En sy droom van 'n *pas de deux* saam met die Russiese balletdanser Mikhail Baryshnikov, wat net enkele jare tevore in die romantiese fliektreffer *White Nights* (1985) te sien was. Sy raak ook die eerste keer ernstig verlief.

Maar ná net 'n paar maande by Joffrey beseer sy een van haar knieë, en dit bring 'n einde aan haar balletloopbaan. In 2006 sê sy aan 'n Londense koerant: "Vir my was die kosbaarste ding van ballet die kans om stories daardeur te vertel. Toe ek ballet verloor, moes ek terugstaan en dit evalueer en iets begin soek om daardie plek in te neem. Ek kon doen sonder die agt uur oefening per dag, sonder die bloedvergiftiging van die bloedblase op my tone wat nie meer gesond wou word nie, en sulke goed. Maar daardie oomblik as die gordyn oopskuif en die musiek begin . . . dit was betowering. Ek sê altyd ballet was my teater."

In New York oorleef sy op advertensiewerk en met modelwerk verdien sy genoeg om die huur te betaal. "Daar's baie geld in advertensies en ek sou enigiets doen. Gee my 'n advertensie vir puisiesalf, en ek doen dit." Maar sy het leër en leër begin voel.

In Augustus 2008 sê sy aan Elle: "Ek was depressief, myle van die huis af en heeltemal op my eie."

Kon dit nie tot 'n tussenspel van drank en dwelms gelei het nie?

Sy lyk verbysterd oor dié vraag. "Wat bereik mens daarmee? Niks. Vir my sou dit totale waansin gewees het."

Dieselfde ongeduldige frustrasie as wat sy tydens haar heeltydse modelwerk ervaar het saam met die koue, bedrukte New Yorkse weer kry haar onder en sy bel moedeloos haar ma. Gerda vlieg uit Benoni New York toe om Charlize te kom ondersteun. "My ma het gesê: 'Óf jy besluit wat jy volgende gaan doen, óf jy kom huis toe, want jy kan in Suid-Afrika ook kom sit en ongelukkig wees.' Sy het my herinner aan my liefde vir flieks en gesê: 'Hulle maak dit in Hollywood.'"

Dit was 'n tyd in haar lewe dat sy gevoel het om alles te los en terug te gaan huis toe. "Toe vat ek my laaste geld en koop 'n enkelkaartjie Hollywood toe."

Eie aan Hollywood en sy gevleuelde skinderskrywers kry alles hier stertjies. Fleurige frases word gevier bo feite, gonswoorde word mites: dit is Gerda wat háár laaste paar pennies bymekaargeskraap het om vir Charlize 'n enkelkaartjie Hollywood toe te koop. (Ook oor die "laaste geld" is die laaste woord nog nie gesê nie.)

Jare lange opleiding in ballet het haar 'n grasie en liggaamshouding gegee wat mense onmiddellik opval. In Hollywood het sy gou uitgestaan bo die gewemel van jong aspirantaktrises wat almal hoop om raakgesien te word. Sy het 'n verfrissende bevalligheid in die manier waarop sy staan en loop, lenig en soepel, wat spruit uit veeleisende balletoefeninge. Haar rug is reguit, haar bors uitgestoot, haar nek slank soos 'n swaan. Ure voor balletspieëls het Charlize vertroud en gemaklik gemaak met haar liggaam. Sy herinner 'n mens met haar intrapslag in Hollywood eerder aan ouer aktrises soos Audrey Hepburn, Shirley MacLaine, Leslie Caron en Mary Tyler Moore, wat almal danksy ernstige dansopleiding dieselfde soort inherente elegansie gehad het.

Maar daar is meer Shirley MacLaine in Charlize as Audrey Hepburn.

Vanity Fair gesels in 1999 met haar in die Four Columns Inn in Newfane in Vermont terwyl sy besig is met die verfilming van *The Cider House Rules*.

Sy teug aan 'n skemerkelkie en slurp skielik die uitjie in die drankie op. "Dit was baie *Swan Lake*," lag sy.

Mis sy dit om te dans?

"Ek droom steeds daarvan. Daar's iets baie spesiaal aan die spieëls wanneer jy 'n danser is. Mense dink dis ydel, maar dit is nie. Jou brein en jou liggaam is in vennootskap, en die spieël verbind hulle.

"Ek het uiteindelik 'n jaar gelede al my danskostuums weggegee, selfs my flamenkorokke. Daar is 'n strengheid aan ballet wat baie gereguleerd is. Flamenko het my vrye teuels gegee om my seksualiteit te verken."

Miskien het Charlize hiermee verwys na 'n opmerking van Brigitte Bardot: "Flamenkodans is soos om liefde te maak." As jong model in Europa het Charlize dié eens pruilende Franse prikkelpop, later verrimpelde, sonverbrande ou vrou, in haar huis La Madrague in St. Tropez ontmoet.

In Julie 2008, kort voor haar 33ste verjaardag, is Charlize bereid om vir die kamera in rooi rose soos Bardot te swymel. Vir die Britse GQ poseer sy ook in Julie net in 'n wit sylaken gedrapeer én in 'n knap rokkie van rekmateriaal terwyl sy met 'n hand 'n bors op sy plek kry. En sy is pragtig en lyk na klas.

Die kniebesering, soos enige struikelblok in haar lewe, kelder nie Charlize se drome nie, maar dwing haar om haar finale groot skuif na Los Angeles te maak. In 2000 sê sy oor dié besluit: "Ek het gedink ek gaan my lewe lank 'n danser wees, nie 'n akteur nie. Ek was 'n ballerina en wou op die verhoog klim en stories vertel. En toe gee my knieë in. Jy is agtien en skielik voel jy soos sestig en jou eerste loopbaan is verby. Dit was 'n slegte tyd vir my, op agtien met my hele lewe voor my, en ek móés net daardie reis Hollywood toe onderneem."

Daardie reis was na haar eindbestemming, want op 12 Februarie 1992 het sy dit onomwonde in Rooi Rose uitgespel: "Dis wat ek werklik wil doen. Ek wil die roem en glans van Hollywood smaak."

Los Angeles, 1993

Daar is mense wat Charlize verkwalik dat sy 'n illusie van Afrika of die "plaas" voorgehou het om sukses te behaal. Maar kan jy op 'n ander manier sukses behaal in die stad van illusies as om self jou illusie oortuigend te vertolk?

Johann Rossouw, Beeld

Hollywood

Die buurt Hollywood, noordwes van Downtown LA, is die historiese sentrum van die magtige Studios wat eens met groot sterre op hulle betaallyste in die era van stilprente uit New York Kalifornië toe verskuif het. Hier word die naam "Hollywood" sinoniem met die Amerikaanse filmbedryf. Regisseur D.W. Griffith skiet die heel eerste Hollywood-prent, *In Old California*, 'n kort biografiese drama oor Kalifornië wat in die 1800's nog deur Mexiko beset was, maar die eerste speelfilm hier is regisseur Cecil B. DeMille se *The Squaw Man* (1914).

Latere jare begin die groot ateljees uitbeweeg na die omliggende noordelike en westelike gebiede in Burbank en Beverly Hills, hoewel baie verwante bedrywe nog in Hollywood gesetel bly, soos agente en ateljees wat betrokke is by filmredigering, visuele effekte, beligting en die postproduksiefase. Die jaarlikse Oscartoekennings vind steeds in die Kodak in die hart van Hollywood plaas.

Hoewel die aanliggende distrikte en woonbuurte inmekaarvloei sonder bepaalde grense, kry Hollywood-distrik in 2006 vasgestelde grenslyne, maar bly steeds deel van die munisipaliteit van Los Angeles. Die ikoniese Johnny Grant is van 1980 tot sy dood in 2008 Hollywood se ereburgemeester, hoofsaaklik vir seremoniële doeleindes, om linte te knip en kwinkslae kwyt te raak.

Baie word gedoen om Hollywood se historiese nalatenskap te bewaar. Agtien straatblokke van Hollywood Boulevard is as historiese erflating verklaar. Een so 'n baken is die Roosevelt Hotel met sy Spaanse argitektuur wat in 1927 sy deure in Hollywood Boulevard geopen het, genoem na oud-pres. Theodore Roosevelt. Dié hotel met sy naam is duidelik te sien in 'n toneel in Charlize se 2008-prent *Hancock*. Die heel eerste Oscarseremonie is in 1929 in die Roosevelt se Blossom Room gehou, en al die grootste filmsterre van die Goue Era het die een of ander tyd in een van sy 302 kamers tuisgegaan. Marilyn Monroe het twee jaar in suite 1200 gewoon, wat op die swembad uitkyk. Haar eerste fotosessie as model was op die duikplank en haar duikplankfoto is deel van Hollywood-legende.

Die groot spieël uit Marilyn se kamer hang nou in 'n gang naby die ontvangsportaal. Verskeie gaste het al in die verlede gesweer dat hulle haar beeltenis snags in die spieël opgemerk het, ander dat hulle haar gees laatnag in die balsaal sien dans het. 'n Bestuurder in 'n aandpak – in die Roosevelt se majestueuse foyer is dit altyd aand – begelei my na die spieël in die private gastearea. Ek sien dit met my eie oë, die onmiskenbare blonde gelaat in die spieël. Maar nou is dit permanent geëts, stellig om verdere onstoflike verwarring te verhoed.

(Een van die eerste dorpsordonnansies in 1903 het bepaal dat geen alkohol in Hollywood verkoop mag word nie. Dié toedrag het intussen verander! Later sou Charlize hoor dat die gees van Aileen Wuornos, die reeksmoordenaar wat sy in *Monster* speel, in die kroeg dwaal waar Wuornos gearresteer is en waar van die fliek se tonele verfilm is.)

Skuins oorkant die Roosevelt is die Grauman's Chinese Theatre waar beroemdes se hand-en-voet-afdrukke in sement in die binnehof verewig word. Dié tradisie het glo in 1927 begin toe die aktrise Norma Talmadge per ongeluk in nat sement getrap het. Nou is daar byna 200 sulke afdrukke, selfs die afdruk van Jimmy Durante se neus. (George Clooney het, naas Arnold Schwarzenegger, seker die grootste voete in Los Angeles.) Op 28 November 1998 word Charlize op dieselfde manier in Benoni vereer toe sy haar handpalms in nat sement in 'n wandellaan dáár afdruk!

Die ander bekende baken is die Hollywood Walk of Fame, 'n roete van so vyf kilometer waar meer as twee duisend sterre in pienk terrazzo en brons op die sypaadjies weerskante van Hollywood Boulevard en Vine Street gegiet is. 'n Komitee van die Hollywood Chamber of Commerce oorweeg nominasies aan die hand van sekere vereistes voordat 'n ster aan iemand toegeken word, soos om bewys te lewer dat die aansoeker 'n bydrae tot 'n verdienstelike gemeenskapsaak gelewer het. Die ontvanger moet dan boonop 'n taamlike bedraggie betaal vir die eer om sy of haar naam by 'n ster verewig te kry, in 2002 was dit $15 000 en 'n paar jaar later al $25 000. Maar dit is nie net beroemde akteurs en aktrises wat vereer word nie.

Op die hoek van Hollywood Boulevard en Vine Street is sterre vir die eerste ruimtevaarders wat op die maan geland het; daar is sterre vir sportlui, vir regisseurs en filmvervaardigers, vir TV-kletsers en TV-akteurs, vir joernaliste, musici en popsangers. Beroemdes, berugtes en obskures skuur hier sterre, van Marilyn Monroe (haar ster is voor McDonald's), Rudolph Valentino en Donald Trump tot Bugs Bunny, Kermit the Frog en Michael Jackson – wat die vraag dikwels laat ontstaan hoe laasgenoemde drie se altruïsme byvoorbeeld beoordeel is ...

Die eerste bronsster is op 9 Februarie 1960 aan Joanne Woodward, aktrisevrou van Paul Newman, toegeken. Charlize kry háre, die 2 291ste ster, op 29 September 2005 vir *Monster*, by 6801 Hollywood Boulevard, tussen Highland Avenue en Orange Drive, dieselfde "adres" as dié van onder andere Nicole Kidman, Britney Spears en Halle Berry. Al is dit reg voor die Hollywood & Highland-kompleks, word die uitsig van Charlize se ster af op die trappe van die Kodakteater (waar sy in Februarie 2004 haar Oscar ontvang het) versper deur die afbeelding van 'n reusagtige Absolut-vodkabottel, kompleet op voetstuk!

Ereburgemeester Johnny Grant sê tydens Charlize se verering met haar ster: "Ek moet erken haar teenwoordigheid vanoggend hier het my pasaangeër nogal laat bokspring." Hy sterf die aand van 9 Januarie 2008 alleen op 84 in sy suite in die Roosevelt Hotel, in daardie stadium die enigste permanente hotelgas.

Een van die winsgewendste praktyke om besoekende sterre-aanbidders aan Hollywood van hulle geld te verlos, is toergidse met indrukwekkende brosjures oor die herehuise van beroemdes. Maar al is die sterre obsessief oor hulle privaatheid en werklike adresse selde bekend, bly min dinge in Hollywood lank geheim. Die Britse sokkerspeler David Beckham en sy Posh Spice-Victoria het 'n huis gekoop vir $22 miljoen tussen Tower Road en San Ysidro, wat op hulle kortstondige TV-realiteitsreeks was. Goewerneur Arnold Schwarzenegger woon in die heuwels bokant Mandeville Canyon in Brentwood, en in hierdie buurt bly ook Steven Spielberg, Jim Carrey, Helen Hunt, Steven Seagal en Reese Witherspoon. Marilyn Monroe het in haar huis in Fifth Helena Drive in dieselfde Brentwood gesterf. In Bel Air bly Leonard DiCaprio, Elizabeth Taylor en oudpresidentsvrou Nancy Reagan. By 10050 Cielo Drive het Charles Manson en sy besete bende die aktrise Sharon Tate en ander in 1969 vermoor.

Miskien is die belangrikste tydverdryf in Hollywood om die sterre in lewende lywe te probeer betrap. Die groot uithangplek is die paar kilometer van Sunset Boulevard wat die Sunset Strip genoem word, bedags bra toiingrig, snags wriemelende glans en bekoring, met sy reusereklameborde waarop Charlize ook eens in 'n sexy wit kamisool gepronk het op die reusagtige plakkaat vir haar eerste fliek.

In Beverly Hills is daar niks slonsigs nie. Hier sien jy die werklike Hollywood. Hier sien jy die geld en pronk. Rodeo Drive duld nie die soewenierwinkels van Hollywood Boulevard waar Oscarbeeldjies van plastiek by die tonne verkoop word nie. Hier is dit Versace en Dior en goud en diamante in De Beers se blink gebou. Op die hoek van Rodeo en Wilshire is die Regent Beverly Wilshire waarin *Pretty Woman* verfilm is wat van Julia Roberts 'n superster gemaak het. Die "ouer" sterre soos John Travolta, Goldie Hawn en Tom Hanks is dikwels hier te sien. Paramount Pictures is net 'n klipgooi ver.

Die jonger *hip* garde vind hulle skemer-en-aand-verdryf in die art deco-sjiek van Winston's in Santa Monica Boulevard in West Hollywood, of by die popkuns van die Area in North La Cienega Boulevard. Die A-lys koek graag in die Hyde in West Sunset Boulevard en die Bar Marmont in Sunset Strip langs die Chateau Marmont Hotel, waar Charlize dikwels van haar onderhoude gevoer het. Die paparazzi draai ook rond rondom die deure van die Privilege met sy boudoirdekor en St. Tropez-motief, Holly's East and West, Les Deux met sy intieme sithoekies, en The Abbey Food & Bar in North Robertson Boulevard, 'n immergroen koffiehuis wat al vyftien jaar bestaan.

Maar die voorregte van 'n sypaadjiester, 'n huis in Beverly Hills of teen skemerte 'n Grey Goose Martini teen $14 'n sluk in die Roosevelt se Teddy's, is net 'n hand vol beskore. Stories van verydelde drome is so oud as Hollywood self. Soos motte word mooi jong meisies daagliks deur Tinseltown se verruklike ligte aangelok, sommige met getuigskrifte van die beste toneelopleiding, ander met niks meer as hoop nie. Maar in almal se harte is dieselfde versugting om die nuwe Nicole Kidman te word, die nuwe Angelina Jolie, Cameron Diaz of Charlize Theron. Want was húlle nie net 'n dekade of wat terug die nuwe gesigte nie? Het húlle nie die plekke ingeneem van Meg Ryan, Kim Basinger of Demi Moore nie? 'n Ongenadigde plek, dié Hollywood. Jong liggame kom, jong liggame gaan, asof veertig die einde van die lewe is.

Ben Hecht, onbewoë kenner van wat agter die filmgordyne aangaan, sê in Hollywood is *starlet* die naam vir elke vrou onder dertig wat nie aktief in 'n bordeel werk nie. En oor dié wat dit van *starlet* tot ster maak, skryf hy: "Hollywoodse mense word beroemd omdat hulle in hotels kuier, in die openbaar hande vashou, met mekaar gesels, na partytjies uitgenooi word en babas kry."

In Julie 2008 is tydskrifte wêreldwyd bereid om tot $11 miljoen aan te bied vir die voorreg om die eerste foto's te publiseer van Brad Pitt en Angelina Jolie se pasgebore tweeling. Daar word vertel die einste Brad Pitt het as sukkelende akteur 'n lewe gemaak deur ontkleedanseresse in limousines rond te karwei, yskaste rond te skuif en in die kostuum van 'n reusekuiken te paradeer vir El Pollo Loco (wat "mal hoender" beteken), 'n Mexikaanse braaihoender-franchise.

Heroïese figure word gewoonlik bewonder vir hulle inherente deugde wat ons inspireer. Sonder enige klaarblyklik nuttige gawes spin Hollywood se beroemdes bloot hulle illusies om ons eie onvervulde drome en begeertes. Die Britse skrywer en Daily Mail-joernalis Glenys Roberts meen dat hulle in die Middeleeue as ketters gestenig sou word, of op die brandstapel sou beland het.

Hierdie siniese blik op Hollywood is nie vreemd nie. Hier speel geluk, miskien meer as enige deugdelike kwaliteite, die deurslaggewende rol. En min aspirantaktrises het daardie geluk. Vir die meeste is geluk om Drew Barrymore in die Polo Lounge as kelnerin te bedien, of Nicole Kidman se bed in die Chateau Marmont op te maak, of Reese Witherspoon se kredietkaart vas te hou as sy by Versace in Two Rodeo haar nuwe swart nommertjie gaan haal. Of 'n aspirant kan tog 'n rol kry, maar sonder dialoog of klere in LA se groot pornografiese filmbedryf, of as ontkleedanseres in 'n steeg uit een van die boulevards. En wanneer sy geen drome meer het nie, kan sy in Downtown LA se Skid Row probeer oorleef saam met prostitute, dwelmverslaafdes en bendes, voordat sy terugkeer huis toe.

Los Angeles was nog altyd traag om die artistieke avant-garde aan sy boesem te druk. Hollywood draai om geld, nie kuns nie. Die filmmagnate Jesse Lasky en Samuel Goldwyn moes in die vroeë twintigste eeu spesiale huisvesting in Hollywood laat bou, soos die Hillview Apartments by 6531 Hollywood Boulevard, vir die invloei van verhoogakteurs omdat die meeste losieshuise nie geneë was om hierdie losbandige spul te huisves nie. Die uithangborde was trouens heel spesifiek: "No Actors and No Dogs Allowed."

Later het dit beter gegaan. Maar vir 'n aspirantaktrise wat in Hollywood filmwerk kom soek, is daar geen brosjure met tien stappe na sukses nie. Sonder kontakte, of die voorreg om in 'n Hollywood-familie gebore te word, soos Angelina Jolie en Drew Barrymore, is Los Angeles se twee dik bundels Geelbladsye die eerste hulpmiddel vir die nommers en adresse van talentsoekers en filmagente.

"Daar's iets baie vreemds aan die gedagte om in die Geelbladsye met 'n loopbaan te begin wat van jou 'n internasionale ster kan maak. Dis 'n bietjie soos om na 'n bestuurder te soek vir jou presidensiële veldtog om die volgende president van Amerika te word," sê die bekroonde skrywer-joernalis Ian Halperin, veral bekend vir sy exposés oor Hollywood en die modebedryf.

Maar sonder 'n agent het jy géén kans nie, want in die loodsseisoen kry hierdie agente daagliks van filmateljees die *breakdowns*, of oudisielyste, vir rolle in nuwe rolprentprojekte en TV-reekse, en dit is húlle wat die aspirante by rolverdelingsagente vir oudisies aanbeveel.

Ek tel meer as vier honderd inskrywings vir talentagente in hierdie Geelbladsye, 'n raps meer as vir loodgieters. Onder dié agente is name soos Big Bad Wolf en Bizzy Blondes, Automatic Sweat, Body Doubles & Parts, en Hard Time Management.

Gelukkig het Charlize as model in New York 'n verwysing na 'n gerespekteerde modelagentskap in Los Angeles gekry, 'n kontak wat nie noodwendig deure sou oopmaak na filmregisseurs nie, maar darem werkgeleenthede kon bied.

Om sélf 'n respektabele talentagent te vind, is byna onmoontlik, word aan my vertel. Hierdie agentskappe stel dit baie duidelik dat hulle geen telefoniese navrae vir afsprake hanteer nie, geen fotoportefeulje of résumé ontvang nie, en geen persoonlike besoeke by hulle kantore verwelkom nie. Hulle is nie verleë oor 'n nuwe gesig wat dalk die volgende Charlize Theron mag word nie. Alles werk streng deur verwysings. *Networking* is waarom alles draai. In Los Angeles eet jy nooit alleen nie, hier moet jy iemand leer ken wat iemand ken wie se agterkleinneef dalk 'n *gaffer* of *key grip* was of wie se kleinniggie as 'n grimeerassistent gewerk het vir 'n mindere aktrise in die vorige lokettreffer van Steven Spielberg.

Die filmmaker Frederick Levy vertel hoe hy sonder konneksies sy pad na Hollywood gebaan het en sy advies is om 'n tydelike werk te kry wat nie gaan inmeng met jou fokus nie. "Flip burgers, wait tables, work retail." Hy was self eens 'n toergids by Universal Studios.

Charlize het nie een hiervan gedoen nie. Sy kon aan die lewe bly deur modelwerk en is uiteindelik aan 'n agent voorgestel, wat haar vir haar eerste lesing ("reading") genooi het. 'n Lesing is 'n oudisie wat op film opgeneem word. Nie alle oudisies word opgeneem nie. Vir geringer rolle word oop oudisies gehou waar kandidate elkeen 'n paar bladsye uit die draaiboek voorlees of dramatiseer. Die bestes word later teruggeroep vir 'n oudisie wat verfilm word.

Regisseur Jon Turteltaub sê Sandra Bullock se oudisie (eintlik twee) vir die vroulike hoofrol in *While You Were Sleeping* (1995) het hom laat besluit om haar haar deurbraakrol te gee. Hoekom? Sy het twee dinge gedoen: sy het hom laat lag, en dit het geklink of sy werklik glo aan die woorde wat uit haar mond gekom het. "Dit was nie blote dialoog nie. Dit het van binne gekom."

As jy so gelukkig is om vir 'n lesing genooi te word, sal dit dus help as jy dit oortuigend en veral flambojant kan doen. Charlize het dit reggekry met háár oudisie vir *2 Days in the Valley*. Sy is gevra om die karakter Helga se sterftoneel uit die draaiboek voor te dra en het dit al kruipende en sterwende op die vloer gedoen – en haar debuutfliekrol gekry. Maar sy het ook blonde hare en 'n sexy lyf gehad, net reg vir die rol van dié Noorweegse sekskat. En sy't nie omgegee dat James Spader haar bors met 'n ysblokkie tussen sy tande troetel nie.

Dít is die werklikheid, want in groter Los Angeles bedek 'n dun laag blink vernis groot ellende en hartseer, en in Hollywood is min waarborge en baie uitbuiters van jong drome. Geen wonder nie Marilyn Monroe het eens gesê: "Hollywood is 'n plek waar hulle jou $50 000 vir 'n soen betaal en 50 sent vir jou siel."

Charlize vlieg in 1993 op agtien van New York af Los Angeles toe, sonder opleiding of ervaring as aktrise. Haar "enkelkaartjie" impliseer dat sy nou die einde van haar reis bereik het, sonder 'n ander opsie as om sukses te behaal. Maar sy het 'n tjek van $500 vir haar modelwerk in New York in haar sak en Gerda se kredietkaart van 'n Suid-Afrikaanse bank: "Dis vir jou, as jy kos nodig het of huis toe wil kom. Maar ek gaan die bankstate kry en as jy geld mors, kom jy terug." (Charlize sê later sy het die kredietkaart net vier keer vir kos gebruik en een keer om huis toe te vlieg om te gaan kuier.)

Op die lughawe in Los Angeles klim sy in 'n taxi en sê: "Vat my Hollywood toe."

Dit was 'n fout, sê sy in 2008 in 'n onderhoud aan die New York Times se tydskrif. "Die bestuurder het my na 'n motel gevat met die naam Farmer's Daughter. Vandag is dit 'n cool plek, maar destyds is die kamers per uur uitverhuur. Dit het verskeie bottels bleikmiddel en harde skropwerk gevat voordat ek my oë in daardie kamer kon toemaak."

Die kamertjie was dalk klein en die plek 'n bietjie van 'n vlooines. Maar die naam was tog 'n ironiese verwysing na Charlize se landelike agtergrond, en die area self het tot vandag toe 'n sterk plaasverband wat so ver terug as 1934 gevestig is.

Toe het twee entrepreneurs die visie gehad om 'n soort Europese boeremark te vestig waarop boere hulle vars produkte kon verkoop aan die huisvroue van die snelgroeiende filmstad waarin sterre soos Clark Gable en Judy Garland regeer het. Vandag is dié Farmer's Market-kompleks op die hoek van 3rd Street en Fairfax Avenue steeds een van die gewildste en grootste aantrekkingskragte, nou met meer as honderd stalletjies, restaurants, winkels en flieteaters. Die Farmer's Daughter is net hoër op in

Fairfax naby die CBS-TV-gebou, en suid van 3rd Street is Wilshire Boulevard, waar baie filmagente hulle kantore het.

Vandag nog bied die Farmer's Daughter Hotel, nie meer motel nie en aansienlik gemoderniseer, hom aan as 'n unieke stadsoase vol landelike sjarme gekombineer met 'n Hollywoodse atmosfeer en 'n spesiale "No Tell Room for Lovers, Playboys or Fugitives", met spieëls teen die plafon. Maar in die vroeë negentigs was dit bloot sentraal geleë met goedkoop kamers.

In Augustus 2008 laai die taxi my ook van die lughawe af voor die deur van die Farmer's Daughter in Fairfax Avenue, en ek word begroet deur die plaasmeisie met die vlegsels en gieter in die hand. Die hotel is 'n plat, blou affêre. Binne langs Ontvangs is 'n groot blikskottel, die ovaal soort waarin klere met die hand gewas is voor die koms van wasmasjiene. In die skottel word kleurryke, opgerolde katoenvrouebroekies te koop aangebied, elkeen versier met 'n gebosseleerde "Farmer's Daughter". (Die skottel se inhoud word elke oggend aangevul.)

In die Augustus 2008-uitgawe van Angeleno, 'n gesaghebbende restaurantgids in Los Angeles, kry die Farmer's Daughter se Tart-restaurant twee sterre en word dit beskryf as "country-kitsch". Dit is een van 250 restaurants wat elkeen in 'n paragraaf bespreek word. (Eerste onder die toptien is Laurent Tourondel van New York se BLT Steak in Sunset Boulevard, West Hollywood, waar dit glo moeiliker is om 'n tafelbespreking te kry as 'n foto van Brad en Angelina se tweeling!)

Die Farmer's Daughter het in 1961 sy eerste gas ingeneem en het sedertdien in verskeie gedaantes voortbestaan voordat die huidige eienaar en sy vrou dit in 2004 gekoop en gemoderniseer het. Dit is netjies, gasvry en in elke kamer is 'n hoëdefinisie-platskerm-TV, DVD-speler en WiFi-internetkonneksie – in kontras met die kloeke olieverfprentjies teen die mure, van 'n koei, 'n vark, 'n donkie, 'n ui, 'n pampoen, en op die bedkassie 'n blou miniatuurgietertjie met plastiekmadeliefies.

Charlize sluit haar in LA by die Bordeaux Model Agency aan met 'n stewige portefeulje van haar internasionale modelwerk en TV-advertensies. Sy kry advertensiewerk, maar geen aanbieding vir 'n filmrol nie. Sy loop haar voete seer, nog skaars gesond van die bloedblase van die Joffrey se *pointe*-oefeninge. Ná haar eerste ses maande in Los Angeles het sy maagsere, loop potjies met kansvatters in die filmbedryf, en beleef 'n baie onsekere tyd, selfs met haar aansienlike selfvertroue. Om in Hollywood net op drome staat te maak, is moeiliker as wat sy gemeen het. Erger, sê sy in 2008 aan Elle: "Ek het in Hollywood aangekom sonder om mooi te besef dat almal wat hier beland presies dieselfde droom het."

Die casting couch

Op 'n dag kry sy egter die oproep waarvoor sy gewag het. Opgewonde en nog onbedag op al die slaggate stem sy in tot 'n oudisie. Sy weet, op grond van hierdie oudisies, hierdie berugte *casting couches*, word drome waar. Of nie.

In 2005, met die selfvertroue van 'n Oscar en die wysheid van terugblik, herleef sy aan Marie Claire daardie oproep: "Dit was 'n bietjie vreemd dat die oudisie op 'n Saterdagaand was en boonop by die regisseur se huis. Maar ek het niks van die filmbesigheid geweet nie en gedink dis maar hoe dit gedoen word. Toe die regisseur die aand die deur oopmaak, is hy in sy Hugh Hefner-pajamas. Ek dog miskien is dit soos dit werk. Ek het ingegaan en hy bied my 'n drankie aan en ek dink: 'My God, this acting stuff is very relaxed – wanneer begin ons nou eintlik werk?'

"Maar dit was gou duidelik wat aan die gang was en dan is jy óf iemand wat so iets kan hanteer, óf ... Ek dink as jy 'n sekere soort houding uitstraal mors mense nie met jou nie. Ek het nooit weer as 'n naïewe plaasmeisie uit Suid-Afrika by 'n vertrek ingestap nie. Selfs op agtien al het ek geweet hoe om so iets te hanteer: 'Not going to happen. Wrong girl, buddy.'"

Sy leer vinnig op 'n harde manier 'n paar Hollywood-lesse, maar stem ook later in om haar modelportefeulje aan te vul met foto's in swemklere. 'n Italiaanse fotograaf, Guido Argentini, word aanbeveel. Hy is in Florence gebore en wou eers 'n mediese dokter word, maar skop ná drie jaar op om sy liefde vir fotografie as beroep uit te leef. Hy vestig hom as modefotograaf en pendel tussen Milaan en Los Angeles. Hy begin hom toespits op artistieke naakstudies van modelle in dansposes in ateljees en in landskappe as uitdrukking van sy "passie vir beeldhou en dans". Van hierdie foto's verskyn in sy eerste boek, *Silvereye*. Daarna spits hy hom toe op die kombinasie van "erotika en skoonheid" vir sy tweede fotografiese boek, *Private Rooms*, waarvoor hy modelle afneem in die intimiteit van afgesonderde vertrekke – van historiese villas tot elegante vyfsterhotels uitgerus met weelderige materiale, tot vlooines-motelkamers met plastiekstoele. Van hierdie foto's van hom verskyn ook in hoofsaaklik Europese uitgawes van tydskrifte soos Playboy, Maxim, GQ en FHM.

Nadat Charlize al naamrolle in ses vrygestelde rolprente gehad het, begin daar in tydskrifte prikkelfoto's van haar verskyn. In Mei 1999 is sy op die voorblad van Hugh Hefner se Amerikaanse Playboy met 'n reeks gewaagde foto's binne. Die fotograaf se naam verskyn by die foto's: Guido Argentini. Haar publisiteitsbeampte in New York, Joe Quenqua, sê Charlize is geskok oor die foto's in Playboy. "Hierdie foto's is nie geneem vir publikasie nie. Hulle is jare gelede spesifiek vir haar private modelportefeulje geneem," en regstappe word gedoen weens vertrouensbreuk. Playboy hou egter vol hy het binne sy regte opgetree met die publisering van die foto's.

Die New York Post berig dat Charlize in hofstukke in die Los Angeles Superior Court aanvoer dat die foto's vir haar "private gebruik" was en dat die "publisering en voortdurende moontlikheid van publisering" van die foto's vir haar "groot ontsteltenis, spanning, depressie en vernedering" veroorsaak. Die hof gooi egter die saak uit omdat dit blyk dat Charlize 'n vrywaringsdokument vir die foto's geteken het. Charlize en Argentini bereik 'n private skikking buite die hof.

Oor die foto's wat Argentini van haar geneem het nadat sy as onbekende in Los Angeles aangekom het, sê Charlize in 2004: "Die fotograaf het in die woestyn [noordoos van LA] mooi, artistieke silhoeëtfoto's geneem met gedrapeerde chiffon op die nodige plekke. Soos in elke fotosessie was daar ook swak foto's en dié het hy loop en smous. Hy het dit aan Playboy verkoop, toe vat ek hom hof toe."

Ook Cameron Diaz moet haar in 2004 tot haar prokureurs wend om die verspreiding van naakfoto's en 'n *softporn*-video van haar te keer wat gemaak is toe sy negentien jaar oud was. Die foto's is ook geneem as deel van haar portefeulje en nie bedoel vir openbare gebruik nie. Die video het op 'n Russiese webtuiste verskyn ondanks 'n hofbevel wat die verspreiding daarvan verbied.

In 2008 is daar opnuut omstredenheid rondom Playboy-foto's van Charlize toe die Amerikaanse TV-kanaal E! Entertainment 'n biografie oor Charlize maak vir *True Hollywood Story*. Jeremy Gordin, 'n gewese redakteur van Playboy, het 'n insident aan E! beskryf waarin Charlize na bewering in 1994 haar bostuk opgelig het in 'n poging om die Suid-Afrikaanse uitgawe van die prikkeltydskrif te haal. Michael Lynn van E! in Los Angeles laat weet vir Gordin in Junie 2008 dat die insetsel uitgesny word omdat hulle geen bewyse het dat so iets wel plaasgevind het nie.

In die gewraakte onderhoud word vertel dat Charlize en Gerda by Playboy se kantore aangekom het vol hoop dat sy in die volgende uitgawe aangebied sou word as "Playmate of the Month". Dit behels om teen vergoeding van $30 000 kaal vir Playboy se middelblad te poseer en na Playboy se hoofkantoor in Chicago gevlieg te word vir die fotosessie. So 'n Playboy-exposé gee jong aktrises se filmdrome ook dikwels 'n hupstoot.

Die toe nog onbekende Charlize het glo 'n fotoportefeulje van haarself aangebied waarin sy soos Marilyn Monroe lyk. 'n Playboy-kollega van Gordin was egter skepties oor Charlize se beskeie borste, veral in die lig van Playboy-baas Hugh Heffner se gesteldheid op oordadige boesems. Gordin beweer hy het dit aan Charlize probeer verduidelik, waarop sy hom onderbreek het deur haar T-hemp op te pluk en te vra: "Dink jy my borste is nie groot genoeg nie?"

Sy het die "werk" gekry, maar dit glo gekanselleer toe 'n advertensieveldtog vir kosmetiek enkele weke daarna aan haar aangebied is.

Nadat Charlize in 2004 'n Golden Globe vir *Monster* gewen het, skryf Gordin 'n artikel oor haar met die opskrif "I saw Charlize's 'golden globes'". Hy beskryf haar gloeiend as een van die mees doelgerigte en mooiste mense wat hy ooit ontmoet het, en ook een met die meeste selfvertroue.

Gordin was nie baie gelukkig dat E! se prokureurs nie sy anekdote vertrou het nie. "'n Stukkie geskiedenis is uitgehaal en jy wonder wat nog gaan sneuwel."

Van die tyd van die stilprente al word bespiegel of Hollywood se berugte *casting couch* mite of feit is. Die frase word nou eufemisties gebruik vir 'n wyer sosiale verskynsel waarin seksuele gunste geruil word vir werk of loopbaanbevordering. Maar té veel aspirante na "The Big Time" het staaltjies te vertel, dikwels erg aangedik, oor húlle ervarings soos Charlize s'n. Maar vir die meeste is die verleentheid te erg om daaroor te praat.

Tog is daar ook ander kanse wat hoopvolle aktrises kan benut ten einde raakgesien te word. Vanessa Marcil van TV se *Beverly Hills 90210,* wat ook saam met Nicolas Cage, Sean Connery en Ed Harris in *The Rock* was, sê *starlets* word dikwels toegegooi deur klere of bykomstighede van allerlei ontwerpers wat graag hulle ware op die rooi tapyt wil sien. In ruil daarvoor moet hulle die naam van die ontwerper terloops laat val. Vir 'n Emmy-funksie het sy $1 miljoen se diamante aan haar nek, ore en vingers gehad. En agente sorg dat selfs *starlets* na die beste partytjies uitgenooi word. Hulle het ook nie nodig om self aan te trek of hulle hare self te doen nie. "Ek kan nie onthou wanneer ek laas aan my eie hare gevat het nie."

Maar as jy nie werk het nie, sê Marcil, moet jy maar sit en hoop op die "cattle calls" vir advertensiewerk.

Kevin Brownwing beweer in sy boek *The Golden Grope – A History of Hollywood Harassment* dat Charlie (The Little Tramp) Chaplin waarskynlik die eerste eksponent was van die *casting couch* as manier om aktrises vir filmrolle uit te soek. Eie aan die stilprente het hy oudisies met mimiek en woordkaarte gedoen waardeur hy stilswyend met 'n aktrise gekommunikeer het. Namate die oudisie vorder, het die boodskappe op die kaarte al hoe hitsiger en meer suggestief geword om hulle aan te moedig om van hulle klere ontslae te raak. Dan, in die oordrewe gebare en handelinge van die stilprente, het hy hulle begin bevoel, daarna kaal laat staan en hulle met vlaterte bestook.

Die groot cowboy John (The Duke) Wayne het glo weer daarvan gehou om soms sy keuring vir medespelers in 'n afgesonderde vertrek te doen met net sy Stetson op die kop en twee Colt .45's (met pêrelgrepe) in holsters om sy naakte buik gegordel.

Meer gesaghebbend skryf Bruce Newman, filmresensent van die San José Mercury News, in 2007 'n artikel oor die *casting couch* in 'n tydskrif van die Stanford-universiteit: "Min vermaaklegendes is so hardnekkig as Hollywood se *casting couch,* 'n plek van mitiese passies en morsige transaksies, waar vervaardigers goed gestoffeerde *starlets* belieg – en soms belê."

Laura Schiff, 'n gerespekteerde rolverdelingsagent van onder meer *Close to Home* en hoogaangeskrewe TV-reekse soos *Boston Public* en *The West*

Wing, skets 'n prentjie van hoe die proses veronderstel is om te werk. Nadat die draaiboek vir 'n rolprent of TV-episode by die rolagente beland het, gaan sit almal om 'n tafel, ook regisseur, skrywer en vervaardigers, om vas te stel wat hulle gedagtes was met die skryf daarvan, watter boodskap hulle wil uitdra, en die algemene rigting wat hulle daarmee beoog. Op grond hiervan word 'n sinopsis aan alle agente en akteurs vrygestel.

Dan word die vloed van résumés en foto's ingewag, gesif en skedules vir oudisies opgestel vir uitgesoekte kandidate. Die rolverdelingsagente help die regisseur en vervaardigers met die keuse van akteurs of aktrises, 'n kontrak word onderhandel en papierwerk voltooi, met afskrifte aan die Screen Actors Guild, die waghondvakbond vir akteurs wat onder meer minimumtariewe bepaal.

Schiff voeg by: "Dis baie bevredigend om later die naam van 'n ster te sien wat jy jare gelede as jong akteur of aktrise vir 'n rol aanbeveel het." (In haar kantoor by die Sony Studios is geen rusbank nie.)

Tyra Banks, eens 'n suksesvolle model en aktrise, met 'n Emmy bekroon vir haar *The Tyra Banks Show*, en deur die tydskrif Time as een van die sewe invloedrykste vroue ter wêreld aangewys, besluit in 2007 om ondersoek in te stel na die Hollywoodse *casting couch*. Die program word in Mei in Amerika uitgesaai.

'n Hotelkamer is ingerig as oudisielokaal, 'n manlike akteur het hom as 'n regisseur, "Martin", voorgedoen en 'n oop oudisie is geskeduleer vir 'n denkbeeldige TV-projek. Agterna is die aktrises en voornemende aktrises uitgevra oor hulle ervarings met regisseur Martin se seksuele attensies tydens die oudisies. Annie van Noorweë sê die rede hoekom sy haar langbroek op Martin se aanstigting begin losmaak het, was omdat die vooruitsigte van 'n Hollywood-rol haar instinkte oorheers het. Jen het ingestem dat Martin haar soen toe hy wou vasstel hoe sy 'n liefdestoneel sou hanteer. Van die ander was te skaam om agterna hulle ervarings op kamera te deel.

Rolverdelingsagent Monica Swann, wat aan Tyra haar eerste kans as aktrise teenoor Will Smith in *The Fresh Prince of Bel-Air* gegee het, sê akteurs en aktrises sonder agente of bestuurders is veral uitgelewer aan uitbuiters en kansvatters.

En Tyra waarsku: Volg jou droom, maar volg jou instinkte eerste.

Vloermoer

Sonder filmrolle en aangewese op advertensiewerk vir 'n inkomste besluit Charlize in 1993 om die tjek van $500 wat sy vir modelwerk gekry het tydens haar balletopleiding in New York, in 'n bank in Hollywood Boulevard te gaan wissel om haar huur te betaal. Die kassier weier om die tjek uit te betaal omdat dit in 'n ander staat uitgereik is. Charlize ontplof in die bank. Een van die klante wat hierdie woedebui aanskou, is John Crosby, oud genoeg om haar pa te wees. Wat hom opval, is nie net haar bui nie, maar haar skoonheid gekombineer met dié dramatiese vloermoer. Hy kalmeer haar en sê sy kan die tjek by enige poskantoor gaan wissel en oorhandig sy besigheidskaartjie aan haar met die opmerking: "Ek weet nie of jy 'n aktrise is nie, maar ek is 'n bestuurder van 'n filmagentskap. As jy belangstel, kontak my."

Sy vat die kaartjie, maar steur haar min daaraan. "Elkeen op Hollywood Boulevard is 'n agent en wil van jou 'n ster maak," vertel sy later. Maar 'n vriendin merk die kaartjie 'n paar dae daarna op en sê die aktrise Rene Russo is een van Crosby se kliënte. Charlize besoek hom en teken 'n kontrak dat hy haar sal verteenwoordig.

Oor haar ontmoeting met Crosby in die bank sê sy: "Toe die kassier weier om die tjek te wissel, het ek net kop verloor. Ná die skreeuery het John Crosby sy kaartjie vir my gegee en my later aan rolverdelingsagente voorgestel."

Crosby verbreek jare later sy swye oor hierdie toe beroemde kliënt van hom vir wie hy soveel deure oopgemaak het. "Sy was nie soos 'n dogter vir my nie, maar ek het tog op baie maniere probeer om die rol van 'n pa vir haar te vervul. Dis iets wat ek aan haar ma beloof het."

Hy stel haar aanvanklik voor aan vroulike agente wat rolverdelings doen vir filmprojekte. "Sonder 'n rolverdelingsagent is dit baie moeilik om jou pad te vind, veral vir 'n pragtige jong vrou aan die begin van haar loopbaan, en Charlize het so 'n klassieke voorkoms van Hollywood-in-its-heyday."

Enkele dae nadat Crosby haar bestuurder word, stuur hy haar vir haar eerste draaiboekoudisie vir die wetenskapfiksieriller *Species*, wat in 1995 'n lokettreffer is. Maar haar Afrikaanse aksent is 'n groot probleem, en Natasha Henstridge, op 'n week na presies 'n jaar ouer as Charlize, kry die rol van Sil. Natasha was ook eers 'n (Kanadese) tienermodel wat op vyftien al op die voorblad van die Franse uitgawe van Cosmopolitan verskyn het. In die gewilde TV-reeks *Eli Stone* is sy Eli se "verloofde".

Ná hierdie teleurstelling gee Crosby opdrag dat Charlize van haar Suid-Afrikaanse aksent ontslae raak en dat sy toneelklasse by Ivana Chubbuck bywoon. By Chubbuck se klasse ontmoet Charlize 'n aspirantaktrise uit Serbië, Ivana Milicevic, wat haar kamermaat word en haar beste vriendin bly. Chubbuck skryf later 'n gewilde handboek waarin sy die twaalf stappe bespreek waarmee sy aktrises soos Charlize afgerig het. Sy het ook vir Halle Berry gehelp met haar rol in *Monster's Ball*, waarvoor Halle die Oscar as beste aktrise gewen het.

Charlize stel haar TV in op Amerikaanse sepies en aap hierdie dialoog luidkeels na om die tipiese Amerikaanse omgangstaal met sy besondere toonvalle, ritmes en modulasies te probeer bemeester. "My TV was 24 uur aan. As iemand vir jou sê jy moet jou aksent afskud, leer jy baie vinnig om soos 'n Amerikaner te praat."

'n Britse onderhoudvoerder sê jare later oor haar aksent: "Hoewel haar Amerikaanse aksent foutloos is, is haar kadanse 'n raps te skerp, haar uitdrukkings te bestudeerd, wat wys op 'n duidelike TV-invloed op haar Engels."

Hieroor sê Charlize in 2004 ná haar Oscar: "Ek het Afrikaans grootgeword. Benoni is 'n Afrikaanse dorp en niemand daar praat Engels nie. Ek het skaars Engels geken en met my aankoms in Los Angeles 'n swaar Suid-Afrikaanse aksent gehad. By oudisies was die terugvoer altyd: 'Baie goed, maar kom terug met 'n Amerikaanse aksent.' Dis wonderlik om tweetalig te wees, maar dit help ook maar niks om 'n taal te hê wat jy nêrens elders kan gebruik nie."

Die manier waarop sy in gewoontes en taal Amerikaans sou word, word opgesom in 'n toneeltjie wat in 2000 in Tatler beskryf word. Charlize en die joernalis sit langs die swembad van die Mondrian Hotel in West Hollywood en gesels. 'n Nuuskierige hoor hulle en wonder hardop na aanleiding van haar aksent of sy van Chicago afkomstig is. "Dis maklik om te dink sy's 'n Amerikaner. Anders as Catherine Zeta-Jones, wat gou terugval op haar Walliese infleksies wanneer sy van die kameras weg is, het Charlize daarin geslaag om alle spore van Afrikaans uit haar aksent te vee, ook in alledaagse omgangstaal."

'n Amerikaanse onderhoudvoerder merk op: "She speaks in the lazily phrased auto-babble which has become the mother tongue of modern Hollywood." En gee 'n voorbeeld van Charlize wat sê: "You know what, I'm gonna go to the bathroom to wash my hands. They've gotten all kinda icky and like, urgh."

Dus, welkom aan die Amerikaanse tongval: "Now I'm supposed to run inta ya ahms and melt like buttah on a hot muffin?" sê sy aan Matt Damon in *The Legend of Bagger Vance* (2000).

Oor haar ontmoeting met Crosby gee sy in dieselfde 2004-onderhoud toe dat haar sukses nie so oornag was as wat dit mag klink nie. "I worked my ass off," sê sy. "And I fell on my ass a few times too. I also had to deal with some major assholes." Wat die onderhoudvoerder laat opmerk: "It's all bottoms with these South Africans, isn't it?"

En die sitvlaktema duik inderdaad later weer op toe sy op Dinsdagaand 20 September 2005 in die Beverly Hilton in Hollywood een van die glansvroue is wat 'n Premiere Icon-toekenning kry, met die hoogtepunt van die aand 'n huldeblyk aan die veteraanaktrise Shirley MacLaine. Charlize stap van die verhoog af na MacLaine en soen haar op die boude. MacLaine, eers verbaas, sê daarna sy was verras deur die uitsonderlike gebaar van huldebetuiging, en voeg by: "Ek moet Charlize beter leer ken . . . saam met haar dronk word."

'n Week later, op Dinsdagaand 4 Oktober 2005, is Charlize die gas van die TV-kletser Jay Leno op sy The Tonight Show en word oor die vreemde soen op MacLaine se sitvlak uitgevra. Charlize vertel blosend dat sy vooraf pynpille vir 'n seer nek gedrink het, en by die funksie 'n paar glase wyn. "Ek kan nie voor 'n gehoor praat nie, alkohol kalmeer my senuwees."

Waarop die komediant Dane Cook, genooi om saam met Charlize en Jay Leno te gesels, opmerk: "Ek is een van jou grootste bewonderaars. Jy's pragtig en talentvol. Now I'm literally kissing your ass." En hy soen Charlize op háár boud!

Eerste rolle, 1994-1995

Theron verrys soos 'n lenige kreatuur uit 'n verre savanna. Ursula Andress het 'n soortgelyke effek gehad met haar verskyning uit die Karibiese See 45 jaar gelede in *Dr. No*.

Sam Allis, Boston Globe

Deurbraak

Charlize se verbintenis met John Crosby begin vrugte afwerp. Sy kry 'n rolletjie in die derde aflewering van 'n reeks van sewe videofilms wat gebaseer is op die rillerskrywer Stephen King se kortverhaal "Children of the Corn". King probeer hom later distansieer van hierdie gruwelike gewelddadigheid waarin kinders deur 'n bose wese uit 'n mieliland aangemoedig word om moorde te pleeg. Sy verskyn vir omtrent net drie sekondes as 'n ekstra, een van die kinders wat vermoor word, in *Children of the Corn III: Urban Harvest* wat in Desember 1993 in Los Angeles verfilm word, maar eers in September 1995 op video uitgereik is. Haar naam word nie in die rolverdeling gemeld nie, maar oor hierdie rol sê Charlize: "Ek het my ma gebel en gesê ek is 'n aktrise. Ek het dit gemaak."

Haar latere agent en bestuurder, J.J. Harris, sê oor dié eerste rol: "She was happy to do it because she was in the movies."

'n Jaar hierna dog Charlize die Hollywood-hemele daal neer toe sy genooi word vir 'n oudisie vir *Showgirls*. Dit boonop vir die hoofrol van dié nuwe prent van regisseur Paul Verhoeven (*RoboCop*, *Total Recall*, *Basic Instinct*), met die hoogaangeskrewe Joe Eszterhas as draaiboekskrywer – ook vir die treffer *Basic Instinct* (1992) met Sharon Stone.

Showgirls handel oor 'n jong meisie wat in Las Vegas wil gaan dans en haar vasloop teen ongure karakters. Die naaktonele skrik Charlize nie af nie, want in Hollywood is die verwagtinge groot dat hierdie duur produksie 'n groot sukses gaan wees, veral weens die vooraf omstredenheid oor die prent se baie seks en naaktheid. Vir Charlize, met haar liefde vir dans en haar agtergrond as danser, klink die rol van die temperamentele Nomi Malone en die bohaai oor die prent na 'n gulde kans vir haar belangrike deurbraak as volwaardige aktrise.

Sy is erg teleurgesteld toe Elizabeth Berkley, drie jaar ouer as Charlize, die rol kry (en $100 000). Berkley probeer toe self in Hollywood naam maak en is ook, soos Charlize, 'n gewese tienermodel wat aktrise probeer word.

Maar *Showgirls* is 'n skouspelagtige mislukking en ontvang uiteindelik agt Golden Raspberry Awards, of Razzies, as die dekade van negentig se swakste prent, selfs een van die slegstes wat ooit gemaak is. Berkley se loopbaan stort in duie en sy gaan studeer verder voordat sy later weer beskeie rolle in TV-reekse begin kry.

Oor hierdie noue ontkoming sê Charlize later die oudisie vir die rol in *Showgirls* was haar tweede in Hollywood. "Maar dit was asof ek 'n beskermengel gehad het om te keer dat ek die rol kry."

Pleks van *Showgirls* kom sy onder die aandag van regisseur John Herzfeld. Dié wil eintlik die Nederlandse model Daphne Deckers hê as die sexy Helga in sy moordfliek *2 Days in the Valley*. Maar Deckers het ander verpligtinge en trou ook kort daarna met die Nederlandse tennisster Richard Krajicek. Herzfeld besluit om Charlize 'n oudisie te laat doen as die sexy Noorweegse minnares van James Spader se karakter, en sê later oor hierdie berugte oudisie vir Helga se sterftoneel: "Ons was in hierdie klein kantoortjie. En daar kom Charlize aan, sleep haarself die gang af. Sy was skaars voorheen in 'n filmraampie, maar ek kon sien sy hét dit."

Charlize kry haar eerste naamrol in 'n volwaardige Hollywood-fliek – al is dit net 'n B-prent – en Gerda gaan kuier by haar dogter toe haar tonele in *2 Days in the Valley* verfilm word. "Ek was verbaas om te sien Charlize het selfs 'n spesiale stoel op stel met haar naam op, en 'n luukse treiler, ook met haar naam. Ek kon met oorfone haar tonele op 'n monitor volg en toe ek haar stem oor die oorfone hoor, het ek vir die eerste keer met Charlize-die-aktrise te doen gekry. Die trane van trots het geloop. Haar sukses het die gedagte dat ek haar op sestien afgestaan het, draagliker gemaak. Al wat ek gehad het, was vertroue in Charlize, en nou is dit ryklik beloon.

"Ek het weer gehuil toe ek en sy saam na die première gaan kyk het. Sy het my hand vasgehou. Ek kon nie glo wat ek sien nie. Maar Charlize doen niks halfpad nie. Dit het sy kleintyd al bewys toe sy soms aanhou dans het totdat haar tone gebloei het."

Vir haar rol as Helga moet Charlize van haar klere uittrek vir smeulende sekstonele saam met Spader. Toe sy in 1996 uitgevra word of sy 'n dubbelganger gehad het vir die sekstonele, sê Charlize: "Laat ek jou iets vertel, skat: as jy jou filmdebuut maak, kry jy g'n 'n dubbelganger vir jou lyf nie. Jy doen dit sélf. Van die naaktheid was ek bewus toe ek die eerste keer die draaiboek gelees het en dit het my nooit gepla nie. Dis nie asof iemand skielik besluit het daar kort seks nie. Vir my toon die kaaltoneel die manipulerende verhouding tussen Helga en Lee [Spader]. Ek sal kaaltonele doen as die draaiboek dit regverdig en as ek die regisseur vertrou. Maar dis moeilik om so na myself te kyk."

Charlize se sexy reklamefoto vir *2 Days in the Valley* verskyn op onder meer 'n groot reklamebord op Sunset Strip in Hollywood. Later sê sy: "Ek het 'n foto van daardie reklamebord. Ek is amper op Sunset Boulevard deur sewe karre doodgery toe ek myself op daardie bord gaan afneem het."

In Suid-Afrika is Gerda baie teleurgesteld oor die "negatiewe publisiteit" wat haar dogter van haar "eie mense" kry in resensies oor die naaktonele in *2 Days*. "Dis pateties, dié ophef oor haar paar naaktonele. Wat my betref, is dit alles in goeie smaak en ironies het Charlize vooraf my toestemming gevra."

Charlize is ook in een van die tonele in 'n woeste katgeveg betrokke met die aktrise Teri Hatcher, waaroor Herzfeld sê: "Die bakleiery het te realisties geword. Teri se eerste hou het Charlize teen die vloer gehad. Ons moes verfilming stop en ys bring om die swelsel aan Charlize se gesig te probeer keer. Teri was baie jammer en het om verskoning gevra, maar die spanning was voelbaar op die filmstel. Hulle adrenalien in daardie toneel was soos elektrisiteit."

2 Days in the Valley word tot sy skade onmiddellik gemeet aan Quentin Tarantino se meesterstuk *Pulp Fiction* van 1994 met John Travolta en Samuel L. Jackson, en Amerikaanse resensente is nie beïndruk nie. Die geveg tussen Charlize en Teri word selfs as die hoogtepunt uitgesonder en net enkeles merk op dat dit Charlize se debuutprent is. Owen Gleiberman van Entertainment Weekly skryf: "Net rook. Die sindroom van 'Kyk, ek's die volgende Tarantino!' kan soos 'n virus die brein wegvreet, aan 'n jong filmmaker kom klou en tot 'n fliek lei wat weinig meer is as 'n string poserings. In *2 Days in the Valley*, 'n opgesmukte, bokspringende rillerfiasko, betas 'n koue, psigotiese sluipmoordenaar (James Spader met 'n kapsel en bril soos Michael Caine in *The Ipcress File*) die borste van sy Nordiese amasonevriendin (Charlize Theron) terwyl bloed uit haar maagwond spuit."

Jonathan Rosenbaum in die Chicago Reader: "Hierdie konkoksie van te veel akteurs en te min verstand van skrywer-regisseur John Herzfeld kom neer op 'n ontmoeting tussen *Short Cuts* en *Pulp Fiction*, maar is nie 'n tiende so goed as enigeen van die twee nie."

Rob Gonsalves van eFilmCritic.com: "Die fliek bou op tot 'n siek hoogtepunt wat nooit plaasvind nie; meestal skiet mense bloot op mekaar, en Teri Hatcher beland in 'n venynige spandeks-kattegeveg met Spader se minnares (Charlize Theron). Sommige mans mag dit prikkelend vind; vir my is dit 'n verleentheid. John Herzfeld is net nog 'n regisseur wat vroue beskou as óf gewelddadige poppies óf moederlike komberse om mans warm te hou."

Todd McCarthy in Variety: "Fynproewers van vrouegevegte kan hulle lippe aflek wanneer Hatcher en Theron, albei pragtig en fiks, mekaar in wilde tonele pak asof hulle dit regtig bedoel." Richard Luck van Channel 4 Film: "Baie mense beskou Teri Hatcher se gestoei met die aanvallige Charlize Theron as die hoogtepunt van Herzfeld se prent." En Clint Morris van Moviehole: "Charlize is supersexy en duiwels onvergeetlik."

In haar geboorteland word die jong aktrise se pogings in Hollywood aandagtig gevolg en Suid-Afrikaanse resensent Schalk Schoombie skryf byna profeties met die plaaslike vrystelling van *2 Days in the Valley*: "Hier kom 'n ding. 'n Twintigjarige Hollywood-Aspoester met 'n Afrikaanse van. Al is haar rol klein, is dit 'n sleutelrol, en jy kan haar onmoontlik miskyk met haar blonde byekorf, doodskop-bene, uurglaslyf en kleefmini's. Dis boonop die soort rol waarop legendariese loopbane gebou is, deels te danke aan 'n oordosis seks en geweld en 'n mens dink onvermydelik aan Sharon Stone se wiggeltoertjies in *Basic Instinct*. Theron doen wat nodig is. As die Barbie-trawant van 'n sluipmoordenaar (James Spader) is haar

Amerikaanse aksent foutloos, haar inlewing dodelik, haar klimakse elke lustige kyker s'n. Sy wys daai la-a-ang bene en huiwer nie om hulle oop te skêr nie. Dis ook nie al wat sy wys nie. Haar tiergeveg met die atletiese Teri Hatcher is woes en niks daarvan lyk beplan nie. Charlize speel 'n argetipe waarvoor Hollywood nooit sat word nie, die femme fatale met 'n kliphart en 'n verterende aptyt. Maar wanneer Theron verskyn, trek sy die oog telkens meer as haar gewigtige medespelers. As sy met toekomstige rolle kan vermy om in die kategorie van psigopatiese blondine vasgepen te word, wag daar dalk opgang en roem."

Vir Teri Hatcher wag daar ná *2 Days in the Valley* nie dieselfde roem nie. Nie gou nie. Sy is elf jaar ouer as Charlize, ook as balletdanser opgelei, met haar hart op 'n loopbaan as aktrise. Sy kry klein rolletjies in hoofsaaklik TV-reekse (*The Love Boat, McGyver*). Ná *2 Days* is sy Paris Carver in die Bondprent *Tomorrow Never Dies*, en verdwyn daarna grootliks uit die oog – totdat sy in 2004 haar verskyning maak as Susan Mayer in die gewilde TV-reeks *Desperate Housewives*, waarvoor sy in 2005 'n Golden Globe- en Screen Actors Guild-toekenning kry en vir 'n Emmy genomineer word. Teen April 2006 is Teri een van die hoogsbetaalde TV-aktrises in Amerika, teen $285 000 per episode van *Desperate Housewives*.

Ná die verfilming van *2 Days in the Valley* kry Charlize heelwat aanbiedinge, wat sy van die hand wys omdat almal wil hê sy moet haar klere in dié rolle uittrek. (In *Showgirls* is Elizabeth Berkley vir 'n volle twintig minute nakend.) Maar dan aanvaar Charlize in 1995 'n tweede naamrol in 'n beoogde TV-reeks, *Hollywood Confidential*, met Edward James Olmos in die hoofrol, oor 'n groep private speurders wat in Los Angeles se skaduwêreld bedrywig is. Charlize is die sexy Sally Bowen wat haar as ontkleedanseres moet voordoen. Ná die loodsepisode besluit Paramount Television egter om die reeks te skrap en *Hollywood Confidential* word uiteindelik in 1997 as 'n swak TV- en videoprent uitgereik.

Haar intense toewyding aan selfs hierdie twee beskeie rolle bereik nietemin belangrike ore. Toe Charlize as kind die akteur Tom Hanks in 'n inryteater buite Benoni in S*plash* gesien en tóé al gedroom het sy gaan Hollywood nog verower, het min hulle aan haar kinderfantasieë gesteur. Nog voor die vrystelling van *2 Days* kry sy 'n oproep van einste

Hanks, wat haar nooi vir 'n oudisie in *That Thing You Do!*, sy debuut as regisseur. "Ek was so senuweeagtig dat ek die oudisie nie reg kon doen nie en Tom [Hanks] het dit opgemerk. Hy het opgestaan en gesê hy gaan eers badkamer toe en daarna kan ons weer probeer. Ek het myself reggeruk. Tom het hierdie wonderlike vermoë om mense om hom op hulle gemak te laat voel."

Sy hoor vir drie maande niks van hom nie. Dan is daar die boodskap op haar antwoordmasjien dat sy die rol gekry het. "Ek het daardie boodskap vir dertig dae gehou en almal laat luister. Ek wou dit oor luidsprekers in Sunset Boulevard laat weergalm."

Dit is weer 'n beskeie rol, maar Hanks is 'n swaargewig in Hollywood en het toe pas twee agtereenvolgende Oscars gewen vir *Philadelphia* (1993) en *Forrest Gump* (1994). Charlize benut die kans met oorgawe, nou met donker hare en in die skadu van Liv Tyler. Sy wil bewys haar talente kan meer diepte na rolle bring as bloot sensuele vermaak soos in *2 Days in the Valley*. Sy smag na 'n uitdaging waarin sy uiting kan gee aan al die fasette van haar toneelspel. *That Thing You Do!* handel oor 'n jong popgroep in 1964 wat skielik 'n enkele musiektreffer het. Charlize is Tina Powers, 'n buierige vrou wat haar tromspelervriend los vir 'n tandarts. Sy kry hier die geleentheid om ook 'n bietjie van haar komiese talente te vertoon en Hanks sien, soos Herzfeld, haar selfvertroue raak, en beskryf haar agterna as "die aktrise met die mees natuurlike selfvertroue en talent saam met wie ek nog gewerk het". Sy was die eerste persoon wat hy vir 'n oudisie vir die rol ontbied het en hy het nie verder gesoek nie, sê hy.

En sy sê oor Hanks: "Hy's fantasies. Ek het met sy prente grootgeword. Hy's so seker van wat hy wil doen en so menslik."

Peter Travers van Rolling Stone sê: "*That Thing You Do!* volg 'n orkes met die naam van die Wonders van kleindorpse optredes tot plate, radio, kermisse, TV-optredes en Hollywood. Dis 'n vermaaklike mengsel van humor en hartseer oor vier oopgesigkêrels wat in 1964 'n enkele treffer gehad het. Tom Everett Scott, van TV se *Grace Under Fire*, is die tromspeler Guy Patterson, snaaks, innemend en 'n bietjie van 'n bleeksiel, wat op die punt is om gelos te word deur wispelturige Tina (Charlize Theron, 'n nuweling met sprankel en skalkse komiese instink)."

Ná die verfilming van *That Thing You Do!* word Charlize in 1995 beskou as meer as net 'n nuweling. Sy is nou 'n werkende aktrise. Haar vriendin Ivana Milicevic sê: "Charlize is in die eerste plek 'n baie harde werker, al het sy hierdie joie de vivre. Sy's my groot vriendin omdat ons albei dieselfde soort houding oor pret het."

Ivana is saam toe Charlize haar eerste kar in Los Angeles gaan koop. Sy moet dit kontant koop, want sy is nie 'n Amerikaanse burger wat 'n huurkoopkontrak kan aangaan nie. "Dit was al my spaargeld, $18 000 vir 'n Honda. Toe ons wegry, sê ek vir Ivana: 'Oh, my God! Nou't ek niks geld oor nie.' Dit was 'n groot ding om daar uit te ry, ek het 'n kans gevat en myself vertrou."

Saam met vriende huur sy 'n huis in North Edinburgh Avenue, twee strate ver van en parallel met Fairfax, waar sy uit die Farmer's Daughter haar eerste Hollywood-tree gegee het. Die huis is tipies voorstedelik met 'n tuintjie agter vir kuier. Die swart Honda gee sy later vir 'n vriendin en koop 'n tweedehandse Jeep Cherokee. In 1996 kry sy 'n groter huis in North Vista Street, naby Hollywood Boulevard, met 'n swembad waar vleis gebraai word. Gerda het ook gou 'n slagter daar ontdek wat lekker boerewors maak. Nog 'n kenmerk van 'n werkende aktrise wat 'n huis met 'n swembad kan bekostig, is toe ook die nuwe swart Lexus-4X4.

Begin 1997 koop sy haar eerste huis in Hollywood Hills. Maar skaars 'n jaar later verkoop sy dit weer nadat paparazzi haar adres vasgestel en haar by haar huis begin beleër het. Later dieselfde jaar sê sy: "Ek was verskiklik trots op die huis, want dit was my heel eerste eie huis. Maar nou verkoop ek al weer. Ek voel nie veilig daar nie." Hierna koop sy 'n Spaanse villa.

Diere

Die bekende Hollywood-teken is aan die suidelike hang van Mount Lee in Griffith Park, in wit letters vyftien meter hoog. 'n Spesiale trust hou toesig oor die teken, wat aanvanklik in 1923 as "Hollywoodland" opgerig is as reklame vir eiendomsontwikkeling in die uitsoekwoongebied van die latere Hollywood Hills. In die Hills is van die mees gesogte adresse, soos Outpost Drive, die sentrale straat van Outpost Estates. Tussen nuwer, meer kontemporêre miljoenêrswonings van Runyon Canyon staan die luukse landgoedere uit die 1920's met hulle Spaanse argitektuur wat ten duurste gemoderniseer en gerestoureer word deur filmsterre wat in gesogte "Old Hollywood" wil woon. Verwysings na Hollywood Hills kom in talle flieks en TV-reekse voor, die bekendste David Lynch se *Mulholland Drive* (2001).

Runyon Canyon is net onder Mulholland Drive in die "Valley", soos die bewoners dit hier noem, en die ideale eksklusiewe omgewing om in te woon, veral as jy honde het. En in Hollywood het alle sterre honde. Op die staproete in die Valley sien jy enige soort hond. En honde-eienaar.

Op die wandelpad in die Valley vat Nicollette Sheridan van *Desperate Housewives* haar Fatty en Oliver vir uitstappies, en Drew Barrymore is glo al hier opgemerk met "hawelose honde" wat sy red, ook Ozzy en Sharon Osbourne met hulle Pommers wat al saam op hulle MTV-programme verskyn het. As jy die *American Pie*-prente ken, sal jy Shannon Elizabeth herken, met haar sewe hondjies. Haar gunstelingwelsynsorganisasie is Animal Avengers en sy meen: "Skutdiere is die beste diere, want hulle weet jy het hulle gered."

Skutdiere is 'n groot ding onder filmsterre. Almal neem diere aan wat geskut is. Of die diere weet dat 'n filmster hulle gered het, is 'n vraag wat waarskynlik net deur 'n Hollywoodse dieresielkundige beantwoord kan word. Van hierdie troeteldiere het glo hulle eie psigoterapeute. (In Hollywood het selfs loodgieters en tuiniers terapeute en agente.)

Die nimlike BB, of BéBé van Franse faam, is self bekend vir haar beheptheid met diere. Veral die doodmaak van jong robbe in Alaska en Kanada het Brigitte Bardot hewig ontstel. Toe sy saam met Sean Connery gewerk het aan *Shalako* (1968), 'n prent oor die Wilde Weste gegrond op 'n boek van Louis L'Amour, het sy tydens verfilming in Almería in Spanje 'n rondloperhond opgetel (soos Charlize ook later in Italië sou doen). BB het die hond na haar hotelsuite teruggevat, dit gebad, met parfuum bespuit en pâte de foie gras gevoer, waarop die hond terstond gevrek het.

(Dit is insiggewend dat die beskerming van diere in Amerika voorkeur gekry het bo die beskerming van kinders. Die American Society for the Prevention of Cruelty to Animals is al in 1866 in New York gestig, en eers nege jaar later het die eerste Society for the Prevention of Cruelty to Children, in 1875, in dieselfde stad tot stand gekom.)

Charlize se liefde vir honde is nie 'n aangeleerde mode soos so baie van Hollywood se eksotiese giere nie. (As jy nou rêrig in tel wil wees, hou jy 'n bal of 'n domino-aand vir geldinsameling om Venesië van verdrinking te red.) Op die hoewe van Putfontein het sy al rondloper- of weggooidiere om haar versamel en versorg.

Toe sy in Hollywood Hills intrek, het sy vier sulke honde, Denver en Delilah, twee spanjoele, Tucker, 'n ligbruin Rhodesiese rifrug, en Orson, 'n kruis tussen 'n Deense en 'n Dalmatiese hond. Ook Gerda het later vir Bagger, genoem na die Will Smith-karakter in Charlize se gholffliek, *The Legend of Bagger Vance*.

In *Sweet November* is Charlize in die rol van 'n sensitiewe diereliefhebber wat twee klein poedeltjies van 'n laboratorium red en weer in trane van hulle afskeid neem nadat sy vir hulle 'n goeie huis gekry het. Maar op dié filmstel sorg haar eie Denver en Delilah vir moleste. "Die hanteerder van die filmhonde het nie my twee honde verbied nie, maar sterk geskimp dat hulle 'n slegte invloed het op die opgeleide honde." Sy word gedwing om Denver tydens verfilming in haar treiler te gaan toesluit. "Hy het so gelyk asof hy wil sê: 'Hoekom kan ek nie saam met my ma op die strand gaan hardloop nie? Hoekom hardloop sy saam met ander honde?' En wanneer ek terugkom in die treiler, snuffel hy aan my asof hy wonder: 'Waar wás jy, wat het jy gedoen, wie's al hierdie ander honde?'"

Aan Dana Cox van die dieretydskrif Animal Wellness sê sy die twee spanjoele is kleintjies van twee swanger tewe wat gered is. "Tucker kom uit 'n diereskut in Wisconsin waar 'n meisie hom gered het. Sy het hom vir my gegee toe sy as lid van die vredeskorps Thailand toe is. Hy's nogal terughoudend omdat hy lank alleen was. Hy wil hê jy moet aan hom dink as 'n alleenkind."

Vir Orson het sy in Italië gekry. "Hy was 'n rondloper, maar ons het so van mekaar gehou dat ek hom uiteindelik huis toe gebring het."

Charlize sê sy voel haar dierefamilie bring balans in haar lewe en sy vat haar spanjoele saam wanneer sy gaan verfilm. Tucker en Orson is te groot om ver afstande te reis. "Daar is niks so lekker as om die treiler se deur oop te maak en daardie twee gesiggies begroet jou nie."

Denver was haar eerste hond in Los Angeles, genoem na haar "stiefbroer" wat in 1997 in 'n motorongeluk dood is. "Die twee Denvers dra dieselfde wyse ou siel. Dié spanjoel gaan uit sy pad om net goed te wees, 'n sagte gees. Delilah is die prinses. Sy weet sy het probleme. Sy moet eintlik heeltyds terapie kry. Sy kom uit 'n troeteldierwinkel en is die resultaat van 'n puppy mill, en het spesiale liefde nodig.

"Orson is die kind in die huis, die nar wat vir die vermaak sorg. Almal is onmiddellik lief vir Orson. Jy sien, hy is Italiaans, en hou van vroue, hou daarvan om hom styf teen jou te kom aanvly. Stout ook, maar veral snaaks en lieftallig. Hy lyk soos 'n groot koei met swart en wit kolle.

"Denver, Orson en Tucker hou van die strand, maar Delilah sal tevrede en gelukkig wees om die hele dag op 'n rusbank deur te bring, vir die res van haar lewe. Hulle is baie bederf.

"Ek het nie katte nie, maar ek hou van katte. Die probleem is ek bly in die heuwels en ek het 'n verskriklike vrees vir roofdiere soos coyotes wat die katte kan vang. Die honde is toegemaak in die erf wat so 'n halwe acre is [meer as 2 000 m²], so daar is baie plek vir hulle. Maar met katte weet jy nooit. Ek het ook visse. Ek het 'n pragtige visdam, vol comets. En koi, 'n verjaardagpresent van my liefling. Ek sal nooit met iemand 'n verhouding kan hê wat nie ook mal is oor diere nie."

Dit is hierdie groot liefde vir honde wat haar betrokke laat raak by die veldtog teen sogenaamde *puppy mills* in Amerika, waar klein hondjies dikwels in hartverskeurende omstandighede vir troeteldierwinkels geteel word. Nadat sy 'n video oor beseerde en siek diere in so 'n *puppy mill* in Kansas gesien het, het sy ingestem om op te tree in 'n videoveldtog vir PETA, People for the Ethical Treatment of Animals. Afdrukke van haar video is onder meer na troeteldierwinkels en studentekampusse versprei en het tot optrede teen sulke teelplekke gelei. Lisa Lange van PETA sê dié optrede was grootliks aan Charlize te danke. "Charlize se betrokkenheid het ons geweldig gehelp. Wanneer iemand soos sy inspring met haar kragte en energie, kan jy berge versit." Charlize onderteken daarna 'n brief aan bestuurders van winkelsentrums regoor Amerika wat hulle vra om winkelruimte eerder uit te verhuur aan agentskappe wat diere laat aanneem as aan winkels wat troeteldiere verkoop. Ook dat kleinhandelwinkels hulle bereid moet verklaar om klante te verwys na plaaslike diereskutplekke waar mense hulle troeteldiere kan gaan aanneem sodat minder diere uitgesit hoef te word.

"As jy 'n Labradorhondjie as troeteldier wil hê, gaan soek hom eerder by 'n diereskut as in 'n troeteldierwinkel," sê sy.

In November 2004 tree sy en haar hond Tucker in Amerika op in advertensies teen die gebruik van diereprodukte in modes: "If you wouldn't wear your dog, please don't wear any fur."

Oor mense wat dink die pleitbesorging van diereregte is onbelangrik in 'n tyd waarin miljoene kinders van honger omkom, sê Charlize jare later: "Ek kom van 'n land waar hongersnood en Vigs groot probleme is en is bewus daarvan dat mense ly. Daarom is ek ook by dié stryd betrokke. Ek het die eerste veldtog teen verkragting in Suid-Afrika begin toe niemand oor verkragtings gepraat het nie. Maar die een saak is nie vir my belangriker as die ander nie. My ma sê jy moet veg vir dinge wat nie 'n stem het nie."

Charlize raak ook by ander diereprojekte gemoeid, soos die Emergency Relief Program van die International Fund for Animal Welfare, terwyl sy in Amerika die Best Friends Animal Sanctuary en ander diere- en humanitêre organisasies ondersteun.

Vir haar welsynswerk ontvang sy in 2001 PETA se Humanitarian Award, waaroor sy sê: "Dis moeilik om 'n toekenning te ontvang vir iets wat mens in jou alledaagse omgang veronderstel is om te doen [hulp aan diere]. Ons moet na die diereryk omsien met die besluite wat ons neem."

Sy skryf haar liefde vir diere aan Gerda toe. Aan die tydskrif Animal Wellness vertel sy hoedat omtrent alles wat op hulle "plaas" beland het, deur haar ma gered is – "selfs visse".

"Visse?" wil die joernalis Dana Cox weet. "Hoe red 'n mens visse in Suid-Afrika?"

"My ma het 'n padkonstruksiemaatskappy besit. Sy moes 'n pad bou wat deur 'n gronddam sou loop. Die eienaar het gesê hulle moet die dam met grond opvul. Maar toe sien my ma die visse in die dam en sy dreineer die dam, vang al die visse en vat hulle na twee groot reservoirs wat sy gebou het."

Die "reservoirs" waarna sy verwys, is twee sementdamme op die hoewe wat haar pa laat bou het (nie haar ma nie) vir sy eende en visse. Die damme word ná sy dood pertinent in die opgawe van sy boedel genoem.

Charlize vertel aan Cox hoe sy ook ander diere op hulle hoewe help hans grootmaak het, soos twee volstruiskuikens wat Gerda eendag huis toe gebring het. "Hulle het saam op die plaas gebly totdat ons hulle uiteindelik weer in die natuur vrygelaat het."

Maar dit is vir honde wat sy 'n spesiale plekkie het, en sê sy het op 'n slag na tot veertien honde omgesien. Tog was daar ook katte, eende, hoenders, skape, en haar boerbok met die naam Bok, sê sy aan 'n ander dieretydskrif, AnimalFair.

"Olifante?" vra hulle.

"Nee." Sy lag. "Dis régte wild."

Villa

In Outpost Estates in Hollywood Hills het een van die ou huise van ou geld eens behoort aan die akteur John Barrymore, oupa van Drew Barrymore. Later het onder andere Lee Marvin, Andre Previn en James Coburn dit besit. Barrymore se groot drinkebroer, Errol Flynn, vertel in sy memoires die storie hoe hy, regisseur Raoul Walsh en ander vriende The Cock and Bull Bar gaan opsoek het met Barrymore se afsterwe op 29 Mei 1942. Hier het Walsh en twee vriende later verskoning gemaak dat hulle te hartseer was om verder te drink en huis toe gegaan. Hulle het egter die begrafnisondernemer gaan omkoop om Barrymore se lyk vir 'n paar uur te "leen". Dié het hulle in Errol Flynn se huis in sy gunstelingleunstoel gaan tuismaak en gewag tot Flynn daar opdaag, die lig aanskakel en tot sy beskonke skok sy oorlede vriend John in sy stoel sien sit het.

In 2008 word berig dat inwoners van Outpost Drive in Hollywood Hills omgekrap is. Nie oor 'n lyk in 'n huis nie, maar omdat Orlando Bloom glo besluit het om sy huis swart te verf. Dit is in dieselfde Outpostbuurt waar Charlize en onder andere ook Scarlett Johansson huise het, almal wit geverf om die son te reflekteer.

Charlize se huis is een van die ou Spaanse villas uit die 1920's. Maar dit is onseker wie die huis oorspronklik laat bou het, of wie almal daarin gewoon het. Een van die beroemde bewoners was glo die aktrise Helen Twelvetrees, wat op Kersdag 1908 as Helen Marie Jurgens in Brooklyn in New York gebore is. Helen en haar eerste man, Clark Twelvetrees, was albei verhoogakteurs. Maar sy kon nie die huis laat bou het nie, want sy het eers omstreeks 1929 in Hollywood aangekom. Sy kon wel daarin gewoon het. Sy het in 33 films opgetree en 'n ster op die Hollywood Walk of Fame gekry (6263 Hollywood Boulevard) vir haar rol saam met Clark Gable in *The Painted Desert* (1931). Maar haar loopbaan het in die veertigs agteruitgegaan en in 1958 het sy in Middletown in Pennsylvania selfmoord gepleeg.

Die ander vervloë aktrise aan wie Charlize se huis gekoppel word, is Claudette Colbert, wat in 1904 as Emilie Claudette Chauchoin in Parys, Frankryk, gebore is. Ook sy was tot 1929 'n verhoogaktrise in Broadway in New York, en het haar eerste prente in New York gemaak sodat sy steeds tussenin op die verhoog kon optree. Sy is eers omstreeks 1930 Los Angeles toe. Claudette het in sowat sestig prente opgetree en 'n Oscar gekry vir haar rol in Frank Capra se *It Happened One Night* (1934), ook saam met Clark Gable. In hierdie prent is sy in 'n toneeltjie wat vandag nog in lawwe komedies gebruik word: die rylopermeisie wat verleidelik haar rok bokant haar knie oplig wanneer sy 'n saamrygeleentheid bedel. In 1934 verskyn Claudette ook in Cecil B. DeMille se *Cleopatra*, 'n groot treffer. Van 1935 tot 1968 was sy met 'n chirurg van Los Angeles getroud, en is ná sy dood terug New York toe. Met haar eie afsterwe in 1996 in Barbados laat sy twee eiendomme in haar boedel na, 'n *apartment* in Manhattan en die huis in Speightstown in Barbados waarin sy sterf.

In 'n 1999-uitgawe van die Suid-Afrikaanse tydskrif Femina waarvan Charlize die gasredakteur is, word haar huis beskryf as 'n "1920s Mediterranean-style mansion in Hollywood Hills". Dit is 'n groot huis op drie vlakke, en Charlize restoureer dit oor twee jaar. Sy sê: "Dis niemand se besigheid hoe duur my huis is, hoe duur my vleuelklavier is, hoeveel geld ek in flieks maak nie. As jy in hierdie bedryf is, kan ek verstaan waarom Greta Garbo haar net aan alles onttrek het."

Die meubels in haar groot sitkamer word beskryf as swaar en bonkig, op een tafel vier Afrikakoppe, op 'n ander 'n swaar beeld van 'n buffel en nog 'n Afrikakop. "Ek is trots op my Afrikawortels," sê sy.

'n Suid-Afrikaanse vriendin, Aletta Alberts, besoek haar hier en sê: "Sy is steeds 'n regte Suid-Afrikaanse meisie. Sy kan 'n behoorlike bord kos wegsit en sy is mal oor die bos en safari's. Sy is ook 'n diereaktivis en sal sommer brandsiek rondloperhonde optel en huis toe vat."

Alberts verwys ook na Charlize se "Spaanse dubbelverdiepinghuis" en sê: "'n Mens kan in die dekor die invloed sien van Charlize se jare in Europa, en die handwerkitems uit Afrika. Sy het ook 'n baie mooi kombuis waarin sy self kook. Sy nooi 'n mens maklik by die kombuis in en sê: 'Kom ons maak gou pizzas.'"

Charlize se huis is op 'n boomryke erf van byna 'n kwart hektaar, vol kolibries ("hummingbirds"). "Ek hoor nooit 'n kar nie. Dit klink so vervelig, maar dis fantasties om uit te stap, lemoene te gaan pluk en vars lemoensap uit te druk. Ek het dit nodig. In my hart is ek 'n natuurmens."

Op 11 Desember 2007 word berig dat by haar huis in Hollywood Hills ingebreek is terwyl sy en haar kêrel, Stuart Townsend, uithuisig was. Sara Faden van Los Angeles se polisie sê die inbraak was Saterdag 8 Desember/Sondag 9 Desember.

Charlize praat eers nege maande later die eerste keer oor die inbraak toe sy sê al haar en Stuart se juweliersware is gesteel. "My eerste groot vrees was dat die Oscar gesteel is. Hoe ydel is dit nie? Ek was baie hartseer oor my juwele. Ek's nie behep met diamante nie, maar Stuart het vir my so baie pragtige stukkies op sy reise gekoop. Ek het altyd gedink ek gaan die ringe en halssnoere aan ons dogter gee en vir haar die stories vertel waar haar pa dit gekry het."

Dié huis is nie al eiendom wat Charlize besit nie. Sy bou vir haar 'n stewige portefeulje eiendomme in en om Los Angeles op, met dieselfde sakevernuf as haar pa, wat verskeie eiendomme aan die Oos-Kaapse kus in Suid-Afrika besit en verhuur het. Volgens akterekords in Los Angeles finaliseer Charlize op 14 September 2007 haar sesde eiendomstransaksie in Los Angeles met die aankoop teen sowat $2 miljoen van 'n *penthouse apartment* op die tiende verdieping van die nuwe Broadway Hollywood-gebou. Die transaksie is volgens die rekords geregistreer in die naam van die "Gerda Maritz Trust", haar ma se naam en nooiensvan. Die gebou front aan die Hollywood Walk of Fame en was vroeër 'n afdelingswinkel op die hoek van Hollywood Boulevard en Vine Street. Die grootte van die *apartments* wissel van 87 m² (931 vk. vt.) tot groter as 186 m² (2 000 vk. vt.), met plafonne tot 6 m (20 vt.) hoog.

Dit blyk dat 'n huis in LA se Los Feliz-area haar eerste aankoop in 1998 was. Dit het 'n oppervlakte van 465 m² (5 005 vk. vt.) en het destyds $1 650 000 gekos, aangekoop deur die Gerda Maritz Trust. In 2000 koop sy deur die Gerda Maritz Trust 'n huis van 143 m² (1 539 vk. vt.) vir $519 000 in Los

Angeles, en later een van 188 m² (2 019 vk. vt.), ook in LA, vir $1 843 000, weer eens deur die Gerda Maritz Trust. Van die TV-akteur Steven Weber se Brompton Trust koop sy 'n huis deur die Gerda Maritz Trust van 195 m² (2 095 vk. vt.) aan die Pacific Coast Highway in Malibu vir $2 450 000. Sy verwys na hierdie Malibuhuis aan die kus van die Stille Oseaan as haar "shack" waar sy en vriende naweke ontspan.

Haar Spaanse villa in Hollywood Hills, van 257 m² (2 764 vk. vt.), kos haar $3 miljoen, dié slag gekoop deur die "Gerta Maritz Trust". (Die spelling op die aktedokumente is "Gerta"; later word ook na "Gerta" verwys in die Suid-Afrikaanse tydskrif Insig, waarin Gerda sê sy het in Los Angeles vir haar rybewys weer haar ou doopnaam teruggevat.)

Charlize gaan vyf van hierdie transaksies aan vir die koop en verkoop van eiendomme nog voor haar Oscar vir *Monster*, waarna sy vir die eerste keer werklik gereken is as 'n A-lys-aktrise wat miljoene kan vra vir optredes in rolprente.

Dit is opmerklik dat sy haar weerhou van die kwistige lewenstyl wat so kenmerkend is van Hollywood se nieurykes, wie se idee van ontspanning is om met Gucci's sonder sokkies op 'n seiljag na die Griekse son by Skopelos te ontvlug van hulle miljoendollarlandgoedere.

Ja, sy hou van 'n mooi huis in die heuwels met 'n "shack" aan die kus, maar gerief eerder as uitspattigheid is haar vereiste en kenmerk. Baie tradisioneel in daardie sin, al is sy gewoond aan net die beste. Oscar Wilde se "Life imitates art more than art imitates life" geld nie vir Charlize nie. 'n Goeie voorbeeld van hierdie gesegde is Nicole Kidman wat in 2008 in Baz Luhrman se *Australia* die rol speel van Lady Sarah Ashley, 'n aristokratiese beesboer wat in die prent 'n statige ou herehuis erf. Kort ná verfilming koop Nicole 'n stoetplaas van 45 ha in New South Wales in Australië vir $6,5 miljoen, kompleet met 'n Georgiaanse herehuis wat dateer uit 1878, met tien marmerkaggels.

Eerder die teenoorgestelde van "art imitates life" is waarskynlik op Charlize van toepassing, veral met haar passie vir die klein onafhanklike prente waarin sy ná haar Oscarerkenning speel en wat sy self vervaardig. Dikwels word bespiegel of sy nie die filmkuns gebruik om steeds die treurspel in haar eie lewe te probeer verwerk nie.

"The Next Big Thing", 1996

> Die meeste van ons is bang om te droom, net omdat ons
> bang is ons drome gaan nie bewaarheid word nie.
>
> Charlize, aan kinders van die Nhliziyo-skool in KwaZulu-Natal
> wat deel is van haar Afrika-uitreikingsprojek

"Is ek 'n ster?"
In Hollywood word gepraat van sterre word gemáák, nie gebore nie – ondanks seker die beste en beroemdste musiekblyspel van almal, *A Star is Born* (1954), met Judy Garland. En die *makers* van baie van hierdie jong aktrises met die mooi gesiggies, oë vol sterre, en selde meer, is die hanteerders wat hulle omring – 'n posse van bestuurders, talentagente, reklamemense en diverse lyfknegte – wat almal hoop om saam die utopie te betree wanneer Hollywood se dolosgooiers hulle nuwe Sondagskinders uitsoek.

Oor die soms netelige werk van sterre se hanteerders gee die talentagent Joel Dean 'n voorbeeld toe hy Faye Dunaway se agent was terwyl sy en Bette Davis saamgewerk het aan *The Disappearance of Aimee* (1976). Bette het op 'n dag tydens verfilming geweier om uit haar aantrekkamer te kom omdat Dunaway glo haar haarstileerders gekritiseer het. Hierop moes Dean al sy werk los en inderhaas uit Los Angeles Colorado toe vlieg om Dunaway te gaan oortuig om apologie aan te teken sodat verfilming hervat kon word.

Daar is dus 'n goeie rede waarom 'n ster 'n hele span het wat saam met haar reis: talentagent, bestuurder, prokureur, reklameagent, persoonlike assistent, haarstileerder, grimeerder, klerestilis; almal help om die ster se gekompliseerde lewe makliker te maak. (Talentagente en bestuurders verwys na hulle kliënte as die "talent".)

Talentagente word beskou as die spil waarom Hollywood draai. Agente verteenwoordig twee groepe talent: "above-the-line" soos akteurs, skrywers en regisseurs, en "below-the-line" soos kinematograwe, stelontwerpers, redigeerders en lede van die tegniese filmspan. Elke agentskap is ingeteken op die *breakdowns* wat versprei word oor beoogde nuwe prente en stuur résumés van hulle kliënte na die rolverdelingsagente. 'n Talentagent se belangrikste en enigste taak is om vir haar talent werk te kry, enige werk, enige rol, waaruit sy self ook kommissie kan verdien.

Maar die rol van bestuurder is besig om die hele aansig van die Hollywoodse talentlandskap te verander. 'n Bestuurder se werk is om die beeld van 'n aktrise te bestuur en te sorg dat sy die korrekte keuses maak vir rolle, die regte loopbaanbesluite neem. Die bestuurders se aktiwiteite begin al hoe meer inmeng met die funksies van talentagente, ondanks die gekompliseerde wetgewing en vakbondbepalings wat op die filmbedryf van toepassing is en dit reguleer.

Maar een bestuurder stel dit só: "Enigeen in Hollywood kan 'n bestuurder word, kry net vir jou 'n talent om te verteenwoordig. In Hollywood is geen duidelike paaie en reëls nie. Jy kan voetgangers in Melrose Avenue voorkeer, hulle name neerskryf en jouself 'n bestuurder noem."

'n Goeie bestuurder wat sy talent wil behou, beskou nie werkverskaffing as sy primêre taak nie. Charlize se bestuurder sou haar byvoorbeeld afraai om 'n rol as Bond-meisie te aanvaar. Dit waarborg 'n vet salaristjek en groot mediablootstelling, maar dit hou 'n groter langtermynrisiko in van tipering en kan deure toemaak na ander goeie rolle wat miskien later 'n Oscar op die kaggelrak kan bring. Daarom sal die bestuurder vir die aktrise sê: Goed, die talentagent kan vir jou 'n rol in hierdie fliek kry vir $1 miljoen, maar my advies is dat dit nie die beste prent vir jou is nie. Vat liewer nou 'n rol vir net $300 000 in 'n kleiner maar beter fliek, en as jou vertolking positiewe kritiek kry, is jou volgende rol dalk $5 miljoen werd.

Persoonlike reklameagente se doel is weer om reklame vir 'n spesifieke ster te genereer, terwyl die groot studios se bemarkingsafdelings hulle toespits op publisiteit vir die prent. Vir die ateljee is die hoofrolster en die prent belangriker as die byspelers. *Hancock* se reklame het gedraai om Will Smith en die genre van superhelde. Charlize het geen studioreklame saam met die uitreiking daarvan gekry nie. Haar reklamemense het wel gesorg dat sy haar persoonlike publisiteit kry in die vorm van onderhoude, fotosessies en haar gesig op die voorblaaie van uitgesoekte internasionale glanstydskrifte.

In 1994, toe Charlize nog net John Crosby van bankfaam as "hanteerder" het, gee 'n Hollywoodse reklameman Jeff Golenberg 'n kykie op hoe hy reklame vir 'n bepaalde aktrise benader: "Ons vertel haar storie op 'n baie sorgvuldig beplande manier. Vir my is dit 'n suksesstorie. Sy's geheg aan haar familie. Sy was nog nooit in die vermaakbedryf nie ... sy's nog haarself. Dis verbasend om haar eerlikheid te sien wanneer sy 'n onderhoud doen. Dís baie skaars. Sy werk hard en is vasberade, tog behandel sy mense met respek. Dit maak haar baie spesiaal. Sy skreeu nie, sy gil nie, sy's nie veeleisend nie. Ons probeer wys dat sy nie net nog 'n supermodel is wat 'n deurbraak in films probeer maak nie."

Die aktrise na wie hy verwys, is ook 'n nuweling, Cameron Diaz, minute voor haar eerste TV-onderhoud oor haar debuut in die treffer *The Mask* (1994) saam met komediant Jim Carrey. Naas Diaz is daar ander opkomende aktrises uit 'n nuwe kudde met wie Charlize se loopbaan dikwels vergelyk sou word: Nicole Kidman, Angelina Jolie, Ashley Judd, Gwyneth Paltrow en Reese Witherspoon, wat almal teen die middel negentigs suksesvolle filmdeurbrake begin maak en wie se span hanteerders saam met hulle gewildheid aangroei.

A-lys-sterre het ook hulle persoonlike prokureurs wat sorg dat hulle dik fliekkontrakte spesifieke klousules bevat, nie net oor salarisse nie, maar ook oor winsdeling, tantièmes, tydsduur van verfilming, vervoer in limousines, verblyf in die grootste treilers, naaktheid en enige ander *star requests*. Supersterre doen nie oudisies nie en wanneer hulle 'n rol aangebied word, kyk die meeste van hulle eers na die bedrag wat as vergoeding aangebied word, en daarna na die draaiboek. Dan word die prokureur ingeroep om die ster se vereistes te stel. Van die *star requests* behels byvoorbeeld om 'n eie haarstileerder, grimeerder, klerestilis en persoonlike assistent op stel saam te vat. Hoe groter die ster, des te groter die kans dat al die versoeke toegestaan word, soos in die geval van die verfilming van *The First Wives Club* (1996) waar Diane Keeton, Goldie Hawn en Bette Midler elkeen hulle eie span saamgebring het.

Hierdie drie – haarstileerder, grimeerder en stilis – is die eerstes by wie die aktrise besoek aflê wanneer sy op die stel aankom, en in 'n spesifieke volgorde. Dit sal nie deug om eers die hare te laat doen voor die kostuums of rokke aangetrek word nie. En hierdie hanteerders help sorg vir die ster se kontinuïteit – as die hare agter die oor was in een toneel, moet dit agter die oor wees vir die toneel wat daarop volg, al word dié eers oor twee dae geskiet. (Daar is nou nog rooi gesigte oor die gebrek aan kontinuïteit in tonele in onder meer *Pretty Woman*: Julia Roberts tel 'n croissant op en in die volgende toneel eet sy 'n pannekoek.)

Die laaste, maar nie onbelangrikste nie, is die persoonlike assistent, die lyfkneg. Levy sê: "Die persoonlike assistent is op die absolute onderste sport van die Hollywoodse hanteerderkosketting. Hierdie persoon werk vir 'n talent, gewoonlik 'n akteur of regisseur, en sy enigste missie is om daardie persoon se lewe makliker te maak. Dit kan pligte insluit soos om kruideniersware te gaan koop of met die ster se hond te gaan stap."

Op filmstelle is kleredrag ontspanne, behalwe vir die agente en studiobase, wat gewoonlik meer formeel aangetrek is. Wanneer hierdie agente en studiobase by 'n filmstel aankom, waarsku die produksieassistent almal betyds: "The suits have arrived." En hulle aankoms word met angs en bewing ingewag, want wanneer die studiobase hulle opwagting maak, beteken dit gewoonlik slegte nuus, soos dat die prent sy begroting oorskry, of die verfilming nie spertye haal nie. Op 'n filmstel is die *suits* nie 'n welkome gesig nie.

In 1996, die jaar van Charlize se mondigwording, begin die publiek die eerste keer van hierdie pragtige jong *starlet* kennis neem. Al is sy toe al deeglik in die visier van die Hollywood-*suits*, die magtige filmbase wat die besluite neem oor nuwe rolprentprojekte en die spelers daarin – en al knoop dié tonge nog vreemd om die "Theron".

Eers baie jare later begin 'n korrekter, ofskoon steeds korrupte, uitspraak van "Tron" gehoor word.

Of dit haar pla dat haar van so deur Engelse uitsprake vermink word, sê sy in 2001: "Aan die begin was dit frustrerend om die There-on te hoor, maar nie meer nie. Nou's dit There-own." Sy sê ook haar van is algemeen in Suid-Afrika, maar die noemnaam "Charlize" baie skaars. "Nou [in 2001] word elke vierde baba volgens statistiek Charlize gedoop. Ek begin my eie nasie, my eie Charlize-bevolking. Kyk oor 'n paar jaar!"

Hoewel sy al rolle in vier prente gehad het, is geeneen teen 1996 nog vrygestel nie. Haar 21ste verjaardag is op 7 Agustus 1996 en sy kan geen groter geskenk kry nie as die vrystelling in September van haar eerste Hollywoodrolprent, *2 Days in the Valley*, gevolg deur *That Thing You Do!* in Oktober.

Op haar eerste mediakonferensie met die vrystelling van haar eerste fliek sê sy sy het die geloof in haarself teruggevind wat sy so byna in daardie eerste sukkelende maande van haar verblyf in Los Angeles verloor het. "Dis so lekker om op my ouderdom nie net in McDonald's te werk om rekeninge te betaal nie. Ek leef my drome." (Twaalf jaar later herhaal sy dieselfde sin met die vrystelling van *In the Valley of Elah*.)

Maar die onsekerheid van die jong aktrise wat steeds haar plek probeer vind in sterbelaaide geselskap, skemer deur tydens haar besoek een aand in 1996 aan The Viper Room, 'n gewilde en selfs berugte nagklub op die hoek van Sunset Boulevard en Larrabee Street op Sunset Strip.

Johnny Depp en die rockster Chuck E. Weiss het The Viper Room in die middel van 1993 begin en geskoei op 'n klein "speakeasy" uit die 1920's, toegerus in 'n art deco-styl. Hierdie skelmkroeë het oral in Amerika opgeduik tydens die prohibisiejare tussen 1920 en 1933 toe dit onwettig was om alkoholiese drank te vervaardig of te verkoop.

The Viper Room het oornag wêreldwyd bekend geword toe 'n jong kultusakteur, River Phoenix, in 1993 daar sterf. River het die klub die nag van 31 Oktober saam met vriende, sy jonger broer, Leaf (vandag bekend as die akteur Joaquin Phoenix), en suster Rain besoek. (Hulle het ook twee jonger susters, Liberty en Summer.) Op 23 het River al byna ikoonstatus onder die nuwe Gen X-geslag verwerf en was bekend vir sy vegetariese lewenstyl en uitsprake teen dwelms en aborsie. Maar laatnag kom hy uit die nagklub en sterf buite op die sypaadjie aan 'n oordosis dwelms.

Die 27-jarige Harry Morton, 'n ekskêrel van die model-aktrise-sangeres Lindsay Lohan, koop The Viper Room in Februarie 2008, maak dit skoon en beplan 'n Viper Room-kettingreeks. Morton is die skatryk seun van die man wat die Hard Rock Hotel & Casino in Las Vegas en die suksesvolle Hard Rock Café-reeks begin het. In Hollywood word gesê dat jong Harry Morton, wat reeds onder meer die Pink Taco-restaurantgroep besit, se rykdom die twee Hilton-erfgename, Paris en Nicky, laat bloos. Morton het naby The Viper Room en die Strip grootgeword en onthou toe Tommy Lee (latere man van Pamela Anderson) en sy wilde heavymetal-musikante van Mötley Crüe nog met hulle choppermotorfietse daar opgedaag het.

The Viper Room mag miskien nou binne skoon wees, maar die nagblou fasade, veral die ingang uit Larrabee, is skrikwekkend aptytloos. Charlize besoek The Viper Room in 1996 om na die sangeres Cyndi Lauper te gaan luister, in die tagtigs veral bekend vir haar pienk hare en trefferliedjies soos "She's So Unusual" en "Time After Time". Charlize was as tiener so 'n groot aanhanger van Cyndi dat sy selfs 'n slag haar hare pienk gekleur het. Nou het sy die kans om met die ster te gaan praat, maar is te skaam. Hieroor sê sy in 2001: "I was starstruck. Ek wou haar so graag gaan ontmoet het, maar ek het net nie die moed gehad om na haar te gaan en te sê: 'Hi, I'm your biggest fan!' nie. Ek kon dit net nie doen nie."

Maar vir Charlize is daar in 1996 min kans vir leeglê. Aanbiedinge vir werk stroom in en sy tree op in TV-advertensies vir Martini en Axe en kry 'n rol in *Trial and Error*, dié slag 'n komedie saam met Jeff Daniels, en toe die vroulike hoofrol in *The Devil's Advocate*, 'n sielkundige riller saam met Al Pacino en Keanu Reeves, twee uiteenlopende rolle.

In Jonathan Lynn se verspotte *Trial and Error* is haar rol weer bra beskeie. Maar die belangrikste is dat sy nou werk het en diverse rolle kry om haar talente te slyp, saam met gevestigde akteurs by wie sy leer. In *Trial and Error* vertolk sy die kelnerin Billie Tyler as sexy, lieftallig, trots, hartseer en toegeeflik, en wys dat sy selfs aan 'n klein rol vele fasette kan gee.

Roger Ebert van die Chicago Sun-Times is een van Amerika se bekendste filmresensente, ook die eerste aan wie 'n Pulitzer-prys vir filmkritiek toegeken is (en 'n ster op die Hollywood Walk of Fame). Op 30 Mei 1997 sien Ebert in Charlize se klein rol iets raak en laat val 'n insiggewende opmerking: "Regisseur Jonathan Lynn het homself reeds bewys met komedies oor kleindorpse hofsake waarin mense soos visse op droë grond is: hy het vyf jaar tevore *My Cousin Vinny* gemaak. Dit was die prent waarmee Marisa Tomei 'n Oscar gewen het, en nou het hy weer 'n sleutelrol vir 'n nuweling: Charlize Theron as Billie, die kelnerin by die plaaslike hotel."

In regisseur Taylor Hackford se *The Devil's Advocate* is sy in die vroulike hoofrol teenoor Reeves, die akteur wat haar en haar hoërskoolmaats eens laat swymel het. Nou is sy met hom getroud, as Mary Ann Lomax. Maar net voordat verfilming van *The Devil's Advocate* in New York begin, ontmoet sy in 1996 ook vir Craig Bierko, die akteur met wie sy haar eerste ernstige verhouding in Hollywood het.

Craig, wat 'n graad in joernalistiek het, is in Rye Brook, New York gebore waar sy ouers 'n gemeenskapsteater bedryf het. Hy is in 1996 nog hoofsaaklik bekend as 'n sitkom-akteur in flou TV-pogings soos *Sydney*, *Madman of the People* en *Pride & Joy* en sukkel om 'n deurbraak op die groot skerm te maak.

Maar dan kry hy byrolle in *The Long Kiss Goodnight* en *Sour Grapes*, en later 'n hoofrol in 'n wetenskapfiksieriller, *The Thirteenth Floor*, saam met 'n nuwe blonde opkomende ster, Gretchen Mol, met wie hy 'n flirtasie aanknoop. Maar dié prent is 'n mislukking, soos Charlize se eie latere sci-fi-mislukking, *Æon Flux*.

Dit is 'n dol tyd vir Charlize in 1996 en sy is op byna elke gastelys van byna elke première of glansgeleentheid. In Oktober 1996 aanvaar sy 'n uitnodiging na die première van *The Long Kiss Goodnight,* waarin Craig die karakter Timothy speel teenoor Samuel L. Jackson en Geena Davis. Terwyl Charlize na die fliek sit en kyk, begin sy 'n plan beraam om die gespierde, maar nog taamlike onbekende Craig ná die vertoning by die onthaal te ontmoet, vertel sy in April 1997 in Huisgenoot.

"Op die skerm het hy vir my so aantreklik gelyk dat ek my agent gevra het om dadelik 'n ontmoeting te reël. Hy het Craig na my tafel toe gebring. Dit was net 'n vlugtige ontmoeting, maar hy het my dadelik laat lag en ek het van hom gehou."

Craig bel haar die volgende dag, maar sy is toe op pad New York toe vir *The Devil's Advocate*. En vir 'n maand lank tydens verfilming bel hulle mekaar elke dag tussen Los Angeles en New York en gesels een aand selfs ses uur aaneen.

Met haar terugkeer na LA is sy egter onseker oor hulle eerste herontmoeting in lewende lywe ná daardie vlugtige geselsie ná die première. Hulle gaan drink 'n drankie om mekaar weer beter te leer ken en gaan eet dan saam uit op 'n tweede afspraak. "Hy ken die pad na 'n Suid-Afrikaanse meisie se hart," sê Charlize. Sy het op 7 Augustus 21 geword en Craig 32 op 18 Augustus.

Die liefde blom gou en hy vat haar Kersfees, skaars twee maande nadat hulle mekaar ontmoet het, om sy ouers, Pat en Rex Bierko, in New York te gaan ontmoet. Hier gee sy vir hom 'n duur videokamera as Kersgeskenk en hy vir haar 'n nekkettinkie met 'n goue hartjie.

Nadat sy Craig se ouers ontmoet het, besluit hulle dat hy ook vir Gerda moet ontmoet en vroeg in die nuwe jaar, in Februarie 1997, vlieg hulle Suid-Afrika toe, na Gerda en haar vriend, Ivor McCulloch, in Benoni.

Charlize gaan neem ook nostalgies afskeid van die plot op Cloverdene by Putfontein waar sy grootgeword het en wat haar ma nou verkoop het. "Dit was vir my baie hartseer om my ou huis te groet." (Met haar Oscarbesoek in Maart 2004 is sy wéér op 'n "nostalgiese toer" Putfontein toe.) Sy ontmoet die nuwe eienaar van die plot, poseer saam met hom vir foto's en teken selfs haar naam in haar ou slaapkamer, waar dit teen 2008 steeds teen die muur is.

Sy gaan wys vir Craig ook Kaapstad, Sun City en die Sabi-Sabi-wildpark naby die Krugerwildtuin, vergesel van Gerda en Ivor. Craig het byna pal sy nuwe videokamera in die een hand, neem 'n trop leeus af wat aan 'n koedoebul se karkas vreet, en Charlize en Craig word op hulle beurt deur 'n tydskriffotograaf afgeneem waar hulle mekaar soen en omhels en liefies in die bosveld rondloop.

Die veldwagters maak ook vir hulle in die veld ontbyt en Charlize wys dat sy steeds 'n gesonde Suid-Afrikaanse aptyt het en lê weg aan 'n bord gebraaide aartappels, wors, spek, eiers en roosterbrood.

Gerda sê vir die joernaliste wat hulle daar besoek dat sy en haar dogter, voor Charlize en Craig se terugkeer Los Angeles toe, gaan maak soos altyd: die laaste aand slaap Charlize by haar ma in haar dubbelbed. "Charlize het niks verander nie. Sy's nog net Charlize en kan net sowel weer haar skoolrok aantrek."

Charlize en Craig vlieg daarna terug Los Angeles toe en in Julie 1997 sê sy nog: "Ek's die gelukkigste meisie ter wêreld. Craig ondersteun my in alles wat ek aanpak en ek voel veilig by hom."

Maar teen Kersfees daardie jaar ruil sy en Craig nie meer geskenke uit nie. Tóé het sy klaar haar oog op 'n nuwe man, dié keer nie 'n akteur nie, maar 'n rocksanger.

Oor Craig sê Gerda later: "Charlize sê Bierko se denke en lewenswyse is te oud vir haar. Sy wil nie op dertig met 'n ou man opgeskeep sit nie." (In Maart 2002 word Craig aan die ouer Meg Ryan se sy gesien ná haar egskeiding van Dennis Quaid en stormagtige verhouding met Russell Crowe.)

The Devil's Advocate is die prent waarna regisseur Patty Jenkins in 2002 op TV sou kyk terwyl sy gewonder het oor 'n aktrise vir die rol van Aileen Wuornos in *Monster*. Dit is 'n ontstellende prent vol sielkundige en satanistiese ondertone wat besondere uitdagings aan Charlize as aktrise stel. Mary Ann is die vrou van die suksesvolle regsgeleerde Kevin Lomax (Reeves), en sy versink geleidelik in 'n toestand van skisofrenie en nagmerries vol demone. Sy glo die demone steel haar ovaria en haar man kry haar in 'n kerk waar sy aanvoer dat sy deur die duiwel verkrag is. Hierdie toneel, waarin Charlize haarself in die kerk ontbloot, laat later heelwat wenkbroue lig.

Charlize sê dit was nie maklik om die regisseur te oortuig dat sy reg is vir die rol nie. "Dit was die eerste keer in my lewe dat ek deur so 'n streng keuringsproses is. Ek moes drie keer vir Taylor [Hackford] oudisies gaan doen, en daarna ook drie keer vir Keanu. Daarna het Taylor my vier keer van Los Angeles na New York laat vlieg vir filmtoetse. Dit het alles so lank geduur en die materiaal was so swaar en neerdrukkend dat ek aan my agent gesê het as hy dit nog 'n slag wil doen, glo ek nie ek sal kan nie. Maar toe bel hy en sê ek het die rol gekry."

Hackford is 'n sogenaamde "Method"-regisseur. "Method acting" is 'n veeleisende tegniek vir akteurs en Marlon Brando was seker die bekendste eksponent daarvan sedert sy rol as Stanley Kowalski in *A Streetcar Named Desire* (1947). Die tegniek vereis tipies van 'n akteur om uit eie persoonlike emosies, herinneringe en ervarings te put ten einde 'n filmkarakter so lewensgetrou moontlik te vertolk. Dit is in teenstelling met 'n akteur se meer spontane en verbeelde emosies wat ontlok word uit 'n filmkarakter se gegewe omstandighede, soos wat Charlize in *Monster* doen met Aileen Wuornos.

Charlize bring vir drie maande 'n uur elke dag by 'n psigoterapeut deur om haar in Mary Ann se paranoïese kop in te studeer. "Hackford het ons nooit op ons regte name genoem nie, net op ons rolname," vertel sy later.

"Ek en Keanu moes voor die tyd trouringe dra en ons as 'n egpaar inleef."

Sy het hierdie Method-tegniek van toneelspel gehaat en oor haar emosioneel uitputtende vertolking van Mary Ann in *The Devil's Advocate* sê sy in 1999 aan Femina: "In daardie rol het ek besef jy moet altyd 'n bietjie hoop gee aan jou karakter, want dit laat mense oorleef. Jy hoop altyd dinge gaan beter word. Dit gebeur nie noodwendig nie, maar as dit in jou agterkop is wanneer jy toneelspeel, dan vertolk jy egte mense wat daar buite leef. Hoop is die enigste manier om te oorleef, miskien meer so vir vroue as mans."

Hierdie hoop en geloof waarvan Charlize praat, is kenmerkend van haar eie lewe en deursettingsvermoë, dat sy glo dat sy alles kan bereik waarop sy haar visier instel. Soos die krag van "geloof" op haar pa se grafskrif.

Ná die vrystelling van *The Devil's Advocate* sê sy: "Mense sal van my kennis neem as ernstige aktrise as ek teenoor akteurs soos Pacino en Reeves optree, mits ek goeie werk doen. Hulle sal ook weet as jy droogmaak en sê: 'Wie het vir háár vertel sy kan toneelspeel?'"

'n Suid-Afrikaanse filmresensent noem *The Devil's Advocate* 'n rolprent van verspeelde kanse omdat die regisseur "te lafhartig is" om die subteks van die verglansde en korrupte Amerikaanse regstelsel behoorlik te ontgin. "Tematies is *The Devil's Advocate* dus net so immoreel soos die wêreld wat hy veronderstel is om te satiriseer. Deur middel van die kunsregie word die dramatiese boosheid van die karakters in kleurryke terme uitgebeeld." Maar hy sê darem dat Charlize verras as Mary Ann. "Sy wys dat sy met meer ervaring 'n goeie aktrise kan word. En sy's ook heerlik sag op die oog!"

Opmerklik is hoe veral Amerikaanse resensente met byna elke verskyning van 'n nuwe prent waarin sy 'n rol het, algaande oor die jare die heuningkwas al hoe kwistiger begin gebruik. Filmkritici is egter 'n spesie wat in Hollywood se kreatiewe kringe met groot agterdog en min liefde verduur word. Regisseur Jon Turteltaub sê oor fliekresensies dit is vreemd dat mense sonder 'n oogknip 'n paar skoene van $190 sal koop, maar eers 'n fliekresensie raadpleeg voordat hulle $8 vir 'n fliekkaartjie uithaal. En negatiewe resensies maak seer. Maar hy gee toe dat resensente tog sorg dat fliekgangers die keersy hoor van die filmateljee se bemarkingsafdeling – as dit van hierdie propaganda afhang, is elke prent wat gemaak word, die beste rolprent ooit.

Jason Overbeck, resensent en latere produksieassistent vir prente soos *The Bourne Ultimatum* en *Eight Below*, skryf op 22 April 1998 *The Devil's Advocate* is wel net 'n B-prent, maar: "Theron, een van die talentvolste nuwe aktrises, is heerlik in 'n ietwat minimalistiese rol. Tog maak sy dit haar eie. Dis Theron wat my voortdurend verras. Sy is pragtig, en dit oorskadu waarskynlik haar toneelspelvermoëns. Met hierdie prent bewys sy dat ons goeie vertonings van haar kan verwag. Ek het so gedink met haar vorige poging in *Trial and Error*, en nou word dit bevestig."

Ander gaan selfs verder en meen ondanks Pacino se sterk teenwoordigheid is dit grootliks aan Charlize se intensiteit te danke dat die prent nie totaal in bonatuurlike gekheid verval nie, en in die lig van die benoemings vir 1998 se Oscars, is verwag dat sy dalk benoem sou word as beste vroulike byspeler. Maar Judi Dench kry die Oscar vir net agt minute se spel in *Shakespeare in Love* in hierdie kategorie bo die ander benoemdes, Kathy Bates (*Primary Colors*), Brenda Blethyn, (*Little Voice*), Rachel Griffiths (*Hilary and Jackie*) en Lynn Redgrave (*Gods and Monsters*).

Teen die einde van 1996 is nog net *2 Days in the Valley* en *That Thing You Do!* vrygestel, maar nou het sy ook *Trial and Error* en *The Devil's Advocate* agter die rug saam met vername akteurs, en in Hollywood is die naam Charlize Theron "The Next Big Thing". Hieroor is sy tipies onversteurd. "Is ek 'n ster? 'n Ster is volgens my iemand wie se naam kaartjies verkoop, wat mense na flieks lok. Ek het nog nie daardie status nie. Niemand sal nou al 'n fliekkaartjie koop om na Charlize Theron te gaan kyk nie. Hulle weet nog net van die blondine in *2 Days in the Valley*. Resensente weet wie ek is en ek word op die oomblik beskou as The Next Big Thing. Soms vra ek myself: Wat beteken dit alles? Gebeur dit regtig met my, die meisie van Benoni?"

In 1996 is Golenberg ook Charlize se reklameman deur wie haar onderhoude gereël word, en John Crosby van Crosby Management in West Hollywood is haar bestuurder. Maar mettertyd begin Charlize haar met al hoe meer vroue omring. In 1996 sê Golenberg, dié keer oor Charlize: "Sy's die Big Buzz in Hollywood. Hulle is dol oor haar en sy kry net gloeiende resensies en is vuurwarm ná haar spel in *2 Days*."

In die filmmedia word sy die nuwe Marilyn Monroe genoem, selfs die nuwe Sharon Stone, en sy word beskou as een van die topvyf Hollywood-aktrises tussen 20 en 35 jaar oud – in dieselfde asem as die ouer Julia Roberts.

Maar Charlize meen haar loopbaan is toe op 'n mespunt. "Dis makliker om rolle te kry, maar jy moet versigtiger kies. Ek kry baie goeie aanbiedinge vir rolle; almal is goed, maar hoe kies jy? Ek wil soos 'n verkleurmannetjie wees, elke keer 'n ander karakter in 'n fliek vertolk."

Einde 1996 sit sy met vyf draaiboeke waaruit sy haar volgende rolle kan kies. "Wanneer ek nie werk nie, is ek tuis. Ek lees draaiboeke of maak kos saam met vriende. Ek is nie deel van die partytjiegarde nie. Ek probeer my persoonlike lewe privaat hou. As ek 'n première bywoon, sal ek vir fotograwe poseer, maar as ek werk, fokus ek, dan irriteer fotograwe my."

Sy besef dat die keuse van elke prent nou van die grootste belang gaan wees vir 'n volhoubare, suksesvolle loopbaan in Hollywood, veral die volgende een ná *The Devil's Advocate*. Sy het die kans gehad om so bietjie rond te pik aan uiteenlopende rolle, maar sy moes baie uittrek en haar liggaam is nou bekender as haar talente, ondanks die uitdagings in die donker rol van Mary Ann Lomax. Die gevaar is, as jy eers as blonde *bimbo* in Hollywood getipeer word, is dit 'n beeld wat jy nie maklik afgeskud kry nie. Soos al die aktrises wat in James Bond-prente gespeel het en net onthou word as Bond-meisies.

Sy besluit sy het iets heel anders nodig, iets heilsaams soos volgraanbrood, iets wat haar na aan die hart lê, soos 'n meisie uit Afrika wat omgee vir diere. En sy besluit sy wil die rol hê van Jill Young, want wat is meer antisepties, veral ná 'n duiwelse prent, as Walt Disney?

Uit Afrika, 1997–1998

> Haar bene is eindeloos, en sy seil by 'n vertrek in soos 'n lieflike kameelperd, troon uit bo haar posse van hareman, grimeerman en reklamevolgelinge.
>
> Sam Allis, Boston Globe

"Verraad"
Die draaiboek vir *Mighty Joe Young* is die eerste sonder seks of naaktonele en 'n nuwe weergawe van die 1949-prent oor 'n meisie, Jill Young, wat op haar pa se plaas in Afrika woon en 'n reusagtige gorilla Hollywood toe bring. Die prent het 'n groot produksiebegroting van $80 miljoen en Charlize wil tot elke prys hierdie rol hê. Maar wat sy gevrees het, gebeur aanvanklik. 'n Sexy *bimbo* wat haar klere uittrek, is nie geskik vir gesinne wat met 'n kroos na Disney-prente gaan kyk nie.

Regisseur Ron Underwood wil haar nie eens 'n oudisie vir *Mighty Joe Young* laat doen nie. "Hy het gedink ek's nie onskuldig of plattelands genoeg om hierdie Afrikameisie te speel nie. Ek was woedend en het aangedring op 'n oudisie. Ek het vir hom gesê behalwe vir die stuk oor die groot aap, was die prent die storie van my lewe."

Onder dié koppigheid gee Underwood oplaas bes en ná die oudisie is hy so geïmponeer dat sy Terry Moore se 1949-rol teenoor Bill Paxton kry, Charlize se eerste hoofrol. In Desember 1998 sê sy: "Dié rol was toe die naaste wat ek nog aan myself gekom het. Al die vorige femme fatale-rolle was nie ek nie. Ek's 'n bietjie kommin en kru. Ek is tog net 'n rabbedoe-plaasmeisie uit Afrika."

Verfilming duur van Mei 1997 tot Oktober 1997 en die Afrikatonele word in Hawaii verfilm. Maar in Mei is sy terug in Suid-Afrika vir die begrafnis van Denver McCulloch, seun van haar ma se vriend, Ivor. Denver sterf in 'n motorongeluk en die regisseur gee haar 'n week af vir die begrafnis en koop vir haar 'n eersteklas-vliegkaartjie Suid-Afrika toe.

Mighty Joe word goed by resensente en skaflik by die loket ontvang. Michael Clawson van die West Valley View skryf: "King Kong het nog nooit so ... vaak gelyk nie. 'n Lomerige, vervelige storie van 'n sagmoedige gorilla waaraan jy gou langtand byt, maar met Charlize Theron het Disney egter bewys dat mans stoute gedagtes kan kry terwyl hulle kinders vermaak word. Hoera, Charlize!"

En Jack Mathews van die Los Angeles Times meen: "*Mighty Joe Young* is waarskynlik die seisoen se aanloklikste gesinsprent. Dit het beslis 'n aanloklike rolverdeling. En Theron (luister mooi, want ek gaan dit nog net 'n duisend keer sê) is die pragtigste vrou in die filmbedryf."

In Suid-Afrika word Charlize se aanslag op Hollywood in daardie jare met groot verwagting dopgehou en William Pretorius sê van haar vertolking in *Mighty Joe Young*: "Sy is baie mooi en lewer verdienstelike spel. Die prent is 'n lekker verandering. Theron en haar beminlike ou Joe wys dat ook goeie dinge uit Afrika kan kom, selfs in Hollywood-prente."

In Hawaii, terwyl sy nog aan *Mighty Joe Young* werk, kry Charlize in 1997 'n oproep van haar agent uit Hollywood oor 'n moontlike rol in filmikoon Woody Allen se nuwe prent, *Celebrity*. Maar sy is onseker. Om in 'n prent van Allen op te tree, beteken groot deure wat oopgaan, maar die rol wat aangebied word, is dié van 'n naamlose supermodel, en vir die modeletiket loop Charlize baie katvoet, bang dat sy gestereotipeer kan word. Sy het tevore al verwys na die baie onsuksesvolle pogings van wat sy noem MTA's ("models-turned-actresses") om 'n ernstige filmloopbaan te vestig.

Oor haar aanvanklike vertwyfeling sê sy: "Ek probeer sulke rolle van 'n model vermy, maar ek het besef dit was 'n wonderlike geleentheid om met my verlede as model te spot. My karakter vind die pret in die absurditeite van die modebedryf en modelle."

Allen word beskryf as een van net 'n handjie vol regisseurs wat kan aanspraak maak op die status van *auteur* en is bekend vir sy intense, persoonlike beheptheid met temas oor die liefde, godsdiens en die kunste. Charlize-as-supermodel se optrede in *Celebrity* is ewe intens, maar kort. Sy is 'n soort polimorfiese nimfomaan wat bloot by aanraking orgasmes bereik. Resensente wonder ook of daardie toneeltjie waarin sy haar tong in Kenneth Branagh se oor steek ooit in die draaiboek voorkom ...

Hoewel net 'n klein rol waarin haar karakter in die lang rolverdeling van 135 akteurs aangegee word as "Supermodel", is dit tog 'n geleentheid om te kan sê sy het in 'n (flouerige) Woody Allen-prent opgetree teenoor akteurs soos Branagh en Leonardo DiCaprio. Baie resensente is teleurgesteld met hierdie fliek van Allen wat hy gebruik as hoofsaaklik satiriese kommentaar op roem. Een meen selfs Allen impliseer dat alle modelle nimfomane is.

James Berardinelli van reelviews skryf: "Soos gewoonlik het Allen 'n uitsonderlike rolverdeling versamel. Branagh is in die hele prent teenwoordig, maar al die ander – Charlize Theron, Leonardo DiCaprio, Melanie Griffith, Famke Janssen, Michael Lerner, Winona Ryder, en so aan – maak net 'n kort verskyning of twee, en verdwyn dan. In die geval van Theron en Janssen is dit teleurstellend, omdat hierdie twee lewe en energie verleen aan die tonele waarin hulle speel. Theron se episode is die lewendigste en snaaksste van die prent."

Gerda en haar vriend, Ivor McCulloch, vlieg in Oktober 1997 na Los Angeles vir die première van *The Devil's Advocate*, en kuier vir drie maande by haar dogter. Dié kuier word byna 'n wêreldtoer. Gerda vertel uitasem in Januarie 1998 aan Huisgenoot: "Charlize het ons soos skaaplammers oral met haar saamgeneem, selfs op 'n promosietoer vir die fliek Europa toe, Stockholm, Londen, Hamburg en Parys. Vir die première in LA en New York het Armani ons al drie uitgerus. Ek het 'n swart baadjie en langbroek gekies. Ontwerpershuise staan tou om vir Charlize klere te gee."

Charlize vat Gerda en Ivor ook op hierdie besoek na San Francisco en bederf hulle met 'n vakansie van elf dae in 'n luukse hotel in Hawaii om vir hulle te gaan wys waar sy *Mighty Joe* geskiet het, maar ook om 'n ander goeie rede.

"Sy's 'n wonderlike kind, ek is so geseënd," sê Gerda en vertel van Charlize se ruimhartigheid (wat mense laat dink aan die joviale gulheid van haar pa). Gerda sê toe een van Charlize se vriendinne se motor breek, het sy haar eie ou Honda vir die vriendin gegee. Vir 'n ander vriendin het sy 'n vliegkaartjie New York toe gekoop.

Op hierdie besoek aan die einde van 1997 is ook Ivor beïndruk, en geen wonder nie. Armani en Gucci en sulke praal is nie elke Oos-Randse handelaar in swaar masjinerie beskore nie. En hy merk op, vier jaar nadat Charlize in Hollywood aangekom het: "Sy dink Amerikaans."

Maar Gerda sê: "Tog is sy nog 'n tipiese Suid-Afrikaanse meisie wat op 'n hoewe grootgeword het. Sy sê sy wil ook eendag háár kinders so grootmaak. Daar moet 'n klomp weesbokke en weggooidiere wees. Sy's 'n kampvegter vir diereregte en dra glad nie pels nie."

En Gerda beloof sy sal op Charlize se volgende verjaardag wéér in Amerika wees en sê sy het nog nie een van Charlize se verjaardae in Augustus misgeloop nie. "As ons weer sien, daag hier 'n koerier by my huis op met vliegkaartjies van haar af."

Tydens Gerda en Ivor se lang besoek wag daar 'n verrassing op John Crosby in Los Angeles. Hy is die man wat Charlize se loopbaan uit 'n bank op koers gesit het, maar op Vrydag 19 Desember 1997 beëindig Charlize hulle lang verbintenis. Dit is vir hom 'n bitter pil om te hoor sy het hom nie meer nodig nie. Aanbiedings stroom in met die nuwe span wat haar nou verteenwoordig.

Crosby erken later: "It's something I'm still quite thrown by." En sê hy oorweeg dit om 'n boek hieroor te skryf, iets met 'n titel soos *Move over Eve Harrington*. "Dit kan 'n treffer-exposé wees oor integriteit en lojaliteit in Hollywood..."

Met hierdie terloopse bitsigheid oor die manier waarop hy meen Charlize hom vir sy lojaliteit beloon, verwys hy na die 1950-prent *All About Eve* waarin 'n ouer ster (Bette Davis) ondergrawe word deur 'n jong, gewetenlose aspirantaktrise, Eve (Anne Baxter), wat haar aanvanklik as 'n bewonderaar voordoen. Die prent eindig waar die verraderlike Eve, toe self 'n ster op Broadway, die hoogste eerbewys ontvang – en haar dan vasloop in 'n jong bewonderaar wat oënskynlik totaal deur Eve betower is, met die implikasie dat die siklus van verraad van voor af begin, nou met Eve as slagoffer.

Maar in Junie 2008 kap Charlize terug en sê die rede waarom sy Crosby in die pad gesteek het, is omdat hy draaiboeke in die klas van *Species* en *Showgirls* vir haar gestuur het. "So, ons kan sien in watter rigting hy my loopbaan wou stuur." En vergeet om by te voeg dat sy wel vir albei oudisies gaan doen het, en nie die rolle gekry het nie.

Die rocker

Enkele dae nadat sy haar bande met John Crosby verbreek het, vertrek Charlize, Gerda en Ivor in Desember 1997 vir hulle Kersvakansie van elf dae Hawaii toe. Onder haar vriende is sy bekend as Charlie (soos haar oupagrootjie), en sy word ook Char, Chuck of Chuckles genoem. En haar vriendskap met Craig Bierko is verby. Maar dit is nie toevallig nie dat sy en Gerda en Ivor op dieselfde Hawaise eiland gaan vakansie hou waar 'n rockgroep, Third Eye Blind, of 3eb, op Oujaarsaand 1997 optree.

Stephan Jenkins is die groep se leier, hoofsanger, liedjieskrywer en kitaarspeler. Hy het aan die Universiteit van Berkeley in Kalifornië gegradueer waar sy pa toe 'n professor was. Teen 1997 leef Jenkins en sy orkeslede nog van die hand in die tand in San Francisco, terwyl Charlize rolle in 'n string prente begin inryg. Maar in 1997 het 3eb ineens 'n treffer met "Semi-charmed Life" op hulle eerste album *Third Eye Blind*. Saam met *Blue* (1999) en *Out of the Vein* (2003) verkoop die drie albums later meer as agt miljoen CD's.

Jenkins is 'n aantreklike rocker met sy groen oë, maar ook elf jaar ouer as Charlize, soos Craig Bierko. Hy en Charlize het in dié stadium al lang telefoongesprekke gehad, maar mekaar nog nie persoonlik ontmoet nie. Charlize word in 1999 in Femina beskryf dat sy soos 'n "giggelende tiener" lyk toe sy van haar en Jenkins se ontmoeting in die Hard Rock Café in Hawaii vertel. "Ek het toe al 'n foto van hom gesien en geweet ek was in die moeilikheid, want hy's so oulik. Hy het gesê as ek Hawaii toe kom, sal hy 'n tafel vir my en my ma uithou."

Die ontmoeting verloop só flink dat hulle terug in Amerika al hoe meer van mekaar begin sien, en hulle pendel heen en weer tussen hulle onderskeie woonplekke in Los Angeles en San Francisco. Hulle het klaarblyklik baie met mekaar gemeen: albei is in die vermaakbedryf, albei lief vir motorfietse, hy met 'n Triumph, sy met 'n Harley, albei uitgesproke, albei met onstuimige kinderjare. Stephan het 'n Amerikaanse veghond ("pit bull") met die naam Koby en Charlize toe nog net die twee spanjoele, Denver en Delilah. Dit is die begin van 'n ernstige verhouding wat amper vier jaar sou duur.

Stephan het, soos Charlize, ook twee personas, 'n openbare en 'n baie private een. Hy sê oor sy private lewe hy het sy eie onsekerhede, sy drome en vrese. Sy musiek is sy manier om sy wêreld te rangskik rondom sy verwagtinge. Baie van sy keuses as volwassene kan teruggevoer word tot gebeure in sy kinderjare. Hy was sewe toe sy ouers geskei is en is ná sy eerste skooljaar teruggehou omdat hy weens vermoedelik disleksie nie kon lees nie. Danksy die geduld en hulp van sy pa, 'n hoogleraar in politieke wetenskap eers aan Stanford en toe Berkeley, begin hy later sukkelend inhaal, al sê 'n onderwyser in graad ses reguit vir hom dat hy nooit sy skoolopleiding sal voltooi nie en bestem is vir jeugmisdaad.

Maar almal onderskat sy deursettingsvermoë. Hy voltooi skool en gradueer as 'n topstudent op universiteit in Engelse literatuur. Die hoof van sy laerskool, Escondido Elementary in Palo Alto, Kalifornië, vra hom hierna om die gr. 6-klas te kom toespreek oor sy sukses. Stephan kom dieselfde onderwyser daar teë wat hom geen kans gegun het nie. "Ek het hom reguit in die oë gekyk en vir hom gesê: 'Jy het vir my gesê ek gaan 'n jeugmisdadiger word. Onthou jy dit?' Dit was een van die bevredigendste oomblikke van my lewe."

Hy vertel later sy ouers se egskeiding het hom diep seergemaak en sy vormingsjare het gedraai om die mislukking van die twee belangrikste instellings in 'n kind se lewe: skool en gesin. Daarom het hy sy eie kastele en koninkryke begin bou, soos Charlize dit gedoen het.

In September 1998, met hulle verhouding nege maande oud, voer Charlize self met Stephan 'n onderhoud vir Brant Publications, Inc. Hy sê hy wou van kleins af 'n storieverteller met musiek wees en dit is hoe hy homself steeds sien. Soos Charlize haar storiefantasieë in haar ma se klere uitgeleef het, het Stephan as kleuter op potte en panne begin musiek maak en sy eerste tromstel op nege gekry. (Hy gee later ook vir Charlize 'n tromstel as geskenk.)

"Daar is iets aan 'n liedjie wat sy eie wêreld skep wat jy kan betree."

Charlize: "Ek het jou al baie sien optree en jy het so baie energie in jou vertonings. Kry jy die energie van jou bewonderaars?"

"Gedeeltelik, maar ek dink nie dis billik om dit van hulle te verwag nie."

Oor die temas in sy lirieke, oor mense se swakhede en hulle pogings om hulle plek in die gemeenskap te vind, sê hy: "Ons het almal demone;

nie een van ons word groot sonder om letsels van een of ander aard op te doen nie."

Charlize: "Onthou jy 'n besondere ervaring wat jou lewe verander het?"

Jenkins: "Nee, nie net een ervaring nie; 'n miljoen klein openbarings."

Die verhouding tussen dié twee sterk persoonlikhede word beskryf as by tye stormagtig, maar ook diep en ernstig.

Oor Charlize sê Jenkins: "In 'n wêreld van premières en filmstelle en selfingenome Versace-geklede misbaksels wat hulle oorgee aan elke soort swak gedrag, is Charlize een van die min mense wat regtig hier is om te werk. Terselfdertyd is sy een van die mees glamorous mense wat jy ooit sal ontmoet, 'n glamour wat aangebore is. Een ding wat jy moet besef, is dat jy Charlize nooit gepeil gaan kry nie. Sy's 'n baie rustige mens, maar sy kan intensiteit en innerlike chaos na 'n rol bring soos min ander mense, want sy weet wat konflik is. En sy's nie preuts nie, maar sy het 'n vaste morele kompas. Ek glo nie aan astrologie nie, maar sy's 'n Leo. En dis snaaks, want sy ís 'n soort leeuwyfie."

Van premières en filmstelle en modeparades en ander glansgeleenthede kry Stephan inderdaad vinnig 'n oordosis nadat hy en Charlize begin uitgaan en hy haar vergesel, soos op Woensdagaand 9 Desember 1998 na die negende jaarlikse Fire & Ice Ball by Universal City in Los Angeles, waar daar 'n paar gespanne oomblikke is.

Die Fire & Ice Ball word gehou om geld in te samel vir kankernavorsing. In daardie stadium is daar sterk gerugte oor 'n groot musiekprent wat beplan word, gegrond op 'n ou blyspel, *Chicago*. Die naam van Nicholas Hytner word genoem as regisseur, 'n gerespekteerde Britse vervaardiger en regisseur. Die blyspel gaan oor twee vroue, Roxie Hart en Velma Kelly, wat in die 1920's in Chicago in die dodesel sit weens moord en as sangsterre na roem streef terwyl hulle advokaat hulle van die doodstraf probeer red.

Hytner het glo die rol van Velma aan die sangeres Madonna aangebied, terwyl haar vriendin Goldie Hawn sy keuse was vir die rol van Roxie. Maar teen 1998 se Fire & Ice Ball kom Charlize ter sprake. Oor dié jong arriviste se naam as Roxie is die twee ouer merries verstaanbaar grimmig.

Charlize bevestig 'n paar dae later: "Ek is genader vir 'n oudisie [vir *Chicago*] en moes selfs sing en dans. Ek het vasgeskop en gesê ek sal dans, maar nie sing nie. Tog was Nicholas gelukkig met my sangoudisie. Hy het gesê ek's fantasties en hy wil my hê, maar moet eers 'n paar probleme gaan uitstryk.

"Hy het Goldie glo gebel en gesê hy voel die rol is eintlik vir 'n jonger aktrise bedoel. Hy sou haar 'n paar miljoen se vergoeding betaal, want dit gaan oor hoe hy *Chicago* sien, nie oor haar as aktrise nie. Ek het Goldie nog altyd bewonder. Ek weet hoe sy moet voel, seergemaak en verneder."

Daardie Woensdagaand van die Fire & Ice Ball word Charlize en Stephan reguit na die tafel begelei waar Madonna aan die kop sit met Goldie langs haar. Ná 'n beleefde groetery het Madonna, toe 40, en Goldie, toe 53, die res van die aand min te sê vir die 23-jarige aktrise wat Hollywood op loop het.

Miramax Films besluit egter later op Rob Marshall as regisseur en choreograaf vir *Chicago* en Catherine Zeta-Jones word gekies as Velma. Twee weke voordat repetisies sou begin, vervang Renée Zellweger vir Charlize in die hoofrol as Roxie. *Chicago* is 'n reusesukses en die eerste musiekprent ná *Oliver!* (1968) wat die Oscar wen as beste prent. *Chicago* word in 2002 vir dertien Oscars benoem, en wen ses. Zeta-Jones wen ook 'n Oscar as beste vroulike byspeler en Renée Zellweger word benoem, maar wen 'n Golden Globe. Die prent, met 'n begroting van $45 miljoen, verdien 'n bruto inkomste van meer as $300 miljoen, byna dubbel soveel as *Moulin Rouge!* die vorige jaar met Nicole Kidman.

Charlize sê oor Stephan Jenkins in 1999 in 'n onderhoud met Vanity Fair: "Ek's baie geseënd. Mense dink: Oh God, you're going out with a rock 'n roller! Intussen is hy hierdie soliede man wat weet wat hy wil hê. Ek's so gelukkig om saam met iemand soos hy te wees."

Daar is geen professionele mededinging tussen hulle nie en sy sê: "Dis wonderlik om met 'n musikant uit te gaan, want dis soortgelyk aan wat ek doen, tog heeltemal anders. Geen kompetisie nie. Natuurlik sal ek graag wil trou en kinders hê, maar daar's geen haas nie. Ek vat die lewe een dag op 'n slag. Ek fokus op vandag."

Ook oor kinders sê sy in 2000 aan Glamour, terwyl sy en Stephan nog met mekaar uitgaan: "Ek het al gedink aan kinders hê. Ek's mal oor kinders. Ek's nie te sleg met pyn nie, maar gesonde verstand sê vir my dit kan nie 'n aangename ervaring wees as iets so groot soos 'n waatlemoen uitkom uit iets die grootte van 'n suurlemoen nie. So, ek sal enige moontlike pynstiller wil hê; spuit my in!"

In 'n onderhoud met GQ word sy ook in 2000 uitgevra oor 'n aktrise wat met 'n rocker uitgaan. Sy skerts: "Dis so 'n absolute cliché. Ek dink ek's 'n mens met 'n gemiddelde intelligensie, maar om met 'n rockster uit te gaan, moet seker een van die domste dinge wees om te doen."

Aan Glamour sê sy oor haar en Stephan: "Soos in enige verhouding moet jy hard daaraan werk en weet dat julle lief is vir mekaar. Maar roem maak dit moeilik, want elkeen wil daarvan weet. Dis soos om op 'n klein dorpie te woon waar elkeen probeer raai wie slaap by wie."

Teen Mei 2001 begin Charlize en Stephan Jenkins se paaie uiteenloop en dat die einde van hulle verhouding albei diep raak, word nie betwyfel nie. Albei weier om agterna daaroor te praat, maar Jenkins merk tog in 'n onderhoud op dat hy een belangrike ding van haar geleer het: 'n mens kan nie 'n verhouding tweede plaas naas musiek en films nie, want liefde is nie genoeg om dit in stand te hou nie.

Daar word bespiegel dat Charlize wou trou, terwyl Stephan nog nie vir so 'n stap gereed was nie. GQ skryf dat sy en Stephan selfs oor kinders gepraat het, maar nadat die krake in hulle verhouding verskyn, sê sy sonder verwysing na hom: "Ek het een keer in my lewe die behoefte gehad om te trou, toe ek agtien was en vir die eerste keer verlief. Wanneer jy jou maagdelikheid verloor, dink jy: Wel, ek het dit vir jou gegee, en nou wil ek met jou trou en jou kinders hê."

Tom Chiarella van Esquire sê reguit: "Sy was gereed om hom 'n permanente deel van haar lewe te maak. Jenkins wou nie met haar trou nie – maak jou afleidings. Maar Charlize het nie baie spyt gewys nie, sy's nie een wat in berou vasval nie. Sy beweeg vinnig aan."

Charlize ontken dat haar vriendskap met die akteur George Clooney iets te doen het met die skeiding van haar en Stephan se paadjies. "Ons [sy en Clooney] is net baie, baie goeie vriende. Die beëindiging van ons verhouding [met Stephan] is baie persoonlik en ek praat nie daaroor nie."

Op 1 September 2000, voordat Charlize en Stephan uitmekaar is, word berig dat die toe 39-jarige Clooney $4,5 miljoen en 'n huis gegee het aan sy gewese vriendin, Celine Balitran, vir hulle drie jaar saam. (Sy ontken dit.) Daar word ook gesê dat hy gereeld in Charlize, toe 25, se geselskap opgemerk word. Maar net weke later word gesê dat Clooney nie bereid is om weg te bly van die wilde partytjies wat Hugh Hefner in sy berugte Playboy Mansion aanbied nie. Bill Farely word as Playboy-woordvoerder aangehaal: "George kom by baie van Hugh se partytjies. Hugh het die partytjies afgeskaal toe hy [weer] vir 'n ruk getroud was, maar nou is alles opnuut volstoom aan die gang. George bring nie vriendinne saam nie en geniet die partytjies."

Twee jaar nadat hulle uitmekaar is, sê Stephan in 'n onderhoud: "Ek was die afgelope twee jaar in selfopgelegde ballingskap. Ek begin nou weer my voete vind." Hy is toe pas klaar met die lirieke van die veertiende liedjie op die album *Out of the Vein*. Hy sê die album is "rou en pragtig", die liedjies nie dekoratief of geskik vir agtergrondmusiek nie. Met sy graad in literatuur swoeg hy ure met die regte woorde en metafore, ritme en rym. Hy is 'n perfeksionis wat glo aan die krag van musiek om te kalmeer, te heel en orde uit chaos te skep. Daar word gegis dat hy die meeste van die liedjies op *Out of the Vein* geskryf het in die twee jaar nadat hy en Charlize uiteen is en dat dit die emosies verken wat hy ervaar het ná hulle skeiding.

Hy vestig hom opnuut in North Beach in San Francisco, 'n minder spoggerige adres as Pacific Heights waar hy gebly het wanneer hy nie in Los Angeles by Charlize was nie. "Om weg te trek van Pacific Heights was goed vir my siel. Weelde en aanstellerigheid laat my ongemaklik voel, laat my voel asof ek 'n jigaanval gaan kry." Hy begin ook 'n nuwe verhouding met die sangeres Vanessa Carlton, 'n opgeleide klassieke ballerina. Sy trek by hom en sy hond in sy woonstel in North Beach in en Stephan sê oor haar: "Ons is soos roosterbrood en konfyt vir brekfis."

En oor die realiteite van sy private lewe: "Is ek 'n rocker? Ja, ek skat so. Maar ek gaan ook pub toe en drink 'n bier, en gaan na 'n café en drink my koffie. Ek ry kruideniersware huis toe op die petroltenk van my motorfiets. En vind plesier in eenvoudige dinge. Is dit die lewe van 'n rocker?"

"Ek is hier!"

Ná *Mighty Joe* en *Celebrity* – nou met rolle in sewe prente agter die rug – skyn die volle glorie van die Hollywoodse kolligte op Charlize. Sy het die openbare beeld van 'n pragtige, lewenslustige en spontane blondine met oënskynlik min inhibisies. Sy rook, sy drink, sy swets. Sy noem 'n kind by sy naam. Jamie Diamond van Mademoiselle merk op: "Alles omtrent haar sê: Ek het 'n pragtige liggaam, ek hou daarvan, en ek's bly jy hou ook daarvan, so, kom ons gaan nou aan na iets anders."

'n Ander onderhoudvoerder sê: "Sy's besonder uitgesproke oor alles, van die Amerikaanse immigrasiebeleid tot Hollywood se beheptheid met mineraal water."

Dit is byna asof sy, tereg, dit wil uitbasuin: Ek's hier, ek het dit gemaak! Ek dra stywe capri's, ek eet soesji in Matsuhisa, ek koop by Fred Segal en ek geniet die klubs van Sunset Strip. En basta. Maar die dae toe sy net gou by 'n winkel kon inhardloop om 'n koeldrank te koop, is ook verby. Almal herken haar, en sy het 'n span hanteerders om haar.

In April 1998 sê sy: "Ek vermom my nie as ek uitgaan nie. Ek glo as jy my sien, sien jy my soos ek is. Ek loop maklik na Ralph's, my naaste supermark, met plekkies op my gesig wat ek gedokter het. As ek die aand wil uitgaan om 'n paar glase wyn te gaan drink, doen ek dit. Dis net in die laaste jaar dat ek so bekend geword het. Die ergste is die lughawens. Jy kom terug van 'n lang vlug van Londen en vyftig fotograwe wag jou in wanneer jy doodmoeg en dik van die slaap afstap.

"Dit klink vreeslik om sterstatus te hê, maar ek is gelukkig omring deur 'n span mense wat na my omsien. Daar is Arlene Pachsasa, my regterhand en die een wat my lewe glad laat verloop; my wonderlike grimeerder, Deborah Larsen, net myne en niemand anders s'n nie; Candy Walken, my haarstileerder; Pat Noonan, my motorbestuurder wat my oral neem met die swart Lincoln; my reklamemense, my agent, my prokureur, my sakebestuurder en my fotograaf."

Vroeg in 1998, kort ná haar terugkeer uit Hawaii, nooi regisseur Rand Ravich Charlize vir ontbyt om 'n moontlike rol in sy nuwe prent, *The Astronaut's Wife*, met haar te bespreek. Dit is die eerste keer dat hy haar ontmoet. Later, ná die vrystelling, sê hy hieroor: "Voor die koffie nog op die tafel was, het ek geweet sy hét dit. Sy's 'n vreemde kombinasie van die meisie langsaan, atleties en gesond, en 'n soort grasie wat jy nie aldag by aktrises hier teenkom nie. In die prent tref sy elke teiken: sy's eroties ['n kaaltoneel is uitgesny voor vrystelling], vrolik, gebroke en vreesbevange; sy dans en sy lag."

Van Januarie tot April 1998 is Charlize saam met Johnny Depp besig met die verfilming van *The Astronaut's Wife*, dieselfde jaar dat hy hom in sy familie se stamland, Frankryk, gaan vestig. "Ek haat Los Angeles. LA is soos 'n masjien, sonder enige inspirasie. In Parys is alles poësie. Europeërs waardeer kuns vir die kuns. Hier in Parys gee mense nie om wie jy is nie." Hy maak darem een van sy seldsame opwagtings in Los Angeles vir sy ster op die Hollywood Walk of Fame: "Dit was nogal snaaks, 'n bietjie pervers," sê hy oor die ster. Maar hy aanvaar dit omdat sy dogter oor veertig of sewentig jaar daar kan gaan loop en sê: "Oh yeah, there's my Pop's star."

In *The Astronaut's Wife* is Charlize in die vroulike hoofrol as Jillian Armacost, vrou van die Depp-karakter, die ruimtevaarder wat terugkeer aarde toe, besete deur 'n ruimtewese. Dit is haar eerste prent saam met Depp, maar hy lewer 'n bra energielose vertoning. Die prent word nie goed ontvang nie en resensente meen dit het op die lanseerplatform ontplof voordat dit kon opstyg. Maar in háár stamland kyk oë deur 'n rosige Suid-Afrikaanse bril oë na haar. Leon van Nierop skryf: "*The Astronaut's Wife* gaan meer oor atmosfeer as effekte en [regisseur] Ravich kry dit reg om Jillian (Charlize Theron) van die res van die rolprent te isoleer. Hy laat ons die storie deur haar paranoïese oë sien en met elke toneel trek die strop nouer om die heldin se verbeelding saam, tot ons net so beangs is soos sy, al weet ons nie eintlik waarvoor nie. As jy gewoond is aan wetenskapfiksie wat maklik verteer en waarin al die stories vasgeknoop is aan die einde, mag jy nie altyd byhou nie. Maar daar is altyd Theron om na te kyk. En waar die draaiboek of die afsydige Depp haar in die steek laat, dra sy die rolprent en bring warmte en kleur na 'n bleek riller."

Joe Leydon van Variety skryf op 30 Agustus 1999: "As Jillian beweeg Theron oortuigend deur 'n wye omvang van emosies na presies die regte balans tussen doelgerigte krag en tranerige kwesbaarheid. Haar vertolking is so meesleurend dat dit die belangstelling behou, selfs wanneer sy vir lang tye die enigste persoon op die skerm is."

In Februarie 2000 word die prent in Japan vrygestel en Kaori Shoji skryf in The Japan Times: "Wat is jou idee van die vrou van 'n ruimtevaarder?

Hollywood het hulle nog nooit baie vleiend voorgestel nie – die vroue is gewoonlik preuts, ernstig en hulle idees so rigied soos die stywe krulle op hulle koppe, geklee in die soort klere wat Doris Day sou verbrand het. Met een haal het *The Astronaut's Wife* (in Japan vrygestel as *Noise*) hierdie landskap drasties verander en ruimtevaarders se vroue eensklaps op die kaart van glansvroue geplaas. Charlize Theron, 'n kyk-na-haar-en-sterf-blondine as daar al ooit een was, vertolk die ruimtevaarder se vrou. Depp en Theron lewer albei fyn genuanseerde vertolkings wat berus op gesiguitdrukkings eerder as woorde. Jillian se toenemende vrese onthul hulleself in haar bewende wimpers, angstige oë en spasmas van ellende wat haar fynbesnede gelaat verwring."

Tydens die verfilming van *The Astronaut's Wife* sê Charlize in Februarie 1998: "Mense dink 'n filmster het 'n wonderlike lewe, maar wanneer jy skiet, het jy eintlik géén lewe nie. Jy werk sestien uur, gaan huis toe, slaap, staan op, stort en begin van voor af. Daar's nie tyd vir partytjies en verhoudings nie. Watter man kan dit vat? Hier's 'n Valentynskaartjie op my tafel. Dit maak my baie hartseer. Ek's hier en hy [Stephan Jenkins] is so ver weg.

"Ek was in 'n verhouding met Craig Bierko, maar toe meng mense in en verongeluk dit. Ek was verskriklik hartseer. Dit was 'n goeie verhouding, maar nog nie die regte een vir my nie.

"Mense vra of ek ooit kon droom het dat ek eendag so bekend sou wees. Die antwoord is: Ja! Dis wat ek as kind gedroom het toe ek vir die honde op die plot [nou nie meer 'n plaas nie] toneelgespeel het. Nou's ek hier! En ek is dol oor myself en oor wat ek doen. Om wakker te word, aan te trek en na 'n filmstel toe te gaan, is soos 'n droom. Ek voel tuis op 'n filmstel. Dis waar ek hoort."

En roem, hoewel nog nie sterstatus nie, het baie voordele, soos dat sy daarop kan aandring om haar twee spanjoele saam te vat en selfs in hotels in te neem waar sy oorbly. "Die treilers op filmstelle is weelderig en ek rig dit in soos my huis. Ek brand kerse in die sitkamer en speel my eie CD's, Violent Femmes, Jacques Dutrouc, Tom Petty. Ek's nie 'n moeilike mens nie, hier op die stel noem hulle my Chuckles.

"My bewonderaarsbriewe lees en beantwoord ek almal self, uit alle dele van Amerika, meestal van jong meisies uit klein plekkies soos Little Arkansas.

Ek hoor ek's nou selfs op die internet, hoewel sonder my medewete. Kyk, hier's gister se bladsye: The Unofficial Charlize Theron Homepage. Ek voel nogal geeërd. Soos die Amerikaners sê: I'm on a roll. Ek werk my dood, maar ek kla nie. Ek lees aanmekaar, omtrent sewe draaiboeke per week om te sien of daar iets is waarvan ek hou. Oor 'n paar maande begin ons met die verfilming van *The Yards*, en ek het kontrakte vir nog twee prente voor die einde van die jaar [1998]."

Regisseur James Gray se *The Yards*, saam met Mark Wahlberg, Joaquin Phoenix, Ellen Burstyn en Faye Dunaway, is 'n donker en neerdrukkende prent waarin sy 'n dwelmverslaafde is. Sy sê: "Dis oor 'n meisie wat verskeurd voel tussen twee verskillende wêrelde en wat sukkel om haar plek in die samelewing te vind. Haar pa sterf, haar ma hertrou. Dis oor bloed wat dikker is as water, dis oor oneerlikheid, en oor vertroue..."

Die rol van Erica kry sy nadat sy beïndruk was met een van Gray se vorige prente, *Little Odessa*, waarin Max von Sydow 'n gewelddadige pa is. "'n Dag nadat ek dit gesien het, het ek my agent gebel en gesê ek weet nie wie hierdie ou [James Gray] is nie, maar ek moet saam met hom werk. Ek is seker die konneksie wat ek met hom ervaar het, het te doen met die tema van die prent."

The Yards is haar elfde filmrol en sy dink nie meer aan haarself as 'n *bimbo* of *starlet* nie – as dit hoegenaamd ooit in haar gedagtes was. Sy weet wat sy kan aanbied en tydens die verfilming van *The Yards* is Charlize en Gray dikwels in mekaar se hare, soos een uitbarsting oor 'n oënskynlike nietigheid. Gray is ontevrede met die manier waarop sy 'n glas met bier voor die kamera vashou. Sy ontplof oor sy gekarring oor die glas.

Oor hierdie voorval sê Charlize in 2000 aan Time: "I thought: What the fuck? What about my acting?"

Dit is hierdie inherente hardnekkigheid wat Hollywood deeglik leer ken. Sy sou nie meer op haar laat trap net omdat sy borste het nie, stel sy dit later. Want sy het 'n werklike passie om nie getipeer te word of om net op haar uiterlike skoonheid getakseer te word vir filmrolle nie. Sy raak ongeduldig, sy wil rolle hê waarin sy die volle omvang van haar talente kan uitstal. "Ek gaan leef tot ek tagtig is, en wanneer ek vol plooie sterwend lê, kan ek sê ek het alles probeer," sê sy in dieselfde Time-onderhoud. (Haar sterfbedtema duik 'n paar keer op.)

Peter Travers van Rolling Stone skryf op 10 Desember 2000: "Eiewaan laat hierdie een [*The Yards*] soos 'n klip sink. Skrywer-regisseur James Gray probeer om die swendeldrama van *On the Waterfront* met 'n Griekse tragedie te kruis. Groot ambisies, en *The Yards* struikel onder die gewig. So ook die meeste akteurs. Wahlberg kom nie die mas op nie; Theron dra 'n swart pruik en is ooremosioneel."

Sy werk in 1998 ook aan regisseur Lasse Hallström se *The Cider House Rules*, gegrond op John Irving se gelyknamige boek, saam met Tobey Maguire (*Spider-Man*) en die ervare Britse akteur sir Michael Caine.

Tydens die verfilming van *The Cider House Rules* in Vermont besoek Vanity Fair haar op die stel en skryf dat dit lyk asof twee sinne uit Irving se boek inherent is aan die indruk wat Charlize wek: "She took to both labor and sophistication with ease." En: "The beauty in her face was that she was still free of guilt."

Maar Time beskryf haar ook só: "Theron se sterstatus is baie groter as haar loketinkomste. Sy is gewild by die pers omdat sy ongewoon is. Sy word gewoonlik beskryf as iemand wat gholf speel, kosmaak, swets, drink en rook (of kombinasies hiervan) terwyl haar foto's 'n vrou van byna bonatuurlike glans toon."

Gerda is weer op die filmstel teenwoordig terwyl Charlize se tonele vir *The Cider House Rules* in die koue noordooste van Amerika verfilm word. Tydens 'n blaaskans sit Charlize in haar treiler 'n Third Eye Blind-video (van Stephan Jenkins) in die speler, haal 'n bottel Rémy Martin-konjak uit en 'n pak kaarte vir Killer Rummy. "Ek en my ma het baie geluk met dobbel. Wanneer ons Las Vegas toe gaan, loop ons met miljoene van die blackjacktafels af weg, nes in 007-flieks." Gerda sê sy speel dubbel-0 op die dobbeltafel, Charlize speel 7. Charlize word geroep vir 'n volgende toneel. "Holy fuck, it's cold tonight!" sê sy met 'n Marlboro in die mond toe sy uitstap.

Die prent veroorsaak 'n klein opskudding in Amerika, nie omdat sy kaal op 'n bed lê nie, maar omdat sekere groepe dit beskou as sou dit goedkeuring van aborsies impliseer. Die prent kry sewe Academy-benoemings en wen twee Oscars, vir Caine (beste manlike byspeler) en Irving (vir beste verwerkte draaiboek).

Stephanie Zacharek van salon.com meen: "*The Cider House Rules* stel 'n duidelike standpunt ten gunste van aborsies, en lewer 'n ongewoon reguit boodskap dat swangerskap vir 'n vrou nie altyd 'n geskenk is nie. Theron se Candy, met haar appelwange en deurmekaar blonde krulle, is die perfekte prentjie van onskuld en broosheid. Theron is perfek as 'n welmenende meisie wat nie weet wat sy wil hê nie, wat iets van alles wil probeer voordat sy 'n besluit neem. Hallström en kinematograaf Oliver Stapleton (wat aan die prent 'n sagte maar verfrissend onsentimentele gevoel van New England in die veertigs gee) fokus op Theron se skoonheid met die respek en aandag wat dit verdien: in die prent se sentrale liefdestoneel word sy so verlig dat haar vel na amber heuning lyk. Sy's eenvoudig onweerstaanbaar."

In November 1998, ná die verfilming van *Cider House*, vlieg Charlize en haar aktrisevriendin Ivana Milicevic Suid-Afrika toe. Charlize se handpalmafdrukke word in November in 'n wandellaan in Benoni in nat sement verewig en op Sun City woon sy 'n prystoekenningsaand van die plaaslike videobedryf by. Sy kry 'n spesiale prys vir buitengewone prestasie, waaroor sy sê: "Dis my eerste prys nog as aktrise!"

Sy en Ivana baljaar soos tieners in die water, Charlize in 'n skrapse bikini met 'n luiperdvelmotief. Ná Sun City gaan ontspan die twee saam met Gerda in die Mashatu-natuurreservaat in Botswana, waar sy sê: "Ek het agtergekom die meeste regisseurs voel aangetrokke tot my omdat ek uit Afrika kom. Dis seker eksoties. Maar ek moet seker 'n bietjie talent ook hê, nie net 'n mooi gesiggie nie."

Die besoek aan Suid-Afrika is byna 'n jaar nadat sy Stephan Jenkins in Hawaii ontmoet het, en sy wou hom graag saambring Afrika toe (soos vir Craig Bierko die vorige jaar), maar Stephan het ander verpligtinge. In Botswana sê sy vir 'n joernalis: "Ek het in 'n stadium gesê ek het nie tyd om verlief te raak nie. Maar ek het nie hiervoor [haar verhouding met Stephan] gesoek nie. Ek het besef hy is spesiaal en dis my eerste verhouding waar albei se loopbane belangrik is. Die een staan nie in die ander se pad nie."

Sy vertel ook hier in Botswana van die nuwe Spaanse drieverdiepinghuis wat sy in Hollywood Hills gekoop het. Dit word toe gerestoureer en ingerig en sy hoop dit is in Augustus 1999 finaal gereed, met 'n gimnasium en twee kantore vir haar Denver & Delilah Films.

Gerda skerts: "Tog net jammer die gimnasium is meestal 'n wit olifant. Dis net wanneer ek die dag vir haar sê: 'Charlize, jou boude word groot!' dat sy op haar oefenfiets spring."

In 2008 in *Hancock* is daar 'n toneeltjie waar sy in 'n badkamer haar tande borsel. Miskien het die kamera se hoek haar onkant gevang, miskien kon die redigeerders nie wag op die volgende tonele om haar verrassing te ontsluit nie. Wat ook al die rede of verskoning, maar in die stywe slaapbroek lyk dit asof Gerda 'n ogie sal moet hou op haar dogter se boude. Mens kan natuurlik argumenteer dat sy in 2007 met *Hancock* se verfilming al 32 was, dat jy plooitjies en swaartekrag moet verwag.

Maar in 1998 in Hollywood ry Charlize nou met mening die eerste golf van haar roem en drome. "Ek het 'n wonderlike lewe. Dit kon baie slegter gegaan het. Ek kon jou kruideniersware gepak het. Ek sê heeltyd ek moet 'n blaaskans vat. Maar dan vat ek 'n maand af en ek dink: Genade, waarom werk ek nie? Ek dink daar is nog soveel wat ek kan gee. Ek's seker daar sal 'n tyd kom wanneer werk opdroog, maar nou is my energievlakke nog te hoog."

En sy meen ook nie dit is meer nodig om altyd gaaf te wees met almal nie. "Aan die begin het ek so gevoel. As 'n vreemdeling gesê het hy hou van my flieks, het ek gedink ons behoort vriende te wees."

Saam met haar roem kom die paparazzi, veral ook weens haar verhouding met Stephan Jenkins; die aktrise en die rocker. Hulle krap selfs in haar asblikke om iets te soek om oor te skryf, en sy verkoop haar eerste huis nadat hulle haar adres uitgesnuffel het. Sy vertel oor 'n opmerking van Al Pacino toe hulle in 'n restaurant in Parys geëet het met die Franse vrystelling van *The Astronaut's Wife* terwyl die paparazzi buite soos struikrowers wag: "Al het iets gesê wat my regtig geskok het en wat ek nie kon verstaan nie. Hy het gesê as hy aan die begin van sy loopbaan geweet het dat sy lewe só in die openbaar uitgestal sou word, sou hy net daar opgehou het. As 'n jong aktrise wat nie kan dink aan enigiets anders wat ek in my lewe sou wou doen nie, was dit vir my pynlik om dit van hom te hoor. Want as daar iemand is wat 'n akteur moes word, is dit Al Pacino."

Ook Johnny Depp sê dit is een van die redes hoekom hy na Frankryk verhuis het. Hy sê in sy verhouding met Winona Ryder was dit 'n fout om so openlik met die media te wees. Hy het gedink oopheid sou die monster van nuuskierigheid verwoes. Pleks daarvan het dit die monster net gevoed.

Op 24 Julie 2008 dreig Brad Pitt se prokureurs om enige publikasie te dagvaar wat paparazzifoto's van hom en sy gesin met hulle nuwe tweeling publiseer. Hulle word met kragtige telefotolense beleër by hulle Franse landgoed Château Miraval in Provence ná die tweeling se geboorte in 'n hospitaal in Nice.

Oor hierdie lense, wat nou so te sê tot byna in Angelina Jolie se kraamsaal indring, het Bardot eens, net verder af by St. Tropez aan die Riviera, gesê die paparazzi laat haar soos 'n vasgekeerde dier voel. "Ek kan aanvoel wanneer hulle hul lense op my rig. Daarom verstaan ek hoe 'n wilde dier in die teleskopiese visier van 'n jagter voel. Die fotograwe wou my nie doodskiet nie, maar hulle het iets in my doodgemaak. Hulle korrel van ver af op jou en steel iets van jou siel."

Op 31 Julie 2008 sê Los Angeles se polisiehoof, William Bratton, aan KNBC-TV dat dié stad minder probleme met paparazzi het sedert Britney Spears klere begin dra het. "Jy sal opmerk dat ons nie meer veel van 'n probleem het vandat Britney klere aanhet en haar beter gedra nie, Paris [Hilton] uitstedig is en niemand meer pla nie, dank vader, en Lindsay Lohan gay geword het. As dié wat die paparazzi in die eerste plek aantrek hulleself net gedra, soos mens van enigeen verwag, los dit omtrent 90 persent van die probleem op." Bratton se opmerkings volg op die sowat $25 000 wat dit die polisie in Januarie 2008 gekos het om Spears van haar huis in Studio City na 'n mediese inrigting in West Los Angeles te vergesel vir psigiatriese evaluasie.

Charlize begin haar persoonlike lewe al hoe heftiger uit die openbare oog hou. Maar op Woensdagaand 17 Desember 2003 is sy ná die New Yorkse première van *Monster* midde-in 'n geveg toe 'n paparazzo 'n foto van haar by die Viscaya Lounge-klub wil neem. Haar onbekende manlike metgesel probeer die Brasiliaanse fotograaf Laura Giannoni keer en Giannoni beweer later hy het haar teen die been geskop, gevloek en haar geslaan. Die klubeienaar Bobby Malta beweer op sy beurt dat die fotograaf Charlize se metgesel in die gesig gespoeg het, waarop hy Giannoni aan haar keel gegryp het. Charlize is so ontsteld oor hierdie moles dat sy onmiddellik wil vertrek. Buite keer die ewe ontstelde fotograaf 'n polisiemotor voor, maar kan nie 'n klag lê nie. Charlize en haar metgesel is toe reeds weg en sy weet nie wie die man saam met Charlize was nie. Charlize swyg oor die voorval, maar sê later oor die paparazzi: "Ek hou nie van hulle taktiek nie, maar soms verkies ek amper hulle onvleiende foto's bo die glansfoto's in tydskrifte. Ek wil graag die mens agter die glans sien."

Op die vraag of sy nie oorweeg om soos ander sterre van Hollywood af uit te wyk na plekke soos Santa Barbara en Montecito om van die paparazzi ontslae te raak nie, sê sy: "So, nou's ek in Montecito en my vriende moet twee uur ry net om te kom kuier? Gaan my ma gou kom stop vir 'n bier? Dit gaan nie gebeur nie. Daar's iets ernstig verkeerd daarmee om te vlug en vir die paparazzi te sê: 'Oukei, kêrels, julle het gewen.'

"Ek's baie trots dat ek leef soos ek wil en die werk doen wat ek wil. Jy kan 'n wonderlike loopbaan hê, maar as jy nie 'n lewe het om jou sukses te vier nie, raak dit 'n baie eensame plek. Die lewe kom eerste, saam met my vriende. Hulle is my familie. En dit maak van my 'n beter aktrise."

Oor die ander rede waarom sy uit die skinderkoerante bly, sê sy: "Wel, dit word genoem goeie opvoeding deur 'n verantwoordelike ma wat my die basiese beginsels van menswees geleer het. Ook het sy regtig 'n goeie regterhand gehad [vir slae]. En sy bly net twee minute van my af. Sy sorg dat my voete op die aarde bly."

'n Suid-Afrikaanse joernalis, Rian Malan, meen in 2006 in Insig die rede waarom Charlize nie beskinder word nie, is: "Onse Charlize is nog nooit betrap dat sy kokaïen snuif of met katelknapies vroetel in die Viper Room se toilette nie. Daar is geen sprake van morsige liefdesdriehoeke nie. Sy raak nooit dronk en slordig in joernaliste se geselskap nie."

Louise Gannon stel dit in Augustus 2008 meer delikaat in Elle: "Sy het die perfekte verskoning om die choatiese lewe van 'n ster te lei, tog leef sy stil, en bly uit skandale. Sy het haar hart nog nooit op 'n kletsprogram uitgehuil oor haar moeilike verlede nie (en daar was al talle aanbiedinge), naak geposeer, partytjie gehou saam met bad boys of haarself in 'n sentrum vir verslaafdes laat opneem nie. Dit maak haar – vir die wys-alles-geslag van Britney Spears – nogal 'n moeilike, ongewone soort ster."

Op die vraag hoekom sy nie deel is van hierdie "celebrity game" van Hollywood nie sê sy in 2008: "Ek glo aan 'n bepaalde dekorum wat nie meer in Hollywood bestaan nie. Ek weier volstrek om deel te wees van wat nou aangaan. My hele lewe was daarop ingestel om van slegte dinge weg te beweeg. Daarvoor moet jy hard werk en wanneer jy dit bereik het, beskerm jy dit soos 'n kleinood."

Charlize het 'n algehele minagting vir sterre wat hulleself graag in skinderkoerante sien. "Dit lyk vir my soos 'n tragiese behoefte aan goedkeuring. En hulle *glo* sulke publisiteit is belangrik. Dit is nie. Dis lelik. Mense sê dis jou werk om publisiteit te soek. Dit is nie. Dis nie my werk om uit te gaan en 'n gek van myself te maak nie."

Wat van die soort Faustiese verbond waarin beroemdes hulle privaatheid verruil vir geld, beter restauranttafels en diverse gunste en gawes?

In haar oë is vuur. "Nou behoort jou lewe aan ons? Is dit waaroor dit gaan?" vra sy in 2008. "Ek het nie daardie memo gekry nie. Dis nie vir my gestuur nie en ek het dit nie geteken nie. So, fuck you."

Maar dit is nie net fotograwe wat lastig kan wees nie. Ná 'n fotosessie vir Esquire in 1999 met die vrystelling van *The Cider House Rules* wil Charlize met 'n drankie ontspan, wil sy net die regte Charlize wees, die mens agter die glans. Sy soek 'n kroeg op saam met 'n joernalis van Esquire, sit met haar arms op die kroegtoonbank en bestel 'n tequila, sluk dit weg, bestel nog een, nog een, en dan 'n bier. Die volgende toneeltjie in die kroeg, asof uit een van haar flieks, word só beskryf:

'n Paar stoele verder langs die kroegtoonbank kyk 'n man na haar, 'n blonde man in gekreukelde klere. Hy herken haar nie; hy sien skoonheid en rou, onontwikkelde potensiaal. "Ek's 'n filmvervaardiger," mompel hy met 'n Britse aksent, ruik 'n groot ontdekking.

Sy draai, bekyk hom op en af, grinnik. "Regtig? Wat vervaardig jy?"

"Wel," sê hy, "dis 'n projek." Hy sluk aan sy drankie, kyk dan ernstig na haar. "Is jy in die bedryf?"

Vyf jaar gelede soos sy dalk swymelend ja gesê het, hoopvol vir 'n rolletjie in sy film. Maar nou is dinge anders. Die moeilike ding is nie nou meer om 'n rol te vind nie. Die moeilike ding is om nie rolle te speel nie, maar net haarself te wees. Die ironie is dat om op hierdie oomblik normaal te kan wees, net nog 'n meisie by 'n kroegtoonbank, dit nodig is dat sy nog één rol speel.

Sy draai na die man en sê met 'n sug: "Nee, ek is nie in die filmbedryf nie. Ek werk vir die dierebeskermingsvereniging, en ek het 'n slegte dag gehad. Ons moes twee honde uitsit. Dis hoekom ek 'n drankie nodig het."

Ná die eerste golf, 1999-2001

> Daar is oomblikke in my loopbaan waaroor ek soms wonder
> of dit regtig gebeur het. Partykeer voel dit soos drome.
> Charlize, GQ, 2000

Pa en dogter

Sy is 23 en in April 1999 saam met Ben Affleck besig met die verfilming van *Reindeer Games* in Kanada toe die National Enquirer in Amerika berig dat haar pa nie in 'n motorongeluk dood is nie, maar deur haar ma doodgeskiet is. Hierdie geheim het sy agt jaar bewaar. Nou word sy in elke onderhoud daaroor uitgevra. Sy sê kort hierna aan 'n Suid-Afrikaanse joernalis alles in Hollywood is nie net fantasie en drome nie, daar is slegte dinge ook, soos die aanhoudende soeklig wat die media op haar plaas. "Hulle is nou besig om ontstellend in my verlede te krap. Dit maak werklik seer en waarom is dit nodig?"

In Maart 2000, tydens die verfilming van *Waking Up in Reno* saam met Patrick Swayze, nog een van haar kinderhelde, erken sy vir die eerste keer dat haar pa nie in 'n motorongeluk dood is nie, maar geskiet is. "Ja, dit was selfverweer. Die enigste rede waarom ek nooit vantevore eerlik hieroor was nie, is omdat daar baie mense in my lewe is, soos my ma, wat nie gevra het om in die kollig te wees nie en ek voel dis my prerogatief om hulle daaruit te hou. Dit was nooit 'n groot skandaal of so iets nie. Dis die enigste rede waarom ek gesê het hy is in 'n motorongeluk dood. Wat gebeur het, was baie hartseer. Dit was 'n baie, baie ongelukkige voorval en ek wens dinge was anders."

Die onderhoudvoerder skryf hierop: "Daar is 'n lang pouse en ek kan sien sy is na aan trane. Sy erken haar verhouding met haar pa was regtig,

regtig sleg." En haal Charlize aan: "Hy het 'n drankprobleem gehad en het net weke lank weggeraak. Ons het nie geweet waar hy was nie. Ek wens ek het hom beter geken."

Die woord waarmee haar pa in hierdie onderhoud beskryf word, is "abusive" en dit gaan nie ongesiens by die Theronfamilie in Suid-Afrika verby nie. Dit is net die eerste van gereelde neerhalende verwysings na Charles in tydskrifonderhoude daarna wat hulle omkrap, maar magteloos laat.

John Brodie van GQ skryf in Desember 2000 voordat hy Charlize ontmoet het, het hy gesprekke met van haar vriende en kollegas gehad. En hy kon aanvoel dat iets tragies in haar lewe gebeur het. Hulle was besig om oor haar flieks, regisseurs en medeakteurs te praat toe hy skielik besef: sy praat nooit oor haar pa nie.

"Leef jou pa nog?"

"Hy's in 'n motorongeluk dood."

Hy sê tot op daardie punt in hul uur lange gesprek was sy gemaklik op die rusbank opgekrul. Skielik was sy gespanne, die sprankel weg uit haar oë.

"Regtig?" vra hy, want vir so 'n lewendige mens klink haar antwoord stokkerig.

"Toe ek vyftien was, het my ma my pa in selfverweer geskiet."

"Was jy teenwoordig?"

"Dit het gebeur terwyl ek in die huis was. Dit was tydens 'n naweek, so ek was die hele tyd daar. My pa was 'n alkoholis."

Hy skryf: "Daar is 'n ongemaklike stilte. Sy kyk na my met 'n blik wat tegelykertyd uitdagend en pleitend is, 'n blik wat vra: *Het dit regtig enigiets met jou te doen?* Dan verander haar oë skielik, word weer helder, en sy is weer die mens wat die wêreld gewoonlik sien."

Brodie se beskrywing van hierdie toneeltjie laat my onmiddellik dink aan Joan Kruger wat destyds as redakteur van Rooi Rose in daardie eerste onderhoud met Charlize ook die vlugtige blik opgemerk het toe sy oor Charlize se pa uitgevra het. Joan het kwesbaarheid vermoed, maar later besef daar is ys in daardie are. Brodie sien dit as pleitend, deerniswekkend, maar dan ook uitdagend, voor sy haar beheer herwin, asof sy spyt is dat 'n krakie in haar mondering kon deurskemer.

In Vogue in 2000 word sy gevra of haar pa regtig so 'n moeilike mens was.

"My pa was 'n alkoholis, wat baie probleme in 'n gesin veroorsaak; alkoholisme beïnvloed alles in jou lewe. As jy betrokke wil wees in jou kinders se lewe, kan jy nie kies wanneer jy daar wil wees nie. Dis baie jammer dat ek en my pa nooit dieselfde hegte verhouding gehad het as wat ek en my ma het nie. Hy was nie gelukkig met sy lewe of met homself nie. Dis nie 'n verskoning nie, ek stel net die feite.

"My herinneringe aan my pa is dat hy baie vrygewig was in 'n materialistiese sin. Daar was nooit 'n verjaardag waarop ek nie 'n skouspelagtige geskenk gekry het nie, 'n perd, 'n kar op veertien, juwele. Ek het vroeg al op die plaas bestuur. Maar ek het nie 'n enkele herinnering aan my pa wat by my sit en sommer net met my gesels nie."

Maar wat hét sy van hom gekry?

"Ek het sy bene gekry. Ek dink my pa was 'n baie gul man. Hy sou sy hemp vir iemand uittrek, en dis ook nie vir my moeilik om dit vir iemand te doen nie. Ek is seker sy gulhartigheid het ek ook van hom gekry. En hy was 'n goeie eter, hy kon lekker eet. En hy kon goeie grappe vertel. Maar dit het ek nie van hom gekry nie."

Kort voor haar Oscar voer Diane Sawyer van die ABC-TV-netwerk op 8 Januarie 2004 'n onderhoud met haar. 'n Ander Amerikaanse TV-span besoek haar tante Elsa Malan 'n paar maande later in George om die Theronfamilie se reaksie te kry op Charlize se Oscartriomf en uitlatings aan Sawyer. Die Therons vertel hoe trots hulle op Charlize is en hoe hulle haar loopbaan met foto's en plakboeke volg. Sy is mos een van hulle.

Sawyer vra haar reguit oor wat die nag met haar pa se dood gebeur het. Charlize laat sak haar kop, sit lank stil om haar emosies onder beheer te kry en sê sag, asof sy met haarself praat: "My pa was 'n groot, lang man met skraal bene en 'n groot maag. Hy was ernstig, maar het die lewe geniet. Hy het 'n siekte gehad, alkoholisme. My ma het hom doodgeskiet. Dit het gebeur. Ek wens ek kon dit verander . . . ek wéns ek kon dit verander, maar ek kan nie. Ek was daar. Ek het gesien wat gebeur het. Daar was drie mense in daardie kamer. Ek sou dieselfde gedoen het as my ma as dit my dogter was. 'n Mens dink sulke dinge gebeur nie met jou nie, maar dit gebeur. Die gebeure is deel van my, maar rig nie my lewe nie."

Op 'n vraag of sy die gebeure van daardie nag nog soms herleef, swyg sy weer lank, die kamera zoem in op haar gesig, op die oë vol trane, en sy sê bloot: "Ek's gelukkig, ek's baie geseënd."

Dan, komende van Sawyer, 'n hardekoejawel wat al onderhoude met prinse en presidente gevoer het (ook met wyle Saddam Hoesein van Irak): "Sy praat daaroor met baie pyn en emosie. Van die pouses was so lank en wroegend, ek het soms gewonder of ek dit sal kan verduur."

Wat vir die Theronfamilie in hierdie onderhoud belangrik is, is dat sy die eerste keer die lug suiwer oor persepsies wat in onderhoude die wêreld ingestuur is dat haar pa haar en haar ma aangerand het. Sy sê aan Sawyer daar was nooit fisieke aanranding nie, maar: "My father was a verbal abuser."

Enkele maande later, in Maart, roer Ingrid Sischy van die tydskrif Interview die onderwerp weer aan. Charlize sê: "Ek en my ma het daaroor gesels en besluit dat ek in een TV-onderhoud daaroor sal praat, die een met Diane Sawyer, sodat almal kan weet wat gebeur het en dit nie meer 'n geheim is nie. Dit is die feite. Dis nie wat julle gedink het nie. Vergeet nou daarvan. Dis verby, en ons praat nie verder daaroor nie. Ek het aanbeweeg. Dit verveel my en ek's seker dit verveel ander ook. Sommige mense het traumatiese ervarings en hervat dan hulle lewens. Ek dink só iemand is 'n survivor. Jy leef nie in daardie oomblikke nie. Jy laat nie toe dat daardie oomblikke jou lewe beheer nie.

"As jy aan die diep kant ingegooi word, leer jy swem, of jy verdrink. Ek het vinnig geleer swem. En ek skat dis my genetika. My werk word geïnspireer deur baie dinge in my lewe waaroor ek nie praat nie. Daarom is dit nie nodig dat ek konstant oor hierdie een oomblik in my lewe hoef te praat nie. Baie ander dinge dryf my om materiaal aan te pak soos *Monster*, dinge waarvan niemand weet nie. Dit is die betowering van toneelspel. Dis soos Aileen [Wuornos] sê: Soms is dit klein dingetjies, soos om op 'n kermiswiel te ry en oor jouself naar te word, wat jou vir die res van jou lewe verwond."

In April 2004 word sy in The Guardian gevra of haar pa altyd afwesig was toe sy grootgeword het.

"Nie altyd nie. Maar hy was bietjie van 'n rondloper. Hy het 'n konstante behoefte gehad om weg te kom. Soms vir 'n paar dae. Sy kant van die familie het naby die Namibiese grens gewoon, en ons het geweet as hy vir langer tye wegraak, was dit oor die lang pad soontoe en terug. Dit was deel van sy persoonlikheid. Sommige mense moet soms wegkom om dinge te hanteer."

Het hy áltyd gedrink?

"Um. Yeah. Uh. Yeah. No. Ek bedoel, nie altyd nie. My ma het my die ander dag vertel toe sy met hom getroud is, het hy heeltemal opgehou drink omdat hy geweet het hy het 'n probleem. Maar dis wat almal in Suid-Afrika gedoen het, dis nie dat hy 'n rariteit was nie."

Is sy bly hy is dood?

"God, no. No, no. Ek wens so hy was nog hier. Ek sal niemand ooit so iets toewens nie. Niemand verdien dit nie. Wat gebeur het, was baie hartseer. Ek wens hy was ook gelukkig. Ek wens . . . ek wens hulle het jare tevore geskei, want ek dink hy sou dan 'n gelukkige man gewees het. Ek dink my ma sou 'n gelukkige vrou gewees het. Maar 'n egskeiding was toe nie die manier van doen nie en daarom was hulle so ongelukkig."

Oor die modelwedstryd wat sy kort ná haar pa se dood gewen het: "My ma het gesê: 'Gaan, gaan maak iets van jou lewe.' En ek lewe toe hierdie droomlewe en my ma sit in Suid-Afrika waar sy moet veg om die plaas te behou omdat sy bankrot is."

In 2008 gaan besoek ek hierdie mistiese plaas. Ek wil die atmosfeer adem van die plek waar die muse 'n kind met sulke kragtige kinderfantasieë en drome besiel het dat sy Hollywood kon gaan verower het. Waar 'n pa op 'n winternag gesterf het. Waar sy met die tokkelos kennis gemaak het. Putfontein, plek van legendes.

Dit is nie 'n gebied waar jy deesdae sonder huiwering alleen ry nie. Selfs die laerskool en kerk, knus langs mekaar en eens 'n voorstelling van pastorale rustigheid, is deesdae omring met hoë, skerp veiligheidsheinings.

Weerskante van Putfonteinweg bekruip die ou en nuwe Suid-Afrika mekaar. Aan die onderkant is Chief Albert Luthuli Park, swart en krotterig met die skyn van fatsoenlike Afrikawortels en straatname soos Angola, Gabon en Kasai River Street. Aan die oorkant is Cloverdene, wit plotbourgeoisie met die skyn van verval.

Op in Cloverdeneweg, op die hoek van Derde Weg, skuil Plot 25 agter hoë mure. Oorkant is 'n kafee en General Dealer met traliehek en langsaan is ou gestroopte wrakke van onidentifiseerbare karre opgestapel. Selfs rommelyster is sonder palissades nie meer veilig nie.

Hier in die huis op Plot 25 het die nag van drama op 21 Junie 1991 begin. Hier het Charles Theron om die kombuistafel vodka gedrink en oor voëlbekkies gesels toe Charlize sonder groet deurstorm toilet toe. Hiervandaan het Charles en sy broer Danie op hulle noodlottige rit na Plot 56 vertrek.

In Insig van Januarie/Februarie 2006 haal die skrywer Rian Malan 'n Suid-Afrikaner aan wat in Amerika woon en Charlize ken: "Charlize weet dinge van die lewe wat buite die verbeelding van die meeste wit Amerikaners is. Sy't grootgeword met eendsterte wat wapens dra, te veel suip en vroumense donder. Miskien nie haar eie familie nie, maar beslis die maplotters langsaan. As haar ma weens moord opgesluit was, sou sy waarskynlik nooit uit daardie wêreld ontsnap het nie."

Hy sê sy vriend in LA vermoed dit is hoekom Charlize se vertoning in *Monster* so asemrowend is. "Sy't gevoel sy vertolk die rol van die soort vrou was sy kon geword het as die tragiese gebeure van 21 Junie 1991 anders verloop het."

Ook oor haar rol in *North Country* sê Malan: "Charlize vertolk [wéér] die rol van 'n 'white trash'-vrou. Party grawe weer ou koeie uit die maplotterslote en sê net 'n meisie wat self white trash is, kan 'n karakter wat white trash is so oortuigend speel. Is dit waar? Ek twyfel."

Die frase *white trash* is in die 1830's ná Amerika se War of Independence algemeen gebruik as hiperboliese verwysing na onbekwame armblankes wat sukkelbestane op plase voer. *White trash* is 'n neerhalende beskrywing van lae sosiale klas witmense veral uit 'n plattelandse omgewing met swak vooruitsigte en lae vlakke van opvoeding. Om iemand so te noem, is om 'n persoon daarvan te beskuldig dat hy/sy ekonomies, opvoedkundig en kultureel bankrot is.

Ook in Suid-Afrika was daar van omstreeks 1890 tot 1940 'n groot "armblankeprobleem" wat van 'n kwart tot die helfte van wit inwoners geraak het. 'n Suid-Afrikaanse historikus, prof. Hermann Giliomee, sê: "Dit was 'n pynlike verleentheid om ander Afrikaners so ellendig arm te sien. Hulle het in krotbuurte gewoon en krom en skeef 'n vreemde taal – Engels – gepraat. Onder Engelssprekendes het sekere stereotipes gou posgevat: die Afrikaner was die vuil spoorwegwerker, die dom polisieman, die wit straatboef. Die sukkelende arm Afrikaners het die hele Afrikanergemeenskap gestigmatiseer."

Dit lyk asof Charlize se herkoms en latere rolle in hierdie konteks getipeer wil word. Moet ons dieselfde doen met ander aktrises? Is die régte Meg Ryan eintlik 'n polimorfiese pervert ten einde so 'n oortuigende orgasme in *When Harry Met Sally* te kon simuleer (amper meer bevredigend as 'n regte een)? Vermoed ons dat Julia Roberts self 'n slet moet wees om die rol van 'n prostituut so aangrypend te kon speel in *Pretty Woman*? Is Nicole Kidman dalk in haar wese 'n moorddadige verleier van jong seuns, vir haar sublieme vertolking in *To Die For*, die prent wat háár talente as aktrise gevestig het?

Dorothy Allison skryf in 'n essay "A Question of Class": "Die eerste keer toe ek gehoor het: 'Hulle is anders as ons, lewe is nie vir hulle so belangrik soos vir ons nie' [. . .] het 'n koue woede van my besit geneem. Ek het die woord *hulle* al voorheen in dieselfde gevoellose toon gehoor. *Hulle*, daardie mense daar, daardie mense wat nie ons is nie, hulle gaan so maklik dood, moor mekaar so ongeërg uit. Hulle is anders."

Charlize erken haar gene en verwys self later daarna, en dit het nie erflike kwaliteite van sosiale en geestelike bankrotskap nie. Die teendeel is eerder waar. Het sy gevoel sy vertolk in *Monster* of *North Country* rolle van die soort vrou was sy kon geword het as die tragiese gebeure van 21 Junie 1991 anders verloop het? Dat sy "waarskynlik nooit uit daardie wêreld [sou] ontsnap het nie" as haar ma weens moord opgesluit was?

Die antwoord is nee, niks sou aan haar Hollywood-loopbaan verander het nie. Miskien sou sy meer pyn gehad het om nie net 'n pa te verloor nie, maar ook haar ma. Maar ons sien mos dat pyn haar sterker maak. Buitendien, en dit is die belangrikste: die besluit om Gerda nie te vervolg nie, is eers in Januarie 1994 geneem. Teen daardie tyd was Charlize reeds in Hollywood, het sy John Crosby ontmoet, haar eerste oudisies gedoen, toneelklasse begin bywoon, 'n Amerikaanse aksent begin aanleer, en was sy al in *Children of the Corn III: Urban Harvest*. Niks sou haar meer stuit nie.

Monster en *North Country* is ook nie Charlize se enigste prente oor sogenaamde *white trash*-vroue nie. Voor hulle was daar *The Yards* en *Waking Up in Reno*, en in 2008 *Sleepwalking*. Sy gebruik *Sleepwalking* as voorbeeld waarom sy sulke rolle aanpak: "Omdat ons nie in die donkerte of skadu ['the shadow'] hóéf te leef nie, of vasgevang hoef te wees deur ons verlede of families nie. Net omdat ons dieselfde bloed in ons are het, beteken nie ons hoef dieselfde foute te maak nie." Maar meer spesifiek wil sy op film die feilbaarheid van vroue uitbeeld, 'n tema waarvan Hollywood wegskram, voel sy. Charlize sê vroue word uitgebeeld as óf madonnas óf hoere. Sy wil wys daar is gekompliseerde vroue tussenin, en nie altyd vlekkeloos nie. Die verkeerde kaarte is aan hulle uitgedeel, om een van haar gunstelingmetafore te gebruik.

Sy kan egter ook met dieselfde oortuiging 'n *glamour*-rol speel. Op die plot was sy tog meer "glamour" as "trash". Sy doen dit in *The Legend of Bagger Vance*, *The Life and Death of Peter Sellers* en *Head in the Clouds*. Maar lede van die Academy soek wroeging vir hulle Oscars – of vals neuse en tande. Of soos Johnny Depp dit stel: "Ek dink daar is sekere waarborge om benoemings te kry. Jy vat die tranerigste Hallmark-kaartjie, pas dit aan vir 'n draaiboek, huil snot en trane, maak 'n klompie cliché-bewegings, en woerts, jy's in."

Op Putfontein gaan soek ek na maplotters en *white trash*. Dan sal alles mooi en eenvoudig in boksies pas. Die arme meisietjie wat geglo het sy was in 'n vorige lewe 'n prinses, ontsnap deur 'n gril van die noodlot uit 'n skolliebestaan van bottels, bakkies en biltong – en word 'n régte prinses.

Van Plot 25 ry Charles en sy broer daardie aand met Cloverdeneweg op, draai regs in Sewende Weg in. Hier is steeds enkele mooi huise, dié wat nie versteek en beskerm word nie, want weerskante van Putfonteinweg is min onderlinge vertroue. 'n Ent verder links is 'n hoë ongeverfde betonmuur. Die onooglike plotlewe het tot by die hek van Plot 56 aangekruip. Hierdie strate is nie opheffend nie.

Maar in 1991, toe die twee broers net voor tienuur die aand hier ingedraai het na die huis onder die groot koeltebome, was Cloverdene nie so moeg soos vandag nie. Om 'n beeld van tóé te kry, gesels ek met die Theronfamilie en gaan soek in ou stowwerige boedellêers in die argiewe van die Meester van die Pretoriase Hooggeregshof.

Charles het 'n pragtige oase op Plot 56 ingerig. Sy ma, Bettie, sê hy was veral baie lief vir diere en op die hoewe was perde, koeie, boerbokke en honde. Hy het 'n sementdam laat bou vir kleurryke watervoëls en 'n dam vir sy eksotiese koivisse. 'n Swembad het bygekom, en 'n sauna en borrelbad. Die sinkdakhuis waarin hy, Gerda en klein Charlize gewoon het, was 'n enkelverdieping met drie slaapkamers, twee volledige badkamers, nog 'n aparte toilet, 'n sitkamer, eetkamer en gesinskamer wat ook as kroeg ingerig was, kombuis en ingangsportaal.

Die buitegeboue het bestaan uit 'n kantoor waaruit hy en Gerda die besigheid bedryf het, ses motorhuise en vier bediendekamers. Saam met die twee sementdamme buite was – volgens die boedeldokumente – ook drie boorgate en watertenks.

In 1990, 'n jaar voor sy dood, het Charles vir hom 'n Mercedes-Benz 500 SE gekoop, een van die duurste en weelderigste gesinsmotors op die mark. Gerda het die vorige jaar 'n nuwe Mercedes-Benz 300E gekry, en Charlize op haar veertiende verjaardag in Augustus 1990 'n nuwe Honda Ballade. Charles het ook, onder meer, 4x4's, bakkies, 'n Harley-Davidson, 'n Jurgens-woonwa en 'n mikrobussie gehad, en het met duur jaggewere gaan jag.

(Selfs in Hollywood, baie jare later, is dit opmerklik hoe Charlize 'n voorliefde het vir die goed wat haar pa om hulle versamel het. Haar eerste kar in Los Angeles is 'n Honda, later opgevolg met 'n duur Mercedes-sportmotor. Sy koop vir haar 'n Harley-motorfiets, sy het 'n dam met visse by haar huis, sy en Gerda laat eenderse koivisse op hulle enkels tatoeëer, en Charlize omring haar met honde.)

Volslae alkoholisme klop nie met Charles se fyn sakesin en die manier hoe hy sy besigheid, masjinerie en homself in stand gehou het nie. Hy was tot sy dood 'n goeie eter en pynlik netjies op sy persoon en die klere wat hy gedra het. Selfs 'n stoffie op sy blink skoene kon hy nie duld nie. En die skoene, sê Bettie, áltyd in 'n skakering van die kleur van sy langbroeke. So was hy ook gesteld op die netheid en versorging van al hulle besittings, soos die huis, voertuie en omgewing waarin hulle geleef het.

Hy het gedrink, ja, maar is dit die beeld van alkoholis? vra sy.

Hy was 'n geordende sakeman, maar ook gewild, want hy was joviaal en 'n platjie vol grappies. Hy het graag saam met vriende gekuier, en wanneer hulle op jagtogte vertrek het, het Charles 'n oop beursie gehad, gul om almal te onthaal. Hy het dikwels vir alle jaguitgawes betaal, en die mans was in die winter soms vir dae van hulle huise en gesinne weg.

Weer kan 'n mens Charlize byna sien in die beskrywing van haar pa as nie iemand vir pretensies nie, op sy gelukkigste tussen vriende en veral sy familie. Vir Charles was familie, ná hulle swaarkrydae in Suidwes, die allerbelangrikste. Hy het ook van kinders gehou, en kinders van hom. Hy kon grappies maak en avontuurlike stories vertel. Die familie het partykeer gewonder hoe Charles, so saggeaard en gemoedelik, dit reggekry het om 'n suksesvolle sakeman te word. Want as 'n werker afgedank moes word, kon hy dit nie oor sy hart kry nie, en het eerder vir Gerda nader geroep. Sy getroue werkers, soos Kort Petrus en Joseph Gawele, het bitterlik gehuil toe hulle van sy dood hoor.

Teen sy dood in 1991 op 43 het Charles Theron homself uit armoede opgewerk tot 'n baie vermoënde man. Maar daar was vertragings met die afhandeling van die boedel. In die boedeldokumente vind ek verskeie skrywes van aanmanings van die Meester van die Hooggeregshof aan die eksekuteur oor hierdie vertragings en herhaalde versoeke om uitstel.

Dit blyk dat die vertraging om die boedel afgehandel te kry, te wyte is aan die vervolgingsverslag wat ná die onbesliste geregtelike doodsondersoek steeds gesloer het met 'n besluit of hulle Gerda sou vervolg of nie.

Op 18 Junie 1993, byna presies twee jaar ná Charles se dood, vra die eksekuteur in 'n brief aan die Meester weer eens uitstel en verstrek sy rede: "Ek het persoonlike onderhoude gevoer op 9 Junie 1993 met die aanklaer te Benoni-landdroshof wie my meegedeel het dat hulle dokumente aan die Prokureur-generaal te Pretoria besorg sou word. Sodra uitsluitsel verkry is of die Prokureur-generaal die nagelate eggenote gaan aankla al dan nie, sal ek met die bereddering van die boedel kan voortgaan."

Met die skrywe van hierdie brief het Charlize reeds in die Farmer's Daughter in Los Angeles aangekom.

Sy het waarskynlik al vir John Crosby in 'n bank in Hollywood Boulevard raakgeloop toe die vervolgingsgesag die besluit neem om Gerda nie aan te kla nie. Op 17 Januarie 1994 – nou het Charlize al haar eerste, vlugtige lekseltjie gehad aan 'n Hollywood-loopbaan in die Stephen King-gruwelprent

– onderteken M. Berkenbosch, die eksekuteur van die bank wat die boedel beredder, uiteindelik die sertifikaat van juistheid vir die finale likwidasie- en distribusierekening wat toe by die Meester in Pretoria ingedien word.

Hiervolgens laat Charles 'n solvente boedel na met totale bates van R3 303 505,86, onder meer vier eiendomme, vier en twintig voertuie en sewe vuurwapens. Hy was met sy afsterwe teen 1991 se rand/dollar-wisselkoers op 'n paar rand na ook 'n dollarmiljoenêr.

Charles was in gemeenskap van goed getroud met "Gerta Jacoba Aletta Theron". Dit blyk dat hulle op 19 September 1990, tien maande voor sy dood, 'n nuwe, gesamentlike testament opgestel het waarvolgens die boedel beredder moes word. Klousule 2 lui: "Indien ek, die testateur [Charles], die eerssterwende van ons is, bemaak ek my boedel soos volg: 2.1. Ek bemaak 'n kontantbedrag van R300 000,00 (driehonderd duisend rand) aan my dogter, Charlize. 2.2. Ek bemaak die restant van my boedel aan die testatrise [Gerda/Gerta]."

(Klousule 5 maak voorsiening vir Charles en Gerda se afsonderlike bemakings uit hulle boedels as hulle én hulle kinders binne dertig dae ná mekaar sou sterf. Charles bemaak sy hele boedel aan sy ma, en as sy nie meer leef nie, aan al sy broers en susters. Gerda bemaak R100 000 aan die Abraham Kriel-kinderhuis en die restant aan haar suster, Elizabeth Susanna Avenant, en indien dié nie meer leef nie, bemaak sy alles aan die weeshuis. Haar twee broers word nie as begunstigdes genoem nie.)

'n Jaar nadat die boedel afgehandel is, woon Gerda in 1995 in 'n mooi dubbelverdiepinghuis in Benoni, word in die tydskrif Huisgenoot geskryf.

In Julie 2008 is dit nie meer nodig vir enige skyn oor Charlize se herkoms nie. Sy is gevestig en word beoordeel op wat sy bereik het, vir wat sy is. Sy maak aan Alex Blimes van GQ 'n regstelling oor die "plaas" waarop sy grootgeword het: "Ons het alles gehad wat ons nodig kon hê. Dit was wat ons 'n kleinhoewe noem. Dit was nie soos *Out of Africa* nie."

Hy skryf: "Sy verwerp die aanname dat haar keuse van onlangse rolle – dikwels onverskrokke uitbeeldings van vroue in ongelukkige en soms gewelddadige situasies – uit haar ervaring spruit. Ek vermoed sy vind so 'n lees van haar werk as 'n miskenning, en dat sy die volgehoue belangstelling in haar pa se dood beskou as siek en onvanpas. 'Sekere dinge is heilig,' sê sy vir my."

Razzie

Ook 1999 is 'n baie besige jaar vir Charlize. Sy het rolle in drie prente en vroeg in die jaar smeek Ben Affleck haar glo by die Golden Globes op sy knieë om saam met hom op te tree in John Frankenheimer se *Reindeer Games*. Sy stem in, 'n besluit waaroor sy later spyt is.

Die prent ontlok skerp kritiek. Peter Howell in die Toronto Star: "Ho. Ho. Hokum." Jack Mathews in die New York Daily News: "Bedroewend onsnaaks." Lou Lumenick in die New York Post: "'n Breindooie Kersfeesriller wat een ongeloofwaardige kinkel op die ander opstapel." Roger Ebert in die Chicago Sun-Times: "Gee dit 'n stampie en die prent sal omval in selfspot, en dalk beter werk." Elvis Mitchell in die New York Times: "*Reindeer Games* vorder van pret tot lagwekkend." Ook in Suid-Afrika kry dit nie 'n goeie ontvangs nie, maar 'n plaaslike resensent sien darem Charlize se ander goeie hoedanigheid raak: "Die prent is in Kanada verfilm en dit sneeu regdeur. Almal lyk of hulle baie koud kry. Ben Affleck glimlag baie, en 'n taai held is hy glad nie. Charlize Theron glimlag ook baie, maar sy ontbloot ook haar borste, so dit is miskien 'n rede om na die prent te gaan kyk. Ek kan nie aan 'n ander een dink nie. Dit lyk of [regisseur] Frankenheimer se breinselle ook gevries het. Die regie is glansloos en flou."

Charlize sê self oor dié prent: "Dit was 'n baie, baie, baie slegte fliek. Maar dit het my die kans gegee om saam met John Frankenheimer te werk. Hy was die regisseur van *The Manchurian Candidate*, die fliek van alle flieks. So, fuck regret, just fuck it."

In *Men of Honor* is sy terug in 'n tradisionele, dekoratiewe rol as Robert De Niro se vrou, maar haar verskyning is so vlugtig en die rol so onderontwikkel dat haar teenwoordigheid skaars nodig was.

Veel beter, veral met haar ouwêreldse voorkoms waarna so dikwels verwys word, is haar rol as Adele in Robert Redford se *The Legend of Bagger Vance* saam met Matt Damon en Will Smith, 'n romantiese kostuumgholfdrama uit die jare dertig. Redford sê Charlize kan maklik gestereotipeer word as 'n aantreklike model/danser, maar hy het so 'n emosionele diversiteit in haar vorige werk opgemerk dat hy met haar gewaag het, en baie in sy skik was met haar vertolking. "Sy het al die elemente wat 'n sterk aktrise kenmerk. Sy's ambisieus, sy's pragtig, sy's talentvol, intelligent en baie streng met haarself om nie onsekerheid te laat blyk nie."

Matt Damon sê: "Sy's snaaks en luidrugtig en lag graag. Sy's nie die meisie wat in 'n hoekie sit en haar verknies omdat niemand met haar wil gesels nie. Ek dink sy sal veel eerder 'n bier kry en snoeker speel as om te filosofeer oor Fassbinder [Duitse filmregisseur en enfant terrible]."

Miskien, teen 2000, het daar ná die euforie van die eerste jare as Hollywood-aktrise so 'n bietjie ontnugtering ingetree, baie beslis weer ongeduld. Ja, sy was toe al die nuwe liefling van die fliekwêreld, maar steeds nie 'n ster nie, net 'n *starlet*, meer bekend vir dekoratiewe rolle en uittrek-en-wys. Sy was 25 en oorgehaal om die volle spektrum van haar talente te wys.

In haar soektog na rolle wat sy meen tot haar persoonlik spreek, en om haar talente as aktrise op 'n meer diverse verhoog te vertoon, veral deur karakterrolle, is dit onvermydelik dat sy soms vreemde keuses sou maak. In 2000 wys sy 'n aanbod van die hand vir 'n rol in *Pearl Harbor*, en Kate Beckinsale kry die kans. Hierdie besluit word nou nog beskou as een van die grootste mistastings in Hollywood, veral in 'n stadium toe Charlize 'n sterk hoofstroomprent nodig gehad het. Sy verwerp ook *Sweet Home Alabama*, 'n onverwagse lokettreffer met Reese Witherspoon in haar plek.

Charlize verkies om Sara Deever te speel in die klein *Sweet November*, weer teenoor Keanu Reeves, en weer 'n rampspoedige besluit. Sara is 'n jong meisie wat aan limfselkanker ly en mans in haar lewe en bed toelaat sonder dat hulle bewus is van haar ongeneeslike siekte. Sy ontferm haar ook oor laboratoriumhondjies.

Vir die rol van die sterwende Sara moet Charlize 9 kg (20 pond) aan gewig afskud, wat sy doen met streng kardiovaskulêre oefeninge, joga en 'n styselvrye dieet. Oor haar maer voorkoms sê sy: "As ek só maer is, voel of ek of enige ou met my kan mors sonder dat ek myself kan verdedig. En ek wil nooit so voel nie. Ek het altyd kurwes gehad. Ek voel vroulik en op my beste as ek nie so maer is nie.

"Ek het hierdie prent gedoen omdat ek dink daar is kragtige emosie in vir 'n vrou wat weier om weerloos voor te kom."

Maar die prent is soetsappig en haar poging so teleurstellend dat Charlize vir 'n Golden Raspberry-toekenning (Razzie) benoem word as swakste aktrise. Oor *Sweet November* skryf 'n Suid-Afrikaanse resensent, Laetitia Pople: "Om deur *Sweet November* te sit, is soos om te veel lekkers te eet. Jy voel later olik van die soet. Sara [Charlize] is 'n goeie mens. Sy weet hoe om als uit die lewe te pers, sy red oulike hondjies voor daar eksperimente op hulle gedoen word en ken almal in haar straat op hul voorname. Om op dié prent te trap, is soos om daai einste brakkie weer by die laboratorium te gaan aflaai. Jy voel soos 'n sadis. Die prent borrel en bruis dan só. As *Sweet November* 'n stertjie gehad het, het dit die heeltyd geswaai."

Jamie Bernard in die New York Daily News: "'n Afgryslike bredie van romanse en tragedie wat die woorde 'screwball' en 'patos' 'n slegte naam gee." Gary Thompson in die Philadelphia Daily News: "Ten minste verdien *Sweet November* krediet dat dit 'n konsekwente stemming handhaaf – dis van begin tot einde absoluut aaklig." Geoff Pevere in die Toronto Star: "In 'n bedryf waar gedink kan word dat Keanu Reeves en Charlize Theron as werklike mense op mekaar verlief kan wees, moet *Toy Story* lyk na die hoogtepunt van rou, sidderende waarheid."

Charlize aanvaar hierna 'n vlugtige kameeverskyning as die eienaar van 'n gesellinklub in *15 Minutes*, weer saam met Robert De Niro en regisseur John Herzfeld van *2 Days in the Valley*. Hierin praat sy 'n paar woorde in Afrikaans, en tree gratis op as 'n "geskenk" aan Herzfeld omdat hy vir haar deurbraak in *2 Days* gesorg het.

Daarna volg 'n herontmoeting met Woody Allen in *The Curse of the Jade Scorpion*, 'n kans om die onheilspellende afwaartse kurwe wat haar loopbaan nou aanneem, te probeer stuit. Maar dit is weer eens een van Allen se flou pogings waarin haar rol te kort is met te min vleis om die been om werklik te toon waartoe sy as (weer) 'n sexy verleidster kaal onder 'n reënjas in staat is.

The Curse of the Jade Scorpion misluk ook by die loket en moet kwaai straf van resensente verduur, ondanks Allen se hoë aansien. Met 'n produksiebegroting van $26 miljoen verdien dit net $7,5 miljoen in Amerika. Paul Tatara van CNN sê: "Dit lyk of Allen nou uit gewoonte prente maak, pleks van uit begeerte of ambisie, en die resultate voel dikwels eerder na ruwe konsepte as afgewerkte produkte. Wat humor betref, val *The Curse of the Jade Scorpion* iewers in die middel van wat akkuraat bestempel kan word as sy 'middelmatige periode'. Dis nie 'n volslae mislukking soos *Alice* (1990) of *Celebrity* (1998) nie. Maar die narratief het weinig stoom, en die dialoog, deurspek met beledigings, klink soms nes die boem-boem-korswel van sitkoms. Laura Kensington (Charlize Theron) is 'n seksbehepte sosiale vlinder met te veel tyd en geld. Theron se subtema bereik absoluut niks nie, behalwe om jou nog 'n kans te gee om haar te beloer."

Nou, ná rolle in sewentien prente en die begin van die nuwe millennium, is dit nodig dat Charlize dringend bestek opneem. Die wittebrood is verby, maar daardie een rol, die grote wat haar aan die Hollywood-firmament kan vestig, bly haar ontwyk. Om vir 'n Razzie benoem te word, is die laaste ding wat sy nodig het.

In Januarie 2000 begin verfilming van *Waking Up in Reno*, waarin sy weer wegbreek van *glamour*-rolle. Sy is die arm, sukkelende vrou van Patrick Swayze. Regisseur Jordan Brady sê: "Charlize was nog altyd die voorwerp van enige man se begeertes, maar nou wil sy wegkom van daardie glansbeeld." Maar ook hierdie prent val aaklig plat en verdien by die Amerikaanse loket skaars $260 000.

Met 'n rits mislukkings is sy halfpad teen die kruin op. Maar nou, van hierdie uitkykplek af, is die kruin vér bo haar; onder haar sien sy net afwaartste hange.

Eers nadat sy haar veilig agter 'n Oscar en 'n Oscarbenoeming verskans het, merk sy met 'n seldsame terugblik na haar mislukkings op: "Ek's die eerste wat sal erken dat van die prente wat ek gedoen het, gemors was. Baie mense verwag jy moet jou van jou prente distansieer as hulle nie suksesvol was nie of as resensente jou vertolking kritiseer. Dis oukei om soms te erken dat dinge nie uitgewerk het nie."

Regisseur Luis Mandoki van *Trapped* sê later: "Sy's 'n survivor, en dis gelukkig, want die manier waarop Charlize deur die jare haar pyn gehanteer het, gee aan haar as aktrise fisieke en emosionele krag wat min ander het."

Jess Cagle merk in Oktober 2000 in *Time* op: "Dis daardie gevoel dat die tyd besig is om verby te gaan wat Theron dryf om so hard te werk. Haar inherente sterkwaliteite het haar tot op die voorpunt van die nuwe geslag gebring, maar nou moet sy oor haar skouer loer vir Cameron Diaz, Ashley Judd en Gwyneth Paltrow."

Hedonis

Teen 2000 word gemeen Charlize het 'n bietjie "Teutoonse gravitas" nodig. "Sy is aan die einde van daardie 'show-us-your-tits'-fase wat Hollywood van sy aspirantaktrises verwag. Sy sal moet begin met filmoptredes wat mense sal dwing om haar te sien as meer as net glans. Haar ernstige dramatiese rolle dusver, soos Candy Kendall in *The Cider House Rules*, het maar flou lof ontvang," word in GQ geskryf.

Maar Charlize leef oënskynlik nog in verwondering oor wat met haar aan die gebeur is. "Ek voel soos 'n eekhoring wat hom nie oor sy okkerneute hoef te bekommer nie. Dis asof ek my eie, persoonlike okkerneutmasjien het, met 'n onbeperkte voorraad."

Inderdaad. Sy het die huis in Hollywood Hills wat sy gerestoureer het, en nadat haar vriend die regisseur John Frankenheimer haar oor ete in Matteo's oortuig om 'n Mercedes te koop, ruil sy in 2000 haar Lexus in op 'n nuwe swart Mercedes-Benz E430. Sy word met rooi rose ontvang toe sy haar nuwe weeldemotor gaan haal.

En byna onopsigtelik, maar immer waaksaam sedert Charlize se heel eerste verskyning in *2 Days in the Valley* al, kloek Gerda soos 'n moederhen om haar spruit. Toe die Suid-Afrikaanse joernalis Franz Kemp Gerda in Desember 1996 in haar mooi huis in Benoni gaan besoek ("Daar is duidelik nie meer 'n gebrek aan geld nie"), het Gerda hom gewaarsku: "As jy met my en Charlize vriende wil bly, los dit [Charles se dood] asseblief uit en moet nooit daarna verwys nie, anders is dit nou die einde."

Daar is ook ander onderwerpe wat taboe is: Charlize se rokery en haar tatoeëermerke. ("Ek het probeer om op te hou rook. Ek was so 'n skaamtelose roker, Marlboro Red, drie pakkies 'n dag, kettingroker, verskriklik. Ek weet nie hoe enigeen saam met my kon leef nie.") Charlize laat tatoeëer later 'n blommetjie op haar regtervoet, net bokant die kleintoontjie, naby die tatoeëermerk van die koivis aan die binnekant van haar regterenkel.

Gerda is ná haar breuk met Ivor McCulloch en permanente verhuising na Los Angeles dikwels op filmstelle eenkant met haar leesbril en hekelwerk. Sy begin selfs 'n klein tuisbedryf met gehekelde serpe en wolmusse. Gerda vertel van die boerewors wat sy in 'n slagtery in Los Angeles raakgeloop het, en Charlize sê "boerekos" is steeds haar gunsteling: boontjies, aartappels, bredies, slaaie en steaks. Haar ma het haar leer kook en haar *Kook en Geniet* lê altyd byderhand. "Daar is niks so lekker as om by Ma in te val vir 'n aandete met steak nie." (Teen 2008 gebruik sy ook kookboeke van onder andere Padma Lakshmi, gewese vrou van die skrywer Salman Rushdie.)

Haar liefde vir steak en ander rooivleis word so tydens 'n onderhoud beskryf: "Sy hap aan 'n groot sirloin terwyl sy gesels. Sy meng haar eie sous vir die steak, 'n kombinasie van mayonnaise, tamatiesous en peper, en roer dit met 'n tjip."

Toe 'n joernalis Charlize in Desember 2000 vir 'n ete en onderhoud ontmoet, wonder hy oor haar vleislus, of dit nie maar net 'n berekende poging is om haarself te onderskei van die "veggie-burger-eating Meryl Streep wannabes" nie. Gaan sy net 'n paar happies aan haar filet mignon vat, dan 'n draai maak in die badkamer en vir 'n braksakkie vra vir haar twee spanjoele?

"Sy bestel die porterhouse, 28 onse. Sy lyk nie net na die sterre van ouds nie, sy eet ook soos een van hulle. En dis nie waar haar bekoring ophou nie. Sy drink, sy rook, sy swets en sy ken die beste slagter in LA. Sy dobbel, sy speel gholf en laat nie toe dat ons die tafel verlaat voordat ons sjokolademousse gehad het nie."

Charlize sê later ná die verfilming van *Monster* dat sy oor kos nog altyd 'n soort hedonis was. Sy hou daarvan om lekker te eet. Maar sy hou ook van bier, en sê nie by geleentheid nee vir tequila, vodka en martini's nie. Saam met haar steaks, hetsy op die braaivleisvuur of in 'n restaurant, ontwikkel sy ook 'n tong vir goeie rooiwyn, soos Zinfandel met sy ryk, komplekse bessiegeur vol kruie en peper en pruim, uit wingerdstokke van sestig, tagtig jaar oud.

In Hollywood kan joernaliste wat met haar onderhoude voer en akteurs saam met wie sy optree, hierdie teenstellings in Charlize nie kleinkry nie. Aan die een kant is sy daarvoor bekend dat sy hard werk, dat sy taai is, dat haar byna ouwêreldse skoonheid en sjarme mense onverhoeds betrap; 'n Grace Kelly-in-tekkies, en met staal. Aan die ander kant is sy 'n maltrap en een van die manne. Maar dit is nie georkestreer nie. Dit is soos sy van kleins af is. Sy is spontaan, sy lag uit haar maag en sy draai nie doekies om nie. Sy haat skynheiligheid, kruipery (veral by haar) en 'n gekwetter oor beuselagtighede, merk Alex Bilmes in 2008 in GQ op.

Ná die eerste golf, 1999–2001   151

Maar dit is asof sy hierdie hedonistiese sy van haar vroeër jare nou begin beteuel – miskien uit frustrasie oor daardie rol met vleis wat haar bly ontwyk het. Dit is asof sy uit draaiboeke wat aan haar voorgelê is, eerder moes kies wat sy nié wou doen nie. En die prente waarin sy wel rolle aanvaar het, sonder om een te gaan jag soos sy met *Mighty Joe* en *The Yards* gedoen het, is op enkele uitsonderings na deur resensente afgeskiet.

Hoewel Charlize haar eerste Hollywood-golf met volle oorgawe ry, raak sy teen 2000 versigtig oor tiperings van haar as 'n swetsende, tawwe *glamour queen* op 'n motorfiets. "Jy's óf 'n prinses óf 'n gewone meisie óf 'n rebel – ek wil nie een van die drie die hele tyd wees nie."

Maar daar is die persepsie dat sy die partytjie saamvat waar sy ook al gaan.

Die dag voordat sy met verfilming van haar tonele in *Celebrity* in New York begin, ontspan sy saam met Chris Nashawaty van Entertainment Weekly in 'n kroeg in Manhattan. Sy is pas klaar met *Mighty Joe Young*. Nashawaty is verbaas dat die pragtige aktrise ingestem het om in so 'n effe slonsige kroeg met hom te gesels. Hy is ook verras oor baie ander dinge van Charlize wat hy nie met haar Hollywood-glans vereenselwig nie. Soos die tatoeëermerke aan haar voet en enkel, die Amstel Light-biere wat sy drink, die eindelose gesuig aan Marlboro Reds, die feit dat sy 'n Harley het en wat hy noem die woordeskat van 'n wellustige dokwerker, wat boonop erg geniet word deur die manne by die snoekertafel.

Kenneth Branagh vertel hoe hulle tydens die verfilming van *Celebrity* 'n slag in 'n treiler gewag het dat die reën moet bedaar. In daardie treiler saam met Charlize beleef hy "die skurfste gesprek wat ek nog ooit gehad het", en hy noem haar 'n "warrelwind van seksuele energie".

Regisseur Jordan Brady (*Waking Up in Reno*) sê oor die eerste keer toe hy Charlize ontmoet het: "She was rollin' with the guys, yukkin' it up, she could burp the alphabet."

Sy en Christine Spines van Glamour sit in 2000 in Sushi Roku, 'n Japannese restaurant in West Hollywood. Charlize eet rou oesters. "We're having our little oyster aphrodisiac, so I guess we're gonna have sex now, right?"

Sy lag dat die hele restaurant na haar kyk, maar merk dit nie op nie, of gee nie om nie. Sy drink sake uit 'n bamboesfles. "Ek het nooit gedink ek gaan sommer net by 'n fliekrol instap nie. Ek het nie verwag dat ek 'n

Sharon Stone gaan wees nie. Ek was bereid om die *Killer Tomato*-riller te doen. Nou werk ek die laaste drie jaar so hard en ek hoor: Waarom? Waarheen is jy op pad? Wat's jou plan? Ek is nie lus om alles te verduidelik nie. Ek werk omdat ek dit geniet, en as jy nie van my hou nie, moenie na my prente gaan kyk nie. Ek lees nie altyd die resensies nie. Dis net iemand se mening, nie die kabbala nie. Jy moet net die moed hê om elke keer terug te gaan en jou werk te doen."

Meer as een keer word Charlize vergelyk met *Breakfast at Tiffany's* se Holly Golightly, elegant, maar 'n bietjie roekeloos; oppervlakkig, maar tog kwesbaar; gevat, maar nooit brutaal nie.

"Die gehalte van my lewe is wonderlik. Mense kom in restaurants na my en sê: "You fucking rock!' Maar die emosionele sy kan mens dreineer. Ek kla nie, want dan is ek skynheilig."

Tydens 'n ander onderhoud druk sy haar vyfde Marlboro Red van die aand dood, sluk aan haar vodka en vertel 'n grap. "Ek hoop nie dis te walglik nie," grinnik sy. "Oukei, hierdie meisie loop by 'n kroeg in en waai haar arm vir die kroegman se aandag. Twee dronkies hou haar dop. Die een stamp aan sy maat: 'Die ballerina soek 'n dop.' Sy vat haar drankie en vyftien minute later is sy terug, waai weer met haar arms in die lug vir die kroegman. Die een dronkie merk die bos hare in haar oksel, stamp aan sy maat: 'Die ballerina soek weer 'n dop.' Toe sy die derde keer terugkom, roep die dronkie: 'Kroegman, die ballerina soek nóg 'n dop!' Die kroegman vra: 'Wat laat jou dink sy's 'n ballerina?' Die dronkie sê: 'Enige meisie wat haar been só hoog kan oplig, moet 'n danser wees.'"

Charlize Theron is vol verrassings, dink die onderhoudvoerder oor dié grap. Hy dink ook aan haar naaktoneel in die kerk in *The Devil's Advocate* waarin haar karakter sê: "The devil fucked me, and I think I wanted him to." Die joernalis meen dit is dalk nog nie die regte tyd om Charlize huis toe te vat om aan sy huismense te gaan voorstel nie.

Sy en Gerda speel 'n slag 36 putjies gholf en Charlize vertel hoe sy op die bowwe 'n Budweiser-sespak kafgedraf het. Wat 'n onderhoudvoerder van Vogue laat opmerk dat Charlize dit geniet om groot happe aan die Hollywood-lewe te vat.

In Februarie 2001 is sy ná die vrystelling van *Sweet November* die gas op Jay Leno se The Tonight Show. Leno probeer lankal die TV-base oortuig dat hulle die ateljeekroeg moet open vir sy gaste, veral vir aktrises wat hy meen minder ingetoë is nadat hulle 'n drankie geniet het. En toe Charlize vertel hoe lekker die margaritas is, word besluit om die kroeg voor elke episode oop te maak.

Later daardie jaar, in Oktober, stel Charlize haarself beskikbaar op 'n besondere veiling. Mense kan op eBay bie vir 'n eksklusiewe aandete saam met haar, die opbrengs vir haar kinderprojek in Suid-Afrika. Die bod word toegeslaan op $42 000 wat 'n Amerikaner, Josh Judd, bereid is om vir dié voorreg te betaal.

Tommy Lee Jones noem Charlize 'n baie spontane mens en vertel van 'n insident tydens die verfilming van *In the Valley of Elah* in 2006. Hulle was besig met 'n taamlik grieselige toneel met dooie liggame by 'n polisiestasie. Regisseur Paul Haggis het vir Clint Eastwood om die een of ander rede gebel en het die selfoon vir Jones gegee. In die gesprek vra Eastwood uit oor Charlize se rol en Jones hou die selfoon vir haar. Sy het dié beroemde akteur nog nooit ontmoet nie en Jones sê baie mense sal geïntimideer voel om skielik oor 'n foon met Eastwood te praat. Nadat sy 'n rukkie met hom gesels het, begin die filmspan ongeduldig raak om aan te gaan met die verfilming van die lyketoneel. Jones hoor hoe Charlize vir Eastwood oor die foon sê: "OK, Clint, I gotta do my nude scene now! Bye!"

Josh Horowitz van MTV Movies vra haar in Maart 2008 met die vrystelling van *Sleepwalking* uit oor haar berugte woordeskat.

"Ek vind dit soms swaar om my werklike emosies uit te druk. Daarom wend ek my as kunstenaar en toneelspeler tot vuil taal."

Hy vra haar vir 'n voorbeeld. Sy lag en sê: "Well, look at me one more fucking time and I'll fuck you up! Nee, wag, dis net vir die pret, ek praat nie regtig so nie."

Ierse liefde

Charlize besluit om 'n kort blaaskans te vat. Die mallemeule eis sy tol. Maar in Mei 2001, toe haar verhouding met Stephan Jenkins sy einde bereik, is Charlize op pad Vancouver toe vir die verfilming van *Trapped*. Haar swart

Mercedes is gepak vir die lughawe. Sy sit op 'n strand in Malibu, rook en teug aan 'n bier terwyl sy na die branderplankryers in die see kyk. Sy het self begin leer om branderplank te ry, nie vir 'n fliek nie, net vir die pret. Dit sou deel word van haar nuwe lewe. Sy was uitgemergel deur die frenetiese pas wat sy volgehou het. Sy het die eerste golf gery en was aan die begin van 'n nuwe een, maar sy sou van nou af werk sonder dat dit haar lewe oorneem. Sy sou dinge van nou af anders doen.

"Jy weet wat? Alles kom in golwe. En jy moet glo dat jy weer 'n goeie golf gaan kry," sê sy in 2001 aan Esquire. "Maar dis ook goed om net op die branderplank te sit en die son te geniet. Ek het hierdie rustyd nodig gehad. So baie het in my lewe aangegaan. Ek het die hele tyd gewerk, weg van die huis, en ek was in 'n verhouding [met Jenkins]. Dit was vir my so goed om net by die huis te wees dat die stof kon gaan lê. I forgot how much I missed just fucking hanging with my friends." Of werskaf in die tuin, of ontspan met romans.

Die vorige nag het sy en vriende – Ivana Milicevic en twintig ander – 'n afskeidspartytjie gehou voor haar vertrek vir *Trapped*. Nou vlieg sy Vancouver toe om die nuwe golf te gaan ry. "In hierdie bedryf is daar nie 'n gemaksone nie. Die oomblik as jy te rustig raak, gaan iemand jou uitskop. Daarom probeer ek die hele tyd om beter te doen."

In Julie 2001 kap sy na persepsies oor die oppervlakkige lewe van akteurs. Sy sê akteurs is nes enige ander gemeenskap van mense wat probeer om hulle werk te doen. En oor haar lewe wat net een lang partytjie is: "Dis so vals, net omdat dit Hollywood is. Dis soos om te sê: Jy's 'n Suid-Afrikaner, daarom moet jy 'n rassis wees. Dis sommer laf."

Trapped handel oor die ontvoering van die dogtertjie van 'n ryk dokter en sy vrou. Die dokter word gespeel deur 'n Ierse akteur, Stuart Townsend, en dié se vrou deur Charlize. Die twee ontvoerders is Kevin Bacon en Courtney Love. Tydens drie maande van verfilming is Charlize en Stuart net in twee tonele saam in *Trapped*, ondanks hulle getroude filmstatus. Sy is in die meeste tonele saam met Bacon, en Stuart saam met Love – en daar word bespiegel dat Charlize se beweerde weersin in Love hieruit spruit.

Die tydsberekening vir 'n prent met die tema van kinderontvoering is egter verkeerd, want in die Amerikaanse Midweste vind 'n reeks kinderontvoerings plaas en die vrystelling van *Trapped* word met maande uitgestel. Die begroting vir *Trapped* is $30 miljoen, maar dit verdien in Amerika net $6,9 miljoen. Resensente is onvleiend, selfs in Suid-Afrika waar sy gewoonlik patrioties behandel word: "'n Pot kaf en die swakste riller in 'n lang tyd. Courtney Love lyk asof sy te veel slaappille geneem het. Charlize Theron is net swak – die kamera is normaalweg lief vir haar, maar dié keer beslis nie. Stuart Townsend wandel deur sy rol soos 'n toeris. Kevin Bacon neem sy rol hopeloos te ernstig op en word skril en oordrewe."

Lisa Schwarzbaum, filmresensent van EW: "In hierdie verspotte, koorsagtige riller *Trapped* is Charlize Theron en Stuart Townsend toegewyde ouers wie se dogtertjie (Dakota Fanning) uit die snoesige veiligheid van haar eie slaapkamer ontvoer word. Die ontvoering is 'n beplande spanpoging met Kevin Bacon as die verwaande leier, Courtney Love as sy mishandelde vrou en Pruitt Taylor Vince as sy infantiele neef. Hulle het die verkeerde gesin gekies, want Theron en Townsend is te vervlaks mooi om die onderspit te delf en klein Fanning te oulik om te sterf. Regisseur Luis Mandoki gebruik elke pot en pan in die kombuis, maar die prent is 'n onbeduidende stuk manipulasie wat die skuldgevoelens van ouers gruwelik uitbuit. Die skrikwekkendste gesig is egter dié van Theron en Bacon, goeie akteurs vasgevang in dié gemors net om 'n lewe te maak."

Charlize en Stuart se eerste fliek saam is miskien minder geslaagd, maar so iets kom in die beste Hollywood-huise voor. Tom Cruise en Nicole Kidman se *Days of Thunder* (1990 en pas verlief) was 'n duurder mislukking, en hulle *Eyes Wide Shut* (1999 en toe getroud) nie veel beter nie. Maar min gesamentlike pogings kan swakker vaar as Ben Affleck en Jennifer Lopez se *Gigli* (2003, toe verloof), een van die swakste flieks in die rolprentgeskiedenis. Met 'n produksiebegroting van $54 miljoen en 'n loketinkomste van net $6 miljoen, kry dit boonop 'n grand slam van vyf Razzies.

Maar *Trapped* is vir Charlize belangriker as loketinkomste of die menings van resensente. Op die filmstel ontmoet sy die man met wie sy 'n langdurige verhouding as man en vrou sou hê, getroud in alle opsigte behalwe met formele sanksie, en later ook vennote in rolprentprojekte.

Stu, soos hy genoem word, is net drie jaar ouer as Charlize. Hy is op 15 Desember 1972 op Howth gebore, aanvanklik 'n klein vissersdorpie noordoos van Dublin en nou 'n woonbuurt van dié Ierse hoofstad. Hy is die oudste van drie kinders van 'n Engelse pa, Peter, toe 'n professionele gholfspeler, en Ierse ma, Lorna. Peter het drie titels op die Europese toer gewen en was twee keer in die Ryder Cup. In 2002 het hy die Barbados Ope vir seniors gewen. Lorna was 'n model wat in 1994 op 43 sterf. Stuart is toe 22, en die laatlammetjies Dylan 9 en Chloe 7. Sy pa trou later weer met Sofia, en Stuart kry nog 'n halfbroer, Hugo, en halfsuster, Ella, by. Ella word in 2005 gebore toe Stuart al 33 jaar oud is. Vir Stuart se jong sussie, Chloe, word Charlize soos 'n ouer suster.

Stuart hou hom as kind besig met video's uit die plaaslike videowinkel, en vuisgevegte op die laaste bus huis toe. Dominic Willis skryf in 'n kort biografie Stuart is drie keer uit die skool geskors, en op 'n besoek aan Frankryk het 'n getroude vrou met 'n sweep bokant haar bed hom van sy maagdelikheid ontneem. Hy was bly dat sy nie die sweep gebruik het nie.

Op skool speel hy in toneelstukke, begin as amateur boks en studeer ná skool vir twee jaar aan Dublin se Gaiety-dramaskool, waar sy landgenoot Colin Farrell ook leer toneelspeel het. In Dublin tree hy in drie verhoogstukke op voordat hy 'n jaar ná sy ma se dood Londen toe gaan vir 'n loopbaan op die verhoog. Hy kry tydens sy verblyf van vyf jaar in Londen ook naas verhoogstukke rolle in klein, onafhanklike Britse prente soos *Summertime*, wat in 1995 vrygestel word, dieselfde jaar toe Charlize die aandag in Los Angeles begin trek ná verfilming van *2 Days in the Valley*. Onder sy sowat tien Britse prente is *Resurrection Man* (1998) oor die bendegeweld tussen Protestante en Katolieke in Noord-Ierland, *Wonderland* (1999) en 'n hoofrol in die taamlike suksesvolle *About Adam* (2000), saam met Kate Hudson. In *Simon Magus* is hy saam met Embeth Davidtz, 'n ervare Suid-Afrikaanse aktrise wat veral in Engeland hooggeskrewe is.

Maar dan kry Stuart kans vir sy groot internasionale filmdeurbraak as Aragorn in *Lord of the Rings: The Fellowship of the Ring* (2001), die eerste van die trilogie gegrond op J.R.R. Tolkien se epiese fantasie oor Middle-earth. Die rol van Aragorn is aanvanklik aan Nicolas Cage aangebied, wat dit weens ander verpligtinge nie kon aanvaar nie. Daarna het Vin Diesel 'n oudisie gedoen, voordat Stuart dit kry.

Verfilming begin op 11 Oktober 1999 in Nieu-Seeland. Maar toe Stuart opdaag vir sy tonele, besluit regisseur Peter Jackson dat Stuart (toe 23) te jonk is vir die rol, en hy word vervang deur Viggo Mortensen, wat toe pas 41 geword het. Stuart se jeugdigheid word miskien aangegee as die amptelike rede, maar later word gepraat van "probleme met chemiese kreatiwiteit tussen regisseur en akteur", met die implikasie dat Stuart "moeilik" was. Maar stories begin ook later loop oor gebrekkige draaiboeke en 'n kreatiewe proses wat oorskadu is deur rekenaartegnologie.

Te verstane het Stuart se Ierse bloed gekook. In 2002 sê hy in 'n onderhoud dat hy pas 'n artikel gelees het waarin die filmmakers van *Lord of the Rings* erken dat hulle verkeerd was met hulle optrede: "Dit is gaaf, want hulle het die doringtak behoorlik deurgetrek. Ek het geen goeie gevoelens teenoor hulle nie, regtig nie. In elk geval, die nag nadat ek in die pad gesteek is, het ek skemerkelkies saam met my beste vriende in Australië gedrink. So, dit was seker maar nie vir my bestem nie."

Maar dit was 'n groot slag vir Stuart se ambisies. Dit sou hom verseker het van erkenning as akteur, geld, én rolle in die twee ewe suksesvolle opvolgprente van die reeks. Die sentrale rol van Aragorn in al drie prente verhef Mortensen uit obskuriteit tot sekssimbool en bekende naam. Stuart sê hy het darem later 'n briefie van simpatie van Mortensen ontvang, wat hy baie waardeer het.

Maar hy sou graag deel wou gewees het van hierdie eerste van die trilogie, *The Lord of the Rings: The Fellowship of the Ring*, wat vir dertien Oscars benoem is en vier wen. Met 'n produksiebegroting van "net" $94 miljoen verdien dit 'n massiewe bruto inkomste van $871 miljoen. (Die tweede een, *The Lord of the Rings: The Two Towers* (2002), wen twee Oscars en verdien $926 miljoen, en die laaste, *The Lord of the Rings: The Return of the King* (2003), wen elf Oscars en verdien $1,1 miljard dollar.)

Op Oscaraand op 29 Februarie 2004 sit Stuart, in 'n wit baadjie, saam met Charlize in die voorste gestoeltes en toekyk hoe *The Lord of the Rings: The Return of the King* sy elf goue beeldjies inpalm. Hieroor word hy later uitgevra. Die onderhoudvoerder sê hy weet Stuart hou nie daarvan om oor *The Lord of the Rings* te praat nie, maar was dit nie vir hom baie moeilik om daar in die voorste ry te sit toe *The Lord of the Rings* se span so uitbundig op die verhoog spring vir die Oscar as beste prent nie?

"Dit was snaaks . . . hulle was daar reg voor my, maar ek het nie [meer] kwaad gevoel nie. Ek het vir hulle hande geklap. Ek het gedink: 'Ek sal vir hierdie mense klap. Hulle het goeie flieks gemaak, en nou's dit klaar.' Dit was ook vir my 'n soort afsluiting. Dit kon regtig 'n baie moeilike aand geword het, maar toe word dit 'n wonderlike nag om my vriendin se Oscar te vier [vir *Monster*]."

Stuart kry darem ná sy wegwysing op die stel van *Lord of the Rings* 'n soort troosprys met die kultusfilm *Queen of the Damned* (2002), wat in Australië verfilm word, gegrond op 'n boek uit Anne Rice se reeks, *The Vampire Chronicles*. In die eerste prent, *Interview With the Vampire* (1994), speel Tom Cruise en Brad Pitt. Nou is Stuart in die rol van die vampier Lestat de Lioncourt teenoor die gewilde R&B-sangeres Aaliyah in die titelrol. Sy sterf op 25 Augustus 2001 in 'n vliegongeluk in die Bahamas voor die vrystelling van die prent, en dié tragedie dra by tot die gewildheid van *Queen of the Damned* in veral Amerika, waar Aaliyah byna ikoonstatus geniet het.

Stuart, hoewel nog ligjare ver van die panteon wat hy net misgeloop het, is nie meer net 'n parogiale Ierse akteur nie en hy aanvaar in 2001 'n rol in *Trapped,* wat in Vancouver verfilm word.

Stuart beskryf sy ontmoeting met Charlize in die tydskrif Irish America. Hy sê voor die verfilming van *Trapped* begin het, het die akteurs 'n gesamentlike voorlesing van hulle dialoog gedoen. Dit was 'n bietjie oorweldigend met almal wat in die vertrek teenwoordig was, die regisseur, vervaardigers, assistente, die akteurs Bacon, Love, en langs hom, Charlize, van wie hy glo nie veel kennis geneem het nie. Hy het eerder haar kleinerige hondjie raakgesien, gelukkig nie 'n poedel nie, miskien 'n spanjoel, en gedog: "O, hier's die lawwe vrou met die hond!"

Later die aand word almal vir 'n ete saam met regisseur Luis Mandoki genooi, en Stuart daag 'n rukkie te vroeg op. Ook Charlize, altyd stiptelik. Toe sien hy háár, sonder hond, die eerste keer behoorlik raak. "Whoa! Wie's dié meisie in die swart rok? Sy's 'n godin, man, 'n absolute godin." En teen die einde van die aand is sy knieë jellie. Verfilming word vir ses dae onderbreek nadat 'n lid van die filmspan sterf, en Stuart en Charlize gebruik die onderbreking om mekaar beter te leer ken.

'n Paar maande later laat kom Stuart sy goed uit Ierland en trek by Charlize in Hollywood Hills in. In 2002 kry hy die rol van Oscar Wilde se mistiese Dorian Gray in *The League of Extraordinary Gentlemen* (2003) saam met die legendariese Sean Connery, toe 72 jaar oud. Stuart sê hy het gehoor dat Connery en regisseur Stephen Norrington 'n heftige rusie tydens verfilming gehad het, maar hy sal self nie in 'n rusie met Connery betrokke wil raak nie.

Wie dink Stuart sal wen in 'n geveg tussen "sir Sean en sir Anthony (Hopkins)"?

"Sir Sean. Kies altyd die groot ou se kant," sê Stuart met sy ervaring as bokser.

Tussen sir Sean en sir Ben (Kingsley)?

"Onthou die reël [van groot en klein]."

Tussen sir Ben en sir Elton (John, die sanger)?

"Sir Ben sal hom soos 'n strandbal rondbons."

Tussen Charlize en Courtney Love?

"Oh, God, Charlize, she's tough, man! Sy's 'n plaasmeisie. Sy en haar ma het stoeigevegte. Regtig! En sy kan steeds nie haar ma klop nie. Ek sê jou, ek sal nie met daardie ma sukkel nie. Sy laat nie met haar mors nie.

"Eenkeer in Parys het vier van die vroue gestoei: Charlize en haar ma, die assistent en die stileerder. Ek het foto's geneem. En haar ma was bo-op almal. Hulle [Charlize en Gerda] is altyd groot pret, vol lewe. Charlize sê die dag as sy haar ma kan klop, sal sy op haar eie voete kan staan. Maar dit sal nooit gebeur nie. Suid-Afrikaners is 'n tawwe klomp. Baie soos die Iere."

Stuart sê toe hy Charlize die eerste keer Ierland toe vat, is hulle na 'n kroeg, Mulligan's, met lekker Guinness[-bier] en uitbundige, lawaaierige meisies: "Yap, yap, yap! Regtig luid. Charlize het alles en almal so bekyk en gesê: 'Wow, dit laat my dink aan Suid-Afrika waar die vroue ewe luidrugtig is.'"

In Amerika, meen hy, is almal so selfbewus, almal loer na almal, almal so korrek. "In Ierland is ons uitgelate, soos in Suid-Afrika, en Charlize geniet dit. Mense is hulleself, skree en raas en doen alles gelyktydig."

Stuart en almal wat met Charlize te doen kry, glo dat sy humor en lawwigheid, soos die stoeiery – saam met haar luidrugtigheid – in byna enige situasie gebruik om die lewe vir haar, en almal om haar, interessanter te maak.

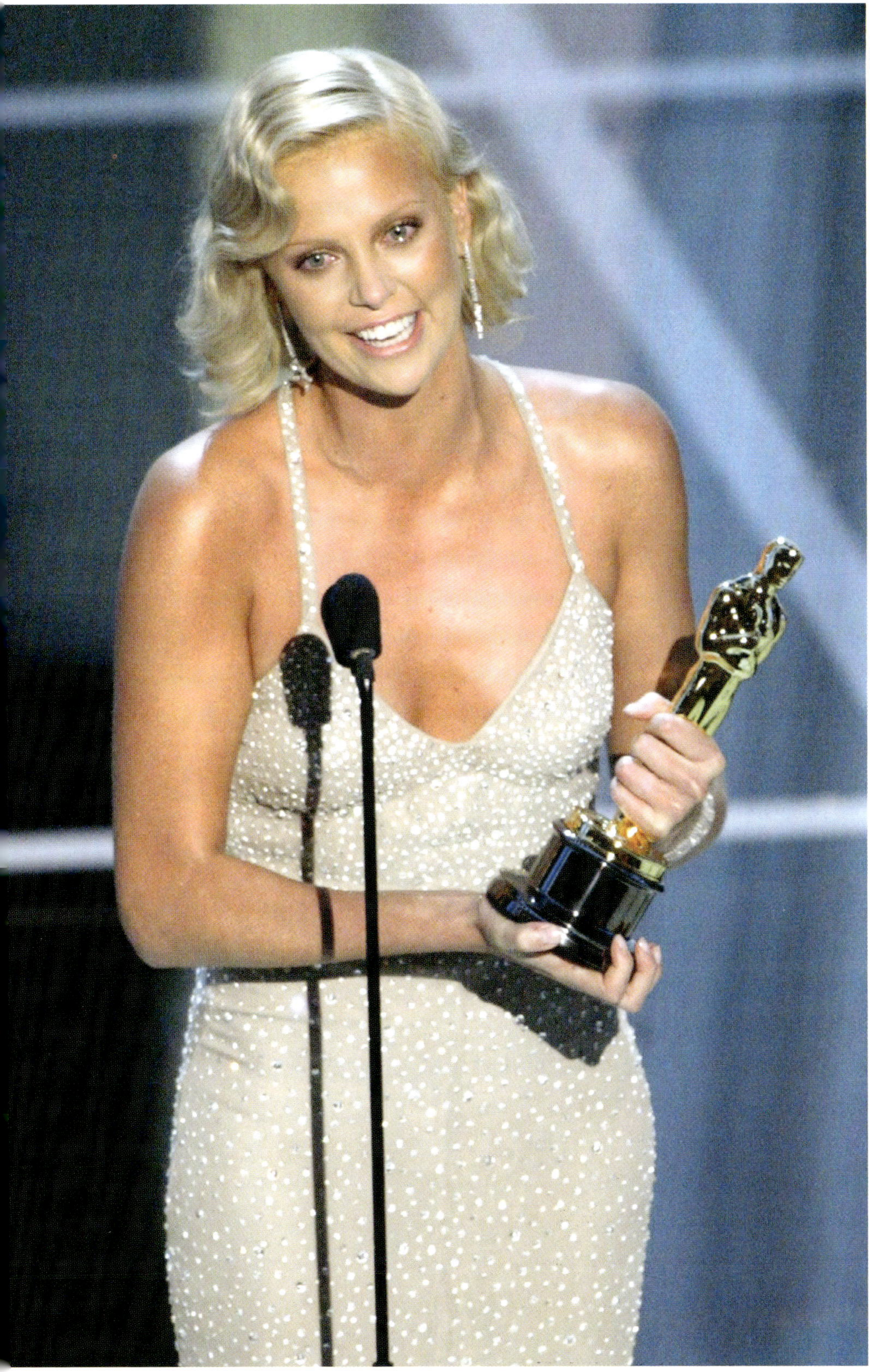
Gallo Images/WireImage

VORIGE BLADSY "Dis 'n oomblik wat alles beteken het." Charlize met haar Oscar as beste aktrise op 29 Februarie 2004 in die Kodakteater.

LINKS Charlize as vierjarige kleuter.

ONDER REGS Klein Charlize en ma Gerda op Putfontein.

BO Charlize en pa Charles met vakansie by die see.

LINKS Charles Theron as 23-jarige bruidegom op sy troue met Gerda op 29 Januarie 1971.

BO REGS Charlize was van kleins af lief vir diere. Hier dra haar hondjie Lulu 'n pienk strikkkie om die nek.

MIDDEL REGS Charlize as 'n balletstudent aan die Hoërskool Die Kruin in Johannesburg.

ONDER REGS: "Die oomblik dat sy op 'n verhoog verskyn het, was die gehoor oorrompel." Spaanse dans was een van haar groot liefdes.

ONDER LINKS Bernice Lloyd, Charlize se voormalige balletonderwyseres, by 'n groepie studente in Johannesburg.

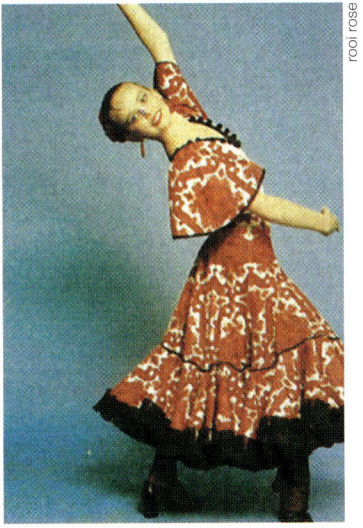

LINKS Charlize sou later in *Mighty Joe Young* ewe liefderik wees met 'n gorilla wat heelwat groter is as die sjimpansee was sy hier vertroetel.

ONDER Een van Charlize se voormalige primêre skoolonderwysers by die Laerskool Putfontein.

LINKS Danie Theron wat deur een van Gerda se koeëls in die hand getref is. By hom is sy dogter, Priscilla Ferreira, 'n niggie van Charlize.

LINKS ONDER Charles Theron se grafsteen in die Benoni-Oos-begraafplaas met sy naam, geboorte- en sterfdatum, en die woorde "Eggenoot, vader en seun" op die granietkopstuk, saam met 'n Bybelversie.

REGS ONDER Bettie Moolman met die leerbaadjie vol koeëlgate wat Charles die aand van sy dood gedra het.

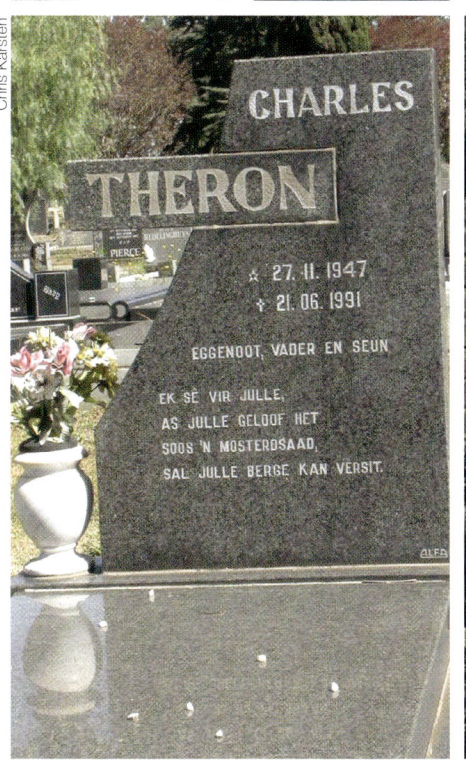

LINKS Die 16-jarige Charlize by een van die groot padwerkmasjiene op hulle hoewe op Cloverdene naby Benoni. Die foto is in Januarie 1992 geneem kort voordat sy met haar modelkontrak van 'n jaar in Italië begin het.

BO Die huis op Plot 56 in Sewende Weg in Cloverdene, sowat 14 km van Benoni, oos van Johannesburg, waar Charlize grootgeword het.

BO MIDDEL EN REGS Charlize in swemdrag en 'n gesigsfoto op 3 Julie 1991 as finalis in Rooi Rose (later rooi rose) se modelkompetisie.

HEEL BO REGS Charlize verskyn as Rooi Rose se Model '91 op 25 September 1991 vir die eerste keer op 'n tydskrifvoorblad.

BO LINKS EN HEEL BO LINKS EN MIDDEL Haar veelsydigheid as model blyk reeds duidelik uit vroeë tydskriffoto's.

rooi rose

LINKS 'n Smeulende vroeë tydskriffoto.

BO In 1993 was die Farmer's Daughter-motel in Fairfax Avenue Charlize se eerste blyplek in Los Angeles. Besoekers word steeds begroet deur die plaasmeisie met vlegsels en gieter in die hand.

MGM

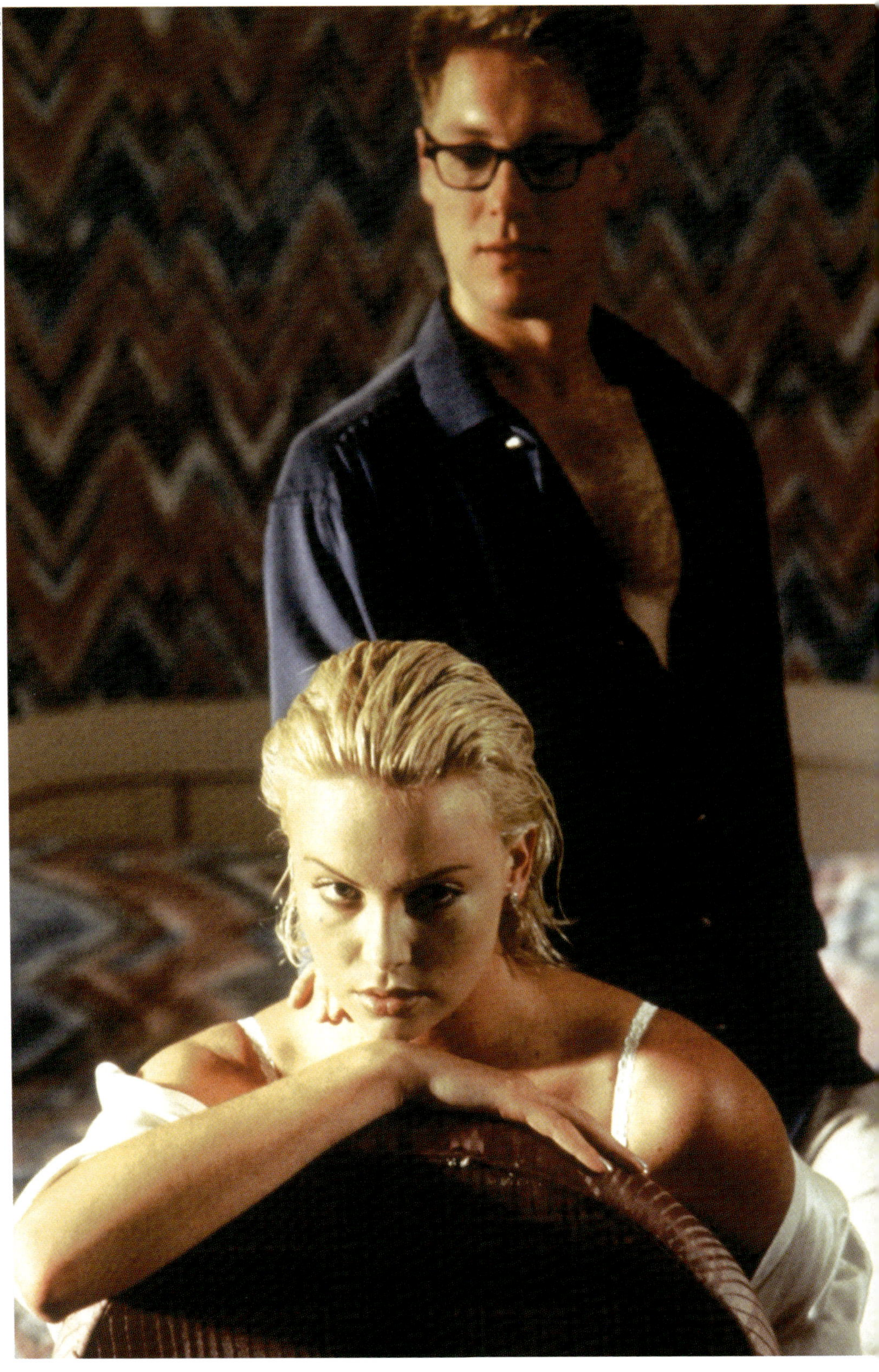

LINKS Charlize as die sexy minnares van James Spader se karakter in haar eerste naamrol in 'n volwaardige Hollywood-fliek, *2 Days in the Valley*.

HEEL BO LINKS Gerda en haar vriend, Ivor McCulloch, saam met haar dogter by die première van *The Devil's Advocate* in Oktober 1997.

HEEL BO REGS Charlize en Craig Bierko, haar eerste ernstige kêrel in Hollywood, vroeg in 1997 in die Suid-Afrikaanse bosveld.

BO Charlize deel haar handtekening uit aan polisiemanne tydens 'n besoek aan Putfontein.

HEEL BO In *The Devil's Advocate* is Charlize in die vroulike hoofrol teenoor Keanu Reeves, die akteur wat haar en haar hoërskoolmaats eens laat swymel het.

BO Haar kort maar intense rol as supermodel in Woody Allen se *Celebrity* was vir Charlize "'n wonderlike geleentheid om met my verlede as model te spot".

BO LINKS   Die onaptytlike nagblou fasade van The Viper Room, 'n gewilde en selfs berugte Hollywoodse nagklub op Sunset Strip.

BO REGS   Charlize en Keanu Reeves (rug na die kamera) op 18 Desember 1997 buitekant The Viper Room ná sy optrede met sy destydse musiekgroep, Dogstar.

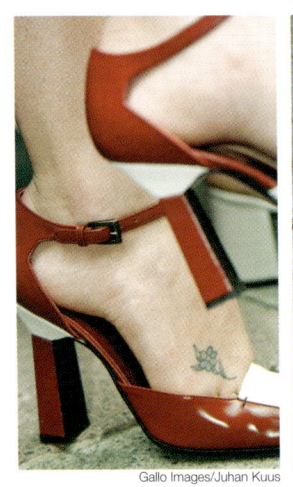

Gallo Images/Juhan Kuus    Gallo Images/Rapport 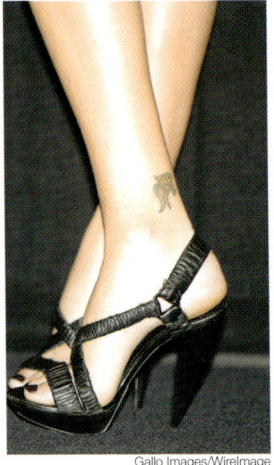   Gallo Images/WireImage

Huisgenoot en YOU

BO LINKS Op Charlize se besoek aan Benoni op 28 November 1998 het die getatoeëerde blommetjie net bokant haar regterkleintoontjie opnuut fotograwe se aandag getrek.

MIDDEL Charlize se handpalms is tydens dié besoek aan Benoni in sement in 'n wandellaan afgedruk.

BO REGS Die tatoeëring van 'n koivis aan die binnekant van Charlize se regterenkel.

LINKS Charlize en haar ma kom in November 1998 in Benoni aan. Haar voorkoms en hare gepas by haar uitspraak van: "Mooi skoene, 'n romp tot op die knieë, en Vargas-rooi lipstiffie – dís wat [ouderwetse] glans is."

ONDER LINKS EN HEEL ONDER Charlize en haar groot vriendin die aktrise Ivana Milicevic baljaar in 1998 by Sun City waar Charlize haar eerste filmprys gekry het – die SHEE-toekenning van die plaaslike videobedryf.

ONDER REGS Charlize en Ivana word ook gereeld by glansgeleenthede saam gesien. Hier is hulle by 'n modeskou in Oktober 2005.

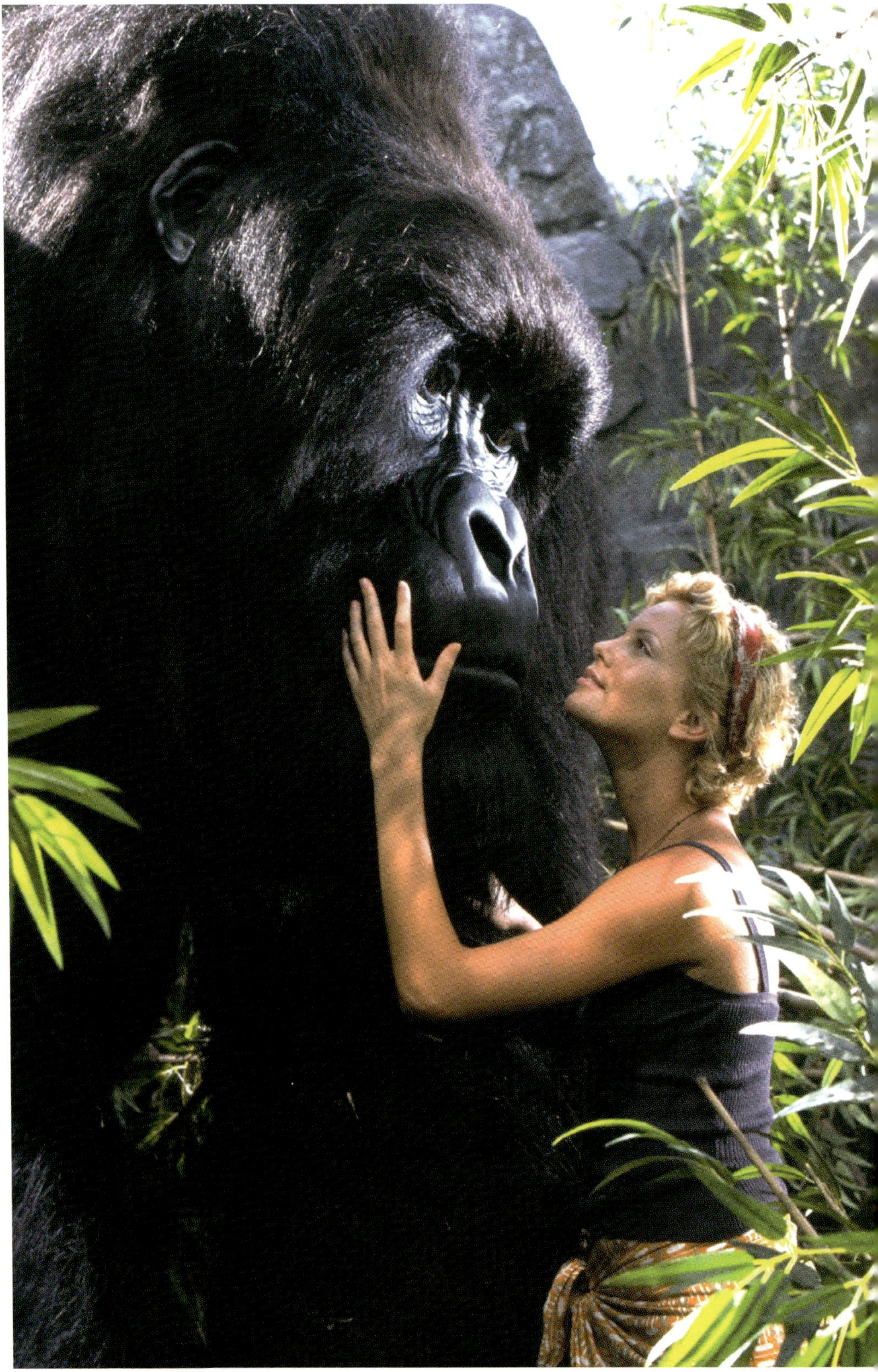

Disney

LINKS Charlize en Stephan Jenkins van Third Eye Blind, haar destydese kêrel, in Januarie 1999 by die 26ste jaarlikse Amerikaanse musiektoekenningsgeleentheid.

ONDER REGS Charlize op die voorblad van die Mei 1999-uitgawe van Playboy.

HEEL LINKS Oor *Mighty Joe Young* skryf 'n Suid-Afrikaanse resensent: "Theron en haar beminlike ou Joe wys dat ook goeie dinge uit Afrika kan kom, selfs in Hollywood-prente."

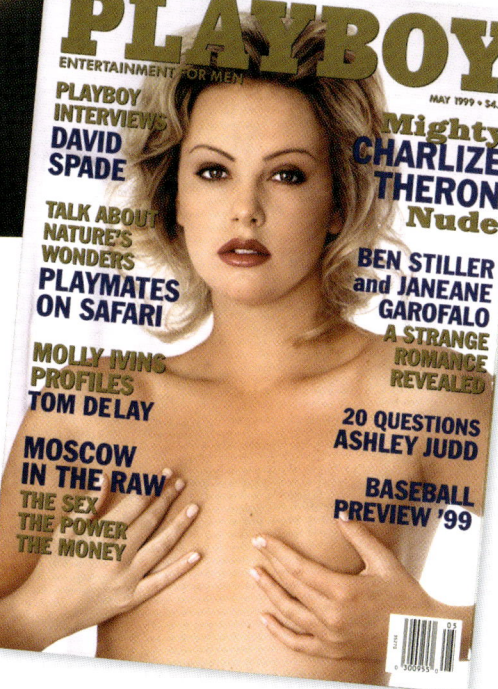

HEEL BO In *The Astronaut's Wife* is Charlize in die vroulike hoofrol as Jillian Armacost, vrou van die die ruimtevaarder (gespeel deur Johnny Depp) wat deur 'n ruimtewese besete word.

BO Tobey Maguire en Charlize in *The Cider House Rules*, gegrond op John Irving se gelyknamige boek.

HEEL BO LINKS Charlize ontvang 'n soen van James Caan tydens die vertoning van *The Yards* by die Cannes-filmfees in 2000.

HEEL BO REGS Charlize as die dwelmverslaafde Erica in *The Yards*.

BO Oor *Reindeer Games* waarin sy saam met Ben Affleck optree, sê Charlize self: "Dit was 'n baie, baie, baie slegte fliek."

LINKS Matt Damon, Charlize en Will Smith in *The Legend of Bagger Vance*. Charlize se "ouderwetse" glans het regisseur-akteur Robert Redford laat dink aan die sterre toe hy jonk was, soos Barbara Stanwyck en Carole Lombard.

ONDER In die soetsappige *Sweet November* het Charlize weer saam met Keanu Reeves opgetree.

Met roem kom bewonderaars.

REGS In September 2000 hardloop Charlize en Gerda hand-aan-hand weg vir handtekeningjagters in Hollywood.

ONDER Charlize gee in April 2002 in Hollywood haar handtekening aan bewonderaars terwyl Gerda toekyk.

HEEL ONDER Voor 'n première van *Monster* in November 2003 is die horde bewonderaars reeds veilig agter 'n barrikade.

Sony

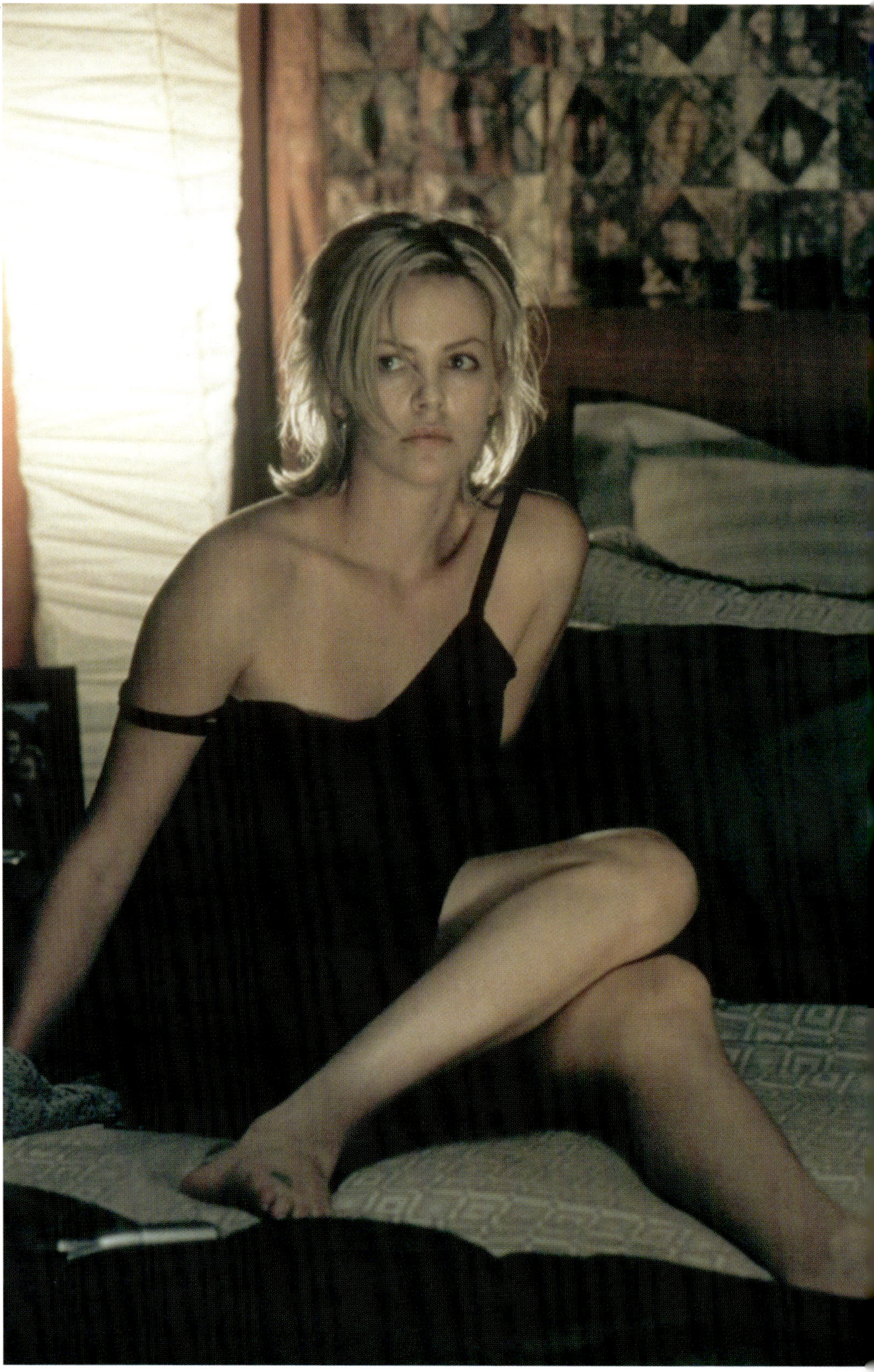

BO In *Waking up in Reno* is Charlize getroud met Patrick Swayze, nog een van haar kindertydhelde.

LINKS In die ontvoeringsriller *Trapped* is Charlize die vrou van 'n welgestelde dokter gespeel deur die Ierse akteur Stuart Townsend. Hulle ontmoeting op die filmstel is die begin van 'n langdurige verhouding.

BO LINKS Stuart en Charlize, informeel in November 2002 afgeneem ná 'n middagete in die gewilde Hollywoodse Cafe Med-restaurant.

BO REGS Charlize in September 2002 met haar twee spanjoele na wie sy haar filmproduksiemaatskappy genoem het. Denver (regs) was haar eerste hond in Los Angeles, terwyl Delilah die resultaat is van 'n "puppy mill".

BO LINKS By 'n vertoning van *The Italian Job* in 2003 op die Spaanse filmfees in San Sebastian doen Charlize 'n paar Spaanse danspassies.

HEEL BO REGS Op die stel van *The Italian Job* ontspan Charlize met die bordspel backgammon.

BO REGS Tydens verfilming, hier met medespeler Mark Wahlberg, het sy almal verras met haar bestuursvernuf in die Mini Coopers.

HEEL BO Stuart en Charlize in Junie 2003 by die Las Vegas-première van *The League of Extraordinary Gentlemen* waarin Stuart die rol van Dorian Gray vertolk.

BO Stuart en Charlize kyk graag tennis. Hier geniet hulle die vroue-eindstryd tussen Serena Williams en Jelena Jankovic op 7 September 2008 in die VSA-Ope in New York. Die akrtise Natalie Portman sit voor hulle.

HEEL BO Charlize (links) as die reeksmoordenaar Aileen Wuornos in *Monster*. Die regte Aileen (regs) in aanhouding in Florida.

BO Die kroeg, The Last Resort, waar Aileen Wuornos op 9 Januarie 1991 in hegtenis geneem is soos dit tóé daaruit gesien het.

REGS Charlize, in deurskynende swart rok, en Stuart by die Green Cross Millennium-funksie op 24 Maart 2004, kort ná haar Oscar.

MIDDEL REGS Charlize bring haar Oscar "huis toe" en kom op 6 Maart 2004 by die Johannesburgse lughawe aan.

HEEL REGS Op 11 Maart was sy diep ontroerd tydens 'n ontmoeting met oudpresident Nelson Mandela.

ONDER REGS Charlize en haar ma word op 8 Maart 2004 deur oudpresident Thabo Mbeki in die presidensiële gastehuis ontvang.

ONDER LINKS Charlize in 'n sag vloeiende geel Dior-rok en Gerda by 'n geselligheid ná die Golden Globe-toekennings op 25 Januarie 2004.

Gallo Images/Beeld

Gallo Images/Rapport

Gallo Images/Beeld

REGS Hulle het Charlize laas in 1991 op haar pa se begrafnis gesien, maar in Maart 2004 wys die Maritz-gesin in Kimberley trots 'n foto van Charlize en Gerda wat hulle uit Hollywood gekry het. Regs is Gerda se broer Flip Maritz saam met sy vrou, Martie, en hul seun Kobus.

ONDER Drie van Charlize niggies in Maart 2004 met een van die plakboeke waarin hulle haar loopbaan volg. Van links is Lizette Malan, Michelle Grobler en Nicola Grobler, dogters van twee van wyle Charles Theron se susters.

ONDER LINKS EN REGS In *The Life and Death of Peter Sellers* vertolk Charlize 'n jong Britt Ekland teenoor Geoffrey Rush as Sellers. Britt Ekland (regs) woon in Mei 2004 die Cannes-filmfees saam met Rush en Charlize by.

HEEL ONDER Charlize en Penélope Cruz doen die tango in *Head in the Clouds*.

BO LINKS Die Kodakteater waar Charlize in Februarie 2004 haar Oscar ontvang het. 'n Reuse-vodkabottel versper die uitsig van haar sypaadjiester na die ingang van die Hollywood & Highland-kompleks.

BO REGS Haar agent, J. J. Harris, poseer saam met Charlize met die toekenning van haar ster op die Hollywood Walk of Fame op 29 September 2005.

BO Charlize en Tommy Lee Jones in *In the Valley of Elah*. Oor haar ligbruin hare in dié prent sê sy: "Dis die natuurlike kleur van my hare."

MIDDEL Vir haar spel as Josey Aimes in *North Country* het Charlize haar tweede Oscarbenoeming ontvang.

ONDER Charlize het tropiese akkedisse bestudeer om haar bewegings as die superheldin in die futuristiese *Æon Flux* so vloeiend moontlik te maak.

Charlize beskou die vroueregisseurs saam met wie sy werk as van die fantastiese vroue met wie sy haar omring.

REGS Op die rooi tapyt saam met regisseur Niki Caro tydens die Australiese première van *North Country* in Januarie 2005 in Melbourne.

VER REGS Saam met *Monster*-regisseur Patty Jenkins by die Spirit of Independence-toekenningseremonie in Junie 2006.

REGS ONDER In Maart 2006 is by die Texas-première van haar dokumentêre prent *East of Havana* saam met die mederegisseurs Emilia Menocal (links) en Jauretsi Salzarbitoria, 'n vriendin uit haar modeljare.

LINKS Charlize en AnnaSophia Robb by die Sundance-filmfees in Januarie 2008. In *Sleepwalking* is hulle ma en dogter.

HEEL BO Jason Bateman (regs) en Charlize speel saam met Will Smith in *Hancock*. Hier is hulle by die Hollywoodse première op 30 Junie 2008.

BO *Battle of Seattle*-akteurs Andre Benjamin, Michelle Rodriguez, Woody Harrelson, Martin Henderson, Charlize Theron en Stuart Townsend by die Toronto-filmfees in Kanada in September 2007.

Gallo Images/Getty Images

Gallo Images/Getty Images

Gallo Images/Getty Images

REGS Charlize is 'n vrou van vele gesigte, wat bydra tot haar durende gesogtheid as voorbladmodel.

LINKS Ná Charlize op 14 Maart 2006 by 'n filmfees in Austin, Texas, afgeneem is met aan haar arm 'n Christian Dior-horlosie, het horlosiemaker Raymond Weil haar gedagvaar weens kontrakbreuk.

ONDER 'n Week nadat Charlize op 20 September 2005 vir Shirley MacLaine uit bewondering op die boude gesoen het, soen Dane Cook op Jay Leno se *The Tonight Show* vir Charlize op die boud.

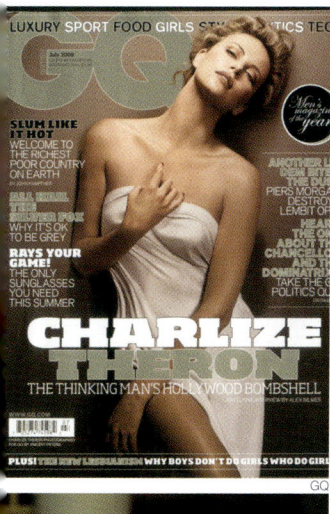

GQ

Gallo Images/WireImage

Insig

Gallo Images/WireImage

Elle

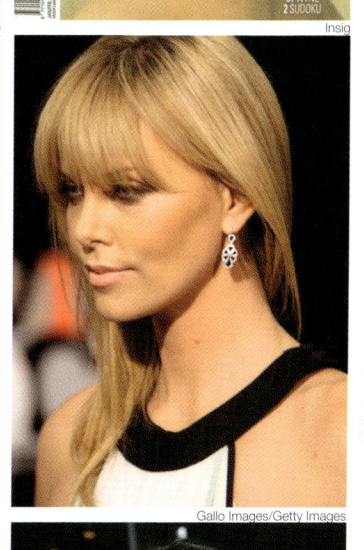

Gallo Images/Getty Images

Gallo Images/WireImage

Privé

Gallo Images/WireImage

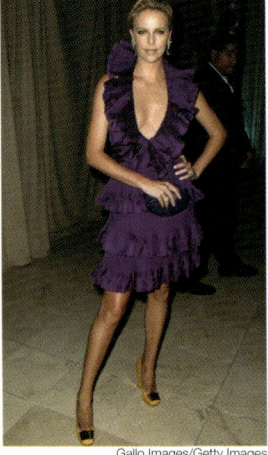

Charlize as mode-ikoon.
BO LINKS John Galliano (regs) van Dior beskou haar as sy muse vir die haute couture wat hy vir haar ontwerp.

MIDDEL BO In 'n pragtige en gewaagde pers Dior-rok by 'n vertoning deur dié modehuis in Mei 2008.

BO REGS Gerda en Charlize sit in eenderse houding by 'n Dior-vertoning in Mei 2007.

LINKS 'n Modekenner het tereg opgemerk dat net Charlize reg kon laat geskied aan dié kop-tot-toon-valletjiesrok.

REGS By die première van *The Burning Plain* in Venesië in laat 2008 is sy uit elke moontlike hoek afgeneem. By wêreldpremières van *Hancock* in Junie 2008, o.m. in Berlyn, Moskou en Parys, stel sy ook haar modesin ten toon.

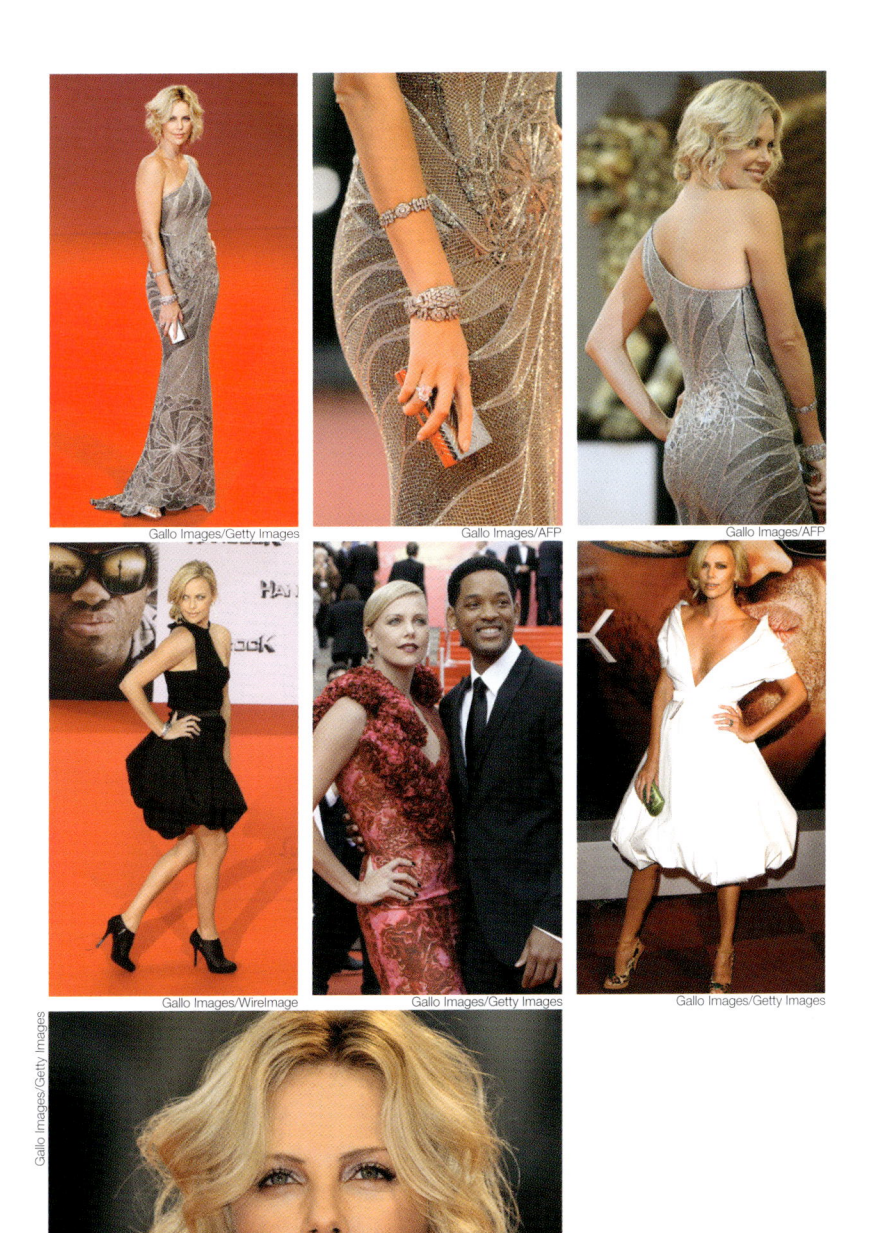

Gallo Images/Getty Images
Gallo Images/AFP
Gallo Images/AFP
Gallo Images/WireImage
Gallo Images/Getty Images
Gallo Images/Getty Images
Gallo Images/Getty Images

VOLGENDE BLADSY: Op 17 November 2008 is Charlize se benoeming as 'n vredesgesant vir die Verenigde Nasies bekragtig.

Gallo Images/Wireimage

Sy en Stuart word selfs 'n slag uit 'n soesji-restaurant, die Nasawa, in Los Angeles gegooi omdat hulle te veel kos bestel. Charlize sê: "Ek het drie jaar gereeld daar gaan eet, en daarna ook dikwels saam met Stuart. Die kos is wonderlik. Daar's nie 'n spyskaart nie, jy eet basies wat vars gemaak is. Die bestuurder het my uitgegooi omdat ek te veel kos bestel het. Ons het al tevore gesien hoe hy dit met ander mense doen en dit was nogal ontstellend. En toe skop hy my uit voor die hele restaurant."

Toe 'n skinderkoerant – dieselfde een wat die eerste keer oor haar pa se dood berig het – aankondig dat Charlize en Stuart op 'n strand gaan trou, met haar honde as "strooimeisies" en Keanu Reeves se orkes, Dogstar, wat die musiek gaan verskaf, lag Charlize net en sê: "Klink lekker, maar ons sal nie daar wees nie."

Selfs koekbakkers bel uit Dublin met aanbiedinge van koeke vir hulle troudag.

Maar 'n troudag is ietwat voortydig.

Al is sy en Stuart nie wettig in die eg verbind nie, beskou sy hulle as getroud. "Ons het nie 'n sertifikaat of die staat of die kerk nodig nie. Ons het dit nie in die oë van God gedoen nie en ek het nie 'n wit rok gedra nie, maar ons is in elke opsig getroud."

Maar: "'n Deel van my hou daarvan dat die persoon langs wie ek soggens wakker word, 'n keuse het. Die laaste ding wat ek nodig het, is 'n man in die huis wat nie daar wil wees nie. Dis ons ooreenkoms. Dit mag miskien nie vir ander werk nie, maar dit werk vir ons. Ons is saam omdat ons saam wil wees," sê sy in Maart 2008 toe sy en Stuart al ses jaar bymekaar is.

"Ek was nog nooit een vir baie afsprake met baie mans nie. Ek is 'n eenmanvrou. Jy moet sien wat op filmstelle aangaan. Ek voel veilig by Stuart. Hy is nie onseker van homself nie en baie talentvol, dis maklik om vir hom lief te wees. En hy het pragtige voete en hande."

En as dit by liefde kom, is sy vol passie. "Ek is seksueel seker van myself. En wanneer ek iemand liefhet, gee ek alles, juis omdat ek nie maklik my hart verloor nie."

Sy wys die ring aan haar ringvinger, die simbool van hulle verbintenis tot mekaar. Dit is 'n Victoriaanse smaragring met diamante in 'n tros vergeet-my-nietjies. Onder die blommetjies is 'n piepklein geheime kompartement. "Dit was die Victoriaanse ding. Jy sit 'n haarlok daarin of 'n briefie wat jou aan jou geliefde herinner. Stuart het dit vir my gekoop. Elke keer as ek weggaan, sit hy 'n liefdesbriefie in."

Sy het ook vir hom 'n ring gekoop.

En die sewejaarjeuk?

"Nee, die Beatles was verkeerd oor liefde. Liefde is genoeg vir 'n verhouding van een of twee jaar. Maar ná drie of vier jaar besef jy as jy saam met iemand wil leef, moet jy emosioneel én geestelik gevoed word, en daar moet bekoring wees. As die bekoring nie meer daar is nie, wil jy nie meer huis toe gaan nie."

Deel van die bekoring is dat sy self Stuart se hare sny. "Niemand anders mag daaraan vat nie."

Jaloesie?

"Ek het nie 'n probleem om vir Stuart te sê ek dink Will Smith is aantreklik en ek's regtig bly dat ek saam met hom gaan werk nie. Anders sal ek 'n idioot wees. En ek sal bekommerd wees as hy nie flirt nie. Ek's mal daaroor as ons tennis kyk en hy vertel my hoe mooi 'n vrouetennisspeler is. Ons is nie gemaak om net van één mens te hou nie, maar dit beteken nie jy moet nou 'n nuwe lewe saam met iemand anders gaan bou nie."

Ook Stuart is nie haastig om te trou nie. "Ons is lief vir mekaar en dis die belangrikste, nie of jy getroud is nie. Vertroue is belangriker as 'n huwelik. Te veel mense trou om die verkeerde redes, omdat hulle verhouding 'n bietjie pap word en hulle dink 'n huwelik sal dit nuwe lewe gee. Ons is sonder die druk van: 'Hey, babe, come on, we got to get married!' of 'Oh, honey, I really want a kid.' Ons is jonk, ons geniet die lewe. Wat gebeur, gebeur."

Charlize, met al haar berekendheid, glo nie aan vyfjaarplanne nie. "Ek kan nie sê of ek in die volgende vyf jaar [voor sy veertig word] kinders sal hê nie. Ek het altyd geweet ek sal graag 'n ma wil wees, maar ek wil nie volgens 'n skedule leef nie.

"Ek sal in die wolke wees as môre uitvind ek's swanger. Maar ek sal dieselfde voel as niks vir nog 'n paar jaar gebeur nie. Ek weet ek gaan 'n ma word. En Stuart sal ons baba se pa wees. Dis iets waaroor ek seker is."

Tog, in 'n latere onderhoud besef sy: "My biologiese horlosie stap aan, al het die alarm nog nie afgegaan nie. Kyk, met my loopbaan kan dit nie beter gaan nie, en ek het die liefde van my lewe in Stuart. So, ek dink ons is reg vir kinders wat deur die huis hardloop. Ek's reg vir die verantwoordelikhede van moederskap."

'n Fotosessie met Charlize word in 2007 op 'n plaas vir Vogue geskiet waar sy soos 'n "cowgirl" lyk. "Ek het vergeet 'n plaas is in my bloed. Iets sê vir my ek gaan eendag weer op 'n plaas beland. Ek voel altyd dat ek wil hê my kinders moet die plaaslewe ervaar. Ek wil hê my kinders moet vuil word. Gisteraand het ek huis toe gegaan en vir Stuart gesê: 'Jy sal maar deur 'n bietjie plaaslewe moet gaan.'

"Die ervaring [met die fotosessie] het my weer eens so bevoorreg laat voel dat ek dit as kind gehad het. Dit hoef nie alles of niks te wees nie. Ek wil nie weghardloop en myself gaan isoleer in die berge van Montana nie. Maar aan die ander kant, 'n mens weet nooit nie. Ek kan myself verras. Wie weet hoe dinge sal verander wanneer ek eers kinders het?"

In Augustus 2008 in die Britse uitgawe van Elle is Charlize merkwaardig openhartig oor Stuart. Vir die eerste keer kan jy iets aanvoel van die persoonlikheid van dié man wat dit reggekry het om deur haar skanse te breek en aan wie sy bereid was om haar volle weerloosheid bloot te lê. Vir die vrou van staal was dit geen geringe toegewing nie.

"Nie een van ons wou erken dat ons ná *Trapped* 'n paartjie was nie, maar die noodlot het besluit om ons bymekaar te bring. Met ons ontmoeting het ek gedink dit gaan net 'n fisieke ding wees. Ek was fisiek ongelooflik tot hom aangetrokke. Maar die tydsberekening was verkeerd. Hy was in Londen en ek in Los Angeles. Ek het geweet dit sal nie werk nie, maar my ma het my aangepor om hom te bly sien.

"Dit was vreemd, want tot voor Stuart het ek my ma en my hegte vriende aan die een kant gehad, en my [vorige] kêrel aan die ander. Die twee was apart. As iets goeds of slegs gebeur het, is ek na my ma en vriende. My kêrel was in 'n ander kompartement. Maar Stuart is van die begin af volledig in my lewe opgeneem. Hy het my ma op die stel van *Trapped* ontmoet en hulle het so goed oor die weg gekom. Hy het ook my vriende ontmoet en almal het van hom gehou. Net ek was onseker, maar my ma-hulle het my gedruk.

"Ek kan sien dat huwelike wat gereël word, tog kan uitwerk. My ma en my vriende het iets in Stuart gesien wat so reg was."

Een van hierdie vriende is Charlize se fotograaf Randall Slavin wat oor Stuart se eerste gevoelens ná sy en Charlize se ontmoeting sê: "Stuart was 'n bietjie terughoudend weens sy indruk van Charlize; hierdie Hollywood-aktrise."

Ná *Trapped* se verfilming is hy terug Londen toe, maar binne dae was Charlize vir 'n modesessie vir Elle in Parys, en is daarna na hom in Dublin. Hy het toe weer werk in LA gehad, en sy het op haar beurt weer Ierland toe gevlieg. "Ek het besef dat ek op hom verlief is. Ons het in sy woonstel om 'n bottel wyn gekuier en ek het opgestaan en vir hom gesê: 'Kom ons pak jou goed in en stuur alles LA toe.' Ons het die hele nag gepak, en dit was dit.

"Die wonderlikste ding van Stuart is dat hy tot my deurgedring het op 'n vlak wat niemand nog ooit gedoen het nie. Twee mense het my in my lewe gevorm. My ma het my sterk gemaak en my skanse gegee. Stuart het my sagter gemaak. Hy's een van die min mans wat nie vir my bang was nie. Wat hy gesien het, was nie taaiheid nie, maar kwesbaarheid. Ek is verskriklik kwesbaar, en het lank gewerk om dit weg te steek. Stuart was nie bang om my kwesbaarheid te konfronteer nie. Hy's die een man wat nie omgee om my op die sitvlak te skop nie. Dis 'n goeie ding.

"Ek weet ek was vantevore al verlief, maar ek was nog nooit saam met iemand wat 'n vriend sowel as 'n minnaar is nie. Toe Stuart nie die werk kry wat hy wou hê nie, het hy 'n draaiboek geskryf [*Battle in Seattle*]. Ek het dit gelees en was verstom. Hy kan my inspireer en is terselfdertyd die sexyste man ooit. Ek kry vlinders in my maag as ek weet ek gaan hom weer sien. Maak nie saak hoe baie ek daarvan hou om aan 'n prent te werk nie, die beste deel is altyd om terug te gaan huis toe na my sexy Ierse kêrel."

As Stuart dan so perfek is, waarom trou hulle nie?

Sy frons oor dié vraag: "My ma en my pa was getroud. In Suid-Afrika in die 1970's en 1980's was egskeiding taboe. As 'n vrou ongelukkig was, moes sy dit maar net verduur het. Ek glo aan liefde, maar ek glo nie aan die huwelik nie. Ek het nooit oor my troudag gedroom nie, want wat ek van 'n huwelik geweet het, is nie waarvan drome gemaak is nie."

En wat sy van *celebrity*-huwelike in Hollywood sien, is meestal net nagmerries. Wie sal haar in sulke omstandighede oor haar effense sinisme verkwalik?

"Ek glo ook nie aan ewige geluk nie. Môre kan alles beëindig word. As dit gebeur, wil ek liefs van Stuart hoor dis verby en hy weet hy kan net wegstap sonder dat ons deur 'n egskeiding hoef te gaan. As mens so daaroor dink, probeer jy net 'n bietjie harder."

Om gelukkig te wees, is vir haar 'n doelbewuste keuse. Sy het voldoening nodig gehad om haar verlede agter haar te kan plaas, en sy het dit met vasberadenheid nagestreef.

"Elke skuif wat ek in my lewe gemaak het, was daarop gemik om my en my ma gelukkig te maak."

Stuart voorsien nie dat hy en Charlize as 'n paartjie dikwels saam in prente gaan optree nie, maar in 2003, net twee weke nadat die verfilming van *Monster* afgehandel is, werk hulle weer saam, dié slag aan 'n kostuumdrama oor liefde en oorlog, *Head in the Clouds*. "Ons het 'n paar aanbiedinge gekry om saam te werk ná *Trapped*, maar die draaiboeke was nie vir ons geskik nie. Hierdie een [*Head in the Clouds*] het na 'n beter storie gelyk, nie na 'n *Gigli*-ding nie. Ons is nie Ben en J Lo nie. Ons is baie meer privaat. Ek dink nie eens baie mense weet ons is 'n paartjie nie, en dis goed so."

Dat hy nie baie filmwerk kry nie, blyk uit Stuart se opmerking dat 'n rol in 'n goeie prent vir hom is soos om die lotto te wen. "As iets soos *The League of Extraordinary Gentlemen* opduik, vat ek dit want ek het geld nodig en ek wil werk. Ek doen dit nie omdat ek trots daarop is nie en dit doen niks aan my siel nie. Ek het kontant nodig. Maar op *Head in the Clouds* is ek trots. Dalk wag ek weer drie jaar vir so iets, en sal intussen 'n ander stuk gemors maak."

Hy sê hy vind dit ook moeiliker as Charlize om hom van rolle los te maak. Sy het nooit vir Aileen Wuornos huis toe gebring nie. En hy het haar net een naweek op die stel van *Monster* gaan besoek. "Ek het haar alleen gelos. Ek het geweet sy werk hard, en ek het my ruimte ook nodig gehad."

Terwyl Stuart in 2002 besig is met die verfilming van *The League of Extraordinary Gentlemen*, begin Charlize in September dieselfde jaar met *The Italian Job*, wat in onder meer Venesië geskiet word voordat die filmspan na Los Angeles terugkeer. *The Italian Job* is 'n nuwe weergawe van die 1969-film met Michael Caine, en word aansienlik beter ontvang as van

Charlize se onlangse prente. Dit is 'n vermaaklike prent sonder swaar drama en kosmiese debatte oor die lewe, veral met die klein Mini Coopers wat in die strate van Los Angeles rondjaag.

Die prent is oor 'n groep behendige gouddiewe en Charlize is Stella Bridger, dogter van die Donald Sutherland-karakter. Paramount is aanvanklik ontevrede oor die swak loketinkomste toe dit op 30 Mei 2003 teen sterk kompetisie vrygestel word, saam met prente soos *Finding Nemo, Bruce Almighty, The Matrix: Reloaded, Daddy Day Care, X2: X-Men United, 2 Fast 2 Furious* en *The Hulk*. Dit word later hervrygestel en verdien uiteindelik wêreldwyd $175,8 miljoen, genoeg om 'n opvolg te oorweeg, wat later *The Brazilian Job* genoem word.

Maar Charlize is steeds besig met die verfilming van *The Italian Job* toe die reeksmoordenaar Aileen Wuornos in Oktober 2002 tereggestel sou word en regisseur Patty Jenkins begin soek na 'n aktrise om Wuornos in *Monster* te vertolk. Verfilming van *Monster* begin in Februarie 2003 voor *The Italian Job* se vrystelling in Mei.

The Italian Job se produksiebegroting is $60 miljoen met Paramount Pictures agter hom; *Monster* se begroting is tussen $5 en $8 miljoen as 'n "indie"-film, "independent" van die groot Hollywood-studio's en met beperkte vrystelling.

Maar Charlize meen sy het uiteindelik die rol gekry waarvoor sy so lank gewag het, en is só aangegryp deur Aileen Wuornos se lewe dat sy selfs bereid is om sonder enige vergoeding in *Monster* op te tree. Haar bestuurder, J.J. Harris, sê: "Charlize was baie honger vir 'n werklik dramatiese rol wat vir haar die uitdaging sou gee van 'n diep, intense vertolking."

Monster-waagstuk, 2002–2003

As ons stories oor vroue wil vertel, moet ons dit eerlik doen.
Ons kan nie met hierdie madonna-hoer-kompleks leef nie.
Wil jy my vertel elke ma daar buite is 'n goeie ma?

Charlize, 2008

Ma en dogter

Twee vroue, op 'n maand na presies drie jaar na mekaar gebore, speel die beslissende byrolle in Charlize se lewe en welslae as aktrise. Die belangrikste een is haar ma, Gerda, die dryfkrag agter haar, wat haar dogter laat glo dat geen struikelblok te groot is nie, dat sy die wil en talente het om enige belemmering te oorwin. Dit is nie ongewoon nie. Elke ma, elke ouer, wil haar kind aanspoor en aanmoedig. Maar 'n besondere band is nodig, en in Gerda en Charlize se geval het hulle verhouding ook nie altyd sonder rukke en stote en trane vorm gekry nie. Later lees Gerda die draaiboeke wat aan Charlize aangebied word en gee haar mening reguit en eerlik, soos sy is. Sy sê self Charlize het aan die begin haar toestemming gevra – en gekry – oor tonele waarin sy haar klere moes uittrek. Sy sorg en help dat haar dogter se voete op die aarde bly en dat sy die vermoë behou om te onderskei tussen werklikheid en Hollywoodse illusies.

In Februarie 2004 sê Charlize ná een van die vele toekennings as beste aktrise vir *Monster* in haar toespraak: "My engel en my metgesel vanaand, my ma, wat my op 'n vliegtuig gesit het met 'n eenrigtingkaartjie na Hollywood toe ek negentien jaar oud was: Dankie dat jy so dapper was en my laat gaan het sodat ek my drome waar kon laat word."

Die besondere verhouding wat Charlize van kleins af met haar ma het, duik in feitlik al haar onderhoude op en sy laat nie 'n geleentheid verbygaan om Gerda te prys nie. Sy beskryf haar ma as haar beste vriendin en rolmodel – die soort vrou wat 'n plaas kon bestuur, 'n koei kon help kalf, 'n motorband kon omruil, haar dogter se klere kon stik en Charlize na ballet-, kuns- en musiekklasse gevat het. "Sy was die vorm waarin ek myself kon giet."

Gerda word só in 'n vroeë onderhoud beskryf: "Sy's 'n ongewone ma wat 'n padboumaatskappy besit, op 'n Harley ry en 'n kampeerreis deur Afrika onderneem het. Sy en Charlize het ook dieselfde tatoeëermerk van 'n vis op die enkel."

Charlize sê: "Ek is soos 'n eendjie wat aangeloop het agter die eerste ding wat ek gesien het, in my geval my ma. Sy verteenwoordig die ware Suid-Afrikaanse vrou. Sy laat nie toe dat enigiets haar onderkry nie. En dis hoe ek myself sien. Ek het dit gehaat om as kind by maats oor te slaap. Was dit veronderstel om pret te wees? Waarom moes ek van my ma weg wees? Om naby haar te wees, het my veilig laat voel. Tog het ek ook gevoel asof ek die enigste een is wat háár kon beskerm. Dit was vreesaanjaend om van haar weg te wees.

"Dit het probleme ná my pa se dood veroorsaak. Hier was 'n pragtige 40-jarige weduwee met mans wat om haar draai. Vir my was dit: 'No way, dude! Step away from The Mother right now!'"

Mademoiselle: "Tog is sy weer met 'n gesinsvriend met twee seuns getroud?" (Gerda en Ivor was nie getroud nie, al word Charlize soms in onderhoude aangehaal as dat sy van haar "stiefpa" en "stiefbroer" praat.)

"Ja, en ek het iets ervaar wat ek nooit voorheen gehad het nie. Skielik was daar hierdie man wat my gebel het en regtig belanggestel het in wat ek doen. Ek het gedink: O, dis wat 'n pa veronderstel is om te doen."

Oor hoe haar verhouding met haar eie pa haar siening oor mans beïnvloed het: "My pa was nie die getrouste eggenoot nie. Ek kon dus aan 'n mansvriend gesê het: 'My pa het dit gedoen. Wat de hel, alle mans doen dit, ek vergewe jou.' Maar ek weet dis nie soos dit werk nie. Jy hoef nie saam met iemand te wees wat ontrou is nie."

Mademoiselle: "Waar het jy jou selfvertroue gekry?"

"Van my ma! Dis nie dat sy die Ystervrou op die Trekker was nie. Maar ek het hierdie duidelike herinneringe aan haar as die enigste vrou in 'n bedryf wat deur mans oorheers is. Sy het nooit die feit dat sy 'n vrou is, as verskoning gebruik nie. Dit kan regtig vals klink, maar nooit *een* keer in my lewe het ek gedink my ma is uncool nie.

"Daar was iets aan my ma wat ek ook bitter graag wou wees. Alles, van die manier waarop sy aangetrek het tot hoe sy soggens opgestaan en haarself aan die wêreld voorgestel het, en dan probleme hanteer het wat jy jou nie kan indink nie. Elke ding, hoe sy haar tande geborsel het, seep aan haar waslap gesit het, die manier hoe sy haar sigaret gerook en kar bestuur het; ek was haar grootste na-aper. Ek was nog altyd so trots om te sê: Dis my ma daardie!"

In 'n ander onderhoud sê sy: "Ek was 'n mamma se dogtertjie. Ons was vriendinne van altyd af, ons móés wees. Dit was net ons twee, op mekaar aangewese. Daardie jare in haar eerste huwelik het ek soos haar beskermer gevoel, en daarna was sy vir 'n ruk enkellopend.

"Met my stiefpa was dit nie asof hy my eie pa se plek probeer vul het nie, dit was asof hy mý plek wou inneem. Ek het regtig gemeen geword. Ek het hulle verhouding probeer saboteer. My stiefpa moes my uiteindelik heropvoed oor respek en vertroue in verhoudings, en vertroue in mans in die algemeen. Ek het dit nie met my pa gehad nie. Dinge was regtig, regtig sleg tussen my en my pa, maar iewers in my agterkop het ek altyd gehoop dat ons verhouding sou verbeter. Ons het almal letsels. Ons is maar almal kwesbaar in ons kinderjare. Maar jy moet aangaan . . ."

Oor haar "stiefbroer" Denver wat op 22 in 'n motorongeluk gesterf het, vertel Charlize in 1999: "Ons was dieselfde ouderdom toe my ma en stiefpa se verhouding ses jaar gelede [in 1993] begin het. Ons het in dieselfde omgewing grootgeword. Ons was in dieselfde sportklubs. Hy was goed in muurbal en krieket.

"Ek was [in Mei 1997] op pad bed toe in Hawaii om vyfuur die volgende oggend op te wees vir my eerste dag se verfilming aan *Mighty Joe Young* toe ek 'n oproep van my ma kry oor Denver se dood. Sulke dinge gebeur in jou lewe en jy het absoluut geen beheer daaroor nie. Die enigste beheer wat jy het, is om die meeste te maak van elke dag saam met die mense vir wie jy lief is. Waardeer hulle. Dit is ál waaroor jy beheer het . . ." (En hier begin Charlize tydens die onderhoud huil.)

Aan die einde van 1999 is Charlize op 'n besoek aan Suid-Afrika, waar sy in Kaapstad die tydskrif Femina se gasredakteur vir die Desemberuitgawe is. Gerda is saam, en Charlize sê: "Negentig persent van my sukses is te danke aan my ma. Watter talente of geluk ek ook al mag hê, dit kan nie vergelyk word met die ondersteuning wat ek van haar kry nie. Om iemand te hê wat werklik in jou glo, is belangriker as enigiets anders. Dis baie maklik om iemand aan te moedig, om te sê: Ja, jy kán dit doen, en haar 'n klop op die skouer te gee. Maar dis nie dieselfde as om te voel dat iemand soveel vertroue in jou het dat sy haar laaste rand vir jou sal gee om jou te help om sukses te bereik nie – en dis wat my ma gedoen het."

Sy sê ook dit is nie altyd maklik om haar en haar ma se verhouding in woorde uit te druk nie. "Dit is eerder 'n soort chemiese reaksie. Ons hou van mekaar. As sy nie my ma was nie, sou sy my beste vriendin gewees het. Wat ek vandag is, is aan haar te danke."

Gerda, wat teen Desember 1999 op aandrang van Charlize ook uit Suid-Afrika na Los Angeles verhuis het, sê: "Charlize het vir my 'n pragtige plek gekoop, maar dis te groot vir my. Ons bestee baie tyd saam. Wanneer sy oorbly, slaap sy nie in een van die gastekamers nie, sy kom klim by my in die bed. Ons drink saam rooiwyn in die bad, en lag gedurig. Dit help ook dat ons Afrikaans met mekaar praat, want as dit nodig is, sê ons goed vir mekaar wat niemand anders kan verstaan nie."

Gerda sê ná haar verhuising Amerika toe dat sy nog familie in Suid-Afrika het, twee broers en 'n suster, en sy mis haar vriende, maar sy het nie twee keer gedink om Los Angeles toe te gaan nie. "Charlize is my kind, en sy's die wonderlikste dogter wat enigeen kan hê. Daar's niks – geen man, absoluut niks – wat ooit haar plek in my lewe kan inneem nie."

Oor hulle lang skeiding voordat Gerda ook permanent verhuis het, sê Charlize: "Die eerste sewe jaar nadat ek Suid-Afrika verlaat het, was baie swaar. Ek wou gaan en sy wou hê ek moes gaan, maar dit het beteken dat ons mekaar selde sou sien. Noudat ons weer bymekaar is, haal ons daardie verlore tyd in. Ons kom so goed oor die weg. Ons speel kaart en lag, en sy lees baie van my draaiboeke, wat baie goed is want ek weet altyd dat ek 'n eerlike antwoord van haar sal kry. Sy's wonderlik.

"Ná my pa se dood was daar 'n tyd toe ek gedink het dit kan nie slegter gaan nie. Maar ek glo as jy een keer seergekry het, beteken dit nie jy moet ophou omgee vir mense uit vrees dat hulle kan sterf of jou verraai of seermaak nie. Of omdat hulle net op 'n dag nie meer vir jou lief gaan wees nie."

In Tatler noem Christopher Goodwin haar pa se dood die sement vir Charlize se reeds hegte verhouding met haar ma. "Hulle is onafskeidbaar sedert Gerda na Los Angeles verhuis het, en word dikwels saam in restaurants gesien, by filmpremières of in winkels, giggelend soos tieners of aan die klets in Afrikaans."

'n Foto in die modetydskrif Vogue in 2000 illustreer hierdie beeld: Charlize en Gerda, albei met dieselfde kapsel – kort, blonde hare – kom hand aan hand en laggend aan by die première van *The Perfect Storm*.

In 2007 word Charlize in 'n onderhoud met die vrystelling van *In the Valley of Elah* weer uitgevra oor haar ouerhuis en die uitwerking daarvan op haar. "Dit het my laat besef dat die lewe soms regtig swak kaarte aan jou uitdeel en dat jy maar daarmee moet speel."

En sy het met dié kaarte gespeel, saam met Gerda se soms aweregse aanmoediging om op haar eie voete te leer staan. Hiervoor gee sy 'n illustrasie van haar koshuisdae op skool in Johannesburg. "As ek en my maats in die moeilikheid was, moes ons Maandagoggend na die hoof se kantoor gaan, en almal se ouers was daar. Maar ek sit alleen daar, sonder my ma of my pa, en ek moet myself verdedig. Agterna bel ek haar en sê sy's die slegste ma in die wêreld en almal dink so, want waar was sy? En sy sê net: 'Wat wil jy hê moet ek doen? Jy het jouself in die moeilikheid gebring, kry jouself nou daaruit.'

"Ek het lank gedink my ma gee net nie om vir my nie. Nou sien ek dit anders. Dit het my geleer: as jy droogmaak, sorteer jy dit self uit. Jy kan nie na ma toe hardloop nie. Ek kla 'n slag dat iemand my liniaal gesteel het, en my ma sê net: 'Steel dit terug!' Ek moes leer om na myself om te sien.

"My ma het altyd vir my gesê, selfs as 'n kind: 'Neem jou eie besluite.' Ek het kerk toe gegaan, en toe om die een of ander rede ophou gaan. Iemand van die kerk het my ma kom sien en gesê: 'Ons moet daaroor praat dat Charlize nie meer kerk toe kom nie.' Ek onthou my ma het na my gewys en gesê: 'Jy kan self met haar praat. Daar's sy.'

"Ek dink ek is in my hart paganisties."

By die NG Kerk Benoni-Oos word goed onthou hoe Charlize daar Sondagskool bygewoon het. In 'n ou register vir lidmate is ingeskryf dat

Gerda op 11 November 1984 haar belydenis van geloof daar afgelê het, 'n vereiste vir ouers voordat hulle kinders gedoop kon word. Maar in die kerk se argiewe kom Charles se naam nie in enige kerkregister voor nie, en Charlize se naam ook in geen dooopregister nie.

In Vogue word in 2000 onwetend bevestig wat die Theronfamilie nog altyd geweet het: dat met Gerda van jongs af, van haar mini-en-broekie-dae af, moeilik huis te hou was, dat almal selfs *bang* was vir haar bitsige tong. Vogue se joernalis sê as hy op Charlize verlief sou raak, hy Gerda moeilik sou kon hanteer. "Sy's so 'n natuurkrag. Maar dit lyk nie of Charlize en haar ma ten volle die sielkunde van hulle verhouding verstaan nie. Nie dat baie gehegte kinders en ouers dit wel begryp nie. Maar as Charlize wil ryp word as die aktrise en ster wat sy kán wees, sal sy meer van haar ma se genadeloosheid moet ontwikkel."

Dié "advies" is in 2000 gegee. Hy het duidelik nog nie vir Charlize goed geken, of haar krag opgemerk nie, want dié was toe al daar.

Haar vriendin Jauretsi Zaizarbitoria noem Charlize se band met haar ma "regtig vurig, regtig diep en onpeilbaar, regtig 'n oerband wat sy van altyd af gehad het".

Teen 2008 is daar min twyfel dat Charlize die vrou geword het wat sy in die Gerdaspieël gesien en nageaap het. As sy haar ma in Julie 2008 beskryf, sien jy nie vir Gerda nie, jy herken Charlize: "Ek hou daarvan dat sy niemand op haar laat trap nie. Ek hou van haar waardes, ek hou van haar humorsin, haar onafhanklikheid. Ek hou van haar stout gedagtes en ek hou daarvan dat sy eksentriek en wys is en politiek volg, en jy kan haar na enige funksie vat en sy kan met enigeen oor enigiets gesels. Daardie goed beïndruk my steeds."

Amen, sou Gerda hierop kon sê.

Aileen Wuornos

Die ander vrou wat Charlize grondig beïnvloed het, is Aileen Wournos, wat in 2002 in Florida in Amerika tereggestel word. Maar vir Lee, soos Aileen genoem word, ontmoet Charlize nooit nie. Pas ná die Berlynse rolprentfees sê Charlize aan die rolprentmaker Helena Nogueira: "Ek het moreel gesproke nie gemaklik gevoel oor 'n ontmoeting met Aileen nie. Sy was iemand wat besig was met appèlle en sou heel moontlik die doodsvonnis kry [sy het toe reeds vyf doodsvonnise gekry, en die appèlhof sou die vonnisse bekragtig], en hier kom ek en bring haar moontlik laaste oomblikke saam met haar deur. 'n Vreemdeling wat alles oor haar lewe wil weet."

Maar al ontmoet die aktrise en moordenaar mekaar nie, vind Charlize 'n vreemde aanklank by die treurige lewensverhaal van hierdie vrou. Sy bestudeer vir haar rol in *Monster* alles wat oor Wuornos geskryf is, en ontdek die spreekwoordelike goue draad wat Wuornos se wese kenmerk, van haar geboorte tot haar dood: die soeke na liefde.

Charlize sê: "Mense het haar altyd as 'n monster bestempel of as bose reeksmoordenaar. Dan is daar die biografieë – die mishandelde, arm kind wat op dertien verkrag is – wat jou haar laat bejammer. Die skaal het nooit gebalanseer nie. Niemand het albei kante van haar lewe getoon en gesê: 'Dís wat met haar gebeur het' nie."

"Deur die waarheid vind jy empatie. Ek dink Aileen se liefdesverhaal plaas die rolprent op 'n ander vlak. As liefde nie deel was van die prent nie, sou dit jou tipiese reeksmoordenaarfliek gewees het. Nou handel dit oor die hoop wat liefde bring, veral vir Aileen wat nooit liefde ervaar het nie. Dit het die motivering geword vir alles wat sy gedoen het. Dit was só intens dat dit my herinner het aan Shakespeare of die Griekse mitologie.

"*Monster* handel oor iemand se lewe en haar soeke na liefde; oor hierdie innige behoefte aan liefde. Dis nie net 'n fliek oor 'n reeksmoordenaar nie, maar is in 'n sin 'n pragtige liefdesverhaal," sê Charlize.

Die onvermydelike vraag wat telkens in onderhoude rondom *Monster* ter sprake kom, is of Charlize in Wuornos se verhaal iets van die tragedie in haar eie jong lewe aangevoel het. Is dit wat haar in staat gestel het om haar so volkome te kon inleef in hierdie vrou se psige?

"Daar is baie van my in Aileen: die behoefte aan liefde, die behoefte om in te pas in 'n samelewing, om aanvaar te word, om jou lewe te verbeter, om hoopvol te wees, om tragedie te oorleef. Ek dink dit is hoekom mense reageer op haar, as 'n mens."

In hierdie opmerking druk Charlize die vrese en verlangens en hartseer van haar eie lewe uit, en gee erkenning aan die vormingsjare se groot invloed op die lewe en neuroses van kunstenaars en ander sensitiewe individue. Sy was na aan haar pa, soos enige dogter, maar hy was as 't ware nooit na aan háár nie. Sy vertel dat hy haar op materiële gebied alles gegee het wat sy wou gehad het, behalwe die noue band tussen pa en dogter. Dat hy baie lief was vir haar, die grond aanbid het waarop sy geloop het en haar bederf het, daaroor was daar nooit twyfel nie. Maar hy was geestelik én fisiek afwesig.

Aileen Wuornos het die deure vir Charlize oopgemaak na die gewyde Hollywoodse Oscarbinnekring. Maar Aileen is kwalik 'n vrou wat 'n mens sou verwag om in 'n limousine met 'n chauffeur in Hollywood Hills op te daag vir 'n martini met olywe teen skemer.

Die koue, noordelike Amerikaanse staat Michigan word aan drie kante omring deur vier van die vyf Groot Mere wat die VSA en Kanada van mekaar skei, teenpool van sonnige Florida, die mees suidelike staat, met Miami as hoofstad. In die dorp Rochester in Michigan is Diane Pittman op vyftien met Leo Dale Pittman getroud nadat sy swanger geword het met hulle eerste baba. 'n Seuntjie, Keith, word in 1955 gebore en op sewentien is Diane 'n tweede keer swanger. Maar nou loop alles vir haar verkeerd. Leo het die huis verlaat met die polisie op sy spoor.

Diane se ouers, Lauri en Britta Wuornos, van Finse herkoms, staan haar by toe haar dogtertjie op 29 Februarie 1956 gebore word. Die grootouers woon in Troy, Michigan, maar ook in hierdie huis gaan dit nie wel nie. Ouma Britta is lief vir die bottel en oupa Lauri is 'n opvlieënde man wat immer op die rand van gewelddadige uitbarstings huiwer, selfs, of veral, teenoor kinders.

Ná die geboorte van haar babadogtertjie, wat sy Aileen Carol Pittman laat doop, sukkel Diane om as enkelouer met twee babas huis te hou. Sy kry boonop die nuus dat Leo as 'n psigopatiese kindermolesteerder gearresteer is. Hy word alternatiewelik in tronke en inrigtings vir geestelik gestremdes in Michigan en Kansas aangehou.

In Maart 1960 neem haar ouers vir Keith en Aileen amptelik aan en laat verander hulle van, Pittman, na Wuornos. Diane verhuis suidwaarts na Texas, aan die grens met Mexiko. In die Wuornos-huishouding is die belangrike vormingsjare van die twee kinders allermins na wense. Aileen doen op ses brandwonde op toe sy en Keith met vuur speel. Later beweer sy dat sy en Keith as kinders seks gehad het, en dat haar oupa, Lauri, haar fisiek en seksueel mishandel het. Op twaalf hoor Aileen die eerste keer dat die drinkende, gewelddadige Lauri en Britta nie haar en Keith se biologiese ouers is nie, maar hul oupa en ouma.

(Dit is min of meer in hierdie tyd, in 1968, dat 'n ander jong skoolmeisie, Gerda Maritz, drie jaar ouer as Aileen, in die destydse Suidwes-Afrika 'n aantreklike jong man van twintig, Charles Theron, in Otjiwarongo ontmoet, en dadelik verlief raak.)

Aileen rebelleer teen die streng tug in haar grootouers se huis in Michigan en hulle het min beheer oor haar. In 1970, op veertien in die Troy High School, raak Aileen swanger. Haar babaseuntjie word direk ná geboorte vir aanneming van haar weggeneem en haar grootouers weier om haar in hulle huis terug te neem. Met die verwerping deur eers haar ma, en nou haar grootouers, word Aileen 'n moeilike en rebelse tiener in welsynsorg. Sy hervat egter haar skoolloopbaan en vorm 'n hegte vriendskap met 'n skoolmaat, Dawn Botkins, wat onbewus daarvan is dat Aileen ná skool as prostituut geld verdien. Aileen vind hierdie bron van inkomste so aanloklik dat sy uit die skool dros om haar beroep as tienerprostituut heeltyds te kan bedryf. Sonder 'n vaste woonplek vat sy die pad as ryloper, en sonder 'n bepaalde bestemming bied sy haar dienste teen vergoeding aan vir enige man wat langs haar stilhou. Sy swerf in 'n westelike rigting deur state soos Indiana, Illinois, Missouri en Kansas.

In 1974 bevind sy haar in Colorado, nou op agtien 'n gesoute prostituut en harde drinker. En hier gebruik sy ook die eerste van verskeie skuilname wat later kenmerkend van haar word. Sy bots ook as Sandra Kretsch die eerste keer met die polisie, omdat sy dronk skote met 'n .22-pistool uit 'n karvenster afvuur, en besluit om in 1975 terug te keer na haar tuisstaat, Michigan.

(Dit is die jaar waarin Charles en Gerda Theron se eersteling en enigste kind, Charlize, gebore word.)

Aileen word op 13 Julie 1976 in Michigan onder haar regte naam gearresteer omdat sy 'n kroegman in 'n rumoerige kroegdrinkery met 'n snoekerbal teen die kop gooi. Sy word met $105 beboet, wat sy betaal toe haar broer, Keith, vier dae later weens keelkanker sterf en sy lewenspolis van

$10 000 aan Aileen uitbetaal word. Sy koop ook 'n kar. Maar twee maande later is die kar 'n wrak ná 'n ongeluk en is die polisgeld verkwis. In Michigan is die winter boonop aan die kom, en einde September kry Aileen 'n saamrygeleentheid suidwaarts, na die warmer weer van Florida. Haar samaritaan is 'n ryk alleenloper, die 76-jarige Lewis Fell, wat haar terstond met hulle aankoms in Miami vra om met hom te trou. Haar bruidegom, 56 jaar ouer as die twintigjarige Aileen, leer haar streke gou ken. In 'n kroeg slaan sy hom met sy kierie omdat hy nie vir haar meer drinkgeld wil gee nie. Hy verkry 'n beperkingsbevel teen haar en voor die einde van dieselfde jaar, 1976, is die huwelik ontbind.

Sy hervat haar swerwery en prostitusie in Florida, gepaardgaande met chroniese geringe oortredings van die wet. Maar dan gebruik sy die vuurwapen wat sy altyd in haar handsak saamdra om in 1981 'n winkel in Edgewater, Florida, te beroof. Hiervoor kry sy tronkstraf en word in Junie 1983 ná dertien maande vrygelaat.

In 1984 probeer sy 'n vervalste tjek in Key West wissel, in 1985 word sy gesoek as verdagte in die diefstal van 'n pistool en ammunisie, en sy neem die skuilnaam Lori Grody aan, die naam van 'n tante in Troy, Michigan. As Lori Grody word sy gedagvaar omdat sy 'n kar sonder rybewys bestuur, terwyl sy in Januarie 1986 as Aileen in Miami gearresteer word weens motordiefstal, verset teen arres en die verstrekking van vals inligting. In die gesteelde motor kry die polisie 'n .38-rewolwer en 'n boks patrone.

Terwyl die wiele van die gereg stadig draai, is Aileen op borgtog vry om haar beroep as prostituut langs die snelweë van Florida voort te sit. Maar sy bots net ses maande later weer met die polisie toe 'n manlike metgesel beweer sy het hom in sy kar met 'n vuurwapen gedreig en $200 van hom geëis. Sy ontken die aantygings, maar die polisie kry 'n .22-pistool onder haar sitplek en patrone in haar handsak. 'n Week later word sy, as Susan Blahovec, in Jefferson County in Florida voorgekeer weens 'n spoedoortreding.

Enkele dae ná hierdie spoedvoorval bevind Aileen haar op 'n aand in Junie 1986 in die Zodiac, 'n lesbiese kroeg in South Daytona. Nou dertig, met die spore van haar harde lewe op haar gesig en lyf, het Aileen nie meer 'n hoë markwaarde as prostituut nie. Sy is eensaam en ontgogel met die moeilikheid waarin mans haar laat beland, en in haar soeke na ontwykende liefde ontmoet sy die 24-jarige Tyria Moore in die kroeg.

(Charlize is nou elf jaar oud, en in die Laerskool Putfontein. Sy het reeds met private balletklasse begin en droom van 'n lewe in rolprente. Sewentien jaar later begin Charlize se Oscarprent met hierdie ontmoeting van Aileen en Tyria in die Zodiac.)

'n Vurige lesbiese verhouding ontwikkel en vir die eerste keer in Aileen se lewe voel dit asof iemand werklik vir haar omgee, haar nie verwerp of misbruik of viktimiseer nie. Tyria verseker Aileen van haar liefde, en hoewel die vurigheid van die liefde ná sowat 'n jaar begin kwyn, sou hulle vier jaar aan en af saambly, van vlooines tot vlooines.

In die eerste jaar van hulle verhouding, met 'n gevoel van nuutgevonde liefde en geborgenheid, slaag Aileen daarin om min of meer op die smal weg te bly, behalwe vir werkdoeleindes op die snelweë. Maar dan begin die aanvanklike versotheid afkoel, en 'n nuwe reeks botsings met die gereg volg. Byna presies 'n jaar ná daardie eerste aanblik in die lesbiese kroeg word Aileen, weer as Susan Blahovec, in Julie 1987 in Daytona Beach deur die polisie ondervra oor 'n voorval waarin 'n man met 'n bierbottel geslaan is. In Desember dieselfde jaar word sy deur die snelwegpolisie gedagvaar omdat sy op die Interstate-hoofweg drentel. In Maart 1988 beskuldig Aileen, nou as Cammie Marsh Greene, 'n busbestuurder in Daytona Beach dat hy haar aangerand het.

Dit is die begin van toenemende vreemde optredes wat in 1988 vererger. Sy verniel 'n losieshuiskamer waarin sy en Tyria saamwoon, sy begin met 'n veldtog van dreigoproepe na 'n supermark ná 'n onderonsie oor loterykaartjies, en is nou byna skoorsoekend daarop uit om konfrontasies te ontlok. Sy soek mans op as klante in kroeë en oornaghaltes vir vragmotorbestuurders, en as ryloper langs hoofpaaie deur Florida.

Sy bespreek haar probleme met Tyria, maar dit is duidelik dat iets in Aileen begin prut, 'n begeerte om wraak te neem op mans, wat sy vir soveel van haar ellendes blameer. Haar orgie van moord, waarin sy uiteindelik aan die demone uiting gee wat al 33 jaar in haar woed, sou twaalf maande duur, en begin in November 1989, die maand waarin Charlize haar eerste hoërskooljaar in Johannesburg voltooi.

Die moorde

Richard (Dick) Mallory is die 51-jarige eienaar van 'n herstelwinkel vir elektriese ware in Clearwater in Florida se Tampa Bay-gebied aan die Golf van Mexiko. Hy is vyf keer geskei, drink te veel en hou van prostitute. Op Donderdagmiddag 30 November 1989 ry hy in sy 1977-Cadillac van sy winkel weg. Die Cadillac word die volgende dag by Ormond Beach gekry, net noord van Daytona Beach aan die Atlantiese kus, sowat 220 km van Clearwater.

Daardie selfde Vrydagaand 1 Desember, ná 'n paar dae op die paaie, kom Aileen by haar en Tyria se motelkamer in Daytona Beach aan. Aileen is dronk en beken aan Tyria dat sy daardie oggend 'n man doodgeskiet het. Sy het ook van sy besittings gevat. Twee weke later kry twee mans Mallory se ontbindende liggaam in bosse naby Daytona Beach. Hy is drie keer met 'n .22-pistool geskiet

Haar volgende slagoffer is David Spears, 'n 43-jarige konstruksiewerker van die metropolitaanse gebied Sarasota-Bradenton-Venice, ook aan Florida se ooskus. Op Saterdag 19 Mei 1990 ry hy met sy bakkie weg om die naweek vir sy gewese vrou in Orlando te gaan kuier. Twee weke later word sy oorskot in bosse naby Tampa gekry. Hy is ses keer met 'n .22 geskiet.

Charles Carskaddon (40) vertrek op 31 Mei uit Boonesville in Missouri om vir sy vriendin in Tampa te gaan kuier, maar daag nooit by haar op nie. Sy naakte liggaam word op 6 Junie gevind, so 60 km suid van waar Spears gekry is. Hy is nege keer met 'n .22 geskiet.

Die polisie van Florida begin nou die eerste keer vermoed dat hulle met 'n reeksmoordenaar te doen het.

Peter Siems, 'n 65-jarige sendingwerker, vertrek op 7 Junie in sy 1988-Pontiac Sunbird van sy huis in Jupiter, Florida, na familie in Arkansas. Sy Pontiac word op 4 Julie in Orange Springs in Florida opgespoor. Dit was in 'n ongeluk en ooggetuies sê hulle het twee vroue uit die kar sien klim ná die ongeluk. Polisieskets word gemaak van 'n jonger vrou met blonde hare en 'n ouer vrou met bruin hare. Een is beseer en laat 'n bebloede vingerafdruk op die kar. Siems se liggaam word nooit opgespoor nie.

Troy Burress (50) vertrek op Maandag 30 Julie op sy afleweringsroetes van die Gilchrist-worsfabriek in Ocala in Florida. Sy voertuig word die volgende dag verlate gekry, en die Saterdag sy lyk op 'n piekniekterrein van die Ocala-natuurreservaat. Hy is twee keer met 'n .22 geskiet.

Dick Humphreys is 'n 56-jarige afgetrede polisiehoof van Alabama en werk vir Florida se welsynsdienste in Sumterville. Sy vrou meld hom as vermis aan toe hy nie op 11 September huis toe kom nie, 'n dag ná die 35ste herdenking van hulle troudag. Sy lyk word die volgende dag gekry. Hy is sewe keer met 'n .22 geskiet.

Gino Antonio, 'n 62-jarige vragmotorbestuurder en polisiereservis, vertrek op 18 November van Cocoa, Florida, na Montgomery, Alabama. Sy liggaam word op 19 November in bosse naby Crosse City in Florida gekry. Hy is vier keer met 'n .22 in die rug geskiet.

Ná die moord op Antonio word die polisiesketse van twee vroue aan die media vrygestel, en hulle kry vier oproepe wat die vroue eien as Tyria Moore en Lee Blahovec. Speurders spoor Blahovec se bewegings na en dit lei na Lori Grody en Cammie Marsh Greene wat gesteelde besittings van die vermoorde mans aan pandjieswinkels verkoop het. Met hierdie name en die vingerafdruk op Siems se Pontiac het die polisie teen Desember Aileen Wuornos se naam.

Tyria het intussen ná die koerantberigte oor die moorde uit Florida padgegee na haar suster in Pennsylvania. Op Woensdagaand 9 Januarie 1991 slaan die polisie in Port Orange, net suid van Daytona Beach, toe op 'n kroeg, The Last Resort, wat toe gereed maak om motorfietsryers vir die naweek te onthaal. Aileen word in hegtenis geneem.

Op 16 Januarie 1991 doen Aileen 'n skuldbekentenis, hoofsaaklik om Tyria van medepligtigheid te vrywaar, dat sy ses mans uit selfverweer doodgeskiet het. Sy ontken dat sy Peter Siems vermoor het, met wie se Pontiac sy en Tyria in die ongeluk was. Haar bekentenis word op band opgeneem, en dit is hierdie soort spraak en malapropismes wat Charlize vir haar rol moes baasraak:

> I shot em cause to me it was like a selfdefending thing [. . .] cause I felt if I didn't shoot em and didn't kill em first of all [. . .] if they had survived, my ass would be getting in trouble for attempted murder, so I'm up shit's creek on that one anyway,

and if I didn't kill em you know, of course, I mean I had to kill em [. . .] or it's like retaliation too. It's like, you bastards, you were going to hurt me.

Op 13 Januarie 1992 begin Aileen se verhoor vir die moord op Dick Mallory, haar eerste slagoffer. Sy voer aan dat Mallory haar gewelddadig verkrag het en dat sy hom geskiet het omdat sy vir haar lewe gevrees het. Maar die jurie glo haar nie en bevind haar op 27 Januarie skuldig aan moord. Hierop skree Wuornos in die hof: "I'm innocent, I was raped! I hope you get raped, scumbags of America!"

Sy kry op 30 Januarie 1992 die doodstraf.

(Dit is in dieselfde maand dat Charlize, toe sestien jaar oud, in 'n geregtelike ondersoek in 'n hof in Benoni getuig oor die skietdood van haar pa en daarna van Johannesburg af Italië toe vlieg om haar modelkontrak van 'n jaar te begin.)

Aileen word op 31 Januarie 1992 as veroordeelde gevangene weens die moord op Mallory in die tronk opgeneem, met die Florida Department of Corrections se opname-inskrywing: "DC Number: 150924; Name: Wuornos, Aileen C.; Alias: Susan Lynn Blahovec, Cammie Marsh Greene, Lori Kristine Grody; Race: White; Sex: Female; Hair Color: Blonde or Strawberry; Eye Color: Brown; Height: 5'04"; Weight: 137; Birth Date: 02/29/1956; Initial Receipt Date: 01/31/1992; Current Facility: FSP (Florida State Prison) – Main Unit."

In Mei ontvang sy nóg drie doodsvonnisse vir die moorde op Spears, Burress en Humphreys, en in Junie haar vyfde doodsvonnis vir Carskaddon se dood. In Februarie 1993 beken sy skuld dat sy Antonio vermoor het en kry haar sesde doodsvonnis. Sy skryf verskeie briewe aan die Florida Supreme Court. Een lui onder meer:

> *I killed those men, robbed them as cold as ice. And I'd do it again, too. There's no chance in keeping me alive or anything, because I'd kill again. I have hate crawling through my system. I'm so sick of hearing this "she's crazy" stuff.*

Goewerneur Jeb Bush van Florida onderteken die voltrekking van haar doodsvonnis op 5 September 2002, en ondanks pogings ter elfder ure om haar te red, word haar teregstelling deur 'n dodelike inspuiting vasgestel vir halftien die Woensdagoggend van 9 Oktober 2002.

Vir hierdie Bush het Charlize harde woorde: "Dis siek hoe politici soos Jeb Bush die doodstraf gebruik vir politieke gewin."

Wat bedoel sy?

"Aileen was twaalf jaar in die dodesel en nou skielik, in dieselfde jaar waarin Jeb Bush homself herkiesbaar stel as goewerneur van Florida, teken hy haar teregstellingsbevel nadat sy vir 'n volle vyftien minute deur 'n psigiater ondersoek is."

Die aand voor Aileen sterf, word Dawn Botkins, haar skoolmaat en ou vriendin uit haar jeug in Troy, Michigan, by haar toegelaat. "Ons het daar in die koue tronk gesit en gesels en lag oor die ou dae. Ons wou nie ons laaste kuier omhuil nie. Lee het ook nie 'n spesiale laaste ete gehad nie, net 'n voorafverpakte bord kos bestel met die $20 wat sy toegelaat is om te bestee: bief en kaas en lekkergoed. Ons het toe saam gebid. Sy het vir die sewe mans [ook vir Siems] gebid, en toe ek wegstap, het sy agterna geroep: 'I love you!'"

Woensdagoggend voor haar teregstelling kry Aileen geleentheid vir haar laaste woorde, wat net so raaiselagtig is as haar lewe: "I'd just like to say I'm sailing with the rock and I'll be back like Independence Day with Jesus, June 6, like the movie, big mothership and all. I'll be back."

Presies om 09:30 word begin met die toediening van die dodelike dosis spuitstof in albei haar arms. 'n Ooggetuie, Claire Metz van WESH-TV, sê: "'n Bruin gordyn is weggetrek. Wuornos (46) was op die bed vasgemaak en kon net haar kop beweeg. Sy het na die getuies gedraai, 'n gesig getrek, geglimlag, haar oë gerol, en weggekyk. Om 09:31 het sy haar oë gesluit en het haar kop agteroor geruk, haar mond effens oop. Om 09:47 is sy dood verklaar."

Dawn Botkins ontvang later Aileen se as in 'n verseëlde boks per pos en strooi dit onder 'n eik op haar plaas in Fostoria, Ohio. Sy ontvang ook Aileen se oorblywende besittings, soos die tekkies wat sy met haar arrestasie gedra het, en bewaar dit alles in 'n kluis saam met honderde briewe van Aileen uit die tronk. Hierdie kluis word later vir Charlize en Patty Jenkins die sleutel tot wie Aileen Wuornos in haar binnekamer was.

Patty Jenkins

Met *Monster* begin Charlize se vennootskap met vrouefilmmakers. Sy het reeds haar eie produksiemaatskappy, D&D Films, waarmee sy haar aanvanklik op eksperimentele filmwerk toespits. Teen Aileen se teregstelling in Oktober 2002 het Charlize al rolle in agtien prente gehad en is sy besig met *The Italian Job*, almal met mans as regisseurs. Maar sy onthou hoe haar ma, Gerda, aan die hoof van 'n konferensietafel saam met mans gesit het toe sy haar besigheid ná Charles se dood bedryf het. Gerda kon haar plek in 'n manswêreld volstaan en haar wil laat geld. En Charlize is van plan om dieselfde te doen in die paternalistiese Hollywood. Sy is nie meer 'n blonde *bimbo* of 'n "school dropout" nie, soos sy haarself noem toe sy in Februarie 2008 saam met die akteur Christopher Walken die Hasty Pudding-toekennings van Harvard-universiteit se Hasty Pudding Theatricals in Massachusetts ontvang – 'n goudkleurige potjie waarin sy bredie wil kook. (Sy moet die volgende oggend oogdruppels ingooi voor 'n onderhoud nadat sy saam met die studente "boilermakers" gedrink het, wat beskryf word as "that time-tested, blue-collar, sit-up-and-bark elixir of beer and whiskey".) Die toekenning word sedert 1951 jaarliks gedoen aan vermaakkunstenaars wat 'n "blywende en indrukwekkende bydrae tot die wêreld van vermaak gelewer het". Vorige vroueontvangers sluit al die bekendste filmsterre in soos Scarlett Johansson, Halle Berry, Drew Barrymore en Julia Roberts.

Patty Jenkins is twee jaar ouer as Charlize en was agtien jaar oud en in haar eerste jaar op universiteit toe Aileen in Januarie 1991 in die hof verskyn weens die moord op Dick Mallory. In die loop van die volgende tien jaar neem Patty kennis van die debat rondom Aileen terwyl haar status in die dodesel tot 'n berugte cause célèbre groei.

Feministe hou Aileen voor as 'n heroïese slagoffer van 'n lewe van seksuele en fisieke mishandeling, vasgevang in 'n bose kringloop, wat ten minste morele kwytskelding verdien. Carla Lucero skryf selfs 'n opera getiteld *Wuornos*, wat sy première in 2001 in San Francisco het.

Aan die ander kant sê 'n gewese aanklaer in haar moordsake dat Aileen 'n veel vlakker persoonlikheid gehad het as wat aan haar toegedig word. Sy word voorgestel as 'n heldin wat haarself teen mans verdedig het om te kon oorleef. Hy sê minstens vyf van die sewe moorde het niks met seks te doen gehad nie, en verskeie van hierdie mans is op 'n afstand en van agter geskiet.

Nadat Patty aan die Amerikaanse Filminstituut gradueer, hoor sy van 'n onafhanklike filmvervaardiger wat belangstel om met klein begrotings rolprente oor reeksmoordenaars te maak, met baie sensasie en direk vir verspreiding op video. Sy dink aan Aileen, begin met haar in die dodesel korrespondeer en skryf aan 'n draaiboek. Maar pleks van 'n oppervlakkige misdaadstorie word Patty só getref deur Aileen se lewe dat sy 'n liefdesverhaal skryf. Dit is haar eerste draaiboek en eerste prent as regisseur. Sy het 'n beskeie begroting vir die onafhanklike filmprojek, 'n "indie"-film.

Kort voor haar teregstelling gee Aileen aan Patty toestemming vir so 'n filmprojek en insae in haar briewe aan haar vriendin, Dawn Botkins. "Aileen het lang briewe geskryf oor haar herinneringe, oor álles wat met haar gebeur het. Sommige was herinneringe oor haar kinderjare, en regtig hartverskeurend, omdat sy met 'n soort afgetrokkenheid daaroor geskryf het," sê Patty later.

Namate die teregstellingsdatum nader kom, soek Patty na 'n aktrise wat bereid sal wees om in die rol van Aileen so 'n waagstuk saam met haar te onderneem. In hierdie tyd is Charlize nog onbewus van iemand soos Aileen Wuornos, óf Patty Jenkins.

Patty sit een aand haar TV aan en en kyk toevallig na 'n toneel uit 'n fliek waarin 'n versteurde vrou glo dat donker magte haar ovaria uit haar gesteel het – Charlize as Mary Ann in *The Devil's Advocate*. Patty besluit sy wil Charlize hê, maar die finansiers wil niks weet nie. Vir so 'n dramatiese rol wil hulle 'n aktrise met 'n groter naam hê, 'n aanduiding dat Charlize dit nog nie reggekry het om die *starlet*-etiket af te skud nie, ondanks al die aanprysings. Hulle laat kom die een aktrise ná die ander vir oudisies. Later is berig dat aktrises soos Kate Beckingsale, Kate Winslet en Heather Graham graag dié rol wou gehad het. Maar Patty hou voet by stuk, want elke keer as 'n aktrise ná 'n oudisie uitloop, dink sy: "I could kick her ass. And if I can kick her ass, she's not Aileen Wuornos." En sy twyfel of sy Charlize se sitvlak sal kan skop. Patty mag miskien nie soveel ervaring gehad het as ander groot regisseurs nie, maar sy ken *bad-ass girls*. En Charlize is een.

Patty het ook geweet as Charlize oortuig is van 'n projek, gee sy alles wat sy het, soos wat sy alles gee vir selfs swak rolle in swak prente.

Maar ná die verfilming van *Trapped* aan die begin van 2001 breek 'n onverwagse filmdroogte vir Charlize aan. Sy het 'n Ierse liefde, maar geen prente nie. Vir agtien maande kry sy niks wat vir haar die moeite werd is nie, en sy het ook 'n les geleer. Haar laaste vier prente (*15 Minutes, The Curse of the Jade Scorpion, Waking Up in Reno* en *Trapped*) was gemors. Dit was nie pogings wat Hollywood sou laat regop sit nie. Al wat die oog op haar hou, is haar skoonheid, en klein oomblikke in haar repertoire.

"Ek dink nie dis omdat ek nie werk kon kry nie. Daar het net niks aangegaan nie. Ek het 'n bietjie senuweeagtig geword. Die eerste twaalf maande van niksdoen was lekker. Maar daarna het ek begin wonder: Wat nou? En toe gebeur 'n paar dinge gelyktydig. Mark Wahlberg bel en sê ek moet *The Italian Job* saam met hom gaan doen. Terwyl ek daarmee besig is, sê ek vir my bestuurder, J.J. Harris, ek begin voel of ek in 'n siklus van prente is waarin ek nie nuwe terreine betree wat 'n bietjie vreesaanjaend is nie. En 'n week later beland *Monster* op the tafel."

Charlize lees die draaiboek sonder dat sy nog ooit die naam Aileen Wuornos gehoor het, dink eers dit is fiksie. Daarna ontmoet sy vir Patty Jenkins en binne drie weke stem sy in tot die rol.

"Dis alles aan Patty te danke. Sy't my oorrompel met haar passie en ek het geweet sy's die soort regisseur wat ek nou nodig het. Vir haar dank ek die gode van rolprente en lewe. Ek was nog altyd gefassineer oor hoe 'n goeie mens sleg kan word, en Patty het daardie skaal met Aileen laat balanseer."

Maar daar was tog 'n tikkie huiwering om 'n werklike persoon op film te vertolk. "Ek het gebid dat ek in hierdie vrou se vel kon kruip sodat ek 'n eerlike storie kon vertel."

Patty sê: "Wat ons toe nié geweet het nie, was dat Charlize se ma haar pa doodgeskiet het. Agterna gesien, lyk dit asof haar rol in *Monster* bonatuurlik geïnspireer was, net nóg 'n onortodokse bestanddeel van hierdie onwaarskynlike prent."

Patty erken dat *Monster* as karakterdrama aanvanklik om verkeerde redes belangstelling gaande gehad het, veral met Charlize daarin. Almal wou Charlize sien as 'n vet, lesbiese reeksmoordenaar. Oor hoekom sy nie iemand meer "gewoon" of minder mooi vir die rol gekies het nie, sê Patty: "Hollywood word gedryf deur mooi gesigte. Jy gaan nie finansiering kry as jy iemand gebruik wat *normaalweg* soos Aileen Wuornos lyk nie."

Met die projek op spoor, begin Patty en Charlize hulle saam verdiep in Aileen se briewe van tien jaar uit die dodesel. Nie een het haar persoonlik ontmoet nie, en hulle bestudeer ook Nick Broomfield se twee dokumentêre prente *Aileen Wuornos: The Selling of a Serial Killer* (1992) en *Aileen: Life and Death of a Serial Killer* (2003).

Charlize raak só begeester deur die projek dat sy aanbied dat haar D&D Films dit sal vervaardig en dat sy self geen vergoeding sal ontvang nie om die koste laag te hou. Verfilming begin in Februarie 2003, vyf maande ná Aileen se teregstelling. In 'n koerant word berig: "Jenkins het 'n begroting van net $5 miljoen dollar gehad, 28 dae om die verfilming af te handel en 'n aktrise wat absurd mooi was en nog net bekend vir haar dekoratiewe rolle. Enigeen sou dink hulle kanse om Wuornos se gekompliseerde tragedie vas te vang, was gering."

Die filmspan verhuis na Orlando in Florida en van die tonele word op werklike plekke verfilm waar gebeure plaasgevind het, soos in die kroeg The Last Resort. Later vertel Al Bulling, eienaar van The Last Resort, oor Charlize tydens die verfilming: "Elke oomblik dat sy in die kroeg was, was sy in karakter, van die manier hoe sy haar sigarette aangesteek het tot hoe sy gelag het." Bulling het self 'n klein rolletjie in *Monster* as die kroegman by wie 'n dronk Charlize-as-Aileen smeek vir nog 'n bier.

Bulling laat ook nie op hom wag om Aileen te gebruik in die bemarking van sy kroeg as die plek vir "Cold Beer & Killer Women" nie, en Aileen se geliefde rissiesous word in bottels verkoop met die etiket "Crazed Killer Sauce". Selfs op 'n Jim Beam-swartbord vir veerpyltjietellings is die dae na haar teregstelling met kryt afgemerk, saam met die dae tot die kroeg se volgende "biker rally", met vrouestoei as hoogtepunt.

Charlize sê toe hulle voor verfilming die plekke gaan besoek waar Aileen dikwels gekom het, het van die plaaslike mense vir hulle vertel van haar spook wat daar ronddwaal, soos in The Last Resort: "Die spook doen dinge soos om die ligte skielik af te skakel, of om 'n klomp messe in 'n muur in te gooi. In 'n ander kroeg het 'n vaas skielik van 'n kroegtoonbank afgevlieg en in skerwe gespat terwyl die drinkers op TV na die nuus van haar teregstelling gekyk het."

Lesbiese rolle

Die grootste uitdaging voor verfilming kan begin, is aanvanklik Charlize se fisieke transformasie. Wuornos was kort, net 1,5 m (5'04"); Charlize is 1,8 m (5'10"). Wuornos het 62 kg (137 pond) geweeg; om soos Wuornos te lyk, moes Charlize byna 14 kg (30 pond) se gewig aansit met kaasburgers en ander gemorskos. Aileen was ook afgeleef en geen mooi vrou nie.

Vir hierdie verandering aan Charlize se voorkoms word die hulp ingeroep van die grimeerkunstenaar Toni G, wat betrokke was by prente soos die 2001-weergawe van *Planets of the Apes* en die 2000-weergawe van *Dr. Seuss' How the Grinch Stole Christmas*. Toni G begin deur foto's van Aileen en Charlize te bestudeer en met mekaar te vergelyk. Daarna vra sy 'n beeldhouer, Art Sakamoto, ook betrokke by spesiale visuele effekte in prente, om twee stelle kunstande vir Charlize te ontwerp: een vir naby en een vir ver skote. Die kunstande bring mee dat Charlize haar artikulasie moet aanpas, en met die hulp van 'n dialekkenner, Brooks Baldwin, oefen Charlize haar uitspraak deur die beperkinge van die nuwe gebit, totdat sy Aileen se spraakpatrone, uitdrukkings, infleksies en malapropismes byna perfek kan naboots.

Saam met die kunsgebit (die duurste produksie-item) kom bruin kontaklense en 'n pruik. Geen prostetika word vir Charlize se gesig gebruik nie. Toni G werk net met grimering, die dikste grimering rondom haar ooglede, waar gelatien aangewend word om die ooglede swaar te laat hang sodat sy moeg lyk. Die res is grimeerkleursels. "Hiervan het ons baie lae aangewend. Ons moes haar pragtige, romerige vel vat en teksture opbou sodat dit dimensie verkry." Sy gebruik eers kleurlose seëlmiddels op die vel om die eerste vellaag te skep. Daarna wend sy die grimering laag op laag aan, met uiteindelik 'n spat-effek deur 'n tekenspuit vir rooi skakerings, sproete en sonskade aan die vel. Ook haar nek en hande moet hierdie effek toon, en Toni G verf met die hand die fyn aartjies en dieper skaduwees vir die neusvoue op Charlize se vel. Die daaglikse grimeerproses duur tot twee uur, en moet 'n volle dag se verfilming weerstaan in die warm, vogtige weer van Florida en te midde van dramatiese tonele van letterlik bloed, sweet en trane.

Die tydskrif Elle besoek die filmstel in Orlando waar hulle in 'n vervalle ou huis naby 'n treinspoor aan *Monster* werk. Charlize se voorkoms as Aileen word só beskryf: "Sy is vet en haar hare geoksideer tot 'n wilde roesbruin boskasie. Haar blou oë is bruin en koud. Sy het 'n goeie tandarts nodig. Haar gesig is pofferig, sy het 'n dubbelken en sy lyk afgetakel deur te veel son en sigarette, en te min slaap. Wanneer mense haar sien aankom, kyk hulle nie meer twee keer na dié Charlize Theron nie, hulle kyk weg."

Is die vetjies om haar maag prostetika, of haar eie? "Yeah, check it out!" Charlize lig haar oortrektrui vir 'n toetsvoel.

Ja, dis haar eie. "Ek het 'n slag 'n rol met vleis gekry," sê sy, dié slag letterlik. "Wat ek van Aileen bewonder, is dat sy nooit wou hê iemand moes haar jammer kry nie. Sy het aanspreeklikheid aanvaar vir wat sy gedoen het. En almal maak so 'n groot ding daarvan dat Aileen lesbies was. Ek glo nie sy was nie, ek dink dit was net haar manier om na liefde te soek, na enigiemand, ondanks geslag, wat haar net sou aanvaar en liefhê."

Al wat beskikbaar is om Aileen se gevoelens teenoor Tyria te probeer peil, is haar briewe, nie net aan Dawn Botkins nie, maar ook aan Tyria Moore. Een bevat hierdie insiggewende sin, hoewel nie noodwendig 'n uiting van fisieke liefde nie, maar tog 'n aanduiding van haar innige geneentheid teenoor Tyria: "Your [sic] my left arm and right arm, my breath, I'd die for you."

'n Opkomende jong aktrise, Christina Ricci, word gekies vir die rol van Tyria Moore. Ricci word veral as kinderaktrise onthou as *The Addams Family* (1991) se sinistere dogtertjie, Wednesday Addams.

Om regsredes word Tyria se karakter in *Monster* Selby Wall genoem. In die prent word voorgegee dat Selby Aileen verraai het ten einde haarself van vervolging te red. In teenstelling met Charlize se algehele metamorfose om so getrou moontlik na Aileen te lyk, is daar geen uiterlike ooreenkomste tussen Ricci en Tyria Moore nie.

Oor die bedtoneel tussen Selby en Aileen sê Ricci sy was 'n senuweewrak. "Omigod, ek moes aan Charlize se regterbors vat! Ons het almal gedink dit gaan 'n baie intense, ernstige toneel wees om te verfilm. En toe begin ek en Charlize onder die komberse giggel, en maak skurwe grappe. Charlize het gesê die vryery was soos 'n pajamapartytjie wat erg verkeerd geloop het."

Hulle soenery het ook nie altyd so flink en vurig verloop nie. Hulle kon soms kwalik hulle lag beteuel, want Charlize se kunstande het knaend gedreig om uit te val. Maar, sê Ricci: "Charlize is regtig volkome mens, baie vroulik, maar terselfdertyd sterk en byna manlik."

Charlize se produksievennoot, Megan Riley-Grant, stem saam: "Dis daarom dat sy enige rol kan vertolk. Ek weet nie hoeveel draaiboeke vir lesbiese rolle ons ontvang nie. Ek het vir Charlize gesê sy is bestem vir die een of ander lesbiese rol. Ek's bly sy doen híerdie een, want dit gaan oor liefde, oor 'n konneksie tussen twee mense."

Aan Vogue sê Charlize al in 2000, nog lank voor sy van Aileen kennis geneem het, dat sy elke dag van haar lewe deur vroue omring is en dit geniet. Sy doen flieks saam met mans, maar is mal oor vroue. "Ek weet baie mense wonder of ek nie lesbies is nie. Hulle dink so wanneer ek 'n opmerking maak oor 'n ander vrou, soos 'What an amazing ass' of 'Kyk daardie bene'. En ek sien 'n mooi gesig raak. Maar dis nie seksueel nie. Ek was nog altyd lief vir mans."

Charlize haal op die filmstel haar Wuornos-gebit uit sodat sy aan 'n kaasburger kan hap en sê sy was nog nooit een van daardie meisies wat haarself kon uithonger nie. "Maar ek eet beslis baie meer vir dié rol. Pleks van een Krispy Kreme eet ek agt. Dis 'n pyn in die agterent om so vet te word, want ek het uit my eie broeke uitgegroei tot in Stuart se broeke en toe tot in die sweetpakbroeke waarin ek die afgelope twee maande leef – dis 'n nagmerrie. Maar ek dink nie my liggaam is *so* lelik nie, en Stuart begin *baie* daarvan hou."

Sy is vol lof vir Patty wat soveel vertroue in haar het. "Die meeste van die tyd voel ek regisseurs het nie 'n benul waartoe ek werklik as aktrise in staat is nie. Ek voel hierdie prent het my as akteur en as mens verander. Dis asof niks vantevore gebeur het nie."

Ná verfilming is Charlize saam met Patty betrokke by elke aspek van die postproduksiefase, soos die redigering, musiekklankbaan, agtergrondvertelling, reklame en verspreiding. Hulle sit met 'n klein, grinterige indie-film en het geen idee hoe dit ontvang gaan word sonder die massiewe reklamemasjinerie van 'n Hollywood-studio nie.

In Los Angeles kry ek 'n vinnige les oor die werkinge van 'n studioprent. (Kleiner kuns- en indie-films het minder rompslomp.) Die meeste Hollywood-prente word buite die groot ateljees op filmstelle op werklike plekke verfilm, met die uitsondering van sekere tonele waarvoor 'n beheerbare omgewing nodig is.

In die preproduksiefase ontvang 'n potensiële vervaardiger 'n draaiboek en lê dit voor aan die "creative executive" van die studio. ("Executive" is 'n gesogte titel, en elke derde persoon in die filmbedryf is die een of ander "executive".) Sy, die kreatiewe bestuurder, stuur die draaiboek aan die studio se storie-afdeling vir beoordeling. Sy kry positiewe reaksie terug en deel kopieë van die draaiboek uit om oor die naweek te lees sodat die hele kreatiewe afdeling (ook die *studio suits*) dit kan deurgaan voor dit Maandag bespreek word. Maandag stem almal saam dat dit 'n kommersiële sukses sal wees, wysigings word voorgestel, 'n skrywer word opdrag gegee om dit so te verander, en die boontjietellers begin onderhandel vir 'n aanbod om die draaiboek te koop. Die regsafdeling stel 'n kontrak op, gewoonlik nie minder nie as veertig bladsye, waarin die studio tot in die hiernamaals op sy regte aandring. 'n Vervaardiger ("producer") word aangestel en die draaiboek land by 'n produksiebestuurder van die studio, wat kostes en plekke vir verfilming uitwerk en selfs 'n voorlopige begroting en filmskedule opstel.

Die studio se rolverdelingsbestuurder stel 'n lys op van moontlike akteurs en kontak talentagente vir oudisies. Die vervaardiger en kreatiewe bestuurder besluit op 'n regisseur. Sodra die regisseur, belangrikste akteurs, begroting en skedule in plek is, gee die studio die groen lig vir die projek. Die tegniese span word gekies en filmstelle gebou.

In die produksiefase gooi alle afdelings van die studio hulle aansienlike gewig in, notas oor die dag se verfilming word aan die einde van elke dag vergelyk en voorstelle gedoen, die musiekafdeling begin dink aan 'n klankbaan en die uitgawes en tydsduur van verfilming word dopgehou. As probleme opduik, kom die *studio suits* na die filmstel om dit uit te stryk met die vervaardiger.

In die postproduksiefase bekyk die kreatiewe bestuurders die hele prent se ongeredigeerde film, die "rough cut", en gee wenke oor verfyning wat hulle in die volgende weergawe wil sien. Die bemarkingsafdeling begin werk aan 'n reklameveldtog.

Voor die finale redigering van die film word die prent aan geselekteerde gehore vertoon om hulle menings te toets. Indien nodig, word sekere tonele weer verfilm. Die finale redigering vind plaas, die klankbaan gesinchroniseer en 'n vrystellingsdatum bepaal, saam met 'n strategie vir verspreiding. Die koste van reklame vir 'n studioprent beloop omtrent 'n verdere derde van die vervaardigingskoste van 'n prent. Om 'n finansiële sukses by die loket te wees, beteken dus om 'n veel groter inkomste te verdien as om bloot die produksiekoste te probeer verhaal.

Oscartriomf

> Theron is 'n ernstige akteur en 'n sterk feminis,
> maar dit sien jy eers as jy verby haar onverbiddelike
> skoonheid kan kyk, wat sy soos 'n los kledingstuk dra.
>
> Sam Allis, Boston Globe

Debat

Met Charlize se opmerking oor die skaal wat nooit oor Aileen gebalanseer het nie, en die omstrede debat wat in 2003 en 2004 met *Monster* 'n hoogtepunt bereik, is 'n regsopinie in Aileen se eerste appèl tersaaklik. Regter J. Kogan lewer 'n aanvullende, individuele mening in die per curiam-beslissing van die Florida Supreme Court nadat Aileen geappelleer het teen die verhoorhof se uitspraak en doodsvonnis vir die moord op Dick Mallory, haar eerste slagoffer. Hierdie appèlbeslissing bekragtig die uitspraak en doodsvonnis en word in 1994 gelewer, toe Charlize in Los Angeles 'n aspirantaktrise is.

Regter Kogan stem saam met die eenparige appèlbeslissing van die ander regters, maar voeg sy eie opinie by deur onder meer te sê:

> Die feite hier gee twee totaal verskillende prentjies van Aileen Wuornos. Een van hierdie prentjies is van 'n vrou wat 'n verskriklike lewe gelei het van viktimisasie, geweld en min hulp van ander, wat later teruggeslaan het na een van haar teisteraars. Die ander [prentjie] is van 'n koelbloedige moordenaar wat mans na hul dood gelok het om hul besittings te steel.
>
> Op te veel maniere moet ons gemeenskap nog die ernstige probleem konfronteer van vroue wat op 'n jong ouderdom tot prostitusie gedwing word. Sulke vroue wend hulle tipies tot prostitusie as die enigste manier om te ontsnap van 'n huislike

omgewing van mishandeling. Die tragiese gevolg is dat vroeë mishandeling selfs lei tot groter viktimisasie. En sodra die meisie 'n volwasse prostituut word, kry sy die etiket van 'n misdadiger, en word dikwels gedwing tot meer misdadigheid as die enigste manier om vir haarself te sorg. Min ontsnap uit hierdie bose kringloop.

Aileen Wuornos is klaarblyklik 'n uiterste geval, maar haar algemene lewensgeskiedenis is nie ongewoon nie. [Maar] selfs al word koue, berekende opset afgewys, glo ek [. . .] verswarende omstandighede weeg hier swaarder as versagtende verweer.

Ek is bewus dat 'n mate van sentiment ontstaan het om Wuornos [as 'n maatskaplike geval] voor te stel, [maar hiervoor] moet hierdie hof absoluut blind wees. Die feite staan dat die Staat se teorie [van opset om te moor] bevredigend ondersteun word met die hofrekord. Daarom word die uitspraak en vonnis bekragtig.

Op 26 Februarie 2004 saai die TV-nuusnetwerk CNN 'n onderhoud van Paula Zahn met Nick Broomfield uit oor sy dokumentêre reekse oor Aileen, en dialooginsetsels van Charlize-as-Aileen uit *Monster* word in die onderhoud gebruik. Broomfield het langer as 'n dekade met Aileen in die tronk gekorrespondeer, en talle onderhoude met haar gevoer, die laaste een kort voor haar teregstelling.

Zahn begin deur te sê: "Groot lof vir bekoorlike Charlize Theron. Maar heftige kritiek vir die fliek waarin sy speel. Is *Monster* bedoel om simpatie te ontlok vir een van die mees berugte reeksmoordenaars? Charlize Theron het skoonskip gemaak op die toekenningsplegtigheid vir haar wonderlike transformasie van glans tot riool in *Monster* as Aileen Wuornos. 'n Omstrede rol, soos ons sal sien in vanaand se aflewering van ons reeks, *The Real Story Behind the Oscar*."

Steminsetsel van Charlize/Aileen uit die fliek: "Thou shalt not kill and all that. That's not the way the world works, Selby."

Zahn: "Die verrassendste is dat Charlize 'n vrou gevat het wat hoofopskrifte gehaal het as die '80s Highway Hooker', 'n vrou wat haar prooi op Florida se snelweë gejag het, die vrou wat met 'n spuitnaald tereggestel is, en sy stel haar simpatiek voor."

Charlize/Aileen se fliekstem: "I'm not a bad person. I'm a real good person."

Zahn: "'n Vrou wat as kind mishandel is. 'n Vrou wat van prostitusie probeer wegkom het. 'n Vrou wat gemoor het om haarself te probeer verdedig."

Charlize/Aileen: "Man, circumstance, that's exactly it. That's exactly it."

Zahn: "Wie is die werklike Aileen Wuornos? Een van die dinge van *Monster* waarvan ek hou, is dat dit nie 'n maklike antwoord gee nie."

Nog voordat *Monster* in Amerika vrygestel word, is Charlize weer aan die werk met *Head in the Clouds* en *The Life and Death of Peter Sellers*, maar teen Desember 2003, met die eerste private voorskoue en premières, is dit duidelik dat hierdie monsterbaba bestem is vir groot dinge. Begin Januarie 2004 kry Charlize haar eerste toekennings vir *Monster* van die National Society of Film Critics en van die Broadcast Film Critics Association. Sy word ook vir 'n Golden Globe benoem. Haar benoeming lei selfs in Suid-Afrika tot redaksionele kommentaar in hoofstroomkoerante: "Charlize Theron sluit haar aan by die A-lys van Hollywood se sterre."

Dae later begin resensente regoor Amerika húlle menings gee. Op die gesaghebbende rolprentwebwerf IMDb word Charlize bestempel as 'n relatief onbekende model en aktrise wat oorval word met lof vir haar vertolking van Aileen Wuornos. Roger Ebert skryf op 1 Januarie 2004 in die Chicago Sun-Times: "Wat Charlize Theron regkry in Patty Jenkins se *Monster* is nie toneelspel nie, maar 'n beliggaming. Daar is dapperheid, kuns en medelye in haar meelewing met Aileen Wuornos, 'n geskonde vrou wat sewe moorde gepleeg het. Sy verskoon nie die moorde nie, vra bloot dat ons ooggetuies is van die vrou se laaste desperate poging om 'n beter mens te wees as wat haar lot bepaal het. Ek moet bieg dat ek na die prent gaan kyk het sonder om te weet wie die ster is, en dat ek nie geweet het dis Charlize Theron voor ek haar naam op die rolerkennings aan die einde gelees het nie. Ek het nie eens probeer [om haar te eien] nie, want haar vertolking is so gefokus en intens dat dit soos die werklike lewe gevoel het [en nie toneelspel nie]. Let op die manier hoe Theron haar oë in die prent beheer, sy verloor nie vir 'n oomblik fokus in die intense kommunikasie van haar gevoelens en denke nie. Daar is die vreemde gewaarwording dat sy van die kamera en draaiboek vergeet het en direk haar idees oor Aileen Wuornos oordra. Sy het haarself die instrument van hierdie karakter gemaak. Dis een van die beste vertolkings nog in die geskiedenis van rolprente."

Komende van Ebert is dit 'n mond vol. En net vier weke later, op 25 Januarie, wen sy 'n Golden Globe van die Hollywood Foreign Press Association.

Twee dae later, op Dinsdag 27 Januarie 2004, vier Gerda haar 51ste verjaardag en kry 'n wonderlike geskenk: haar dogter word daardie dag vir 'n Oscar benoem. Maar Charlize is in gedugte geselskap saam met die vier ander benoemdes as beste aktrise: die veteraan Diane Keaton (*Something's Gotta Give*), Samantha Morton (*In America*), Naomi Watts (*21 Grams*) en 'n jong Nieu-Seelandse aktrise, Keisha Castle-Hughes (*Whale Rider*).

Haar en Patty se klein en soms donker prent ding mee teen *blockbusters* en benoemdes soos *The Lord of the Rings: The Return of the King* (elf benoemings), *Master and Commander: The Far Side of the World* (tien benoemings), *Lost in Translation*, *Mystic River* en *Seabiscuit*. As beste akteur is benoem Johnny Depp (*Pirates of the Caribbean: The Curse of the Black Pearl*), Ben Kingsley (*House of Sand and Fog*), Jude Law (*Cold Mountain*), Bill Murray (*Lost in Translation*) en Sean Penn (*Mystic River*).

Op 9 Februarie vat sy haar ma saam vir die gebruiklike middagete vir Oscarbenoemdes in die Beverly Hills Hilton in Los Angeles. Die nuusagentskap Reuters beskryf Charlize in 'n wit rok as 'n godin eerder as monster. Joe Roth, die veteraanrolprentmaker wat die Oscars se TV-uitsending hanteer, waarsku die benoemdes dat hulle wentoesprake nie langer as 45 sekondes mag duur nie, al het jy ook hóéveel familielede om te bedank. Daar word ook besluit om die regstreekse uitsending met vyf sekondes te vertraag om TV-regisseurs 'n kans te gee om enige onverwagse blapse uit te sny voordat die beelde op TV-skerms in miljoene huise regoor die wêreld verskyn. Die vertraagde uitsending is die gevolg van die groot verleentheid die vorige week tydens 'n regstreekse TV-uitsending van die Super Bowl af, waar die eindwedstryd om die Amerikaanse voetbalkroon beslis is. Die sangeres Janet Jackson het die teenwoordiges en miljoene TV-kykers tydens die rusperiode vermaak met haar nou beroemde "wardrobe malfunction" toe haar een bors uit haar bostuk glip!

Charlize en Stuart besluit om vir 'n week weg te breek van hierdie malligheid om haar kop. 'n Week voor die Oscaraand verdwyn hulle met rugsakke na 'n klein vissersdorpie sonder TV in die suidooste van Brasilië, in die middel van nêrens.

Met hulle terugkeer vlieg sy Duitsland toe, waar sy die Silver Bear-toekenning as beste aktrise op die Berlynse rolprentfees met Cataline Sandino Morenot deel, en op 22 Februarie, weer met Gerda aan haar sy, ontvang sy die Amerikaanse Screen Actors Guild se toekenning in Los Angeles.

Op die Berlynse rolprentfees sê Charlize aan Helena Nogueira: "Ek het niks geweet van Aileen Wuornos se lewe nie. Die draaiboek het in my hande beland terwyl ek aan *The Italian Job* gewerk het. Ek is aangetrek deur die worsteling van die karakter. Vroueaktrises kry nooit die kans om dié karakters te speel wat op die grens tussen haat en liefde beweeg nie. Ek het besef dis 'n unieke kans wat nie gou weer in my skoot sal val nie. Aileen se verhaal is egter aangedryf deur sensasie en ek het gedink as dit in die verkeerde hande beland, kan dit 'n rolprent wees wat haar uitbuit, en aan so iets wou ek nie deel hê nie. Aileen was 'n gekompliseerde mens. Sy was wantrouig en dit was nie vir haar maklik om te ontspan en jou in haar ruimte toe te laat nie. In haar briewe, wat sy seker gedink het niemand buiten haar vriendin sou lees nie, vertoon sy weerloos en eerlik oor haar lewe."

Hoe het sy daardie emosionele waarheid in haarself gevind? Waar begin en eindig Charlize? En wat is die raakpunte tussen Charlize en Aileen?

"Ek is geleer om my as akteur in 'n rol te verplaas en dis 'n baie persoonlike reis. Ek voel ongemaklik om daaroor te praat. Dis soos om 'n towenaar te vra hoe hy die haas uit die hoed trek. Die fisieke bestaan nie sonder die emosionele nie. Soms plaas mense net te veel klem op die fisieke en dis moeilik."

Dit is ook 'n liefdesverhaal. Hoe het sy met die mans oor die weg gekom?

"Die probleem met Aileen is dat sy gedink het sy het die mag om te oordeel wie is boos en wie nie. Dit was nie so in die begin nie, maar aan die einde het sy geglo sy weet en het sy haar dade geregverdig. Daar was ander mans in daardie tydperk saam met haar en sy het niks aan hulle gedoen nie. Sy het jammer gevoel vir party van hulle.

"Sy het min geld gehad, en het geld maklik weggegee. Sy het haar ook oor rondloperdiere ontferm. Terwyl sy en Selby [Tyria Moore] saamgewoon het, het hulle vier honde gehad. Ek dink die liefdesverhaal plaas die rolprent op 'n ander vlak. As dit nie deel was van die prent nie, sou dit jou tipiese reeksmoordenaarfliek gewees het."

Baie van die resensies fokus op Charlize se fisieke transformasie. Voel sy ooit sy moet haar skoonheid onderspeel om goeie rolle en respek te kry, soos gebeur het met Halle Berry in *Monster's Ball* en Nicole Kidman in *The Hours*?

"Nee, ek dink nie so nie. Ek dink nie die Academy sal Oscars uitdeel net omdat iemand hom- of haarself lelik maak, maar swak werk lewer nie. Die prent het in 'n sekere pakket gekom en ek moes reg daaraan laat geskied."

Watter rolle sal sy ná dié ervaring kan aanvaar?

"Ek is baie, baie gelukkig met my loopbaan tot dusver. Ek het saam met groot rolprentmakers gewerk. Ek voel ek is nou naby Everest. Die volgende rol sal besonder uitdagend moet wees. Ek wil graag verskillende goed doen, nou iets heeltemal anders."

Op die vooraand van die Oscars het sy reeds die volgende pryse as beste aktrise ingepalm: Berlynse Filmfees: Silver Bear; Broadcast Film Critics Association Award; Chicago Film Critics Association Award; Dallas-Forth Worth Film Critics Association Award; Golden Globe; Golden Satellite Award; Independent Spirit Award (beste aktrise); Las Vegas Film Critics Society Award: Sierra Award; National Society of Film Critics Award; Online Film Critics Society Award; Screen Actors Guild Award; Vancouver Film Critics Circle; National Board of Review; en San Francisco Film Critics Circle Award.

Op die kruin

'n Oscar van die Amerikaanse Academy of Motion Picture Arts and Sciences is die hoogste toekenning in die internasionale filmbedryf. Die gesogte Oscarbeeldjie word gemaak van vergulde Britannia-metaal, 'n soort piouter, op 'n swart metaalbasis. Dit is 24 cm hoog, weeg 3,85 kg en stel 'n ridder voor wat met 'n Kruisvaarderswaard op 'n filmrol staan. Die oorsprong van die naam "Oscar" is onduidelik, waarskynlik van 'n sekretaresse van die Academy wat in 1931 opgemerk het dat die beeldjie se gesig baie trek op dié van haar oom Oscar. Die Mexikaanse akteur "El Indio" Fernández (1904–1986) was egter die naakmodel vir die eerste beeldjie. Sedert 1950 is dit onwettig vir die houer van 'n Oscar, of sy/haar erfgename, om dit te verkoop, behalwe terug aan die Academy, vir een dollar.

Die jaarlikse Oscartoekennings vind plaas in die Kodakteater op die eerste verdieping van die Hollywood & Highland-kompleks, op die hoek van Hollywood Boulevard en Highland Avenue. Weerskante van die breë trappe na die Kodak is 'n eregalery van flieks wat al as beste prent bekroon is. Regs is 'n binnehof, die Babylon Court, van waar die bekende Hollywood-teken agter teen die heuwel sigbaar is. Voor die Hollywood & Highland-kompleks is 'n knaende saamkoeking van toeriste en aspirantakteurs en -aktrises wat uitgedos in kostuums uit *blockbuster*-flieks geld vra om afgeneem te word.

Op Sondagaand 29 Februarie 2004 bereik Charlize op 28 die kruin van haar Everest. Toe haar naam as die wenner uitgelees word, snak sy effe na asem, knyp haar oë styf toe en laat sak haar kop. Dan soen sy vir Stuart, omhels haar ma, en stap verhoog toe. "Sy's die pragtigste monster nóg," sê seremoniemeester Billy Crystal.

In 2008 herleef sy haar gevoelens van daardie oomblik: "Dis 'n oomblik wat alles beteken het. Wat deur my kop geflits het, was waar ek en my ma vandaan gekom het, hoe ons lewe was, en hier is ons nou saam by dié wonderlike geleentheid waar hierdie Oscar aan my oorhandig gaan word. Dit was baie meer as net 'n filmoorwinning. Dit was 'n triomf vir albei ons lewens. Ek kon nie na haar kyk nie, omdat ek dan sou huil en nie kon praat nie. En ek was nie van plan om 'n huilende aktrise wees nie."

Sy praat nie Afrikaans in haar toespraak soos haar Afrikaanse landgenote tuis gehoop het nie, maar sê: "I am going to thank everybody in South Africa, my home country. They are all watching tonight and I'm bringing this [die Oscar] home next week." Sy huil ook nie, maar die oë is blink van trane toe sy haar ma – in die voorste ry saam met Stuart – regstreeks aanspreek: "Jy het so baie opgeoffer sodat ek hier kon kom woon ... ek is baie lief vir jou."

Maar op Charlize se triomfaand maak sy geen melding van die vrou wat sy so triomfantelik vertolk het nie. Die Oscartoekennings is op Aileen Wuornos se verjaardag; sy sou daardie dag, op 29 Februarie 2004, 48 jaar oud geword het.

Ná die Oscarseremonie is Charlize ook die fotograwe se grootste liefling op die goewerneursbal in 'n balsaal enkele verdiepings bo die Kodakteater waar die prysuitdeling gehou is.

"It's a wonderful story: the ugly duckling became the belle of the ball," sê Army Archerd, bekende Amerikaanse rubriekskrywer.

Oudpres. Thabo Mbeki bel Gerda die nag uit Suid-Afrika om Charlize geluk te wens en sy kantoor reik 'n verklaring uit: "Me. Theron, deur haar persoonlike lewe, verteenwoordig 'n sterk metafoor vir Suid-Afrika se oorgang van lyding tot prestasie. Ons is verheug deur die erkenning deur die mees kritiese denkers in die rolprentbedryf dat Charlize Theron púre goud is. Suid-Afrika het dit wéér reggekry, eers met die Nobelpryse vir vrede [oudpresidente Mandela en F.W. de Klerk] en letterkunde [J.M. Coetzee] en nou met 'n Oscar vir beste aktrise." Mbeki sê hy is veral in sy skik dat Charlize se sukses deur alle Suid-Afrikaners, swart én wit, besing word.

Soos sy beloof het, arriveer Hollywood die week ná die Oscars in Suid-Afrika. Honderde mense wag Charlize op 6 Maart 2004 op die Johannesburgse lughawe in met vlaggies, handtekeningboeke, kameras en plakkate. Haar triomftoer deur Suid-Afrika het begin.

Maar haar aanhangers moet tevrede wees met net skramse blikke van hulle ster omdat geen openbare optredes vir haar beplan is nie en sy ook onmoontlik die meer as honderd versoeke vir onderhoude en optredes kan toestaan. Een van haar eerste optredes is op 7 Maart in die TV-aktualiteitsprogram Carte Blanche, waar 'n rooi tapyt en 'n histeriese horde haar limousine by die ateljee inwag. Charlize skud hande en 'n groepie oorgretige kinders pluk haar byna onderstebo.

Charlize gaan in Johannesburg tuis in die presidensiële suite van die spoggerige pienk Westcliff Hotel, word deur die president in die presidensiële gastehuis in Pretoria ontvang, en verwys, eie aan Hollywoodse familiariteit, na die vorige president as "Nelson".

In 'n ander onderhoud met 'n Afrikaanse TV-program, Kwêla, gebruik sy Afrikaanse metafore om haar Afrikaansheid op die harte van kykers te druk. Sy verlang na biltong, blatjang, Mariebeskuitjies en die uitgestrekte Bosveld, sê sy, waar jy op 'n heuwel kan sit en vér om jou sien wat God geskep het soos jy dit nêrens elders in die wêreld kan doen nie. (Die aanbieder is so oorweldig deur haar teenwoordigheid dat hy haar sommer hartlik as "Charlene" verwelkom.)

Sy besoek Mbeki persoonlik op 8 Maart en hy skenk 'n stuk gouderts aan haar, waarop gegraveer is: *Presented to Charlize Theron, our South African star. From President Thabo Mbeki.*

Maar teen 9 Maart is Charlize vraagvoos en kapot en een van haar assistente sê die besoek is 'n medianagmerrie. Kort voor sy in die Westcliff se marmergang afkom vir 'n mediakonferensie, omring deur 'n trop lyfwagte wat 'n president tot eer sou strek – en almal 'n kop korter as sy – word wagtende joernaliste, haar vyfde mediagroep daardie oggend, versoek om weg te bly van sekere vrae. Die vrae wat joernaliste haar nié mag vra nie omdat sy dit al herhaaldelik moes beantwoord, is: Hoe voel dit om terug te wees in Suid-Afrika? Wat gaan jy vir die plaaslike rolprentbedryf doen? Hoeveel gewig het jy aangesit vir jou rol in *Monster*? Kan jy nog Afrikaans praat? En natuurlik, die grootste taboe, géén vrae oor haar pa se dood nie.

Elke joernalis kry tien minute vir vrae tydens 'n persoonlike oudiënsie in die teenwoordigheid van 'n assistent en lyfwag in die onderhoudkamer. Op die minuut onderbreek die assistent die gesprek en word die volgende wagtende joernalis uit die gang ingelei. Ondanks die informele onderhoude het Charlize telkens swaar grimering en glinsterende juwele aan.

Een joernalis vertel van sy ontmoeting: sy is nie meer so sprankelend as toe sy vier dae tevore aangeland het nie. Tog gesels sy tien minute oor haar Oscarroem en is heftig oor mense wat meen sy het veramerikaans. "Ek weet wie ek is en ek wéét waar ek vandaan kom. Dit maak seer as mense net oordeel." Sy beduie met klingelende armbande dat dit jare se harde werk en die aanleer van haar Amerikaanse aksent gekos het om tot hier te kom. "Dit het nie oornag gebeur nie. Ek's hier in die moeilikheid oor my aksent. Maar julle móét besef dit het my gehelp om te oorleef. As jy nie bereid is om aan te pas nie, gaan dit nie gebeur nie. Dit help nie om hardkoppig te wees nie, want daar is nog 4 000 vroue nes jy wat in die ry staan en wag."

Sy sê sy was die vorige Sondag in Benoni op 'n "nostalgiese" toer. "Ons is seker almal sentimenteel oor die plek waar ons grootgeword het. Dit was lekker om verby die straathoek te ry waar ek met my fiets geval het."

Op 11 Maart omhels sy Mandela met trane op haar wange, in 'n wit sonrok met haar hare in 'n poniestert. "Wat kan ek sê in die teenwoordigheid van sulke talent? Jy't Suid-Afrika op die kaart gesit," skerts Mandela.

"Ek's só lief vir jou," sê sy vir hom.

Hierna besoek sy die Cotlands-tehuis vir weeskinders en dié met MIV/vigs waar hulle haar toesing met "Everyone is Special". Sy is diep aangedaan toe sy deur die waaksaal stap met kinders in gevorderde stadiums van vigs.

Sy en haar gevolg vlieg tot hulle groot verligting op 13 Maart terug Los Angeles toe, en toe word in alle plaaslike publikasies lykskouings gehou oor die betekenis van Charlize se besoek. Haar aanhangers heg selfs aan haar gebruik van die Afrikaanse woord "pampoentjie" groot patriotiese waarde. "Toe ek hoor sy sê in 'n radiogesprek 'pampoentjie' is vir haar die mooiste Afrikaanse woord, was ek onmiddellik 'n fan," sê 'n joernalis.

'n Radiokletser wat met haar gesels het, word uitgevra oor waarom hy meen onderhoudvoerders weggeskram het van sogenaamde dieper vrae aan Charlize: "Ek het geen belangstelling in haar feministiese standpunte nie. Die beroemdes kom uit 'n omgewing waar alles so nagemaak en vals is dat hulle nie eerlik kan wees nie, al wil hulle. Maar ek weet nie of Charlize ook in dié kategorie val nie. Dit was onmoontlik om met die druk waaronder sy was en in die kort tydjie van ons onderhoud werklik iets oor haar te wete te kom."

'n Ander joernalis sien selfs iets baie dieper in Charlize se Oscar: "Dis gepas dat sy die Oscar gekry het in die jaar van die viering van tien jaar van [Suid-Afrika se] demokrasie. Suid-Afrikaners het nog altyd geworstel met hulle identiteit. Theron is die simbool van die nuwe Suid-Afrika. Haar mooiste woorde is: Ek weet wie ek is en waar ek vandaan kom. Dis absurd dat mense verwag het sy moes iets op Afrikaans sê in haar Oscartoespraak. Vir wat? Wat moes sy bewys? Dis nie vir haar nodig om haar Afrikaansheid uit te stal nie. Dis hoekom sy Gucci na die Oscar gedra het, en nie die volstruisvere wat vir haar gestuur is nie. Sy beweeg in 'n ander milieu, die speelveld is anders. Dis ons agtergeblewenes wat moet nadink oor ons eie speelveld. Is dit nie hoog tyd om ons eie horisonne te verbreed nie? Theron is 'n wêreldburger, sy weerspieël die nuwe Suid-Afrikaner, die een met 'n vloeibare identiteit. Sy hou die belofte in van die Suid-Afrika van die toekoms, van alles wat ons kan wees omdat ons hard daarvoor werk, omdat ons daarop aanspraak maak sonder om verskoning te vra vir wat ons is."

Nou word ook bespiegel oor die kommersiële ontginning van Charlize se Oscarroem buite haar fliekveld, veral ná die Suid-Afrikaanse Appèlhof se beslissing dat daar in Suid-Afrika nie so iets soos "'n uitsluitlike reg" op 'n naam is nie, of dat 'n persoon wat 'n naam beroemd gemaak het, hom/haar nie sonder meer op eiendomsreg kan beroep nie. 'n Ster soos Charlize kan egter wel haar naam, of ander kentekens soos haar handtekening, as handelsname in een of meer van 45 klasse laat registreer om alleenreg te verkry vir die gebruik daarvan op goedere.

In hierdie artikel word ook geskryf: "'n Mens kan seker nie die Laerskool Putfontein kwalik neem as hulle 'n geldjie probeer maak uit die verkoop van ou Charlize-memorabilia nie. Of dit geoorloof is, is egter 'n ander vraag. Die toepassing van die reg op hierdie gebied is baie kompleks."

Dit is 'n opmerking wat die laerskool diep seermaak en die skoolhoof, Gert Kachelhoffer, skryf 'n brief aan die koerant Beeld wat op 26 Maart 2004 gepubliseer word onder die opskrif "Ons put nie uit Charlize-fontein – Laerskool Putfontein": "Dit is onwaar en skaad beslis die beeld van ons skool. Charlize was 'n leerling aan ons skool soos enige ander leerling. Ons bêre nie memorabilia van enige leerling nie. Ons is egter baie trots op Charlize se prestasie. Vandat Charlize die Golden Globe gewen het, is ons by die skool oorval deur die media. Ons het niemand geskakel om bekend of berug te word nie. Alle media is slegs gasvry en ordentlik ontvang en behandel. In die proses is dus nie doelbewus op Charlize se rug gery nie. Die Laerskool Putfontein het beslis daarby baat gevind deur bekend te raak. Ons ouers en gemeenskap is trots op ons skool en my leerlinge en personeel verdien wat gebeur het. Ons het niks verkoop nie, want ons het niks om te verkoop nie.'

Met my besoek in 2008 onthou skoolhoof Kachelhoffer steeds effe grimmig van die media wat in Maart 2004 met helikopters op die skool kom toesak het. En dit vat 'n goeie halfuur voordat hulle die ereplakkaat met Charlize se foto's en haar destydse briefie aan haar alma mater opgespoor kan kry waar dit iewers onder pakkasie ter syde lê.

Dit was die laaste keer dat Charlize op so 'n openbare sirkus in Suid-Afrika aangekom het. Sy kom ná 2004 dikwels terug, maar met so 'n lae profiel dat min plaaslike media eens van haar teenwoordigheid bewus is. Selfs toe Charlize in Januarie 2005 aangewys word as die Pretoriase Persklub se nuusmaker van die jaar, laat weet Charlize se agente dat sy weens haar besige skedule nie die toekenning kan kom ontvang nie. Dit is die eerste keer in dié toekenning se geskiedenis dat die ontvanger nie opdaag nie. Een van die vorige ontvangers was Nelson Mandela.

Voorsitter Ben Rootman sê in Oktober 2005 hulle probeer al tien maande deur Charlize se agent 'n besoek vir haar reël. "Ongelukkig was die kommunikasie met haar agent se kantoor hoogs onbevredigend, ondanks die talle e-posse, fakse en telefoonoproepe wat haar ikoonstatus in Suid-Afrika verduidelik het, die moontlike betrokkenheid van internasionale borge en die verwagte gastelys wat Mbeki en Mandela sou insluit. Persoonlike kommunikasie met Charlize was onmoontlik en die indruk is dat haar agente nie die omvang van haar gevolg in Suid-Afrika verstaan nie."

Die bekende Suid-Afrikaanse rolprentjoernalis Barry Ronge het ná haar Oscarbesoek al in sy rubriek in die Sunday Times voorspel dat die afstand tussen haar en Suid-Afrika groter gaan word. 'n Ander joernalisvriend en eens vertroueling, Franz Kemp, wat haar gereeld in Los Angeles besoek en gebel het, kon selfs in Januarie 2004 nie meer oor die telefoon met haar gesels nie. "Is jy van jou kop af? Nie 'n kans nie," sê Beth Kono, toe haar assistent, op sy navraag.

Maar al is "pampoentjie" vir haar so mooi, en al vertel sy hoe Afrikaans en Suid-Afrikaans sy steeds is, praat sy lankal nie meer suiwer Afrikaans nie, haar Suid-Afrikaanse paspoort is 'n belemmering en sy het sedert daardie eerste oudisie in 1993 doelbewus en voorbedag haar Suid-Afrikanerskap begin afskud om haar Amerikaanse markwaarde te verhoog. Sy bevind haar in goeie geselskap.

Soos die Franse aktrise Juliette Binoche oor háár identiteit sê: sy voel nie Frans nie, want "die ideale plek om in te woon, is binne-in jouself. Dis 'n land wat jy met jou kan saamdra."

Charlize se besoek het darem ook die lig kortstondig op ánder internasionale akteurs en aktrises uit Suid-Afrika laat val. Die bekendste is seker Juliet Prowse, die danser en aktrise wie se lang, mooi bene Hollywood ook eens op hol gehad het, soos in *Can-Can* (1960) en in dieselfde jaar saam met Elvis Presley in *G.I. Blues*, en wat selfs verloof was aan Frank Sinatra. Vir sy rol in die klassieke *Room at the Top* (1959) het Laurence Harvey 'n Oscarbenoeming gekry.

Alice Krige het bekend geword met *Chariots of Fire* (1981). Embeth Davidtz is in New Jersey gebore, maar het in Suid-Afrika grootgeword en in 1993 in Steven Spielberg se bekroonde *Schindler's List* die oog gevang. Richard E. Grant is in 1957 in Swaziland gebore en word onthou vir sy rolle in die kultustreffer *Withnail and I* (1986), in Robert Altman se *The Player* (1992) en sy outobiografiese *Wah-Wah* (2005). Sir Nigel Hawthorne is in Brittanje gebore, maar het in Suid-Afrika grootgeword en later na sy geboorteland teruggekeer. Hy was veral bedrywig in die teater, maar het in rolprente as akteur en vervaardiger opgetree. In 1991 het hy 'n Tony gewen vir sy rol as C.S. Lewis in *Shadowlands*. Hy was ook in die Oscarbekroonde *Gandhi* (1982) en *The Object of My Affection* (1998). Sir Antony Sher is in Kaapstad gebore en het in 1968 Engeland toe verhuis, waar hy as veral verhoogakteur naam gemaak het.

Sedert die negentigs is, naas Charlize, Arnold Vosloo seker die Suid-Afrikaanse akteur met die volhoubaarste loopbaan, veral bekend in die *Mummy*-prente. Ander Suid-Afrikaners aan wie Hollywood geproe het, is die veteraan Marius Weyers, en jongeres soos Frank Opperman en Michelle Garforth. Esta Terblanche het in die TV-sepie *All My Children* gespeel.

"Nuwe" Charlize

> Wat almal tref van Theron is haar kwiksilweragtige vermoë om van uitbundige pret na laserfokus te spring. Ek was verstom oor die manier waarop sy haarself kan aan- en afskakel.
> Nick Stahl, 2008

Herskepping

Met *Monster* herontdek en herskep Charlize haarself as aktrise én as mens. Haar uitsprake word berekenend, haar beeld meer ingetoë, en dit is nie meer nodig om op elke glansgeleentheid gesien te word nie. En dit is nie meer nodig om seksualiteit uit te stal nie. Dog vloek, dié doen sy steeds; die f-woord word haar etiket, byna 'n kruk wat haar help om haar gevoelens oor te dra, soos sy in Maart 2008 aan Josh Horowitz van MTV Movies sê. Maar met *Monster* het sy 'n belofte aan haarself nagekom en sy hoef nie meer kompromieë aan te gaan nie. "As jy kan uithou, sal jy dinge kan doen wat vir jou saak maak, wat jou voorberei om Everest uit te klim. Ek wil nie die soort aktrise wees wat net op my skoonheid moet staatmaak nie," sê sy.

Sy het verduur wat enige jong aktrise in Hollywood moet verduur, klein rolle wat geldelik aanloklik, maar artistiek beperk is. Nicole Kidman moes wag vir haar deurbraak in Jane Campion se *The Portrait of a Lady*; vir Charlize was dit in Patty Jenkins se *Monster*.

Goeie aktrises maak hulleself vir elke rol leeg, berei hulle voor vir die nuwe persona wat hulle moet kom vul. Dit is asof die aktrise die uiterlike vel van haar skoonheid ontruim om plek te maak vir 'n nuwe intrekker. Dit is 'n aktrise se lot om deur vreemdelinge ingeval te word, hulle klere aan te trek, hulle gewoontes oor te neem, met hulle minnaars liefde te maak. Maar as die rolspelery verby is, het 'n werklik goeie aktrise die krag oor om haar eie liggaam en gees te herwin, haar eie klere, eie huis en eie lewe. Sy los die ander ego's sodat fliekgangers húlle drome en begeertes daarmee kan uitleef. Toneelteaters was histories bedoel vir die dag – as sosiale byeenkomste. Vandag is donker fliekteaters eerder vir individuele omgang en bepeinsing. "Ek gaan nie fliek toe om na sterre te kyk nie, ek gaan kyk na die karakters," sê Charlize.

'n Goeie aktrise se sukses word beoordeel aan die illusies wat sy met haar ander personas skep, nie haar private lewe nie. Sy is nie beroemd omdat sy beroemd is nie. Sy word gerespekteer omdat sy toelaat dat Aileen Wuornos in haar vel intrek en haar skoonheid verrinneweer. En wanneer die rol hom uitgespeel het, gaan Aileen terug na haar plek en Charlize na háre. En as sy dit weer en weer met soveel oortuiging kan doen, word sy 'n ster, en kry sy status en mag sodat ander mense luister wat sy sê. Sy gebruik haar roem om terug te ploeg in die gewone lewe waaruit sy self eens gekom het, om van die gewone lewe ook 'n beter plek vir ander te maak. Dít is die werklike mag van 'n Oscarster. Maar die paadjie boontoe is nie altyd maklik nie.

Reese Witherspoon, 'n jaar jonger as Charlize, het in 1990 as veertienjarige haar eerste hoofrol gekry in *The Man in the Moon*. Daarna TV-rolletjies en kleiner optredes in rolprente, totdat sy weer in die hoofrol van Nonnie Parker was, 'n Suid-Afrikaanse meisie wat deur die Kalahari trek in die Disneyprent *A Far Off Place*. Hierna het sy die aandag getrek in *Fear* (1996) en in *Cruel Intentions* (1999) en 'n Golden Globe-benoeming gekry vir *Election* in dieselfde jaar. Dog ondanks al die lof, sukkel sy hierna lank om werk te kry en sê dit is omdat sy getipeer is deur haar rol in *Fear*. Toe kom *Legally Blonde* in 2001, waarin sy 'n blonde *bimbo* met breinselle speel, en word beloon met 'n tweede Golden Globe-benoeming. In 2002 is sy in die stroperige *Sweet Home Alabama*, sonder veel uitdagings aan haar talente, maar 'n kommersiële sukses.

Uiteindelik breek die "Big Time" vir Reese aan. Sy word in 2003 met 'n salaris van $15 miljoen vir *Legally Blonde 2: Red, White & Blonde* een van Hollywood se hoogsbetaalde aktrises. In 2004 is sy swanger tydens die verfilming van die periodedrama *Vanity Fair*, haar groeiende magie mooi versteek onder die kostuums, en sy kry die kans om haar werklike talente in 'n karakterrol te begin uitstal. Sy glo haar swangerskap het haar gehelp in haar vertolking van Becky Sharp: "Ek is dol oor die gloed van swangerskap, daardie molligheid en die oorvloedige boesem – dit het my soveel meer gegee wat ek in my rol kon aanwend."

Dit is die voorspel tot haar vertolking van June Carter Cash, tweede vrou van die countrysanger Johnny Cash, wat in *Walk the Line* in háár vel kom inkruip. Uiteindelik kry Reese hiermee ook die artistieke erkenning met 'n Golden Globe, Screen Actors Guild-toekenning, BAFTA en Oscar in 2005 as beste aktrise.

En háár beeld verander van *glamour*-blondine tot gerespekteerde A-lys-aktrise met 'n sosiale gewete. Sy tree toe tot die vervaardiging van prente met haar eie produksiemaatskappy, Type A Films. Baie ander aktrises verkies om as kampvegters vir diereregte op te tree; Reese raak intens betrokke by Save the Children, 'n internasionale welsynsorganisasie, en dien ook in die direksie van die Children's Defense Fund. In hierdie hoedanigheid help sy veral kinderslagoffers van die orkaan Katrina in New Orleans. Haar Oscar maak ook deure oop na borgskappe soos 'n kontrak as segspersoon vir die kosmetiekgroep Avon en as voorsitter van die Avon Foundation, 'n welsynsorganisasie wat fokus op navorsing oor borskanker en huislike geweld. Hieroor sê sy: "As vrou en ma is ek regtig besorg oor die welstand van ander ma's en kinders oor die wêreld en het altyd na geleenthede gesoek om 'n verskil vir hulle te maak." Maar die Oscarglorie eis haar huwelik. Sy was met die akteur Ryan Phillipe getroud, wat sy op haar 21ste verjaardagpartyjie ontmoet het met die woorde: "Ek dink jy's my verjaardaggeskenk." Hulle is in Oktober 2007 geskei en sy het toesig gekry oor hulle twee kinders.

Drew Barrymore, dieselfde ouderdom as Charlize, is miskien die heel beroemdste én berugste kinderster wat 'n wilde tienerlewe oorleef en bo uitgekom het met meer as net blommekrag. Sy was ook soos Charlize lief vir fantasie en is nou 'n belangrike Hollywoodse filmvervaardiger en A-lys-ster. Sy word in Yahoo! Movies so beskryf: "Erfgenaam van 'n Hollywoodse dinastie, prepuberse dwelm-en-drank-misbruiker, tienerseksbom, en beliggaming van wedergebore selluloïede onskuld. Drew Barrymore is niks minder nie as die verpersoonliking van die opkoms en ondergang van Hollywoodse mag, selfvernuwing en die genesende krag van goeie reklame."

Dit is Julia Roberts, agt jaar ouer as Charlize en gewese model, wat in baie opsigte die baanbreker vir aktrises in Hollywood se moderne era geword het. In haar eerste filmrol in *Blood Red* bestaan haar dialoog uit net twee woorde. Hierna verskyn sy in TV-rolle voordat sy in 1989 vir 'n Oscar benoem word as beste vroulike byspeler in *Steel Magnolias*. Sy kry die rol van prostituut in *Pretty Woman* (1990) nadat Molly Ringwald en Meg Ryan dit van die hand wys, en word net $300 000 betaal, met 'n Oscarbenoeming en 'n Golden Globe-toekenning. Die prent verdien 'n onverwagse massiewe inkomste van $463 miljoen wêreldwyd. Julia word die eerste aktrise wat op die voorblad van Vogue verskyn en die eerste vrou op GQ se voorblad.

Ná 1991 verdwyn sy egter vir twee jaar uit die oog voordat sy in 1993 weer begin prente maak, maar almal mislukkings. Sy word, soos Charlize, selfs vir 'n Razzie benoem as swakste aktrise vir haar rol in *Mary Reilly* (1996) waarin sy die spoor byster raak tussen dr. Henry Jekyll en die enigmatiese Edward Hyde. Maar dan herwin sy haar reputasie met prente soos *My Best Friend's Wedding* (1997), *Notting Hill* en *Runaway Bride* (albei in 1999). Weer eens bring haar glansrolle geld in, maar dit kos eers karakterwroeging in *Erin Brokovich* (2000) vóór sy 'n Oscar wen. Van 2002 tot 2005 is sy die hoogsbetaalde aktrise in Hollywood (met $25 miljoen vir *Mona Lisa Smile* in 2003), voordat Nicole Kidman in 2006 oorneem.

Julia tree ook toe tot die vervaardiging van prente met haar eie produksiemaatskappy en word in 2001 aangewys as die elfde magtigste vrou in Amerika – sy klop presidentsvrou Laura Bush en die presidensiële veiligheidsadviseur van daardie tyd, Condoleezza Rice, latere Amerikaanse minister van buitelandse sake.

Dit is Oscarspiere.

Die Oscarbeeldjie is egter nie 'n waarborg vir volgehoue sukses in Hollywood nie. Faye Dunaway het dit ondervind ná hare vir *Network* (1976). Haar nag van grootste roem het ook haar einde ingelui. Halle Berry het ná haar Oscar in 2001 vir *Monster's Ball* verkeerde keuses gedoen, in 2004 vir *Catwoman* 'n Razzie gekry, en grootliks van die radar af verdwyn. Ook Hilary Swank kan ná twéé Oscars (*Boys Don't Cry*, 1999, en *Million Dollar Baby*, 2004) nie daarin slaag om haar status vir haar by die loket te laat werk nie. Dit lyk asof Hilary, ondanks haar talente en toewyding, net nie daardie *iets* het wat fliekgangers teaters toe lok nie.

Die filmkenner David Thomson kon net sowel oor Charlize gepraat het toe hy sê: "Daar's 'n gevoel of 'n oortuiging onder filmsterre dat as jy iets gedoen het wat trefferstatus bereik het, jy die reg verwerf het om iets esoteries te doen, iets moeiliks, iets vir jouself. Miskien. Maar daar was 'n tyd toe die verhoog die plek was vir sulke teer planne."

Ná Charlize se Oscar ontstaan hierdie persepsie ook van haar en sy word beskryf as "liberaal, vasberade, sonder enige ydelheid, en opvolger van die ernstige aktrises van die sewentigs en tagtigs, Jodie Foster, Sally Field, Jane Fonda, Sissy Spacek, Jessica Lange en Meryl Streep". Hiermee word langlewendheid geïmpliseer, 'n voorspelling dat sy kwaliteite het wat aan min vroueakteurs die geleenthede gee om ná veertig nog 'n suksesvolle loopbaan te bedryf, 'n voorreg wat Hollywood net vir ouer manlike akteurs reserveer.

Hieroor sê sy in 2008: "Dis nie baie produktief om nou my kop te breek oor goed wat gelukkig nog nie met my gebeur het nie. Maar daar is 'n deel van my wat besef ek moet nou doen wat ek kan, want wanneer ek veertig tref, gaan die geleenthede begin opdroog."

Charlize se keuses van rolle vir én ná die Oscar laat baie mense kopkrap. Regisseur Paul Haggis (*In the Valley of Elah*) sê in Julie 2008 in GQ hy dink sy moes in 'n stadium rolle aanvaar het wat haar begrens het. En toe besluit sy om haarself te definieer. Hy meen min akteurs kry daardie kans en móét rolle aanvaar wat vir hulle aangebied word, al tipeer dit hulle. Om jouself te probeer definieer, is 'n riskante stap. Maar Charlize het die kans gewaag en dit was uiters lonend. "Sy het hierdie beeld van 'n seksobjek en sy's ongelooflik mooi, maar sy tree op asof dit nie belangrik is nie en laat jou baie gemaklik in haar geselskap voel. You just want to hang out with her. Sy't hierdie Kate Hepburn-kwaliteit: een van die manne, waarmee ek bedoel sy's 'n *mens*."

(Haggis verwys hier nie na die elegante Audrey Hepburn nie, maar na haar naamgenoot en ouer filmkollega, Katharine Hepburn, bekend vir haar onkonvensionele optredes en sienings en dikwels skerp tong oor Hollywoodse gebruike, wat aan haar die bynaam "Katharine of Arrogance" besorg het, 'n toespeling op "Catherine of Aragon", eerste vrou van koning Henry VIII van Engeland. Die gewilde TV-reeks *The Tudors*, in 2009 in sy derde seisoen, handel losweg oor die meer stomende oomblikke van daardie geskiedenis.)

Ja, Charlize is steeds een van die manne, maar jy kan in latere opmerkings 'n verskuiwing van klem agterkom, 'n gevoel van agting, byna ontsag, ánders as die pre-Oscardae se "yukkin' with the guys, burping the alphabet".

Monster, een van die risiko's waarna Haggis verwys, was so uit pas en onaantreklik vir die filmverspreiders dat dit byna nie die teaters gehaal het nie. Wat haar erkenning dubbel so soet maak. Want die aand toe sy die Oscar wen, het sy dít vir hierdie kritici te sê wat so luid saamgejuig het met "Yeah! We knew it! We always knew it was great!": "It's like, 'Shut the fuck up. No, you didn't!'"

Met haar terugkeer in Los Angeles van haar Suid-Afrikaanse triomfbesoek beloof sy haarself dat sy nooit weer in 'n swak rolprent gaan optree nie. "Ek dink nie ek kan teruggaan na swak prente nie. Ná die Oscar wag almal om te sien wat met my gaan gebeur, of ek gaan platval. Vergeet dit. Ek het hard gewerk om hier te kom en ek gaan nie verdwyn nie. Ek gaan net in 'n ander gedaante terugkeer. Die werk wat ek voor die Oscar gedoen het, was nie altyd wat ek wou gehad het nie. Hollywood dryf jou om groot treffers te maak en dit kan jou tipeer."

Agtien maande ná die Oscar word Charlize gevra hoe dit haar lewe verander het en sy sê 'n mens kry baie geleenthede wanneer jy 'n Academy-toekenning ontvang, maar haar ingesteldheid oor films en haar werk as aktrise het nie werklik verander nie. Sy hou daarvan dat die filmateljees meen iemand met 'n Oscar het 'n groter kans op sukses. "Want dit beteken ook ek kan die werk doen wat ek wil, en dis wonderlik. Maar ek wou nie hê dit moes my lewe oorneem nie – en dit het nie. Vir 'n paar dae ná die seremonie is dit chaos, maar dan keer alles terug na normaal en jy vat die vullis uit en die lewe gaan aan. Daardie klein goue mannetjie maak ook nie die huis skoon nie.

"'n Mens se ander helfte het ook 'n groot invloed op jou en myne is altyd die eerste wat my op my plek sit. Die oggend ná die Oscars was ek soos: 'Ontbyt!' en Stuart was soos: 'Staan op! Ek maak nie vir jou ontbyt net omdat jy 'n Oscar gewen het nie!' Dis 'n goeie voorbeeld hoe belangrik die mense in jou lewe is, ongeag die toekennings wat jy wen of nié wen nie.

"Mag [as Oscarwenner] is regtig gevaarlik. Dis waar vriende en familie 'n groot rol speel. Ek kom nooit weg met daardie soort nonsens nie en ek sou ook nie wou nie. Daarom is ek bly daar is mense wat die gewone Charlize ken. Ek wil nooit een van daardie mense word wat dink hulle het meer mag as wat hulle regtig het nie, want dis baie vlietend. Dinge kan môre heeltemal anders lyk."

Maar sý is nie vlietend nie, daardie vervlietende kaarte is nie aan haar uitgedeel nie. In Junie 2008 is sy die baas van die plaas en soggens gaan sy na haar produksiekantore toe en blaai deur stapels draaiboeke en ander boeke op soek na haar volgende rol: "Met almal op kantoor, is ek soos: 'Lees, lees, lees! Gee my 'n idee! Enigiets!' Dinge kom nie noodwendig altyd op 'n skinkbord na my toe nie, ek gaan uit en baklei daarvoor!"

Naaktheid

Onnodige naaktheid in prente is een van die dinge wat Charlize dikwels in die verlede gepla het, veral in swak prente waar dit meermale eerder prikkelwaarde as artistieke meriete het. Die Oscar gee haar nou die gesag om 'n klousule in haar kontrakte te laat inskryf waardeur sy die reg verkry om naaktonele te veto as sy nie daarvan hou nie. Ses maande ná die Oscar, in Augustus 2004, sê sy oor hierdie klousule: "As ek die prent voor vrystelling sien en ek dink die naaktoneel is onnodig, of as ek voel 'n regisseur probeer my daardeur uitbuit, kan ek aandring dat dit uitgesny word. Ek wil graag 'n regisseur vertrou sonder om tydens verfilming beperkinge op hom te plaas, soos dat hy net dit of dat van my mag skiet. Met sulke perke is daar net nie die ruimte dat iets goeds kan gebeur nie. Ek kan nie sê: 'Wys net my [kaal] linkerbors en nie my regterbors nie.' Ek wil hom vertrou dat hy die toneel verfilm soos hy meen dit nodig is, en laat ek dit dan agterna sien."

Sy sê sy het in Suid-Afrika kaal grootgeword. "Ek is kaal op al my babafoto's, selfs op party waar ek sewe jaar oud is. Ek het ook nie met 'n beperkende godsdiens grootgeword wat die naakte liggaam as sondig of verkeerd beskou het nie. My ma het my goed laat voel met: Jy's kaal! Dis wonderlik! Vandag loop ek steeds soms kaal in my huis. Maar dit beteken nie ek hou van naaktheid in films nie." (Die opmerking oor die kaallopery in die huis is 'n paar jaar voor haar Oscar gedoen.)

Oor *2 Days in the Valley*, waarin fliekgangers die eerste keer hulle oë op haar naakte kurwes kon laat rus, sê Charlize al in 1998 aan die Calgary Sun:

"Dit was die rol van 'n sekskatjie en amper ook my ondergang. Ek het vir byna 'n jaar nie gewerk nie omdat ek daarna net aanbiedinge gekry het vir rolle waarin ek my klere moes uittrek."

'n Mens sou aanvaar dat sy rolle bedoel wat daarop gemik was om haar naaktheid uit te buit ter wille van prikkeling, haar as seksobjek te gebruik om geld by die loket te verdien, en nie naaktonele wat inherent aan die storielyn is nie. Baie, indien nie die meeste nie, jong aktrises is bereid om hulleself te ontbloot ter wille van die groter prentjie, en groot loopbane is al gebou op hierdie aanvanklike sekskatbeeld. Meg Ryan, Nicole Kidman, Cameron Diaz en Julia Roberts het dit almal gedoen. Kim Basinger en Charlize deel byvoorbeeld 'n besondere "prestasie": die enigste twee aktrises wat in Playboy verskyn en later Oscars gewen het.

"Die duur van my loopbaan sou afhang van my keuses. Ek wou iets doen wat nie so ontblotend of sexy was as Helga nie," sê Charlize later met die wysheid wat nawete bring.

Tog moet sy in 'n daaropvolgende prent wéér uittrek, hierdie keer vir 'n naaktoneel van voor af, boonop in 'n kerk, in *The Devil's Advocate*. Die kaaltoneel in die kerk was vir haar baie moeilik en sy het 'n week daaroor getob, en toe weer, soos gewoonlik, haar ma vir raad gebel. "Ek's lief vir kerke. Dis 'n plek waarheen jy gaan om vergifnis te vra en om te bid. Dis 'n plek waar jy veilig kan voel. Ek het vir Taylor [regisseur Hackford] gevra of só 'n toneel regtig nodig is. Hoekom kan hy my nie net nakend van agter af afneem nie, hoekom vol van voor af? Hy het gesê dis nodig om Mary Ann tot by daardie hartverskeurende kwesbaarheid te bring. Ek het lank nie mooi geweet wat die simboliek daarvan is nie, totdat ek besef het dat Mary Ann fisiek én geestelik verkrag is en die einde van haar hoop bereik het."

Hierna is Charlize in *Celebrity* 'n perverse nimfomaniese supermodel, 'n wandelende G-kol. Woody Allen noem haar skerp en pragtig, iemand met seksuele aantrekkingskrag. Oor haar naaktheid voor die kameras sê Charlize ná *Celebrity*: "Waarom bang wees vir jou seksualiteit? Wat gaan jy doen? Vir die res van jou lewe rondloop met: 'Ek kan nie glo hierdie kaarte is aan my uitgedeel nie!'? Ek dink aan myself as 'n baie seksuele wese. Ek móét dit benut. Ek het nie 'n keuse nie. Ek hou daarvan. Ek het nie grootgeword met 'n ma wat vir my vertel het wat ek onder my klere het, is sleg of boos nie. Naaktheid, as dit reg gebruik word, is baie kragtig. Dis daar om te skok."

Sy sê sy het die meeste van haar "fisieke besigheid" in *Celebrity* geïmproviseer, soos haar tong in Kenneth Branagh se oor en haar bespringing van die basketbalspeler Anthony Mason se heup in 'n ander toneel op 'n dansvloer. Ná Brannagh se beskrywing van haar as 'n warrelwind van seksuele energie skerts sy: "Ek plaas vriendskap en liefde bo seks. Maar ek moet toegee dat seks belangriker is as geld of roem."

Die tydskrif Mademoiselle wil weet hoe gemaklik sy daarmee is dat haar vroeëre rolle so dikwels haar seksualiteit benadruk het. "Ek het besef dat as jy 'n sekskatjie is wat haar klere uittrek, mense hulle vasstaar teen jou seksualiteit."

In *The Cider House Rules* is Charlize die dogter van 'n kreefhengelaar wat die ontluikende weeskind (Tobey Maguire) kaal op 'n bed verlei. Regisseur Lasse Hallström sê Charlize se natuurlike bates is van die toerusting wat sy in haar rolle benut. Maar sy het nie 'n verborge agenda daarmee nie. Sy is reguit, wat vir hom verfrissend was, amper 'n soort Europese houding oor naaktheid.

Vanity Fair meen sy het 'n leoniese seksualiteit wat so oortuigend, suiwer en natuurlik op die silwerdoek vertoon dat as sy 'n ster van die dertigs was, die sensureerders van Hollywood se Hays Code 'n nuwe stel riglyne net vir haar sou moes opgestel het. (Die Hays Code was sedert 1934 van toepassing om morele standaarde, soos naaktheid, in prente te reguleer en is in 1967 vervang met die graderingstelsel van ouderdomsbeperkings.)

Met die verfilming van *The Yards* in Queens in New York vra regisseur James Gray haar om 'n toneel saam met Joaquin Phoenix te doen waarin haar bolyf na die kamera ontbloot is. Hy onthou dat sy baie ongemaklik en ongelukkig was. "Ons doen werk wat verhewe is bo dit [die naaktoneel]. Waarom moet ons dit doen?" wou sy weet. Maar sy het ingestem, want Gray het gevoel hy wil deur daardie toneel 'n teerheid vestig tussen haar en Phoenix, haar verloofde in die fliek.

Charlize vertel wat vir haar die grootste sekstonele van alle tye in flieks is. Vir die eerste plek noem sy Jessica Lange en Jack Nicholson in *The Postman Always Rings Twice* (1981). "Die kombuistafel ... wat is meer sexy as dit? Daar's net niks vals in daardie toneel nie. Dis amper té werklik. Amper."

Die tweede een is die berugte toneel tussen Marlon Brando en Maria Schneider in *Last Tango in Paris* (1973), en die derde dié van Donald Sutherland en Julie Christie in *Don't Look Now* (1973).

Maar wat van 'n toneel van haar eie, saam met Ben Affleck in *Reindeer Games*? "Ons wou die toneel so eg as moontlik maak sonder om te Hollywoodagtig te wees. Regisseur John Frankenheimer het vir my en Ben vooraf 'n Franse fliek gewys waarvan hy baie hou. Toe stuur hy twee kameramanne agter ons aan en ons begin, met hierdie twee ouens wat ons volg en oor alles begin val. Ná 'n vreeslike slag fluister Ben in my oor: 'Wat de hel gaan aan?' Ek sê: "I don't know, but just hang on there, cowboy.' Ons het dit net daar afgehandel sonder 'n tweede probeerslag." (Frankenheimer het agterna die versekering gegee dat Affleck en Charlize ten minste elkeen 'n klein deurtrekker aangehad het.)

Hoewel sy nie omgee om uit te trek as die draaiboek dit regverdig nie, sê Charlize sy het wel hierdie ding oor: "Wys ek my borste? As dit nie gepas is nie, gaan ek dit nie doen nie."

Sonder om 'n prima donna te wees, het sy al 'n slag van 'n tydskrif-fotosessie weggeloop toe sy die "salty tang of seediness" geruik het. "Ek was 'n bietjie op my hoede vir die fotograaf, van die grillerige soort. Terwyl hy besig was met hierdie parade van huge-titted, tight-assed LA babes, sit ek daar met my twaalfjarige tieties en dink: 'What the fuck is going on?'"

Toe gee sy vinnig daar pad met die belofte dat sy huis toe gaan en borste gaan laat groei.

Maar dit is nie net voor die fliekkameras waar sy uittrek nie. 'n Duitse koerant met dertien miljoen lesers publiseer 'n foto van Charlize waar sy, op 29, sonder bostuk op 'n strand in Bahia in Brasilië ontspan. Sy verskyn ook van kop tot tone in net 'n fyn goue verflagie sonder klere in 'n tydskrif. En in 2007 wys Esquire haar aan as "The Sexiest Woman Alive". In 'n Dior-TV-advertensie raak sy van haar klere ontslae terwyl sy in 'n gang af stap, een van haar beste oomblikke nóg voor die kameras, word dit genoem.

"Ek's nie jammer oor enigiets wat ek gedoen het wat naaktheid behels nie. Wil ek hê kinders moet dit sien? Miskien nie as hulle sewe jaar oud is nie. Ek dink alle vroue moet deur 'n tyd in hulle lewe gaan waarin hulle hulleself eers kan ontdek voordat hulle 'n man toelaat om húlle te ontdek.

Wanneer ons as 'n groep vriende en familie iewers op 'n sonnige eiland vakansie hou, is die bostukke die eerste wat waai.

"Dis wat my pla hier. Dis oukei vir 'n kind om in flieks te kyk hoe iemand se kop weggeskiet word, maar nie om na Janet Jackson se boob by die Super Bowl te kyk nie. Dis tog nie die einde van die wêreld nie! Dis net 'n bors!"

Oor 'n sekstoneel saam met Keanu Reeves in *The Devil's Advocate* sê sy sy het in die middel van die toneel iemand anders geword, bedoelende dat 'n dubbelganger haar plek ingeneem het. "Ek het skielik beter borste gehad."

Sy hou ook nie daarvan om bra's te dra nie. "Daar's nie veel om in te sit nie."

Sy maak een aand in San Francisco vir die filmspan van *Sweet November* kos in haar huurhuis, met bottels rooiwyn wat oopgemaak word. Ná die ete en baie wyn vertel Charlize aan almal hoe Vogue haar vroeër die dag oor borste uitgevra het. Sy is beskeie bedeeld en die vraag was of iemand, in 'n bedryf waar groot borste byna 'n vereiste is, haar nog nie gevra het of sy al inplantings oorweeg het nie.

"Almal weet my borste is nie groot nie, maar niemand het nog enigiets daaroor te sê gehad of druk op my geplaas daaroor nie. Ek's trots daarop dat mense dink ek is sexy met my natuurlike B's ... klein B's. Dit maak my nie minder vroulik of minder sexy nie. Ek wed daar's tonne mans wat meen ek het nie die beste borste in Hollywood nie. Daarmee het ek vrede. Ek weet daar's meer vroue wat sê ek is heeltemal normaal."

Haar stileerder, Cindy Evans, merk toe op dat as Charlize inplantings moet kry, sy oorweldigend sal voorkom. Haar skouers is reeds breed en sy is lank. Met groot borste sal sy soos Birgit Nielsen ('n blonde Deense amasone-aktrise) lyk, te veel om te hanteer. (Volgens die tydskrif *Celebrity Sleuth* is Charlize se amptelike mates 36B–24–36 – maar dit was in haar middel twintigs. In haar vroeë dertigs merk sy op dat swaartekrag begin intree.)

Die tema van kaal borste ervaar Jonathan Van Meter van *Vogue* eerstehands toe hy Charlize in Oktober 2007 vir 'n gesprek in haar gunstelingmasseerspa in 'n klein stegie naby Hollywood Boulevard ontmoet.

"Jy het mos al borste gesien," sê Charlize voor sy haar T-hemp uittrek en op haar maag gaan lê vir die massering. Niks uitspattigs in dié spa nie, net klein hokkies met matjies op die vloer en gordyne as deure, teen veertig dollar 'n uur. Charlize kom gereeld hier. Ná die massering ontspan hulle, ten volle gekleed, elkeen met 'n bier in 'n buitekroeg en sy vertel van die vorige aand se romantiese ete saam met Stuart, en van die vorige week se besoek aan Las Vegas – net vroue in die groep. Sy vertel van haar lewe in Los Angeles. "Ek is mal oor die weer. Oor vleisbraai. Ons [sy en Stuart] het hierdie klein shack uit die 1930's in Malibu en ons nooi so tien, vyftien vriende oor en almal slaap die naweek oor. En al wat ons doen, is om kos te maak en lekker wyn te drink en na die dolfyne te kyk."

Die maatband van haar dae as tienermodel blyk 'n diep indruk te gelaat het op die manier waarop Charlize haar liggaam beskou, maar klaarblyklik nie met die ongeërgdheid wat sy soms voorgee nie. In Hollywood, weet sy teen dié tyd, is 'n glansvoorkoms baie belangrik, eers daarna word jou ander hoedanighede bekyk. Soos of jy toneel kan speel. Maar ná twee dosyn rolprente agter die rug kan sy haar uitspreek oor Hollywood se beheptheid met die onmoontlike ideale voorkoms wat vir die vroulike liggaam voorgehou word. "Ek glo nie aan diëte en gimnasiums nie en het nie 'n benul van wat ek weeg nie. Dit gaan nie oor 'n nommer op die skaal nie, maar oor wat jou goed laat voel. Ek weet wat my liggaam goed laat voel en ek hou daarvan om 'n langbroek goed te vul."

Toe een van haar rokke op eBay opgeveil word vir liefdadigheid, sê sy die rok is nie vir maer vroue nie. "Die rok het baie plek, ek's nie 'n klein meisie nie. Ek het vleis aan hierdie bene, I've got junk in my trunk."

Sy vererg haar 'n slag toe 'n regisseur sê sy moet 4 kg afskud vir 'n rol, sonder om gewig aan haar borste te verloor. Maar Charlize het van haar model- en balletdae al 'n lenige figuur, al geniet sy 'n goeie bord kos. Sy handhaaf egter 'n gesonde lewenstyl, en sorg dat sy fiks bly, wat natuurlik makliker is met die hulp van persoonlike fiksheidsinstrukteurs.

Omstredenheid

Charlize is van jongs af gewoond om haar sin te kry en haar sê te sê, en in Amerika loop sy haarself dikwels kritiek op die hals, veral oor uitlatings oor sensitiewe kwessies in die diverse Amerikaanse samelewing, soos diplomatieke verhoudinge met Kuba en die oorlog in Irak. Maar natuurlik word Los Angeles, en veral Hollywood, feitlik van sy ontstaan af bejeën as 'n linkse en liberale enklave in 'n groter Amerika met dikwels oorwegend behoudende idees, die "patriotisme" waarop Amerikaners so gesteld is.

Ná die Tweede Wêreldoorlog, met die Republikeinse Party in beheer van die Amerikaanse Kongres, moes die House Un-American Activities Committee (HUAC) van sen. Joseph McCarthy ondersoek instel of agente verskuilde kommunistiese boodskappe en waardes in Hollywood-prente inent. Dit lei tot die sogenaamde swartlys waarop vervaardigers, regisseurs en akteurs verskyn wat verdink word van kommunistiese konneksies of gesindheid. Selfs Marilyn Monroe, deur baie bloot beskou as 'n breinlose blonde *bimbo*, word in latere gedeklassifiseerde FBI-leêrs beskryf as "positief linksgesind". Sy was inderdaad belese en intelligent, met 'n uitgesproke sin vir menseregte, sosiale geregtigheid, feminisme en die omgewing. (Marilyn sterf die Saterdagaand van 4 Augustus 1962 in haar huis by 12305 Fifth Helena Drive in Brentwood, Los Angeles, aan vermoedelik 'n oordosis pille.)

Dog, dit is nie in Amerika nie, maar in Suid-Afrika waar Charlize die eerste keer midde-in 'n groot openbare debat beland. Sy neem in Julie en Augustus 1999 in Suid-Afrika deel aan 'n veldtog, Women Against Rape, wat op 9 Augustus, op Vrouedag, afskop onder die inisiatief van die redakteur en uitgewer Jane Raphaely van die tydskrif Femina, in samewerking met Rape Crisis en Nomfundo Walaza, direkteur van die Traumasentrum in Kaapstad. Raphaely sê die mikpunt van die veldtog is om mense se houding te probeer verander jeens geweld teen vroue en kinders, veral dié van mans wat meen hulle het die reg om gewelddadig teenoor vroue op te tree. Charlize word as model gebruik in Afrikaanse en Engelse TV-advertensies vir die veldtog. Haar blonde hare is in 'n kort, donker bob, en *Mighty Joe Young* word kort voor die begin van die veldtog in Suid-Afrika uitgereik.

Sy begin met: "Het jy al ooit 'n vrou verkrag?" en: "Baie mense vra my watter soort mense Suid-Afrikaanse mans is . . ."

Charlize het egter skaars op Suid-Afrikaanse TV-skerms verskyn of die debat bars los. Einde September 1999, 'n maand ná die bekendstelling van die veldtog, verbied die waghond oor advertensiestandaarde in Suid-Afrika, die ASA, Charlize se advertensie nadat hulle protesbriewe ontvang het. In een brief, onderteken deur 29 mans, word gekla dat die advertensie alle mans in Suid-Afrika as verkragters klassifiseer. Raphaely sê dit is absurd dat die ASA 29 mans se gevoelens belangriker ag as die een miljoen vroue wat jaarliks, elke 26 sekondes, in Suid-Afrika verkrag word, en teken appèl aan teen die verbod.

Deline Beukes, destyds uitvoerende hoof van die ASA, sê hulle is deeglik bewus van die beste bedoelings met die advertensie. "Die ASA stem saam dat die verkragtingstatistiek nie net afskuwelik is nie, maar totaal onaanvaarbaar. Omdat die advertensie egter na Suid-Afrikaanse mans in die besonder verwys, is die klaers ontsteld dat húlle beskou word as verkragters of beskou word as mans wat nie omgee oor verkragting nie."

In Oktober 1999 lug Charlize die eerste keer háár mening oor die omstredenheid rondom haar TV-advertensie. Sy sê elke Suid-Afrikaner moet verantwoordelikheid aanvaar vir die land se hoë verkragtingsyfer en haar advertensie was nooit bedoel om seksisties of diskriminerend te wees nie. Sy sê meer verkragtings word in Suid-Afrika aangemeld as in enige ander land in die wêreld. "Wanneer 'n mens met sulke verskriklike statistiek gekonfronteer word, het jy 'n skerp veldtog nodig om die boodskap oor te dra. Ek hoop die advertensie is so gou moontlik terug op die lug sodat ons kan voortgaan om mense bewus te maak van hierdie onnoembare misdaad."

Kort daarna, op 22 Oktober, hef 'n appèlkomitee van ASA die verbod op die advertensie op, maar een van die aanvanklike 29 beswaarde mans sê hy is nie oortuig dat die "redelike" TV-kyker aanvaar dat Charlize se woorde nie op alle mans van toepassing is nie. "Ek glo steeds die advertensie skeer alle mans in die land oor een kam. En sy is die verkeerde mens om uitsprake oor Suid-Afrikaanse mans te maak. Sy sit daar in Hollywood. Wie is sy om oor ons te kom uitsprake lewer?"

Charlize word op 14 November 2008 die Verenigde Nasies se "Vredesgesant" vir 'n wêreldwye veldtog om geweld teen vroue te bekamp. Sekretaris-generaal Ban Ki-moon van die VN sê met haar aanstelling sy het haar deernis en vermoëns bewys deur haar konsekwent te beywer om die lewe van vroue en kinders in Suid-Afrika te verbeter, en om geweld teen vroue en meisies te probeer voorkom en stop te sit.

Die VN stel glanspersoonlikhede aan vir humanitêre sake regoor die wêreld, soos George Clooney vir bevordering van vrede, Michael Douglas vir ontwapening, en die dirigent Daniel Barenboim vir verdraagsaamheid.

In 2004 waag Charlize dit weer op sensitiewe terrein tydens haar besoek aan Suid-Afrika. Sy woon toe reeds byna elf jaar in Amerika, en geweldsmisdade, naas verkragtings, is steeds een van die grootste kwellings in die Suid-Afrikaanse samelewing. Baie mense beskou die afskaffing van die doodstraf as rede vir die baie moorde in die land. Ander wys daarop dat daar geen voldoende bewyse is dat die doodstraf 'n afskrikmiddel vir potensiële moordenaars is nie. In 'n radio-onderhoud oor 94.7 Highveld Stereo sê sy aan Jeremy Mansfield op 'n vraag of haar rol as Aileen Wuornos haar siening oor die doodstraf beïnvloed het, dat sy nog nooit ten gunste van die doodstraf was nie. Sy is pragmaties, sê sy: Dit maak nie sin om 'n oortreder dood te maak omdat dié iemand anders doodgemaak het nie. Sy sê op Amnestie Internasionaal se webwerf is daar lande sonder die doodstraf met 'n baie laer misdaadsyfer as lande mét die doodstraf.

In Maart 2004 ná haar terugkeer na Amerika sê sy ook: "Ek was nog altyd teen die doodstraf. Die hartseerste ding van die doodstraf is dat dit 'n bose kringloop voortsit. Soos Gandhi gesê het: ''n Oog vir 'n oog maak die wêreld blind.'"

Maar dan steek sy haar kop in 'n Amerikaanse byenes: Kuba. Een van die projekte wat sy met haar D&D Films aanpak, is saam met Jauretsi Zaizarbitoria, vir wie sy destyds nog as model in Miami ontmoet het in die groot Kubaanse gemeenskap wat nie onder oudpres. Fidel Castro se kommunistiese bewind in Kuba wou woon nie. Sy en Jauretsi hou steeds kontak en Jauretsi vertel baie stories oor Kuba. Charlize en Jauretsi besoek Kuba in 2001, en sy raak geïnteresseerd in die rol van hip-hop in Kubaanse jeugkultuur, as musiekgenre, maar ook as 'n globale kulturele beweging.

Hip-hop-musiek ontstaan in die vroeë 1970's in New York se The Bronx en Harlem met die koms van 'n Jamaikaanse platejoggie Kool Herc en die nuwe ritmiese "krapmusiek" wat hy uit reggae skep met 'n gepaardgaande soort impromptu rymelary, later bekend as "rapping". Die geweldige gewildheid van vroeë hip-hop dra aanvanklik by tot 'n afname in bendegeweld. Maar latere kommersiële rappers, met hulle klem op dwelms en geweld, skei daarvan af tot 'n eie genre. Hip-hop versprei oor kulture en landsgrense en word die dryfkrag waarmee veral maatskaplike onregte in talle lande aangespreek word. In Suid-Afrika word dit in die townships 'n kragtige instrument om 'n behoefte aan verandering te kommunikeer, nie net op politieke gebied nie, maar ook as bewusmaking van armoede, vigs en geweld teenoor vroue en kinders.

Hip-hop word dus nie net die musiek van fisieke dansbewegings nie, maar ook 'n geestelike beweging. Die Kubaanse jeug word eers heelwat later aan hip-hop blootgestel toe die Kubaanse regering sy verbod daarop teen 1999 ophef, en die Kubaanse *raperos* hulle eie unieke vorm van hip-hop ontwikkel, en ook húlle oor die werklikhede van hulle alledaagse onderdrukte bestaan begin rap.

Charlize besluit om saam met Jauretsi en Emilia Menocal as regisseurs 'n dokumentêre prent, *East of Havana*, te maak oor die lewe van drie jong Kubaanse hip-hop-musikante, Soandry, Mikki Flow en Magyori. Dit word beskryf as gedeeltelik dokumentêr en gedeeltelik 'n besinning oor verlies en ballingskap. (Soandry se broer, Vladimir, het 'n dekade tevore ook van Kuba na Amerika ontsnap.)

Die dokumentêr word in Augustus op die Edinburgse internasionale film-fees vrygestel vir Britse gehore en dit lyk onmiddellik asof menings uit twee windrigtings aan die kom is. Aan die een kant word gesê die prent toon hoe hierdie hip-hop-kunstenaars in 'n klimaat van sensuur en armoede werk, ontneem van menseregte soos die vryheid om te reis. En aan die ander kant dat dit "pro-Amerikaans" is. "Dis bisar dat geen melding gemaak word van die invloed van die Amerikaanse sanksies teen Kuba nie; dat die verantwoordelikheid vir die verslegtende toestande in Kuba in hierdie era in die 1990's net voor Fidel Castro se deur gelê word.

"Theron se gemak met die politieke standpunt van die film spruit moontlik uit die feit dat sy, soos die onderwerpe van die dokumentêr, grootgeword het sonder die weelde van demokrasie, al was dit in 'n land wat baie anders gelyk het as Kuba. Sy argumenteer dat die vryhede van Amerika van onskatbare waarde is, en die gevaar loop om as vanselfsprekend aanvaar te word."

Charlize word as volg aangehaal: "Mense in Amerika is baie bang om iets te sê wat as onpatrioties beskou kan word. Maar as jy regtig lief is vir 'n land – en ek hou daarvan om in Amerika te woon waar ek 'n vryheid het wat ek nooit in Suid-Afrika gehad het nie – moet jy besorg wees oor hierdie dinge."

Oor of die prent iets te doen het met haar eie onderbewuste gevoelens as verloopte uit Suid-Afrika, sê sy in 2006: "Jy wonder altyd hoe jou lewe sou gewees het as jy gebly het. Wanneer jy met hoop in 'n nuwe land leef, dink jy hoe gelukkig jy is, maar daar is 'n keersy. Jy verloor nooit belangstelling in die land van jou bloed nie."

Hoekom juis hip-hop?

"Hip-hop is poësie, 'n manier vir Kubaanse kinders om eerlik te wees oor die onderdrukking wat hulle ervaar. Die jeug van Kuba het 'n herstelproses nodig, baie soos die jeug in Suid-Afrika. Daar is geen kitsoplossing nie. Wat in 1994 in Suid-Afrika gebeur het [demokrasie en die einde van apartheid], was nie die antwoord op alle probleme nie. Met die dokumentêr wil ek sê veranderinge gebeur op subtiele maniere. Ook in Kuba gaan veranderinge kom, maar nie oornag nie. Daar moet toerusting wees vir veranderinge, vryheid van spraak. Amerikaners sê dikwels: 'Gesondheidsorg in Kuba is goed, skoolopvoeding is goed, op sosiale gebied het hulle alles.' Dis waar, maar is dit regtig beter om gelletterd te wees sonder om vryheid van spraak te hê?"

Oor hoekom sy meen Castro so lank aan die bewind kon bly, ondanks vele sluipmoordpogings uit Amerika, sê sy: "As ons terugkyk op die Kubaanse geskiedenis dink ek die ding wat ons die sterkste gaan voel, is dat alles so onnodig was. Die feit dat daar soveel jare geen kommunikasie tussen Amerika en Kuba was nie, is net so . . . dis soos hoërskool."

Die hoërskool-uitlating sorg vir groot ontsteltenis in sekere kringe in Amerika en daar word verwys na die baie honderde mense wat hulle lewe verloor het vir die reg tot vryheid van spraak en beweging in Kuba, en families wat verskeur is. Op 4 Februarie 2007 word die vure verder gestook in 'n CNN-onderhoud met Rick Sanchez (wat in Kuba gebore is) waarin hy haar uitvra oor die gebrek aan vryhede in Kuba.

Sy antwoord: "Wel, ek sou sê dat daar ook 'n tekort aan vryhede in die VSA is."

Sanchez: "Ja, maar hier word Demokrate nie gearresteer en in die tronk gegooi nie. En jy kan 'n vergadering by jou huis hou en . . ."

Charlize: "Nee, maar ek onthou nie lank gelede nie is TV-mense afgedank omdat hulle gesê het hoe hulle oor die oorlog [in Irak] voel."

Sanchez: "Goed, dit word toegegee. Maar dink jy die gebrek aan vryhede in Kuba kan gelykgestel word aan die gebrek aan vryhede in Amerika?"

Charlize: "Wel, ek vergelyk die twee, beslis. Die feit dat hip-hop-sangers in Kuba hulle lirieke aan regeringsamptenare moet voorlê en toestemming moet kry voor hulle kan optree . . . met iemand wat op 'n televisieprogram sy mening gee oor die oorlog in Irak en sy werk verloor."

Sanchez: "Dit klink asof jy nie 'n baie hoë dunk van Amerika het nie as jy meen die vryhede [hier] is net so sleg as die gebrek aan vryhede in Kuba."

Charlize: "Oh, my God. Nee, jy's so verkeerd. Ek's absoluut versot op die land. Waarom dink jy woon ek hier?"

En dan volg 'n opmerking van Charlize wat bestempel word as nie een van haar skerpste oomblike in 'n onderhoud nie: "I want to make out with you right now."

Waarop Sanchez sê: "Was it just a way for a beautiful woman to get a guy to change the subject? I guess we'll never know."

"Dom ster of kommunistiese apologeet?" vra 'n koerant ná dié onderhoud. "Nóg 'n idiotiese linksgesinde uit Hollywood," sê 'n ander. Die New York Daily News begin sy redaksionele kommentaar onder die opskrif "Net nóg 'n mooi gesiggie" met: "Daar word aanvaar Charlize Theron is blond en nou het sy bewys sy is dom." Nog een noem haar 'n "Hollywood airhead" en "commie" – veral omdat sy toe ook besig was met die verfilming van *Battle in Seattle*, waarvoor Stuart die draaiboek geskryf het, en wat genoem word 'n ophemeling van die betogers teen 'n byeenkoms van die World Trade Organisation (WTO) in Seattle. Die prent handel oor die werklike vyf dae van onrus wat 1999 se vergadering van die WTO oorheers het en staan krities teenoor die WTO wat die omgewing verwoes deur vrye handel aan te moedig.

'n Paar maande ná die Kuba-debat vra 'n regsgesinde Amerikaanse rubriekskrywer in September 2007 dat Amerikaanse soldate alle flieks van Charlize en Tommy Lee Jones boikot oor hulle rolle in *In the Valley of Elah*, wat beskou word as 'n prent wat daarop gemik is om die openbare mening op te stook teen die oorlog in Irak. Debbie Schlussel noem die prent op haar webtuiste "hoëgehalte Bin Laden-fliekkuns" en sê as sy 'n Amerikaanse soldaat was – sy is die dogter van 'n Viëtnam-veteraan – sou sy alle prente boikot wat Charlize en Jones maak. "Hulle het duidelik geen respek vir ons soldate nie, lewendig of dood." Sy sê met hierdie "über-linkse haat-Amerika-bo-alles-glanssterre" (verwysende na Charlize, Jones, Susan Sarandon en regisseur Paul Haggis) is sy nie verbaas oor die fliek nie.

Dié tirade ontketen 'n haatveldtog teen Charlize op Schlussel se webtuiste en een Amerikaner sê Charlize is nie geskik om in die VSA te woon nie en sy moet terugkeer Suid-Afrika toe.

Verskeie webtuistes vir soldate soos SgtStryker.com en PTSDCombat.blogspot.com loof egter die fliek omdat dit kwessies belig wat in militêre gemeenskappe in die VSA aan die orde is. Jones spreek hom in 'n onderhoud met USA Today uit teen die "taktiek om mense in 'n oorlog in te lei wat geen sin maak nie, om mense te laat glo hulle word aangeval en as hulle beswaar maak, te sê hulle is onpatrioties. Dit intimideer my glad nie."

Op die Toronto-filmfees skram Charlize weg van die politieke debat rondom *In the Valley of Elah* en sê die fliek is vir haar bloot 'n menslike storie. "Dis oor mense. Ek het nie gevoel daar is enige liberale of Demokratiese of Republikeinse soort van boodskap nie. Ek het nie gevoel dit is vir die oorlog of teen die oorlog nie. Ek het gevoel dis die waarheid oor die werklikheid dat ons in 'n oorlog betrokke is en dat ons kinders stuur om te gaan doen wat baie min van ons self sal gaan doen."

Maar op 'n perskonferensie in Venesië oor *In the Valley of Elah* is sy terug in die politiek, met selfs 'n dwarsklap na pres. George Bush: "Ek's nie 'n politikus nie. Ek's 'n vermaakkunstenaar," toe sy gevra word of dit waar is dat sy wil hê dat Amerika sy troepe aan die Midde-Ooste onttrek. "Al wat ek gesê het, is dat ek graag wil sien dat ons soldate huis toe kom." En sy benadruk dat die prent nie anti-oorlog is nie, maar eerlik handel met die gevolge van mans en vroue wat na 'n oorlog gestuur word. "Jy kan nie verwag dat hulle nié getraumatiseerd sal wees nie. My mening is dat ons president 'n bietjie meer verantwoordelik moet wees. Waaroor dié prent regtig gaan, is dat wanneer ons nuus kyk, ons politici in duur pakke in lugversorgde geboue sien wat vir ons vertel hoe dit met ons soldate in Irak gaan. Ek dink die prent is die stem van die soldate wat ons nie vandag in joernalistieke nuus hoor nie."

In Julie 2008 is sy méér uitgesproke nadat dit duidelik geword het dat *In the Valley of Elah* by die loket misluk het: "Ek wil nie politiek praat nie, maar ons word elke dag propaganda gevoer deur 'n regering wat ten volle verantwoordelik is vir hierdie gemors [in Irak]. Dis 'n ware verhaal. Jy gaan nie uit die nuus meer insig kry in wat met soldate gebeur nie. Ek verstaan dat die lewe moeilik is en wanneer dit Vrydagaand is en jy 'n baba-oppasser gekry het, wil jy [in 'n fliek] vermaak word . . . Daar is 'n klein groepie mense wat sulke soort prente [*In the Valley*] ondersteun en miskien val ek in daardie groep. Ek gaan kyk altyd na sulke prente. Vir my is dit 'n baie beter Vrydagaand."

Maar hoewel Charlize in die jare ná *Monster* nie huiwer om sosiale vraagstukke in prente aan te pak nie, miskien met 'n soort gevoel van noblesse oblige, begeef sy haar met projekte soos *East of Havana*, *Battle in Seattle* en *In the Valley of Elah* diep in die onrustige Amerikaanse psige. Selfs voordat sy 'n genaturaliseerde Amerikaanse burger word, voel sy haarself al bekwaam en geregtig om haar vryheid van spraak uit te oefen. Maar sy sal nog 'n lang pad op hierdie koers moet loop voordat sy dieselfde reputasie kry as die aktrise/sangeres Barbra Streisand, die Republikeine se Vyand Nommer Een in Hollywood. En Charlize is van vroeg af al 'n Demokratiese ondersteuner. In 2000 sê sy aan Glamour: "Vroue het die wêreld verower. En met alles wat ons deurmaak, is dit omtrent tyd dat ons 'n vrou as president kry. Ek dink nie ons is ver daarvandaan nie. Ek sal nie verbaas wees as Hillary Clinton haar vir die presidentskap gaan beskikbaar stel nie."

Wat Hillary inderdaad in 2008 se presidentsverkiesing doen in haar taai stryd teen Barack Obama om die Demokratiese Party se presidensiële benoeming. Tydens die benoemingstryd word Charlize in 'n onderhoud gevra of sy dus agter Hillary staan: "Nee, ek's 'n groot bewonderaar van Barack Obama."

Het sy dan nie gesê dit is tyd vir 'n vrou as president nie?

"Ek's verkeerd aangehaal. Wat ek gesê het, was in die algemeen, dat ons al jare gereed is vir 'n vrou. 'n Vrou . . . ek het net bedoel 'n vrou in die algemeen. Hoeveel vroue was al in die res van die wêreld eerste ministers, en nou die idee dat Amerika ook gereed is vir 'n vrou? Shut up! We are going to rule this country [Amerika]."

Oor hoekom sy in die presidentsverkiesing van November 2008 vir Obama stem: "Ek en Stuart het na 'n dokumentêre program oor dr. Martin Luther King Jr. gekyk en daar was iets wat ek in sy oë gesien het wat ek ook in Nelson Mandela se oë opgemerk het. In Obama se oë is dieselfde ding."

In November 2005 sê sy dat sy en Stuart die dag amptelik sal trou wanneer gay pare oral in die VSA wettiglik mag trou. (In Suid-Afrika is die eerste gay paartjie, Vernon Gibbs en Tony Halls, ingevolge die nuwe wet op burgerlike verbintenisse op 1 Desember 2006 in George in die Wes-Kaap getroud.)

Op Saterdagaand 8 April 2006 vereer die gay gemeenskap haar vir haar simpatieke standpunte jeens gays en ook vir haar lesbiese rol as Aileen Wuornos. Die organisasie GLAAD (Gay & Lesbian Alliance Against Defamation) oorhandig die Vanguard-toekenning aan haar op sy sewentiende jaarlikse toekenningsplegtigheid in Los Angeles vir haar bewusmaking van die bestaan van en begrip vir ander se seksuele oriëntasie.

In Suid-Afrika lig die wenkbroue toe 'n gewilde gesinstydskrif in Desember 2007 berig dat Charlize oor die komende Kerstyd sou gesê het: "Ons vier nie regtig Kersfees in Suid-Afrika nie. Dis somer, skoolvakansie en almal gaan weg, gewoonlik kus toe. Maar ons deel nie geskenke uit nie, ten minste nie die Suid-Afrikaners wat ék ken nie. Jy het nie 'n Kersboom of so iets nie."

Dit verbaas selfs haar eie Suid-Afrikaanse familie, vir wie Kersfees, soos vir die meeste Suid-Afrikaners en veral tradisievaste en gelowige Afrikaners, 'n besondere familiedag is waarop baie gesels, geëet en geskenke uitgeruil word, gewoonlik die aand van 24 Desember. Kersbome staan vol vrolike versierings in huise en daaronder word die geskenke uitgestal. Die familie verwys na een van haar pa, Charles, se strandhuise aan die Oos-Kaapse kus waar Charlize as kind en tiener gereeld saam met die Theronfamilie oor Kersfees byeengekom het, en die huis self buite met kleurryke liggies versier is.

Haar Kersopmerkings lei ook tot verontwaardige reaksie van lesers, waarop die redakteur sê: "Ons het ook gewonder oor Charlize se uitlating en het op reaksie gewag." Al die lesers vertel van hoe hulle Kersfees in Suid-Afrika vier met familie en vriende en geskenke.

Ook Suid-Korea laat sy nie ongespaar nie en skryf glo in 2002 'n brief aan die Suid-Koreaanse regering waarin sy beswaar maak teen 'n gebruik daar om katte lewendig te kook. Sy het blykbaar iewers gelees dat die lewendige katte gekook word om hulle "sous" te onttrek voordat die katvleis geëet word. Sy skryf: "Ek doen 'n beroep op die regering van Suid-Korea om te verseker dat katte en honde volle beskerming geniet teen doelbewuste wreedheid en marteling."

Nadat sy in Mei 2005 verfilming voltooi het aan *North Country*, besluit sy om 'n lang rustyd van agtien maande te vat en sy en Stuart reis na verskeie wêrelddele. Een van die plekke wat hulle besoek, is Turkye, waar 'n internasionale filmfees toevallig in Istanbul plaasvind. Maar haar aardrykskunde laat haar lelik in die steek toe sy op 20 Januarie 2008 hierdie besoek aan die Londense Daily Mail beskryf: "Ons is na Turkye, waar ons 'n kar gehuur en al die pad na Boedapest gery het. Toe ons in Boedapest aankom, was dit soos die Cannes-filmfees." Sy vertel ook van hulle besoek aan 'n Turkse basaar in "Boedapest", en hoe sy Turkse tapyte gekoop het. Haar verwarring tussen Istanbul en Boedapest, hoofstad van Hongarye in Oos-Europa, oortuig Imre Ikvai Szabo, onderburgemeester van Boedapest, om haar te nooi vir 'n gratis besoek van vier dae.

Charlize onthou in haar eerste vlaag van publisiteit ná *2 Days in the Valley* en *That Thing You Do!* (miskien om die beeld van haar Afrikaherkoms tuis te bring), ook die insident wat sy hiperbolies voorhou as hoe sy met Afrikamitologie om vure grootgeword het. Wanneer albei haar ouers uithuisig was weens hulle sakebedrywighede, het die kinderoppasser na haar omgesien: "As my ma moes oorslaap, het ek by die kinderoppasser en haar twee kinders in haar hut oornag. My ma het vir my 'n bed op die vloer van die hut opgemaak, maar sodra sy weg was, het die kinderoppasser my opgetel en saam met haar in die bed laat slaap. Haar stam, die Suid-Sotho, glo aan die tokkelossie, hierdie klein skepseltjie wat in jou ore inkruip en jou mal maak. As jy hoog genoeg slaap, kan hy nie by jou uitkom nie."

Aan hierdie inheemse tema van die land van apartheid waarin sy gebore en grootgeword het, raak sy weer in onderhoude. In 1992, die jaar waarin sy skool verruil vir 'n modelloopbaan, is Suid-Afrika midde-in 'n woelige politieke omwenteling. Nelson Mandela is twee jaar tevore vrygelaat, verbode swart politieke organisasies is ontban, en in swart townships regoor die land is onrus en geweldpleging aan die orde van die dag terwyl die politieke leiers begin onderhandel vir 'n nuwe demokratiese bestel ná byna vyftig jaar van statutêre apartheid. Toe Mandela in 1994 Suid-Afrika se eerste swart president word, kry Charlize in Los Angeles die rol van Helga in *2 Days in the Valley* .

Alle aanduidings is dat sy in haar kleindorpse jeug op Putfontein grootliks geïsoleer was van hierdie groot politieke woelinge en onrus in haar land. Maar toe verwys sy 'n slag na hoe sy in 1993 in New York, op die vooraand van haar reis Hollywood toe, dikwels gevoel het om in die geselskap van swart mense te oorbeklemtoon dat sy nie 'n rassis is net omdat sy van Suid-Afrika kom nie.

Wat ander mense laat wonder oor die berekendheid van so 'n uitlating. In daardie jaar, 1993, was sy aan die einde van 'n opwindende loopbaan as internasionale tienermodel. Sy het Europa en die wêreld ontdek. Daarna het sy aan die Joffrey-skool in New York balletopleiding gekry, met haar kop vol Hollywood-drome. Hoekom sou so 'n wêreldwyse agtienjarige meisie eensklaps wroeg oor die stigma van apartheid? Tensy sy dit as 'n persoonlike struikelblok gevrees het, en dit nie 'n gewetenswroeging was nie.

As sy toe wel 'n toeval van 'n politieke gewete ervaar het, sou 'n mens in die herinneringe van die latere gesofistikeerde aktrise 'n ander klem verwag het – nie oor rassestigma nie, dalk eerder bedenkinge oor wit bevoorregting onder apartheid. Selfs die modelkompetisie wat sy in 1991 gewen en wat haar op die pad na roem gestuur het, was net vir wit meisies beskore, hoewel sonder 'n amptelike kleurverbod. (Die Mej. Suid-Afrika-kompetisie het sedert 1956 vir dekades net wit deelnemers gehad en eers in 1992 die eerste nie-wit wenner opgelewer met die kroning van Amy Kleynhans.)

Charlize, as mildelike ontvanger van voorregte en as kind in aparte wit skole, kon sekerlik grondig oor hierdie bevoorregting danksy apartheid besin het. Veral in die lig van haar effe bisarre uitlating in 2008 aan 'n Skotse koerant: "Ek het grootgeword in 'n baie polities bewuste familie. Ek's van vroeg af geleer dat apartheid verkeerd was. My familie was aktief gekant teen apartheid, en ons het almal geweet dis net 'n kwessie van tyd."

Natuurlik het Charlize teen 2008 al baie loflike werk in Suid-Afrika gedoen met haar Afrika-uitreikingsprogram vir beter gesondheidsorg en rekenaarvaardighede in skole vir minderbevoorregte kinders. Deur haar hulp kry baie kinders weer moed en hoop. Maar daar is geen aanduiding dat haar familie ooit aktief teen apartheid standpunt ingeneem het nie, of per se openbare teenkanting getoon het nie. Miskien is haar bedoeling eerder dat hulle nie aktiewe voorstanders of beoefenaars van daardie rassebeleid was nie. Bettie vertel self hoe goed Charles sy swart werkers behandel het, soos Kort Petrus wat bitterlik gehuil het oor Charles se dood.

Maar dit was 'n familie met hulle wortels diep in die konserwatiewe Suid-Afrikaanse platteland waar rassegelykheid byna twee dekades ná die amptelike beëindiging van statutêre apartheid steeds plek-plek swaar verteer word. Selfs ten tyde van Charles se skietdood in 1991 kry ons 'n prentjie wat kwalik versoenbaar is met 'n polities bewuste familie wat apartheid akief teengestaan het. Op daardie noodlottige winternag sit die 71-jarige werker Joseph Gawele saam met 'n vriend buite hulle arbeiderskamers op Charles se hoewe om 'n vuurtjie. In sy beëdigde polisieverklaring is onder meer die volgende frase van 'n heersende baas-kneg-verhouding op Plot 56, Cloverdene: "... die oorledene se broer [het] aan my gesê die Misses het die Baas doodgeskiet."

As Charlize werklik grondliggend besorg was oor die gruwels en letsels van apartheid, sou sy dalk eerder ook 'n dokumentêre prent oor Suid-Afrika se verlore townshipjeug wou vervaardig het naas haar dokkie oor die lot van drie jong hip-hop-musikante in Kuba. Hoewel daar al dikwels sprake was dat sy in haar geboorteland by 'n filmprojek betrokke wou raak, was dit 'n ander Suid-Afrikaanse vervaardiger/regisseur, Gavin Hood, wat met *Tsotsi* die internasionale aandag op Suid-Afrika se disfunksionele jeug laat val het, veral nadat dit in 2006 die Oscar wen as beste buitelandse prent.

Op 28 Junie 2008 duik daar uit die bloute 'n nuwe kindertydse herinnering by Charlize op waarna sy nog nooit tevore verwys het nie. Sy beskryf 'n skrikwekkende anekdote aan die Londense The Observer toe sy met *Hancock* se vrystelling soos gewoonlik tot vervelens toe uitgevra word oor haar vertolking van Aileen Wuornos in *Monster*: "Ek het [destyds] 'n verband probeer trek tussen Aileen Wuornos en haar ervarings as kind en toe iets onthou wat met my gebeur het toe ek vyf jaar oud was. Ons was iewers aan die ry toe al die motors stop omdat 'n vragmotor omgeval en aan die brand geslaan het. 'n Man was in die voertuig vasgekeer. Almal in Suid-Afrika dra 'n vuurwapen en hy het gepleit dat iemand hom moet skiet omdat hy nie wou doodbrand nie. Niemand kon hom uitkry nie, waarop iemand hom toe doodgeskiet het. Dit was aaklig, maar een van die oomblikke wat my die waarde van die lewe geleer het."

Nè? Ons weet hoe sy oor die doodstraf voel, maar wat is haar mening oor summiere genadedood op Suid-Afrikaanse paaie, veral ten aanskoue van gesinne met vyfjarige kleuters?

Kinderprojek

In Maart 2004, met Charlize se Oscartriomftoer in Suid-Afrika, word bekend gemaak dat sy wil help met 'n doeltreffender DNS-laboratoriumstelsel om verkragters makliker te kan vervolg. Meer moet ook gedoen word om slagoffers van verkragting met berading by te staan, sê sy in Pretoria aan die Amerikaanse ambassadeur in Suid-Afrika, Cameron Hume. "Enige vorm van geweld is onaanvaarbaar. Ons moet bymekaarkom en dié probleem bespreek. Dit help nie mense huiwer om daaroor te praat nie. Ek sal altyd my stem hieroor laat hoor. Ons het 'n pragtige land, die mooiste wat ek nog ooit gesien het. Kom ons respekteer dit en behandel mekaar met respek, meegevoel en liefde sonder om te oordeel."

Sy vra ook dat MIV/vigs ernstige aandag kry. "Die syfer is heeltemal te hoog in dié land." Sy is veral ontsteld toe sy hoor van 'n vrou wat 400 km moes reis om antiretrovirale medisyne en berading te kry nadat sy verkrag is. Sy sê sy het planne vir 'n nuwe welsynsorganisasie om hiermee in plattelandse gebiede in Suid-Afrika te help. "Ons sal MIV/vigs saam as 'n nasie moet pak, want ons mense sterf en ons kinders word wees gelaat en ons kan nie so 'n toekoms hê nie."

Sy word ná haar Oscar uitgevra oor haar rol in gemeenskapsprojekte.

Haar antwoord is dat sy nog altyd eerlik was dat sy 'n trotse Suid-Afrikaner is. "En wat ek kan doen, belowe ek jou, sal ek doen. Ek dink nie dis te veel druk nie. Ek dink dis ons plig as burgers van hierdie land. Jy hoef nie 'n Oscar te wen om iets goeds vir jou land te doen nie. Ons kan dit almal doen. As ek 'n aansporing kan wees, sal ek dit graag wil doen."

En sy doen dit, selfs nadat sy haar Suid-Afrikaanse burgerskap opgesê het. In November 2007 besoek sy Suid-Afrika vlugtig en handhaaf 'n lae profiel, om nou terug te ploeg in kinders wat sy self ontvang het en waaroor sy as vyftienjarige in 'n briefie aan haar alma mater, die Laerskool Putfontein, geskryf het: "Ouers, wees lief vir julle kinders, hulle is ons toekoms."

Sy besoek die Nhliziyo High School in Mtubatuba in die provinsie KwaZulu-Natal vir die inwyding van 'n mobiele gesondheids- en rekenaareenheid van die Mpilonhle-jeugprojek, 'n gesamentlike projek van Charlize se Afrika-uitreikingsprogram en Oprah Winfrey se Angel Network. Charlize groet die leerders in Zoeloe: "Sawubona. Yebo. Ninjani?" Sy is een van die hoofbydraers tot die projek wat gesondheidsdienste na skole in landelike gebiede bring en rekenaaropleiding vir dié leerders aanbied. Sy sê sy wou betrokke raak omdat sy by 'n punt in haar lewe gekom het waar sy geweet het sy wil iets teruggee. "Dit voel asof ek geboorte gee aan my eerste kind."

Sy gesels met die leerders oor haar eie grootwordjare en vertel selfs van haar pa se dood. "Hy was 'n goeie man, maar hy was nie die beste pa nie. Deur sy foute het ek geleer wat ek nié wil wees nie. Ek wil nie hê julle moet dink julle kan nie kry wat ander kinders het net omdat julle van die platteland is nie. Moet dit nooit dink nie, want ék het dit reggekry."

Sy word later weer hieroor uitgevra, en sê: "Daardie kinders gaan elke dag met die dood om. Baie het net een of géén ouers nie en ek het gedog om oor my pa te praat, is 'n manier om vir hulle te sê hulle kan 'n negatiewe ding tot 'n positiewe omkeer. Ek kon een van daardie grootmense geword het wat sonder enige verantwoordelikheidsin deur die lewe gaan met die verskoning dat ek nie 'n goeie voorbeeld van my pa gehad het nie. Maar intussen het ek die béste voorbeeld gehad, 'n voorbeeld van wat om nié te doen nie."

Dr. Michael Bennish, uitvoerende direkteur van Mpilonhle ("'n goeie lewe"), sê: "Met die groot ondersteuning van Charlize Theron glo ons dat ons kan veg teen armoede en siektes en hierdie kinders 'n werklike kans kan gee om ook bo uit te kom."

Op Oprah se TV-program sê Charlize aangedaan oor haar besoek aan die skool: "As ek daar kom en daardie kinders sien, weet ek dis waar ek hoort. My lewe kon heel anders uitgewerk het, ek kon daar gewees het. Daardie kinders het 'n 50 persent-kans om MIV en vigs op te doen, en dit kon met my gebeur het."

Myners en strokies, 2004-2006

> Ek sal in elke liewe prent 'n mooi meisie speel as dit 'n goeie storie is.
> Maar dit gaan nie oor voorkoms nie. Ek gee nie 'n f... om hoe ek lyk nie.
> Charlize, 2008

North Country

Nog voor die vrystelling van *Monster* is Charlize reeds besig met die verfilming van twee nuwe prente, met nog twee aan die kom. *Head in the Clouds* word beskryf as 'n prent wat dreig om in sy eie glans te verdrink, 'n kombinasie van melodrama en 'n sepie oor die seksueel uitbundige, hedonistiese Gilda Bessé (Charlize). Die fliek begin in Cambridge in die 1930's wanneer die immorele Gilda die skaam student Guy (Stuart Townsend) ontmoet. Hy raak verlief op haar en dit eindig in Parys – ná orgieë, 'n ménage à trois en ander vurige dinge, insluitende 'n sexy tango en innige soen tussen Charlize en Penélope Cruz.

Oor Cruz se seksuele oriëntasie word later ook dikwels bespiegel en toe sy in Desember 2006 uitgevra word oor haar lekkerste soen in 'n rolprent, sê sy onmiddellik: "Kan ek sê Charlize Theron? Ja, Charlize, Charlize, Charlize [in *Head in the Clouds*]."

Die prent word bestempel as een waarin pragtige dekor, ryk fotografie en 'n eendimensionele emosionele extravaganza enige morele diepte oorskadu en dat dit 'n soort anachronisme is uit die Goue Era van Hollywood in die 1940's. 'n Resensent sê hy is 'n Charlize-bewonderaar, maar haar Gilda bly 'n kammakarakter, Stuart is lig in die broek en Cruz is bloot 'n mooi gesiggie. Sterre is nie meer wat hulle was nie, is sy gevolgtrekking. "Erger, die prent vry na linksgesinde politiek, maar al wat beklemtoon word, is regisseur John Duigan se fantasiebenadering en oorbeheptheid met melodramatiese clichés. Dis 'n groot onreg om 'n belangrike en komplekse deel van die geskiedenis op dié manier te onthou."

Stuart word in 2007 gevra of liefdestonele in flieks makliker of moeiliker is as jy ook in die werklike lewe by iemand betrokke is. "Makliker, maar steeds ongemaklik, want 'n galery mense kyk na julle. Makliker in die sin dat dit nie nodig is vir daardie senuweeagtige gebabbel nie, maar dalk ook moeiliker weens die familiariteit, wat dalk nie die regte wrywing en spanning skep nie. Ons hou van mekaar en is lief vir mekaar en ken mekaar, maar dit vertolk nie noodwendig reg op die doek nie. As ek teenoor 'n ander aktrise in 'n liefdestoneel speel, is dit maklik: ek superponeer net vir Charlize op haar."

Stuart is ondanks swak resensies trots op *Head in the Clouds*. "Daar is parallelle met wat vandag gebeur. Op die eerste dag van verfilming het ons 'n toneel gedoen uit die Spaanse Burgeroorlog. Ek was in my militêre uniform met my geweer en op 'Aksie!' begin ek mense doodskiet. Terug in my treiler sit ek CNN aan en dis die eerste dag van die inval in Irak. Verskillende kostuums, 'n ander tyd, hierdie keer 'n woestyn, maar dieselfde gemors. Destyds [in die twee wêreldoorloë] was daar geweldige boosheid, nou's daar net geweldige propaganda. Ek is geheel en al teen oorlog. Ek sterf nie vir 'n ryk man nie."

Stephen Hopkins se *The Life and Death of Peter Sellers*, met Geoffrey Rush as Sellers, dans wollerig oor die lewe van dié Britse akteur en komediant wat verskeie vroue en minnaresse gehad het. Sellers het aanvanklik bekendheid verwerf in die BBC se komiese radioreeks *The Goon Show* (1951–1960), maar word later veral onthou as die onbeholpe inspekteur Jacques Clouseau in Blake Edwards se *Pink Panther*-flieks.

Charlize vertolk 'n jong Britt Ekland, die Sweedse aktrise wat tussen 1964 en 1968 Sellers se tweede vrou was. Britt is met die verfilming al 60 en aanvanklik skepties, dreig die vervaardigers selfs met 'n hofsaak as sy op 'n lasterlike wyse in die prent voorgestel word. Sy noem dit ook "nonsens" dat Charlize haar vertolk. Charlize is glo te lank en te oud, maar Britt verander van deuntjie nadat sy die prent sien en noem Charlize "fantasties".

Charlize se tonele word binne tien dae verfilm en lewer van die prent se min onvergeetlike toneeltjies en dialoog op – lagwekkend, soos in belaglik, nie snaaks nie. Ma Peg vermaan haar mamma-se-seuntjie Sellers: "Regte sterre het nie tyd vir trane nie." Of die toneel waarin Sellers (Rush) se ernstige bepeinsing op 'n toilet deur Britt (Charlize) se binnekoms versteur word en hulle diepsinnig oor hul huwelik besin wat op die rotse is. Die gesprek word ineens onderbreek deur 'n verdagte geluid van Rush/Sellers se ablusies, waarop Charlize/Britt haar mondjie tuit, "Plop" sê, en omdraai en uitstap. In 'n volgende toneel slaan sy Ma Peg se geraamde foto oor Sellers se kop stukkend, waarop hy haar beskuldig: "You hit me with me mom." Charlize-as-Brit: "Fuck you, Peter, fuck you and your mom."

The Life and Death of Peter Sellers karteer Sellers op 'n manier wat soos 'n klap in die gesig kan wees vir die meeste Sellers-aanhangers, skryf 'n resensent. "Sellers was geen engeltjie nie, maar die verbetenheid waarmee sy negatiewe kant belig word, maak dit nie 'n aangename ervaring nie. Geoffrey Rush in die naamrol laat 'n frenetiese maalstroom van emosies op almal los en die twee vroue wat onder Sellers gely het en met wie hy getroud was – Anne Sellers (Emily Watson) en Britt Ekland (Charlize Theron) – het nie geweet wát hulle tref nie, hoewel Ekland Sellers minstens met sterker intuïsie kon hanteer. Sellers se legende word deur dié fliek geskaad, hoewel dit nie sy aanhangers met ander oë na sy briljantste werk sal laat kyk of luister nie."

Die twee prente, *Clouds* en *Sellers*, word albei in 2004 uitgereik terwyl Charlize toe reeds werk aan *Æon Flux*, gegrond op 'n futuristiese strokieskarakter van Peter Chung. In *Æon Flux* is sy weer saam met 'n vrou as regisseur, Karyn Kusawa van die indie-film *Girlfight* (2000), en sê sy is regtig opgewonde om die prent te maak en dink dit gaan groot uitdagings aan hulle stel. Maar Charlize, toe 29 jaar oud, is ontevrede oor die skrapse kostuum wat sy moet dra: 'n bikini met dystewels en skouerkussings. Sy dring aan op 'n lycra-langbroek en sê: "As jy met aspekte van seksualiteit speel, moet sekere dinge bedek bly. Dis wat my ma altyd vir my gesê het. Ek wou so getrou as moontlik bly aan die oorspronklike karakter, maar het gevoel die kostuum gaan te ver."

Vir haar rol as die superheldin bestudeer sy tropiese akkedisse om haar bewegings so vloeiend moontlik te maak. Die prent se waaghalskoördineerder, Charlie Croughwell, sê vir die toneel waarin Charlize handeviervoet hardloop met haar maag net 'n paar sentimeter van die grond af, het hulle National Geographic-video's van akkedisse bestudeer om hulle bewegings te ontleed.

Aan die New York Post voer Charlize selfs die akkedisse na die plot op Putfontein terug: "Ek's van Afrika, ek weet alles van akkedisse af. Ek het in ons agterplaas met akkedisse gespeel."

Die verfilming van *Æon Flux* word in September 2004 in Berlyn onderbreek toe Charlize haar nek in een van die aksietonele beseer. Stuart sê kort ná die besering sy het gegly en haar nek seergemaak toe sy agteroor bollemakiesie geslaan het terwyl sy platformskoene aangehad het. "'n Kussinkie in haar nek is amper tot in haar rugmurg gedruk. Sy's beter, maar dinge kon baie erger gewees het."

Hierdie ongeluk, waarvoor sy lank in Los Angeles fisioterapie ontvang, bring mee dat sy nóg 'n klousule in filmkontrakte laat inskryf: dubbelgangers vir haar waaghalstonele.

Met Paramount Pictures en 'n begroting van $62 miljoen agter hom, word groot dinge van *Æon Flux* verwag, maar iets loop drasties skeef, skryf 'n Suid-Afrikaanse resensent, miskien met die visuele ontwerp van die prent. "Die kyker word deur sielkundige ruimtes oorweldig: sirkels, halwe sirkels, trappe wat ondertoe na ander, donker sirkels lei, blomme wat eroties open, en dit herinner aan eksperimentele prente uit die 70's met 'n klem op die abstrakte, skaduwees en lyne. Regisseur Kusama kikker alles op met variasies op die patrone, en met beelde van Flux (Charlize) in swart hare en stywe swart latekspakkie wat aanhoudend hardloop en flouerige karatebewegings doen. Die prent trek tou met homself en beweeg tussen aksieclichés en avant-garde. Die dialoog is aaklig vals op die oor: 'I had a family once. I had a life. Now all I have is a mission.' Wanneer die prent driekwart deur besluit om 'n opregte aksieriller te word, is die aangeplakte poging te laat. Die karakters het ons belangstelling verloor, en ons is net bewus van hoe dom die genre eintlik is."

Bob Longino skryf in die Atlanta Journal-Constitution: "*Æon Flux* is omtrent so genoeglik soos sooibrand." Verskeie resensente verwys na haar Oscar en sê *Æon Flux* is vir Charlize wat *Catwoman* vir Halle Berry was ná háár Oscar: 'n afgryslike klad op haar résumé. Misha Davenport skryf in die Chicago Sun-Times dat Charlize die nuutste Academy-wenner geword het "wat haar Oscar-mag verkwis deur in aaklige prente op te tree".

Die prent misluk en verdien wêreldwyd net $52 miljoen. Maar Charlize het 'n vasberadenheid wat nóóit onderskat moet word nie. Sy gaan bewys dat haar Oscar nie 'n eendagwonder is nie. Nog 'n rol waartoe sy haar kort voor die Oscars verbind het, is opnuut 'n karakterrol, soos in *Monster*.

North Country is weer op die werklikheid gegrond, en handel oor Lois Jenson, 'n vroulike mynwerker van Minnesota, wat slaag met Amerika se eerste suksesvolle klasaksiehofgeding weens seksuele teistering. En die regisseur is ook weer 'n vrou, Niki Caro. In dié verhaal word ander maatskaplike ongeregtighede ingeweef, soos die vooroordele van 'n klein dorpie jeens die vroue wat as myners werk.

Die prent is deels 'n fiktiewe weergawe van Clara Bingham en Laura Gansler se boek, *Class Action: The Story of Lois Jenson and the Landmark Case that Changed Sexual Harrassment Law*, en word in dieselfde gebied verfilm.

Charlize sê sy soek nie dié soort rolle uit nie, maar eerder die regisseurs. Sy wou saam met Niki Caro werk nadat sy haar fliek *Whale Rider* gesien het. Vir haar vertolking van Lois Jenson (in die prent word sy Josey Aimes genoem) doen Charlize haar navorsing in die gemeenskap en myne van Minnesota op dieselfde deeglike manier as wat sy met Aileen Wuornos gedoen het, en werk weer met spraak en liggaamshouding.

Josey Aimes is 'n enkelma van twee kinders wat by haar streng godsdienstige ouers in Noord-Minnesota gaan skuiling soek nadat haar minnaar haar aanrand. Sy werk in 'n haarsalon, maar word dan saam met 'n paar ander vroue by die plaaslike myn aangestel. Dit is 'n onaangename werkomgewing. Die mans, selfs Aimes se pa, wil die vroue nie daar hê nie, want hulle ontneem ander mans van werk. Hulle ontevredenheid vind uiting in seksspraatjies en onwelvoeglike voorstelle en later blatante viktimisering. Aimes gaan kla by die bestuur, en wend haar dan tot die prokureur Bill White (Woody Harrelson).

Charlize sê sy het van die vroue ontmoet oor wie *North Country* handel. "Hulle het my toegelaat om hulle huise te besoek sodat ek 'n kykie in hulle gesinslewe kon kry. Ons het gaan hengel, sneeuslee gery en rolbal gespeel. Hulle was die hele tyd byderhand. As ek tydens verfilming oor enigiets gewonder het, kon ek gaan vra: 'Wat dink julle, lyk dit reg?'"

Dit is opvallend dat sy ná haar Oscar sporadies in onderhoude nuwe "feite" oor haar persoonlike lewe begin verklap – amper asof sy bang is mense gaan belangstelling in haar verloor as sy nie interessant bly nie. Die skinderwebblad The Scoop sê byvoorbeeld nou dat sy eintlik aan chroniese aandagafleibaarheidsindroom ly. "Ek raak gespanne as ek vir lang rukke moet konsentreer. Ek moet 'n passie hê vir 'n projek om te kan volhou." En darkhorizons.com: "Ek het ADD; ek moet myself regtig aan iets toewy om dit ordentlik te kan doen. Dis belangrik dat ek hou van wat ek doen, want ek sukkel om te konsentreer. Ek is rusteloos en kan nie lank dieselfde ding doen nie. Daarom is dit baie moeiliker vir my om op 'n rolprentprojek te konsentreer."

Tydens die verfilming van *North Country* van Februarie tot Mei 2005 leef sy hierdie rusteloosheid uit deur mans op die filmstel, ironies, met seksuele grappies te teister. "Dit was die beste manier om my spanning te verlig. Ons het baie daaroor gelag, en ek dink hulle het dit geniet." Sy daag ook 'n groep mynwerkers in 'n kroeg vir veerpyltjies uit – en klop hulle.

Oor haar navorsing sê sy dat hulle soos met Aileen Wuornos eers probeer het om die emosionele sy van haar karakter te verstaan voordat hulle die fisieke aspekte aangepak het. Weer is Toni G [van *Monster*] ingeroep en Charlize sê hulle het nie notas gebruik oor hoe haar voorkoms moet lyk nie. Hulle het gesels oor wat Josey in haar lewe moes verduur het en hoe dit haar liggaam en gesig aangetas het.

Sy en Caro het ook baie gesprekke oor seksisme gehad. "Nie een van ons was nog in so 'n situasie nie en in my navorsing het ek besef seksisme en seksuele teistering is nie iets wat net klein gemeenskappe raak nie. Dit kom daagliks in groot stede voor. Ons kan wette verander, maar ons kan nie mense se denkpatrone oornag verander nie. Ons kan nie terugsit en dink alles gaan nou reg wees net omdat wette aangepas is nie."

Een van haar uitdagings is 'n toneel waarin sy 'n vergadering toespreek. Sy sê sy is eintlik vreesbevange wanneer sy openbare toesprake moet hou. "Ek kry die vreemdste gevoel, eers word alles swart en ek sien net wit kolle, dan slaan my vel uit. 'n Openbare toespraak is seker die ergste ding wat iemand my kan laat doen. En daar staan ek voor 400 mense op hierdie mynersvergadering. Dit was die eerste dag van verfilming en ek kon letterlik nie asem kry nie. Ek kon nie praat nie. Ek het gedog ek gaan flou word."

Charlize sê *North Country* gaan in wese oor 'n stryd om oorlewing, vroue én mans s'n. Almal voel bedreig. Josey is ook nie soos Erin Brockovich of Norma Rae nie. "Húlle het by 'n vertrek ingestap en jy kon sommer sien hulle gaan dinge verander. Josey was nie so nie. Sy was doodgewoon. Sy het baie aandag op hoërskool gekry, maar daarna het sy die een terugslag ná die ander beleef en haar half onttrek. Toe skop daardie oermoederinstink in.

"Josey en Aileen Wuornos se omstandighede verskil ingrypend. Aileen is fisiek mishandel. Josey het dít ook deurgemaak, maar ek het meer op haar verbale mishandeling gefokus. Dís die soort goed wat nie 'n fisieke letsel laat nie. Ek dink soms dis die ergste vorm van mishandeling."

Ook in ander onderhoude verwys sy na hierdie verbale mishandeling wat sy en haar ma destyds ook van haar eie pa moes verduur het: "Wat my getref het, is die besef van die ongelooflike vrees wat verbale mishandeling by 'n mens kan inboesem. Dis die uiterste vorm van die verkragting van 'n mens se waardigheid."

Oor die hele paar rolle wat sy al as 'n ma moes vertolk, sê Charlize: "Dit was van die begin af een van my grootste vrese, want ek is nie 'n ma nie. My ma het die draaiboek [van *North Country*] gelees en die eerste ding wat sy gesê het, was: ''n Mens doen enigiets vir jou kinders en jy moet dit onthou. Enige keuse wat jy in die rol [van Josey] doen, doen jy vir jou kinders.' Ek het ook baie na my eie kinderjare gekyk, wat allermins rooskleurig was."

Lelike rolle

North Country (Oktober 2005) en *Æon Flux* (Desember 2005) word albei vrygestel nadat Charlize op 7 Augustus daardie jaar dertig geword het. Dié mylpaal in enige jong vrou se lewe het Marguerite Duras gebruik om so pragtig en universeel oor Brigitte Bardot se dertigste verjaardag te skryf: "Verseker is haar liggaam steeds pragtig, miskien 'n rapsie minder volmaak gevorm binne haar goue vel. Maar in haar gesig het iets verander. Gister was hierdie gesig sterk en sorgeloos. Vandag hou sy dit fyn dop. Dit is die verskil – haar houding. Met ander woorde, vrees. Is dit die einde van 'n lieflike oggend? Natuurlik nie, maar die waarskuwingsliedere van die aand het begin. 'n Aand vol wolwe."

Charlize hoef miskien nog nie haar kop oor veertig te breek nie, maar sy besef deeglik dat die stryd teen die spieël begin het. In Augustus 2008, kort ná haar 33ste verjaardag, word berig dat Charlize 'n "superbessiebevogtiger" vir haar vel gebruik, teen $65 vir 'n klein buisie, met nogal aansienlike aansprake, soos dat dit "age-defying technologies" bevat wat die vel voed, beskerm en ferm hou, en veroudering vertraag. Dit het die naam van Sugar Acai Age-Delay Body Cream en word gemaak van 'n vrug wat in die woude van die Amasone voorkom.

Die internetnuusdiens News24 in Suid-Afrika haal Bang Showbiz.com op 18 Augustus 2008 hieroor aan en sê Charlize is nie die enigste ster wat ongewone middels gebruik om tekens van die ouderdom te beveg nie. Teri Hatcher gooi glo 'n glas wyn in haar badwater en Gwyneth Paltrow gebruik 'n teenverouderingsroom wat slanggif bevat. In 2007 is berig dat die sangeres Debbie Harry van Blondie haar met skaapembrioselle laat inspuit om jonk te lyk, en dat Demi Moore op 45 glo bloedsuiers is net die ding om háár vel mooi te hou – veral omdat sy vyftien jaar ouer is as haar derde man, Ashton Kutcher. Maar Demi word ook in April 2008 só aangehaal: "Dit help nie jy raak te obsessief oor hoe jy lyk nie, want dis 'n spel wat jy gaan verloor."

Charlize het nog lank nie haar spel verloor nie, want dertig bring 'n tweede Oscarbenoeming as beste aktrise in *North Country*, en bring ook irritasie oor die onophoudelike insinuasies dat sy net vir 'n Oscar raakgesien word wanneer sy haar vir rolle lelik maak. Hoekom lewer sy nie dieselfde spelpeil in méér glansryke rolle nie? Hoekom kry sy net statuur wanneer sy haar skoonheid verdoesel, soos in *Monster* en in *North Country*, selfs in *In the Valley of Elah*, as 'n enkelma en speurder, Emily Sanders? Hier het haar blonde hare plek gemaak vir bruines en loop sy vir byna dertig minute van die prent met 'n pleister oor haar neus. Ergerlik sê sy dat sy 'n natuurlike brunet is, dit is haar ware haarkleur, en as dit nie *glamour* is nie, is sy jammer, maar dit is soos sy is.

"Dit maak my regtig vies dat mense dink ek kies rolle waarin ek onaantreklik lyk net sodat ek ernstig opgeneem kan word. Ek's jammer, maar as ek 'n speurder speel, gebruik ek nie oogomlyner nie. Ek gaan ook nie in 'n toneel wakker word met lipglans aan nie, want dis nie hoe 'n vrou wakker word nie, nie eens die mooiste vrou nie.

"Die personderhoude vir *North Country* het my regtig omgekrap. Nóg 'n transformasie . . . al wat ek gedoen het, was om in 'n myn in te gaan en vuil te word. In Rome het ek uitgeloop toe 'n joernalis begin met: 'Weer 'n lelike rol . . .' Ek wil nie hê mense moet dink ek is 'n one-trick pony nie.

"Ek kyk na rolle met goeie stories en met goeie filmmakers. Dis my werk as aktrise om daardie stories te dien so goed as wat ek kan. Dis nie oor hoe ek fisiek lyk nie, dis die laaste ding waaraan ek dink.

"Ek lewe 'n baie eenvoudige lewe. Dis nie nodig dat ek hierdie groot prente maak nie. Ek het nie 'n seiljag of 'n private vliegtuig nie. Solank as wat ek 'n eenvoudige lewe met redelik min onderhoud lei, hoef ek my nie oor geld en ander goed te kwel nie. Ek werk nie omdat ek 'n verband moet afbetaal op 'n huis wat ek nie kan bekostig nie. My lewe kom eerste, en daarna my werk."

Hierdie kriewelrigheid bruis al op kort ná haar Oscar toe sy op 24 Maart 2004 by die Green Cross Millennium-welsynsfunksie opdaag – in 'n deurskynende swart rok met pittoreske uitsig op bralose boesem en deurtrekkertjie. Sy is woedend toe geskimp word dat sy die Oscar gewen het omdat sy haar voorkoms verander het. "Enigeen kan haarself lelik maak. Dink jy die Academy of Motion Picture Arts and Sciences gaan 'n toekenning gee aan iemand net omdat sy haarself lelik gemaak het? Dink jy Nicole Kidman het 'n Oscar gekry net omdat sy 'n vals neus [vir *The Hours*] aangehad het? She was really fucking good!"

Maar David Ansen sinspeel in Julie 2005 in Newsweek dat dit tog Nicole se vals neus was wat die Oscar-oog in *The Hours* gevang het. "Putting on Virginia Woolf's schnoz made her the darling of the Academy," en hy twyfel of *The Hours* andersins lank onthou gaan word.

Charlize meen mense vergeet wat akteurs doen, en sê byna afwysend dat die modebedryf skielik by die filmbedryf probeer inkruip om die werk van akteurs met skoonheid te oorskadu. "Akteurs is nie veronderstel om mooi te wees nie, hulle is veronderstel om menslike stories te vertel, maar dit word vergeet."

Sy sê in haar beginjare was haar skoonheid vir haar eerder 'n las as 'n bate. "Toe ek in Hollywood aankom, was ek so seker my voorkoms gaan keer dat ek ordentlike rolle kry dat ek dikwels met vetterige hare by oudisies opgedaag het. Dit [haar skoonheid] was die grootste probleem in my loopbaan en dit was nie lekker om jare lank by oudisies op te daag in sakkerige broeke, met vuil hare en sulke dinge nie – net om aan mense te bewys dat ek nie in die eerste plek oor my voorkoms begaan is nie. Dit was 'n pyn om só te moet lyk. Maar só het ek ontwikkel tot die aktrise wat ek vandag is."

Regisseur James Gray erken dat hy Charlize onderskat het voor hy die rol van Erica in *The Yards* vir haar gegee het. "Sy wou die rol gehad het en ek het gedog: Wát, hierdie amasoneblondine! Sy gaan nie werk as 'n straatrot in New York nie. Ek bedoel, dit lyk of sy uit 'n opera van Wagner kom, ses voet lank en beeldskoon. Maar sy het my bly pes. Sy het 'n obsessie oor die rol gehad, en ek het gedog, goed, as sy soveel passie daarvoor het ... al het ek gedink ek gaan baie film vermors wat later geredigeer sal moet word. Maar sy was wonderlik.

"Ek het die idee gekry dat sy 'n interessante en onrustige verlede het. Dis al wat die diepte van haar emosies kan verklaar. Sy verwag dat jy fokus op wat sy doen, en as jy haar afskeep, raak sy erg befoeterd," sê hy, gedagtig aan die onderonsie met die bierglas waaroor sy haar so opgeruk het.

Dit is met *The Yards* waar die debat begin wat jare lank in die een of ander vorm sou voortduur: dat Charlize se uiterlike skoonheid haar net vir sekere rolle geskik maak, en beslis nie vir 'n ernstige karakterrol nie – soos James Gray se eie eerste aanvoeling. Later kom die kinkel by dat haar goeie toneelspel net raakgesien word as sy haar vir 'n rol lelik gemaak het.

Die implikasies dat Charlize té mooi is om as ernstige aktrise beskou te word, ontstel haar inderdaad al in 1998 met *The Yards* toe Harvey Weinstein, grootbaas van Miramax, met regisseur Gray saamgestem het dat sy geen geloofwaardigheid as dwelmverslaafde in die prent sal hê nie. Waarop Charlize ergerlik reageer: "Dit lyk asof ek in my hele loopbaan daarop ingestel moet wees om mense te oortuig dat ek 'n bepaalde rol kan vertolk. As jy net staatmaak op uiterlike skoonheid soos al die MTA's ['models-turned-actresses'], gaan jy dit net 'n paar jaar uithou voordat Hollywood met jou klaar is."

Maar nadat hy haar in die oudisie vir *The Yards* gesien het, kom Weinstein tot 'n ander insig: "Groter name as sy het belanggestel in die rol. Maar sy was so sterk. Sy's *smart*. Sy's soos 'n verkleurmannetjie, met die vermoë om enigiets te vertolk, en boonop beeldskoon."

Gary Susman skryf later in Entertainment Weekly dat dit maklik is om te vergeet dat Charlize nie lank tevore nie in Hollywood beskou is as 'n eksotiese invoerproduk, 'n pragtige aanhangsel tot manlike supersterre. Charlize het baie rolle losgeslaan waarin sy net die aantreklike aanhangsel was. Sy moes eers *Monster* doen om te kon sê: Vergeet die voorkoms, kyk na die toneelspel.

In Oktober 2005 sê sy op die Toronto-filmfees aan Roger Ebert dit is asof van haar verwag word om baie te dink oor hoe sy lyk. "Ek het grootgeword met harde werk en dissipline. Wanneer ek aan 'n prent werk, is ek byna vreesloos oor hoe ek lyk. Ek gee nie om nie, solank die voorkoms reg is vir die rol."

En in 2008 sê sy haar grootste transformasie is eintlik vir die rooi tapyt. "Dis groot pret as jy drie mense het wat na jou huis kom, een vir jou naels, een vir jou hare en nog een vir jou grimering. En twee uur later lyk jy asemrowend."

Margaret Gardiner, Suid-Afrika se Mej. Heelal van 1978, woon al jare in Kalifornië en word later lid van die Hollywood Foreign Press Association. Sy skryf dikwels oor Charlize vir Suid-Afrikaanse publikasies. Ook sý merk die ironie op van Charlize se oënskynlike stryd met haar eie skoonheid, en skryf in 2006 in Los Angeles word skoonheid gekoop en vervaardig en spog die meeste vroue met 'n nagemaakte sonbruin voorkoms, blond gekleurde hare, vals naels, vergrote borste en veranderde neuse – kortom, plastiekskoonheid.

"Op 'n volmaakte oggend in Beverly Hills slenter Charlize by die Four Seasons Hotel in op ekstrahoëhakskoene in 'n noupassende jean. Dit lyk nie asof sy enigiets gedoen het om aantreklik te lyk nie, maar 'n mens kan nie ophou om na haar te kyk nie. Sy het daardie sagte volmaaktheid wat mooi is uit elke hoek, die einste skoonheid wat aanvanklik verhinder het dat sy werk kry. Die geheelindruk laat 'n mens stilstaan van verwondering. Die probleem is egter dat iemand soos Charlize so anders as die gewone sterre is dat die rolprentbase huiwerig was om aan haar 'n rol te gee. Daar was 'n stadium toe sy nie eens advertensiewerk kon kry nie. Die gewone Amerikaner wil seep koop wat deur gewone mense geadverteer word en daar's niks gewoons of middelmatigs aan Charlize nie."

Margaret sê die meeste Amerikaanse akteurs begin hulle loopbane as kindersterre, of hulle kom, soos Gwyneth Paltrow, uit 'n akteursagtergrond waar mense soos 'n Hollywoodse familievriend, Steven Spielberg, hulle raaksien en 'n kans gee. Of hulle het 'n regisseur/akteur/vervaardiger as kêrel. Charlize was nie 'n kinderster nie en het niemand in die filmbedryf geken vir 'n hupstoot nie. Maar, sê Margaret, Suid-Afrikaners is bekend daarvoor dat hulle sterk is en integriteit het. Charlize het geweet wat gedoen moet word. Dit was vir haar belangrik dat sy as 'n akteur bestempel word, eerder as 'n beeldskone vrou. Wanneer 'n mens met Charlize oor skoonheid praat, dwing haar streng Suid-Afrikaanse opvoeding haar om te antwoord, maar dit is duidelik dat die onderwerp haar verveel.

Hieroor sê sy aan Margaret: "Ek's dankbaar dat ek gedwing is om myself te bewys, dat ek dit toe wel gedoen het en dat ek kan voel dat ek iets bereik het. Ek het nie in selfbejammering verval en gewens ek het anders gelyk nie."

Margaret skryf Charlize se toekoms lyk sprokiemooi. Sy geniet die bewondering van die man in haar lewe, en sy erken selfs aan Margaret sy is gereed om ma te word.

"Ek het wonderlike vriende. Mense dink soms iemand is net dit of net dat. Ek dink ons elkeen het iets van alles in ons. Ons ervaar tye waarin ons sterk voel en ook tye wanneer ons kwesbaar is. Ek's 'n Leo. Ons hou daarvan om dinge self te doen. Dis nie altyd vir ons maklik om te erken wanneer ons hulp nodig het nie. Hoe ouer ek word, des te makliker kry ek dit reg. Dit raak makliker om die eienskappe waarvan ek nie hou nie, raak te sien en te probeer verander. Ek's maar net soos elke ander mens. Die lewe is 'n stryd en 'n mens leer deur ervaring."

Dit is ook nie vir haar belangrik dat sy so dikwels vir toekennings benoem word op grond van haar skoonheid nie, soos as een van die "50 Most Beautiful People in the World", of een van die "Hot 100", of selfs as "The Sexiest Woman Alive".

"Ek het dae wanneer ek my hare en grimering laat doen en 'n swart rokkie aantrek, en dan voel ek goed. Ek het ook dae wanneer ek jeans aantrek en 'n rolletjie wys. Maar ek hou van hoe ek lyk en bring nie baie tyd voor die spieël deur nie."

Die vroue met wie sy haar omring, haar bestuurder en persoonlike span, die regisseurs vir *East of Havana*, Karyn Kusawa in *Æon Flux*, Patty Jenkins in *Monster* en Niki Caro in *North Country*, en die temas van laasgenoemde twee prente, laat mense wonder of Charlize 'n feministiese agenda het.

"Nee, dis maar net deel van wie ek is. Ek is bloot gelukkig dat ek fantastiese vroue ontmoet het, en my maatskappy word deur vroue bestuur. Maar daar's geen agenda nie, behalwe om eerlik te wees met my stories. As 'n vrou was dit my verantwoordelikheid om nie werklike vroue te verraai nie – soos Aileen Wuornos en Lois Jenson.

"Jy moet daar instap met die energie van 'ek gaan nie dat iemand oor my loop net omdat ek borste het nie.'"

Saam met Charlize se Oscarbenoeming as beste aktrise in 2006 vir *North Country* word haar medester, Frances McDormand, as beste vroulike byspeler benoem. Charlize se mededingers is Felicity Huffman (*Transamerica*), Judi Dench (*Mrs Henderson Presents*), Keira Knightley (*Pride & Prejudice*) en Reese Witherspoon (*Walk the Line*), wat die Oscar wen.

David Rooney van Variety skryf: "In sy klimaks van hoftonele verval *North Country* in fliekagtige manipulasie. Maar dis steeds 'n emosioneel kragtige verhaal wat met groot waardigheid vertel word, en waarby veral vroue aanklank sal vind. Die prent verteenwoordig 'n selfversekerde volgende stap vir Charlize Theron. Aktrises het al ontspoor geraak deur die uitdagings ná 'n Oscar, maar Theron gaan naatloos oor van *Monster* tot 'n vertolking wat in vele opsigte meer bedrewe is. Die krag van beide die vertolking en karakter gee aan die prent 'n stewige plek in die tradisie van ander dramas oor vroue in die werkplek wat voorloop in die stryd oor arbeidsake, soos *Norman Rae* of *Silkwood*."

In Rolling Stone skryf Peter Travers: "Enige ooreenkoms tussen Josey en Lois Jenson, die werklike vrou wat Eveleth Mines in 'n grensverskuiwende klasaksiegeding in 1988 laat betaal het vir hul sondes, is suiwer toevallig. Pleks daarvan kry ons 'n TV-fliekfantasie oor die bemagtiging van vroue met 'n teatrale sepie-glanslagie. Maar gemors is gemors, ondanks die felheid en gevoel wat Theron na haar rol bring. Hoewel die smerige vuil in *North Country* kunstig aangewend word, is dit net kosmeties en veldiep."

Roger Ebert merk in die Chicago Sun-Times op: "Die filmmakers sê Josey Aimes is 'n karakter wat deur Jenson se regsgeding geïnspireer is, maar andersins denkbeeldig; die ware Jenson is nie 'n vuurvreter soos Erin Brokovich nie en handhaaf 'n lae profiel. Charlize Theron gee gewig aan die karakter met boeiende detail. Ons glo dis soos sy lyk, soos sy klink, soos sy dink. Ná *Monster* is dit nog 'n buitengewone rol vir 'n aktrise met die skoonheid van 'n model, maar met die vermoëns om sterk rolle van gewone vroue in 'n manswêreld te vertolk. Die verskil is, Aileen Wuornos was 'n moordenaar, ongeag wat die gemeenskap eers aan haar gedoen het. Al wat Josey Aimes wil hê, is haar eie huis, ordentlike kos en klere vir haar kinders, en genoeg geld om dan en wan vir haar seun hokkieskaatse te koop. Dis tog redelik, sou 'n mens dink, maar selfs haar pa, Hank, en vroue in die gemeenskap meen daar is iets fout as sy nie 'n man kan kry wat vir haar kan sorg nie. *North Country* is een van daardie prente wat jou kwaad maak omdat dit praktyke dramatiseer waarvan jy gehoor het, maar nog nooit gevisualiseer het nie."

Maar fliekgangers bly weg van *North Country*. Met 'n produksiebegroting van $30 miljoen is die brutoverdienste in Amerika $18 324 242, internasionaal $5 300 000, met 'n totale wêreldwye loketinkomste van minder as $24 miljoen.

Ná *North Country* besluit Charlize dat sy besig is om haarself te oorwerk en neem van Mei 2005 tot November 2006 'n verposing van agtien maande van rolprente. "My lewe is net so belangrik as my werk. Ek kan nie dat die een die ander oorheers nie. Ek's nie net 'n geldmaakmasjien nie."

Geldsake

Geldsake is private sake, sê sy. Maar teen Januarie 2001 al bly Charlize in die eksklusiewe Hollywood Hills en ry 'n duur swart Mercedes. Sy het ook ander eiendomme, en dit is duidelik dat haar harde werk op haar bankstate weerspieël word, al was sy toe nog nie op Hollywood se A-lys nie. Haar Oscarstatus verhef haar tot hierdie A-lys, en die werklike gróót geld. Sy is nou 'n "ster", tog verkies sy om weg te bly van kommersiële hoofstroomprente en haar te wy aan karakterrolle. "Donker prente," noem sy dit.

Mense se beheptheid met die asemrowende inkomstes van sommige rolprentsterre is geen onlangse obsessie nie. In 1915, in die era van stilprente, bespreek 'n joernalis van die New Yorkse koerant World al die "hemelhoë salarisse" van akteurs, met dié inleidende opmerking: "Next to the ages of actresses and the connubial state of matinee idols no matter is of such irritant and piquant perplexity to the fans as the favorite's salary."

Die rede vir die bespreking is die salaris van Mary Pickford, later 'n Hollywoodse ikoon. Haar salaris van $2 000 per week word toe beskryf as "uniek in die rolprentbedryf; geen ander filmster in Amerika kry meer as $750 per week nie".

Dit was nog die goeie jare waarin aktrises deur die bank meer geld verdien het as hulle manlike eweknieë, soos Charlie Chaplin wat met $1 200 per week die grootste geldmaker onder die mans was. Manlike hoofrolspelers het tussen $100 en $400 per week verdien. Later is rolprentakteurs per prent betaal en kry Ethel Barrymore 'n rekordbedrag van $12 500 vir 'n enkele prent, met die gemiddelde honorarium tussen $2 000 en $4 000 vir vier tot ses weke se verfilming.

In 1946, in Hollywood se Goue Era, kry die topverdieners soos Barbara Stanwyck, Joan Fontaine, Claudette Colbert en Joan Crawford $150 000 per prent, en dikwels 'n aandeel in die winste. In 1963 word Elizabeth Taylor die eerste filmster wat $1 miljoen verdien, vir *Cleopatra*, en in 2003 kry Julia Roberts $25 miljoen vir haar rol in *Mona Lisa Smile*.

Die akteursvakbond, die Screen Actors Guild, lê van 1 Julie 2007 nuwe minimum vergoeding neer vir sy lede: om SAG-lede te beskerm, moet alle rolprent- en TV-akteurs met praatrolle ten minste $759 per dag, of $2 634 per vyfdag-werkweek, betaal word.

Die SAG sê die gemiddelde inkomste van akteurs is (in 2007) minder as $5 000 per jaar, en akteurs bly aan die lewe deur ook ander werk te doen.

Van die sowat 100 000 SAG-lede word net so vyftig as hoogsbetaalde "sterre" gereken wat miljoene verdien – 'n effe ander prentjie as die persepsie dat elkeen wie se naam op die naamrol van 'n Hollywood-prent verskyn in 'n wêreld van roem en rykdom gearriveer het.

Met Charlize se teensinnige en net sporadiese instemming tot 'n kommersiële hoofstroomprent, bly haar rolprentverdienstes grootliks onbekend, veral ook met haar latere eie betrokkenheid deur haar D&D Films by die vervaardiging van prente. 'n Vergelykende blik op haar tydgenote gee 'n aanduiding van die soort inkomstes wat sulke aktrises verdien.

Nicole Kidman, 'n paar jaar ouer as Charlize, kry $200 000 vir haar dekoratiewe rol in *Days of Thunder* wat in 1991 uitgereik word, dieselfde bedrag twee jaar later vir *Malice*, en $250 000 vir *Batman Forever*. Dit word genoem *bimbo*-geld. Maar vir 1995 se *To Die For* kry Nicole $2 miljoen, die prent wat mense se persepsies oor háár as aktrise (en aanhangsel van Tom Cruise) ten goede verander.

Reese Witherspoon, 'n jaar jonger as Charlize, kry in 1996 vir *Fear* $200 000, vir *Cruel Intentions* (1999) $250 000, vir *Legally Blonde* (2001) $5 miljoen, en $15 miljoen elk vir *Legally Blonde 2* (2003), *Vanity Fair* (2004), *Walk the Line* (2005) en *Just Like Heaven* (2005).

Uma Thurman verdien $300 000 elk vir *Pulp Fiction* (1994), *A Month by the Lake* (1995) en *Beautiful Girls* (1996), daarna tussen $2 miljoen en $8 miljoen per prent voor sy met *Kill Bill: Vol. 1* (2003) opskuif tot die $12 miljoen-kerf en hoër vir haar daaropvolgende prente.

Cameron Diaz verdien al $2 miljoen met *There's Something About Mary* in 1998 en kry $20 miljoen vir *Charlie's Angels: Full Throttle* in 2004.

Vir *Pretty Woman* (1990) het Julia Roberts $300 000 in die sak gesteek, en vir *Mona Lisa Smile* (2003) 'n stewige $25 miljoen.

En dit moet omtrent teen die beginvergoeding van $100 000 tot $200 000 wees dat ook Charlize haar loopbaan begin en opskuif tot $250 000 en $300 000 per prent. Met die vinnige toename van haar gewildheid verhoog ook haar inkomste; veral vir groter prente met gerekende regisseurs en saam met bekende akteurs kon sy gou tussen $1,8 miljoen en $3 miljoen per rol verdien. Ná die Oscar is berig dat sy $10 miljoen vir *Æon Flux* gekry het.

In Desember 2005 plaas The Hollywood Reporter, gesaghebbende vakpublikasie van die filmbedryf, Charlize negende op die lys van Hollywood-aktrises wat daardie jaar die meeste geld verdien het. Julia Roberts is boaan die lys, ondanks die feit dat sy 'n groot deel van die jaar nie gewerk het nie nadat sy die vorige jaar ma van 'n tweeling geword het. Die ranglys van die toptien wat toe uitgereik word, is: 1. Julia Roberts; 2. Nicole Kidman; 3. Reese Witherspoon; 4. Drew Barrymore; 5. Renée Zellweger; 6. Angelina Jolie; 7. Cameron Diaz; 8. Jodie Foster; 9. Charlize Theron; 10. Jennifer Aniston.

Nadat Reese Witherspoon in 2006 die Oscar vir beste aktrise vir *Walk the Line* kry (toe Charlize vir *North Country* benoem is), skuif sy in November 2007 op na die eerste plek op The Hollywood Reporter se lys van aktrises wat die meeste verdien met tussen $15 miljoen en $20 miljoen per prent, gevolg deur Angelina Jolie, Cameron Diaz, Nicole Kidman, Renée Zellweger, Sandra Bullock, Julia Roberts, Drew Barrymore, Jodie Foster en Halle Berry.

Teen Februarie 2007 het Julia Roberts net 31 prente gemaak, maar met 'n brutoverdienste van $2 204 631 930 by die Amerikaanse loket. Dit maak haar die vroulike filmster met die grootste "star power" in die geskiedenis en sy verskyn selfs op die Ulmerskaal.

Die Ulmerskaal dui sterre en regisseurs se waarde ("bankability" en "star power") op 'n 100 punt-indeks aan. Sowat 1 800 sterre en regisseurs word wêreldwyd in drie kategorieë beoordeel: vir sogenaamde kunsflieks met 'n produksiekoste tot $5 miljoen, indie-prente met begrotings van $5 miljoen tot $25 miljoen, en studioprente van duurder as $25 miljoen.

Die eksperte van Ulmer steur hulle nie aan ophef en ophemeling nie, maar zoem soos boontjietellers in op feite: Kan Nicole Kidman se naam alleen steeds fliekgangers na teaters laat stroom? Tom Cruise se naam kon dit doen, maar wat van Will Smith of Russell Crowe? Hoe word Cameron Diaz teenoor Jennifer Garner of Cate Blanchett gemeet?

Die bevindings word in die filmbedryf se Hot List gepubliseer en James Ulmer sê in Julie 2006 met die verskyning van 'n nuwe Hot List: "Tom Hanks kan in die middel van Santa Monica op sy kop staan en in Swahili uit die Koran aanhaal, en iemand sal bereid wees om $100 miljoen te betaal om daardie fliek te maak – ditto vir Tom Cruise. Dis goudstandaardsterkrag. Johnny Depp en Leonardo DiCaprio kom uit 'n klein soort idiosinkratiese, onafhanklike wêreld met 'quirky' rolle. Baie min van daardie soort akteurs haal die 'Big Time'. Hulle twee is uitsonderings wat weet hoe om hulle rolle te kies."

Ander op die toplys was toe Brad Pitt, Jim Carrey, George Clooney en Russell Crowe, met net twee vroue, en hieroor sê Ulmer: "Ongelukkig vir vroue is hul lewensduur op die lyste – as hulle nie in flieks optree nie – nie so goed as dié van mans nie. Dit vat baie vir een aktrise om fliekgangers loket toe te lok. Julia Roberts en Nicole Kidman is die twee wat dit tot vandag toe steeds regkry."

Maar nie vir lank nie. In September 2008 skryf Dorothy Pomerantz in die gesaghebbende finansiële tydskrif Forbes dat Nicole die mees oorbetaalde ster in Hollywood is. Volgens Forbes se berekeninge is sy glad nie meer so "bankable" nie. Haar nuwe flieks verdien gemiddeld net een dollar vir elke dollar wat sy as vergoeding daarvoor ontvang het. Selfs Tom Cruise se aansien het teen 2008 sterk gedaal, met 'n fliekverdienste van net vier dollar vir elke dollar wat aan hom betaal is. Dieselfde vir Cameron Diaz se flieks nadat sy in 2007 oorgeneem het as die hoogsbetaalde aktrise teen $50 miljoen per jaar.

Om te illustreer hoe vloeibaar geldsake en "bankability" is: in 2007 word Russell Crowe beskou as die mees oorbetaalde ster, wat grootliks toegeskryf word aan die mislukking van *Cinderella Man*. In 2008 word hy gereken as 'n baie "bankable" ster met 'n fliekverdienste van $6,88 vir elke dollar wat aan hom betaal is – dié slag danksy die sukses van *American Gangster*.

Thebe Ikalafeng, 'n internasionale handelsmerkkonsultant, het in 2005 probeer om 'n waarde te bereken vir die Nelson Mandela-handelsmerk. Oor Charlize se handelsmerkwaarde sê hy toe die somme wat gedoen moet word, is om te kyk na haar huidige inkomste en dit te vermenigvuldig met die tydperk waarin die Theron-handelsmerk na verwagting op die mark sal wees. Maar dit is nie 'n maklike som nie, want sy verdien ook (onbekende) miljoene uit borgskappe en advertensies, saam met haar fliekinkomste wat ook 'n geslote boek is omdat sy die laaste jare as vervaardiger van die meeste van haar eie flieks optree. Maar vir hoofstroomprente het sy byvoorbeeld vir *Æon Flux* 'n geskatte $10 miljoen verdien, en vir *In the Valley of Elah* en *Hancock* sou dit ook in daardie koers gewees het. (Will Smith het vir *Hancock* 'n stewige $20 miljoen in die sak gesteek.)

Ikalafeng sê ongelukkig behoort die bate van so 'n markwaarde nie regtig aan Charlize self nie. "Dit behoort aan haar bewonderaars. Dis waarom sterre daarop aandring dat hulle beeld reg bestuur word. Jy moet persepsies beheer om jou handelsmerk te beskerm."

En natuurlik lê die intrinsieke waarde van Charlize se handelsmerk nie in Suid-Afrika nie, maar grootliks in Amerika en Europa. In Suid-Afrika is daar net sentimentele waarde.

Om "sterkrag" te bereken, neem Forbes naas geldverdienstes ook faktore in ag soos sogenaamde "media metrics" – blootstelling wat sterre op die internet en in die media genereer. Hiervolgens was Johnny Depp in die periode sedert Junie 2007 tot Junie 2008 in die eerste plek, met Angelina Jolie en Brad Pitt in die toptien en Will Smith elfde.

Met haar klein indie-prente verdwyn Charlize van die geldmaakradar af, en dit skeel haar min. Maar sy word gekritiseer dat sy haar uitspreek oor Halle Berry se keuses van rolle ná Berry se Oscar, terwyl vraagtekens hang oor sommige, of baie, van haar eie keuses.

Charlize het inderdaad groot ander inkomstebronne as net flieks. Al was sy nooit gelukkig as jong loopplankmodel nie, was dit modelwerk vir advertensies en modesessies in couture vir glanstydskrifte wat dikwels die pot aan die kook gehou het. En dié kry sy steeds gereeld, en verdien veral ná haar Oscar gróót geld uit advertensies. Hierdie bronne laat haar toe om minder afhanklik van filminkomstes en die giere en grille van Hollywood te wees, met die vryheid en status van haar naam om haar eie idiosinkratiese prente met ander finansiers se geld te vervaardig. En natuurlik, wanneer sy 'n ekstra paar miljoen nodig het, is daar altyd 'n rol in 'n hoofstroomprent soos *Hancock*. Dit is mos hoe haar persoonlike okkerneutmasjien werk.

Die massa-aanhang van sport- en filmsterre is waarskynlik die belangrikste rede waarom internasionale maatskappye hulle kies as die "gesig" van 'n handelsmerk, maar baie geselekteerd. Die gesig en produk moet 'n emosionele band verteenwoordig, soos die gholfspeler Tiger Woods met Nike, die sokkerspeler David Beckham met Gillette, die akteur Brad Pitt met TAG Heuer, Nicole Kidman met Chanel.

Ses maande nadat sy die toekennings vir *Monster* ingeryg het, kies die Franse modehuis Christian Dior haar in Augustus 2004 as hulle nuwe gesig vir Dior se J'Adore-parfuum. Daar word bespiegel dat Charlize oor die daaropvolgende drie jaar tussen $3 miljoen en $5 miljoen uit dié kontrak sou verdien.

Begin Mei 2008 is sy, in 'n pers (Dior-)rok en goue skoene, die amptelike Dior-segspersoon by die derde jaarlikse Christian Dior-reismodeskou in Gustavino's in New York en sê om bande met Dior te hê, het sekere voordele. "Ek word verskriklik bederf. Dis altyd so opwindend wanneer 'n nuwe pakkie met 'n nuwe handsak opdaag." En omdat sy graag reis, pas sy perfek in by die reisskou. "Ek was pas op Richard Branson se private Karibiese eiland!"

Charlize is ook in 2004 in 'n TV-advertensie vir L'Oreal en van 1 Oktober 2005 af die nuwe advertensiegesig vir die Switserse horlosiemaker Raymond Weil. Charlize se kontrak bepaal dat sy van Oktober 2005 tot Desember 2006 net Raymond Weil-horlosies mag dra. Dit is onbekend hoeveel sy uit die kontrak verdien het.

Maar op 14 Maart 2006 word sy op 'n mediakonferensie by 'n filmfees in Austin, Texas, afgeneem met aan haar arm 'n Christian Dior-horlosie. Dit ontstel Raymond Weil hewig en op 5 Februarie 2007 dagvaar die horlosiemaker Charlize weens kontrakbreuk. By die dagvaarding word 'n foto ingedien wat van haar geneem is met die Christian Dior-horlosie. Dit blyk dat sy ook ander juweliersware gedra het waarmee Raymond Weil ongelukkig is. "Hoewel die ooreenkoms haar duidelik verbied het om enige juweliersware te bemark, selfs vir liefdadigheid, het sy ook 'n halssnoer gedra in 'n advertensie om 'n vigsveldtog te bemark," lui die dagvaarding. Ofskoon nie aangedui word hoeveel Raymond Weil vir skadevergoeding eis nie, sê David Jaroslawicz, Raymond Weil se prokureur, sy kliënt het meer as $20 miljoen aan die bemarkingsveldtog bestee.

Die saak word in Maart 2007 in die Supreme Court of the State of New York geliasseer onder indeksnr. 600375/07. Die eiser word aangegee as Raymond Weil S.A. en die verweerders as "Charlize Theron and Denver & Delilah Films, Inc". In sy hofstukke sê Raymond Weil hy het in Mei 2005 'n kontrak met Charlize en haar DDF aangegaan om haar in 'n eksklusiewe promosieveldtog vir Raymond Weil-horlosies te gebruik en in ruil aan haar "very substantial sums" betaal. Sy het egter ook 'n kontrak met Dior aangegaan vir J'Adore-parfuum.

Raymond Weil beweer sy het hulle kontrak verskeie kere verbreek, soos op foto's op Dior se webtuiste waar sy gesien word met "faux canary diamond jewelry designed specifically for the J'Adore campaign".

In April 2006 is haar naam en beeld gebruik met Montblanc-juweliersware op 'n advertensiebord by die jaarlikse internasionale handelskou, "Salon international de la Haute Horlogerie", in Genève, Switserland.

Sy verskyn ook in 'n publikasie van Tourneau ('n verspreider en kleinhandelaar van horlosies) met 'n verklaring "Charlize Theron wears Dior" saam met die opskrif "The watches your favorite celebrities are wearing".

Raymond Weil sê Charlize het deur Dior te bemark, Raymond Weil se uitgebreide wêreldwye advertensieveldtog van miljoene dollar ondermyn en die waarde daarvan vernietig.

"Die eisers is geregtig om al die skade te verhaal, ingesluit maar nie beperk nie tot geld wat reeds uitbetaal is, geld wat die verweerders van mededingende vervaardigers ontvang het om hulle produkte te bemark, soos van Dior, kostes wat deur die eiser aangegaan is vir die uitgebreide advertensieveldtog, en enige ander skadevergoeding wat toepaslik toegestaan mag word in 'n saak van hierdie aard."

Regter Colleen McMahon lewer op 10 Oktober 2008 in die federale hof in New York 'n uitspraak teen Charlize en sê haar handtekening verskyn tien keer op die kontrak van tien bladsye. 'n Jurie sou in Desember oor 'n bedrag vir skadevergoeding besluit wat sy aan Raymond Weil moet betaal, maar op 4 November 2008 word berig dat Charlize en Raymond Weil geskik het. Geen bepalings of vergoedingsbedrag is bekend gemaak nie, behalwe dat die saak afgehandel sal wees as die skikking binne dertig dae in werking tree.

Die Italiaanse Binda Group van Milaan, ook 'n vervaardiger van weeldeartikels, het intussen al in 2007 ook met Charlize 'n kontrak geteken om Binda se Breil Milano-horlosies te bemark in 'n advertensieveldtog in Europa en Amerika ter waarde van $21,4 miljoen. (Breil Milano is ook die borg van Team Shosholoza, die Suid-Afrikaanse uitdager vir die 33ste internasionale America's Cup-seiljagwedvaart tussen 2009 en 2011.)

In Maart 2008 is sy vlugtig in Suid-Afrika vir nóg 'n groot advertensiekontrak, dié keer vir 'n advertensieveldtog van die Sun International-hotel-en-casino-groep.

In Julie 2008 sê sy in 'n Sondagkoerant in Suid-Afrika oor roem en geld: "Die wêreld is behep met roem en ons laat beroemdes klink en lyk of hulle superhelde is. Ek het nog nooit vir 'n oomblik gedink ek is meer spesiaal as ander nie, maar my lewe is beslis ongewoon. Ek bly in vyfsterhotels en vlieg eersteklas.

"Ek aanvaar nie geld as vanselfsprekend nie. Ek weet hoe belangrik dit is, dis 'n oorlewingsmiddel. Maar ek was nog altyd bewus van die feit dat 'n mens net soveel nodig het. Dis dieselfde met my klerekas. Ek kry baie klere gratis, maar ek kan net soveel daarvan dra."

In haar hangkas

Wat Vogue opval ná verskeie onderhoude oor die jare met Charlize, is dat sy nooit optree soos 'n filmster nie. Tydens die verfilming van *Bagger Vance* in 1999 in South Carolina kom sy vir die onderhoud aan in haar destydse gunstelingdrag: sweetpakbroek en Reebok-tekkies. Teen die yskasdeur in haar treiler is foto's van 'n vrou se bobene voor vetuitsuiging.

Maar destyds al erken sy aan Mademoiselle: "Ek het 'n groot versameling ontwerpersuitrustings vir die aand. Ek is in hierdie stadium van my loopbaan dat as ek twee keer in dieselfde rok gesien word, word ek gekruisig."

Tog het sy die beeld dat sy gemak verkies bo 'n modestelling.

In San Francisco, tydens *Sweet November* se verfilming in 2000, ontspan sy in stywe capri's, trui, denimbaadjie en Anna Sui-sloffies. Sy sê sy ken nie die etikette van haar alledaagse klere nie. "Ek sal eerder jeans aantrek en op my Harley klim as om aan klere te dink."

Vir 'n ander onderhoud later daag sy op in 'n sweetpakbroek, groot trui en 'n bofbalpet op haar kop. "Ek's eintlik 'n dork," sê sy. "Ek hou van T-hemde, jeans en kaalvoet loop."

Of die tekkies en jeans nie haar beeld skade aandoen nie, sê sy: "Ek dink nie Jim Carrey trek besonder goed aan nie, en kyk na sy wonderlike loopbaan. Hy dra wat gemaklik is."

In 2003 gesels sy met Peter Davis van Gotham in Manhattan in stywe jeans met klokpype, swart skoene en die woorde "Wild Heart" op haar T-hemp. Selfs in 2005 daag sy nog vir 'n onderhoud met Marie Claire in die Chateau Marmont in Los Angeles op in jeans en 'n geel toppie.

Ná haar Hasty Pudding-toekenning is Sam Allis van die Boston Globe verbaas dat sy hoë grys spykerhakke dra om haar lengte te beklemtoon, saam met 'n noupassende grys broek, 'n ivoorkleurige bloese met lae hals en 'n elegante grys sjaal.

Maar soos sy self later sê, vind háár eintlike transformasie plaas wanneer sy haar gereed maak vir die rooi tapyt. Dan is hierdie informele voorkoms weg. En wat alles in haar hangkas hang, is al beskryf as uitrustings wat 'n mens laat dink aan van feetjies tot vlermuise.

Sy word daarvoor bekend dat sy altyd deur 'n ring getrek kan word en 'n Amerikaanse modekenner wat Charlize se voorkoms en klerestyle deur die jare dopgehou het, meen die sleutel tot haar geheim, met hetsy informele of formele drag, is opgesluit in net een word: sofistikasie. Haar styl is elegansie, niks meisieagtigs nie, niks slonsigs nie, geen blinde navolging van byderwetse modegiere nie. Sy het 'n sobere uitkyk op modes.

Sy is lief om hierdie elegansie te kombineer met 'n klassieke voorkoms uit die era van Bette Davis en Marlene Dietrich en word daarom nie verniet beskryf as klassieke Hollywood-glans nie. En om haar vroulikheid te beklemtoon, skram sy nie weg van noupassende, dramatiese of selfs sexy uitrustings nie – hierby dikwels hoë hakke om haar lengte te beklemtoon. 'n Goeie ontwerp en perfekte passing met skoon lyne is noodsaaklik vir elegansie; Charlize lyk nooit oordoen nie, veral nie met bykomstighede nie. Sy hou dit eenvoudig. Die laaste aspek van haar voorkoms is haar hare en grimering – en dit is ál waarmee sy bereid is om risiko's te loop. Haar haarstyl en kleur pas sy aan by haar luim, meen die modekenner. As sy sexy en ontspanne voel, is die hare gewoonlik blond met krulle.

Om hierdie elegansie te illustreer, word aan die begin van September 2008 'n voorbeeld aan tydskriflesers voorgehou. Charlize kom by die première van *The Burning Plain* by die Venesiese filmfees aan in 'n lang, asimmetriese Versace-skepping in metaalsilwer. Almal is gaande daaroor. Net enkele dae later verskyn foto's van haar in die rok saam met foto's van Britney Spear in 'n feitlik identiese Versace-rok wat sy na die MTV Music Awards in Los Angeles gedra het. Die enigste verskil is dat Britney se rok knielengte is. Wie lyk die beste in dié rok? word lesers gevra. Die oorweldigende konsensus is dat Charlize met haar grasie loshande wen.

Die pragtige wit vollengte-syskepping van Narciso Rodriguez, versier met Swarovski-kristalle, wat sy in 2000 by die Cannes-filmfees aangehad het, word in Maart 2008 op eBay opgeveil vir $1 825. Die geld is ten bate van Charlize se Afrika-uitreikingsprojek om arm kinders en hulle ouers in Suid-Afrika te help, veral MIV/vigs-lyers.

In dieselfde jaar kry sy by die Oscars groot lof vir die blink oranje rok deur Vera Wang in 'n 1940's-styl, baie laag gesny op die rug en met diamanthakies aan die skouerbandjies. Aan hierdie rok is 'n staaltjie verbonde.

Met die verfilming van *Sweet November* in San Francisco huur Charlize 'n huis in Russian Hill in San Francisco en gaan vir 'n naweek na Sonoma. By Dry Creek in Sonoma in die hart van Kalifornië se wynwêreld koop sy 'n kis duur Zinfandel-rooiwyn. Een middag tydens 'n besoek van Vogue maak sy van die Zinfandel in haar huurhuis in San Francisco oop en vertel die storie van die Vera Wang-rok wat sy 'n paar maande tevore na 2000 se Oscars gedra het. Vogue sê soos so baie van haar stories het dit 'n "air of a country girl ambling through the big time".

"Miskien was 'n sleep nie so 'n goeie idee nie," vertel Charlize. "Maar daar was nie drama nie, almal was versigtig om nie op die sleep te trap nie. Totdat ons daarna na die deftige gala-ete is, waar iemand die sleep toe wel in die badkamer raak trap en die hele stert afruk met 'n gapende gat agter.

"Julianne Moore ['n ervare aktrise met al meer as twintig wêreldwye filmtoekennings] was in die badkamer en bied aan om die los stuk vas te steek. En daar is sy op haar knieë met haakspelde agter my boude onder my rok in, maak net verskonings vir haar koue hande. Dit was so glamorous."

Glamorous?

"Hierdie groot rolprentster besig om my rok vas te steek."

Maar dit is veral rondom haar eie Oscartriomf in 2004 dat sy skerp in die modekollig begin kom. Soos die eenvoudige wit rok met spaarsamige bykomstighede en juwele wat sy na 'n pre-Oscar-middagete in Beverly Hills dra; die lang swart aandrok op die Berlynse rolprentfees, met faux pels om die skouer, afgerond met bloedrooi lippe; die John Galliano-rok met 'n Dior-knyphandsakkie na die Golden Globes, met materiaal wat sag en vloeiend van die spaghettibandjies met valletjies van die skouer afval, om die halslyn dieselfde valletjie.

By die Critics' Choice Awards beskryf sommige kenners haar swart bloese as "feetjieagtig" en ander as "vlermuisagtig". Die bloese het inderdaad moue soos 'n vlermuis se vlerke, saam met 'n bypassende potloodromp wat lyk na kantoordrag.

Maar met haar Oscaraand lyk sy asemrowend in 'n noupassende Gucci-uitrusting deur Tom Ford met blink kraletjies en gekruiste bandjies op die rug en 'n kort sleep. In haar hand is 'n skitterende handsakkie met 1 500 klein diamantjies versier. Die rok wys elke kurwe van haar liggaam.

By 2005 se Oscarseremonie waar sy benoem is vir *North Country* het die modekritici weer net lof vir haar ysblou satyn-en-syskepping deur John Galliano van Dior.

Charlize raak bekend vir haar onberispelike voorkoms by glansgeleenthede, soms 'n bietjie gewaagd, maar nooit 'n modeflop nie. Maar op 2006 se Oscaraand maak haar swaar, donker Christian Dior-uitrusting venynige tonge los, veral oor die reusestrik op haar linkerskouer. 'n TV-aanbieder wonder hardop toe hy haar op die rooi tapyt sien: "Hoe kry sy daardie dooie kat op haar skouer gebalanseer?"

E! Online bespreek Charlize se rok onder die opskrif "Knots Landing": "'n Slonsige bosgroen Dior-tabberd met 'n reusestrik op haar skouer en voue materiaal om haar heupe. Wat het geword van haar onberispelike stylkeuses? Charlize, selfs met ontwerpersklere moet jy luister na daardie stemmetjie wat sê: Dis 'n moderamp dié."

'n Ander moderedakteur het dit teen Charlize se "opgedoende hare by die opgedoende rok. Oorweldigend." Nog een meen: "Daar is minstens vier foute. Die strik pla almal, maar vat dit weg, en die bande om die heupe pla. Vat dié ook weg, dan sit dit bolangs nie mooi nie. En maak dít reg, dan pla die hare."

Vir Charlize is die modeflater op die rooi tapyt 'n eerste.

Maar sy is steeds net 'n vrou wat daarvan hou om mooi aan te trek as sy en Stuart gaan uiteet. In Augustus 2008 sê sy aan Elle: "Ek's nie gepla oor hoe ek lyk nie. Ek sien myself in die spieël as ek opgedollie is en dink ek lyk nogal goed. Maar ek sien myself ook elke dag met hierdie ronde 'Dutch doll'-gesiggie. Ons maak so 'n ding van ons gesigte en liggame. Dis hoekom ek my privaatheid so beskerm, om my kop skoon te hou van al hierdie paranoia. Ek is nie supermaer nie. Ek het kurwes en hulle behoort aan my liggaam. Ek haat dit om vet te wees en ek haat dit om maer te wees. Ek wil nie my ribbes voel nie, dis totaal onsexy.

"Vroue moet besluit wat hulle gemaklik laat voel, hetsy hulle gewig of hulle klere. Ek sal nooit 'n modeslaaf kan wees nie. Ek dra nie slonsige klere nie, omdat dit my nie pas nie. Ek hou van skoon, klassieke lyne. Net omdat stywe jeans in die mode is, hoef jy dit nie te dra as dit aaklig lyk aan jou nie."

Vir dié onderhoud in New York se Gramercy Park Hotel word sy selfs in die skerp, onvleiende oggendson beskryf as moeiteloos beeldskoon in jeans, vlootblou hoëhakskoene en 'n sagte roomkleurige kasjmierjas.

Met die vrystelling van vier prente in 2008 waarin sy rolle het, is Charlize byna pal in die oog. In Februarie 2008 is sy saam met Stuart in Ierland by die Meteor Irish Music Awards, weer in 'n metaalkleur tabberd, dié slag van Derek

Lam, en silwer skoene van Alisha Hill. In Maart verskyn sy in 'n fraiingrok van Dior by die première van *Sleepwalking* met vleeskleurige Jimmy Choo-spykerhakke. (Nou word daar ook, naas haar rokke, gekyk na wat sy aan haar voete dra. Sy word beskryf as 'n vrou met 'n "quirky" smaak in skoene.)

By die première van *Hancock* in Junie in die L'Olympia in Parys, Frankryk, het sy 'n wit Dior-rok aan wat soos 'n wolk om haar uitpof en by haar knieë ingetrek is. Maar dit is die vreemde plat oophakskoene wat die oë laat rek met hulle luiperdvelmotief. Daar word druk bespiegel of dit die werk is van die skoenontwerpers Giuseppe Zanotti of Roberto Cavalli. Dié skoene vind groot byval.

Sy word ook saam met Will Smith afgeneem in 'n swart Prada-kantrok met swart-en-blou Prada-spykerhakke. By *Hancock* se première in Berlyn dra sy 'n swart Christian Lacroix met Dior-enkelstewels (teen $880). Sy word later in Givenchy-enkelstewels gesien wat byna $1 000 kos, in Sigerson Morrison-toonsandale met 'n etniese motief, en in swart Louboutins saam met 'n swart knielengte Balenciaga-rok.

In Moskou het sy by *Hancock* se première'n rooi rok aan van Giambattista Valli en met *Battle in Seattle* se vrystelling in Malibu daag sy saam met Stuart op in 'n vollengte swart Balenciaga-rok met "gladiator"-sandale.

Teen 2008 besoek die muse haar nie meer nie. Nou is sy sélf een. John Galliano van Dior verwys na haar as sy muse vir die haute couture wat hy vir haar ontwerp vir glansgeleenthede.

Haar verbintenis met die ontwerper John Galliano kom al van ver, maar het veral verstewig sedert sy Dior se J'Adore-kontrak gekry het en hy van Givenchy na Dior verskuif het, waar hy met Charlize in die agterkop sy ontwerpmotto beskryf as: "My rol is om te verlei." Hy het eers 'n lang verbintenis gehad met die sangeres Kylie Minoque, en later ontwerp hy ook rokke vir Cate Blanchett en Nicole Kidman. Maar dit is Charlize wat hom vir die rooi tapyt inspireer.

Op 'n vroegoggendse drafsessie langs die Seine in Parys verby hawelose mense het Galliano in 2000 inspirasie gekry vir sy couture-versameling wat "boho-sjiek" genoem is, 'n modestyl met boheemse en hippie-invloede wat in 2004–2005 danksy die aktrise Sienna Miller hoogty gevier het. Die vraag na klere soos los rompe, moulose baadjies en geborduurde tunieke, groot leergordels met faux-geldmuntstukke, Ugg-skaapleerstewels en wolonderbaadjies was so groot dat subkontrakteurs glo in Indië goedkoop kinderarbeid moes gebruik om modewinkels in Londen en New York te kon voorsien.

Teen 2006 het almal gedog boho en plaasrompe ("peasant skirts") is begrawe, totdat dit in 2007 herrys het in "folk-sjiek" met smoktoppies en uitklokrokke wat die sigeunervoorkoms voortsit. En in 2008 is "boho-sjiek" terug, met modieuse aktrises wat groot geld betaal om soos arm retro-hippies te lyk. "Hippy Hippy Shake," sing die Beatles in die sestigs.

Met haar diskrete mode-aanvoeling sal Charlize die spulletjie bekyk en miskien saamstem met 'n ironiese opmerking in die Londense Sunday Times dat modieuse meisies fleurige valletjiesrompe dra om hopelik bo-heems, nomadies en nie-middelklas te lyk, terwyl sigeunermeisies sexy en verruklik is juis omdat hulle nié 'n flenter vir modegiere omgee nie.

In 2005, tydens Charlize se lang rustyd, speel Stuart in die TV-reeks *Night Stalker* en Charlize herlaai haar batterye en wil net huisvrou wees. "Ons is soos . . . wie's daai Amerikaanse paartjie? Ozzie en Harriet [van die langdurige Amerikaanse TV-reeks *The Adventures of Ozzie and Harriet*, 1952–1966]? Ja. Dis soos: 'Bye, honey.' En wanneer hy saans tuiskom: 'Hi, honey, ek het jou klere by die droogskoonmakers gaan ingee, en konfyt gekook.' Dit voel of ek met 'n nine-to-fiver uitgaan, en dis wonderlik!"

Maar natuurlik kan die rustelose Charlize nie vir agtien maande net stilsit sonder om te werk nie en sy en haar Kubaanse vriendin in Miami, Jauretsi Saizarbitoria, maak in hierdie "rustyd" hulle dokumentêre hip-hop-prent, *East of Havana*.

Sy en Patty Jenkins (regisseur van *Monster*) gaan ook een aand uiteet en Patty vertel vir haar dat sy (Patty) die regisseur is van 'n episode van die TV-komediereeks *Arrested Development*. Charlize laat val hoe baie sy van die reeks hou, en kry kort daarna 'n oproep waarin sy 'n gasrol aangebied word as 'n Britse vrou, Rita. "Ek was nie van plan om enigiets aan te pak nie, maar toe bel hulle my en sê hulle het hierdie wacky karakter vir vyf episodes en stel ek belang? Ek kry nie baie kans vir komedie nie en het dit dadelik aanvaar. Mense dink al wat ek kan doen, is huil in flieks, altyd so dramaties en vet en lelik."

In hierdie asemskepjaar vir Charlize besluit Gerda om weer te trou. Die troue is op Sondag 9 Oktober 2005 in die rykmansdorp Pacific Palisades, net wes van Los Angeles aan die kus, en word groot geheim gehou. Maar die nuus van 'n troue lek uit en fotograwe sirkel in helikopters omdat aanvanklik gemeen is dat dit Charlize en Stuart se troue is. Maar Charlize is die strooimeisie, in 'n swart rok en met 'n ruiker in haar hande toe Gerda en Doug (soos die res van Gerda se lewe, word selfs haar Amerikaanse man se van streng geheim gehou) in die eksklusiewe Bel Air-klub in die huwelik bevestig word. Gerda dra 'n wit trourok. Net die glanstydskrif Hello! word amptelik toegelaat om foto's te publiseer sonder intieme besonderhede. Selfs die bruidegom se naam word verswyg.

In November 2008 word berig dat Gerda gaan skei weens "onversoenbare verskille en dat Charlize haar ma op 'n luukse vakansie in Mexiko gaan vertroos het. Doug se naam word nie genoem nie.

Aan die begin van Desember 2005 begin ernstige gerugte ook die rondte doen oor wie die nuwe Bond-meisie gaan wees in die 21ste fliek in hierdie gewilde reeks oor die Britse geheime agent 007. Daniel Craig is die nuwe James Bond in *Casino Royale* en die eerste naam wat genoem word as Vesper Lynd teenoor hom, is dié van Angelina Jolie. Maar sy stel sekere vereistes en regisseur Martin Campbell besluit op Charlize om in die voetspore te volg van Bond-meisies soos Ursula Andress, die eerste een saam met Sean Connery in *Dr. No* (1962), en 'n hele galery daarna, Maud Adams, Honor Blackman, Britt Ekland, Jane Seymour, Teri Hatcher en Halle Berry.

Charlize wys die aanbod van die hand omdat sy bang is sy word getipeer in so 'n rol, met herinneringe aan *2 Days in the Valley*. Naomi Watts word hierna genader ná haar rol as Ann Darrow in die suksesvolle nuwe weergawe van *King Kong*, maar sy het dieselfde besware as Charlize. Uiteindelik word die Franse aktrise Eva Green gekies. *Casino Royale* stof al twintig vorige Bondprente by die loket uit met 'n verdienste van byna $600 miljoen en verower ook talle toekennings. Eva Green wen 'n BAFTA (Britse ekwivalent van die Oscar) en 'n Empire-toekenning en kry daarna die rol van Serafina Pekkala in *The Golden Compass* met die vooruitsig om ook in die beoogde twee opvolgprente op te tree. Charlize se ou vriendin, Ivana Milicevic, het 'n klein, sexy rolletjie in *Casino Royale*.

Die filmmaker, 2007–2009

> Jy is verantwoordelik vir jou eie lewe ... een of ander tyd moet jy wakker word en opstaan en besef dat jy die bestuurder van die bus is.
> Charlize, 2008

Amerikaanse burger

Teen die einde van 2006 – die eerste jaar waarin geen prente verskyn met Charlize in 'n fliekrol sedert haar debuutprent in 1995 nie – is sy volstoom terug in drie fliekrolle. In Oktober begin sy met *Sleepwalking*, waarvan haar D&D Films ook 'n vervaardiger is, en op 6 November begin verfilming van *Battle in Seattle*, waarvoor Stuart die draaiboek geskryf het, ook sy debuut as regisseur, en haar vriendin Ivana as Carla in dié klein indie-prent met 'n begroting van net $7 miljoen.

Charlize verfilm haar tonele hiervoor terwyl verfilming aan *In the Valley of Elah*, saam met Tommy Lee Jones en Susan Sarandon, reeds op 1 Desember 2006 begin het. Warner Bros. sit agter hierdie studioprent met 'n begroting van $23 miljoen, een van verskeie omstrede prente oor die Amerikaanse inval en teenwoordigheid in Irak. Die titel *In the Valley of Elah* verwys na die vallei waarin Dawid die Filistyn Goliat 3 000 jaar gelede verslaan het. Regisseur Paul Haggis sê die koning van die Israeliete het die seun Dawid met net vyf klippies na die vallei gestuur. En hy het homself afgevra wie só iets sou doen? "Wie sou 'n jong man stuur om teen 'n reus te gaan baklei? In hierdie fliek kyk ons na ons verantwoordelikheid wanneer ons jong mans en vroue oorlog toe stuur."

Dit is 'n neerdrukkende fliek, die boodskap duidelik: die gesin – en die Amerikaanse regering – is te midde van dié land se militêre verpligtinge in die buiteland in 'n krisis.

Die storie word uit die Viëtnam-veteraan Hank Deerfield (Jones) se oogpunt vertel. Dit handel oor 'n groepie Amerikaanse soldate wat uit Irak tuiskom en 'n makker vermoor uit vrees dat hy sy peloton se menseregtevergrype in Irak sou uitlap. Dit is gegrond op die ware verhaal van die moord op Richard Davis in 2003 naby sy huis in Fort Benning, Georgia. Jones is die vermoorde Davis se pa wat deur die leuens delf op soek na die ware redes vir sy seun se dood. Charlize is 'n fiktiewe speurder en enkelma, Emily Sanders, wat hom help. Charlize sê haar rol as die speurder was eers vir haar vreemd. "Ek speel gewoonlik die geskonde karakter. Ek is baie selde die een wat toekyk op die drama."

Haggis sê Charlize wou van die begin af saamsmelt met die landskap, nie die fokus wees nie, en Jones sê Charlize se nuanses maak van haar 'n sterk teenwoordigheid in die prent, doelbewus onderspeel. "Ek het nooit gedink dat sy tot so 'n rol in staat is nie."

Daar was tydens verfilming 'n oomblik van spanning rondom Charlize oor 'n polities onkorrekte grappie ten koste van haar. Die 24-jarige Jake McLaughlin is een van drie werklike soldate wat in die prent gebruik is. Hy was ses maande in Afganistan en 'n jaar in Irak. In een toneel ondervra Charlize-as-speurder McLaughlin se karakter. Sy is gegrimeer asof sy 'n gebreekte neus en geswelde oë het. Agter haar rug maak McLaughlin ineens 'n terloopse opmerking oor Charlize se twee blou oë: "Townsend moes dit seker twéé keer vir haar sê . . ."

Almal vries terstond oor dié uitlating, van hulle bewus van die aantygings dat haar pa haar ma destyds aangerand het. Maar toe Charlize van McLaughlin se grappie hoor, skater sy. "Gewoonlik moet ek vir mense sê dis oukei, julle kan maar polities onkorrekte grappies maak, sê wat julle wil. Jake is so snaaks, so natuurlik, ek het regtig 'n sagte plekkie vir hom."

Roger Friedman van Fox News sê Charlize handhaaf in hierdie prent ook die onopgesmukte voorkoms met geen grimering nie, wat aan haar 'n Oscar vir *Monster* en 'n Oscarbenoeming vir *North Country* besorg het.

Jones word in 2008 vir sy sterk en oorheersende rol in *In the Valley of Elah* vir 'n Oscar benoem as beste hoofrolakteur, maar Daniel Day-Lewis stap met sy tweede Oscar weg vir *There Will Be Blood*, gegrond op die boek *Oil!* van Upton Sinclair.

'n Amerikaanse joernalis skryf dit is miskien goed dat Charlize Amerikaanse burgerskap gekry het net vóór die vrystelling van *In the Valley of Elah*, want in Julie 2007 berig die New York Times op sy voorblad oor die omstredenheid onder die opskrif: "With real bullets still flying, Hollywood brings war home."

Charlize word in 2007 op 32 deur Esquire aangewys as "The Sexiest Woman Alive". Sy kom in haar swart SUV by die Chateau Marmont Hotel op die Sunset Strip in Hollywood aan vir 'n onderhoud oor die eer. Sy rook Marlboro Lights, speel met 'n iPhone en sê sy het eers haar visdam skoongemaak.

"En een van my honde is dood [Orson, die Deens-Dalmatiese kruising wat sy uit Italië saamgebring het]. Hy kon so mooi na jou kyk, hy het hom bekommer oor jou. Fuck. Hy het graag op die strand [by Malibu] rondgeloop. Toe het hy siek geword en dit was vinnig. Hy's twee weke gelede dood, ses jaar oud."

Sy ontmoet daarna ook 'n ou Vogue-vriend uit New York vir 'n middagete. Hy let met sy kennersoog op dat sy jeans en sandale aanhet met 'n Stella McCartney-baadjie oor 'n groen-en-swart tenktoppie, haar blonde hare in 'n los bolla, met groot goue oorringe en dun goue armbande. Sy sê vir hom: "Toe ek hierheen ry, het ek gedink oor wat alles in my lewe aan die gang is. Want daar het niks soos 'n opwindende egskeiding of so iets gebeur nie. Twee van my honde is dood [een van die spanjoele, Delilah, is ook intussen dood]. En ek het 'n Amerikaanse burger geword."

Dít gebeur in Mei 2007 toe Charlize, Gerda en tien vriende saam na die stadion in Downtown Los Angeles gaan waar sy en Gerda deel word van 'n dag lange seremonie saam met 5 000 nuwe Amerikaners wat die eed van getrouheid aan hulle nuwe vaderland aflê: "I pledge allegiance to the Flag of the United States of America and to the Republic for which it stands, one nation under God, indivisible with liberty and justice for all." (Die oorspronklike "Pledge of Allegiance" is in 1892 deur Francis Bellamy geskryf.)

"My ma was regtig emosioneel. 'Ons is Amerikaners!' het sy [Gerda] uitgeroep. Jy staan op en jy lê die eed af en jy kry 'n stukkie papier waarop pres. [George W.] Bush persoonlik geskryf het om jou in Amerika te verwelkom. Maar dis vreemd. Daar's iets in my bloed wat altyd Suid-Afrikaans sal wees. Ek dink nie ek sal dit ooit kan verloor nie, al probeer ek.

"Ek het die helfte van my lewe in Suid-Afrika gewoon, en die ander helfte in Amerika. Ek voel Amerika is nou my huis. En ek wil hier gehoor word, ek wil hier kan stem. Ek wil deel wees van die besluitnemingsproses, al is dit op 'n geringe skaal. En met die laaste twee verkiesings het ek gevoel as ek hier wil woon, wil ek kan stem ook. Ek wil betrokke raak sonder die vrees dat ek uitgeskop gaan word.

"Dit was so 'n beslommernis met 'n Suid-Afrikaanse paspoort. Ek moes visums kry vir elke land wat ek besoek het."

Sy was al sedert 1998 kriewelrig omdat sy toe steeds nie 'n "green card" gehad het om sonder vrees vir deportasie te werk nie. Maar sy smeer toe die komplimente gereeld dik aan. "Amerika is hierdie groot, blink diamant vir die res van die wêreld. Die moontlikhede hier is onbeperk en dis wat Amerika so wonderlik maak. Dis ongelooflik dat iemand soos ek, wat koeie gemelk het as kind, op sestien halfpad om die aardbol kon kom om hier 'n sukses te kom maak. Dis danksy Amerika dat apartheid in Suid-Afrika afgeskaf is. Amerika is die stem van die wêreld, en dis 'n luide stem."

Op Woensdagaand 12 Maart 2008 is sy op David Letterman se The Late Show op die CBS-TV-netwerk. "You're stuck with me now!" sê sy vir Letterman oor haar Amerikaanse burgerskap. "Ek wou nog altyd 'n Amerikaanse burger gewees het, hulle wou my net nie hê nie. Dis nogal 'n hele proses en jy moet hard werk ... en baie dinge leer. Uiteindelik is ek goedgekeur vir die onderhoud en is allerhande goed gevra soos wie die senatore is, hoe die regering werk ...

"Ek het my goed voorberei, maar is 'n bietjie onkant gevang toe ek gevra is om die sinnetjie te skryf: 'It's a sunny day.' Skielik was ek heeltemal onseker. Het 'sunny' 'n dubbele 'n' of wat?"

Vroeër die jaar sê sy in 'n onderhoud: "Tot vandag toe nog moet my vriende my reghelp as ek taalfoute maak. Hulle terg my oor die filmster wat sê *were* pleks van *was*. En ek kan nie spel nie."

Dink mense steeds aan haar as 'n Suid-Afrikaner?

"Mense sê: 'Wat weet jý? Jy's van Afrika.' Maar hulle het dit in Afrika ook vir my gesê: 'Gaan terug Europa toe.' Maar ek het hulle f ... vertel ek is 'n Afrikaan. En ek weet wat ek nou is. Ek's 'n Amerikaner. Ek sal dit f ... sê ook. Ek het grootgeword in 'n land wat die les geleer het dat jy nie jou leefwyse aan 26 verskillende soorte volke kan opdwing nie. Ek dink Amerika het ook nog lesse te leer."

Een van die lesse is 'n ordentlike ontbyt. "Hoe kan jy pannekoek saam met spek en eiers op dieselfde bord hê? Almal weet tog dat jy nie soet en sout meng nie. Alle Amerikaners behoort onmiddellik daarmee op te hou."

Daarom hou sy van Norm's, 'n koffiewinkel in Los Angeles waar sy 'n behoorlike ontbyt kan eet met steak en eiers. "In Suid-Afrika het elkeen drie vrieskaste met sewe heel, dooie koeie daarin. Rooivleis is mos kos."

Op 'n besoek in April 2008 aan Suid-Afrika word sy uitgevra oor hoe sy voel om nou, as 'n Amerikaanse burger, terug te kom. "Dis [Suid-Afrika] huis. Dis in my beendere, in my vel. Dis beslis deel van my, die manier hoe ons kosmaak, ons humorsin, dis soos ons is, dis in my bloed. Ek en Stuart was onlangs vir vyf weke hier en dit was moeilik vir hom. Hy ken my soveel jare, maar het my nog nie hier in Suid-Afrika ervaar nie, en ek dink hy besef nou hoe sterk en emosioneel my band met hierdie land is.

"Daar is nou al vir 'n paar jaar woelinge in Suid-Afrika en die regering sal aanspreeklikheid vir probleme moet begin aanvaar. Ons kan nie in 'n gemeenskap leef met soveel geweld sonder dat die regering intree nie. Dis vir my baie treurig."

Verwonde vroue

Van die diverse rolle wat Charlize uitsoek om aan haar talente vrye teuels te kan gee, is dit opmerklik hoeveel daarvan in latere jare, nadat sy gevestig is en al hoe meer self ook as vervaardiger tot rolprentprojekte begin toetree, ondertone het van 'n onstuimige gesinslewe, rolle oor intense menslike wroegings, met die vaderfiguur en dikwels verwonde vrou in 'n sentrale rol. Geknakte riete. Baie mense sien in *Sleepwalking* besondere raakpunte met elemente van haar eie vroeëre gesinslewe, al het Zac Stanford reeds omstreeks 2002 die draaiboek geskryf, lank voor hy Charlize ontmoet het; selfs voor hy énigiemand in die filmbedryf geken het.

Daar word opgemerk dat Charlize 'n sekere persoonlike aangetrokkenheid tot die prent se tema moes gevoel het: haar fliekpa word beskryf as net so "gewelddadig" as haar werklike pa.

Charlize sê: "Ons weet almal hoe dit voel om diep seer te kry en ek dink familie is 'n baie, baie gekompliseerde onderwerp. As akteur boei dit my, ook die keuses wat ons as mense maak."

Charlize vertolk die rol van Joleen Reedy, ma van 'n elfjarige dogtertjie. (Sy is ook 'n ma in prente soos *Trapped, North Country, In the Valley of Elah, The Road* en *The Ice at the Bottom of the World*.) Joleen kan of wil nie vir haar dogtertjie, Tara (AnnaSophia Robb), sorg nie en haar broer, James (Nick Stahl), ontferm hom oor die kind. James en Tara beland uiteindelik weer op die plaas waar die Reedys saam met hulle aggressiewe pa (Dennis Hopper) grootgeword het.

Charlize sê: "Die draaiboek is kragtig, ongewoon en oorspronklik. Dit het my in trane gehad en tot my gespreek op 'n manier wat ek nog nie op film gesien het nie. Ek wou Joleen se rol vertolk omdat dit so min gebeur dat 'n aktrise 'n vrou met foute kan vertolk. Ons hou daarvan dat ons vroue moederlik en versorgend is en sien selde hulle innerlike konflik. Maar ons is nie almal vir moederskap uitgeknip nie en ek het gedog dis 'n goeie kans om só 'n vrou te wees wat miskien empatie vra, maar nooit simpatie nie."

Hoekom die obsessie met gekompliseerde vroue?

"Vroue *is* gekompliseerd. Ons het die madonna-hoer-kompleks oor vroue, óf as goeie ma's, óf as prostitute, niks tussenin nie. Ons sien nie hierdie soort gekompliseerde vroue op film nie, maar Jack Nicholson kan dit met sulke mans doen. Mans word gevier as hulle hulle swakhede wys, hulleself blootstel. Maar as 'n vrou dit doen, wil niemand dit sien nie, want dis nie mooi nie."

Sy ontken in 2008 in GQ dat dit Hollywood is wat wegskram van sulke ernstige rolle vir aktrises. "Dis 'n probleem in ons gemeenskap. Ons wil nie vrou-gedrewe flieks sien nie. Mense wys vingers na Hollywood, maar as daar 'n vraag is, sal Hollywood voorsien. Om die een of ander rede is ons gemeenskap versot op spookasem. Ons leef in sulke interessante tye, maar nee, ons wil na fucking crap gaan kyk."

Wat sê dit van haarself, hierdie beheptheid met geknakte riete?

"Ek dink baie mense gaan vir terapie omdat hulle nie weet hoe om hierdie donker dinge in hulle lewe te hanteer nie. Hulle doen dit een uur per week om gesond te bly. Miskien doen ek hierdie flieks in die plek van terapie. Miskien is dit waarom ek so vervelig is. Ek het nie baie bullshit in my lewe nie. Ek dink dis gesond om hierdie donker plekke te besoek, dis suiwerend. Ek het 'n belofte aan myself gedoen dat ek na die donkerste plekke denkbaar kan gaan en dis oukei, want ek sal nie daar bly nie. Wanneer die kamera stop, is dit verby."

Maar sy is nie gekant teen populistiese stories soos *Hancock* nie, en in haar gevleuelde woorde oor *Hancock*: "It's dark shit, really fucking original."

Charlize raak ook as 'n vervaardiger so intens by *Sleepwalking* betrokke dat sy as 'n klein sikloon beskryf word. In die nuwe kantore van haar D&D Films is A.J. Dix een van haar bure, president en stigter van WJS Productions, vir wie sy as medevervaardiger betrek. Dix onthou Charlize se toewyding toe hy een koue oggend by hulle Kanadese produksiekantoor aankom waar die prent verfilm is. Hy kry Charlize agtuur die oggend op die trappe aan die werk terwyl sy wag. "Ek kon dit nie glo nie. Dit was minus agt, twaalf grade, vriesend koud, en sy werk. Ek het nog nooit met so 'n harde werker te doen gekry nie. Sy was elke dag op haar pos."

Oor haar betrokkenheid as filmmaker sê Charlize: "Ek vervaardig prente wat ek voel gemaak moet word. Aanvanklik het die betrokkenheid van my naam by projekte gehelp dat finansiering gekry word. As 'n ster betrokke is, sê finansiers makliker ja vir ongewone materiaal."

En sy geniet die druk van vervaardiging; om iemand se geld te vat en te beloof dat sy dit goed sal aanwend, is vir haar op 'n ander manier net so bevredigend as om vóór die kameras te werk. "As 'n vervaardiger moet ek emosionele aanklank vind by 'n projek en dan gaan soek ek finansiers wat dieselfde voel, nie om groot geld te maak uit hulle beleggings nie. En dis bevredigend om nuwe talent te ontgin, om die hele sirkus bymekaar te bring. As vervaardiger het ek die mag om my voet neer te sit."

Sy word gevra waarom haar naam as vervaardiger nie, soos gebruiklik, voor die titels vertoon word nie.

"Dis ydel om jou naam tussen die erkennings te laat verskyn. Ek weet daar is mense wat dit doen, soos Drew Barrymore. Maar hoe weet mense wat jou werklike bydrae was, of jy die erkenning verdien?"

Sy sê indie-prente kos nou tot $25 miljoen en dit is moeilik om hulle vir minder as $4 of $5 miljoen te maak, veral as dit as hoërisiko-materiaal beskou word. Maar *Monster* was so 'n prent en het amper $40 miljoen in Amerika verdien.

Sleepwalking word met 'n beperkte begroting binne 29 dae verfilm en is begin Januarie 2008 op die Sundance-filmfees vrygestel. In Maart word dit in beperkte teaters vrygestel waar dit onmiddellik die oë laat rek met Charlize as 'n wrak van 'n ma wat drink en dagga rook, haar kind los en met 'n lorriedrywer wegloop. Ook haar geurige taalgebruik in die prent word opnuut 'n besprekingspunt. Josh Brolin, wat saam met haar in *In the Valley of Elah* was, sê in die prent is sy 'n heel stemmige enkelma-speurder. Maar van die stel af was dit 'n ander storie: "Sy het die vuilste mond van enige vrou wat ek nóg ontmoet het."

Ann Hornaday skryf op 14 Maart 2008 in die Washington Post oor *Sleepwalking*: "In haar tweede poging as 'n uitvoerende vervaardiger bied Charlize Theron *Sleepwalking* aan, 'n trae en slordig geskrewe melodrama so grimmig en saai as die bevrore Midwestelike landskap waar dit afspeel. Dis jammer dat die eerste prent wat sy vervaardig het – 'n treffende en boeiende dokumentêr oor jong Kubaanse musikante genoem *East of Havana* – nie goed gevaar het nie. Niemand kan dit ontken nie: Theron is 'n natuurkrag en sy verhelder elke toneel waarin sy is met 'n gebiedende felheid. Maar as sy nie op die skerm is nie, tree *Sleepwalking* op soos sy titel. Maak my wakker as dit verby is."

Charlize het sedert 2006 die kommersiële en artistieke voorreg en spiere om haar uit te leef in haar klein en donker passies waarmee sy sosiale kommentaar wil lewer op menslike swakhede en verhoudinge soos in *Sleepwalking* en *The Burning Plain*. Maar sy loop die gevaar om afstand te skep van haar funksie om te vermaak, om as ster in die eerste plek sitvlakke op teaterstoele te kry. Dit is 'n balanseertoertjie wat sy en haar span met groot vernuf bestuur en orkestreer.

Ná hierdie persoonlike voldoening van *Sleepwalking* en *Battle in Seattle* is sy terug vir 'n skeut van die hoofstroom se populistiese erkenning (en 'n goeie salaristjek) in *Hancock*, voordat sy haarself weer wend na die volgende persoonlike boetedoening in *The Burning Plain*. Hierdie kombinasie van klein prente afgewissel met die publisiteit wat met hoofstroomprente soos *Hancock* gepaardgaan, sorg ook dat sy nooit alleen voel daar op haar

Everest nie, en dit is 'n gevaar wat elkeen ervaar wat al daar was. Soos die Franse skrywer Jean Cau waarsku: Of jy nou Stalin, Napoleon, De Gaulle of Bardot genoem word, uit 'n sekere gesigspunt is roem maar omtrent dieselfde. Jy klim stap vir stap tot die hoogste kruin. Hoe hoër jy styg, hoe dunner word die lug, jou visie wasiger, jou kop begin duisel, en wanneer jy daar op die spits staan, is jy alleen.

Oor hoe benouend en vervreemdend roem kan wees, sê Charlize in Julie 2008: "Ek weet nie of jy ooit daaraan gewoond raak nie. Dis surrealisties. Dis ongemaklik. Dis net ... vreemd. Ek sal jou sê wat so vreemd is aan roem. Mense wat niks van jou weet nie [maar dink hulle ken jou]. Fotograwe wat jou jaag. Dis vreemd as mense deur jou vullis soek. Dis vreemd as iemand jou iets baie privaats vra en verwag jy moet daarop antwoord. Dis vreemd as mense om jou nie wil gesels of hulle menings gee nie. Of nie hulleself is nie."

Daarom is hoofstroomprente so belangrik om haar nie van haar volgelinge te vervreem in haar eie klein donker hoekies nie. Want dit is die *Hancocks* wat haar in die gesigsveld hou en op internasionale tydskrifte se voorblaaie. Dit is asof sy met die vrystelling van *Hancock* in 2008 skielik opnuut in die openbare oog ontpop het nadat *Sleepwalking* byna soos 'n blokkie ys in warm water verdwyn het. Maar ook hierdie rolle kies sy met oorleg. Vir James Bond vermy sy soos die pes, maar met Will Smith het sy al saamgewerk en die draaiboek van *Hancock* interesseer haar genoeg om haar in hierdie genre van superhelde te begewe. En hierdie slag dra sy nie die las op háár skouers alleen soos in *Æon Flux* nie.

Sy begin in Julie 2007 werk aan hierdie komiese aksieprent van regisseur Peter Berg waarin Smith 'n supersoniese superheld is met bomenslike krag, en 'n drankprobleem. 'n Reklame-agent (Jason Bateman) probeer Smith/Hancock rehabiliteer, en in 'n verrassende kinkel blyk dit dat die agent se vrou, Mary (Charlize), dieselfde bomenslike kragte as Hancock het.

Berg was nog in die middel van *The Kingdom* toe hy genader is om 'n prent met die titel *Tonight, He Comes* te regisseer. Hy het veranderings aan die draaiboek laat aanbring, met 'n nuwe titel, *John Hancock*, wat uiteindelik tot net *Hancock* verkort is. Verfilming begin op 3 Julie 2007 in Los Angeles met 'n produksiebegroting van $150 miljoen. Plekke soos Hollywood Boulevard word gedeeltelik vir dae afgesper en met dekor van rommel, motorwrakke en vure gevul. Omdat Smith se karakter ook 'n alkoholis is, word skynetikette ontwerp vir Pap Smear Vodka omdat goedkoop Vodka-handelsmerke, die sogenaamde bruinkardoes-name, weier dat hulle name gebruik word.

Berg beskou die rekenaargegenereerde geveg tussen Charlize en Will Smith in Hollywood Boulevard nie as een van sy gunstelinge in die prent nie omdat hy so min beheer daaroor gehad het. Hy wou 'n meer karaktergedrewe prent hê, soos dié van Robert Downey Jr. in *Iron Man*. Maar hy sê ook as *Hancock* 'n loketsukses is, soos verwag word, sal hulle 'n *Hancock 2* oorweeg.

Of dit lekker was om ná *Sleepwalking* weer in 'n Hollywood-prent met 'n groot begroting te speel, sê Charlize: "Dit gaan nie oor die begroting nie. Dis eintlik maar die enigste verskil, behalwe dat jy na die filmstel ry en meer mense sien, en groter treilers, en die kos is miskien beter. Maar die materiaal was baie uitdagend. *Hancock* wys die middelvinger vir sy genre. Tog was daar dae tydens die verfilming dat ek na Will [Smith] gekyk en gesê het: 'Wat de hel doen ons, ek weet nie wat nou aangaan nie?'"

Sy sê sy sal in 'n fliek oor bandopnemers speel as Smith daarin is. "Ek's mal oor hom, en *Hancock* se draaiboek is ook goed, nie net wol nie. Dis komplekse materiaal, en as dit nie was nie, sou ek dit nie gedoen het nie."

Maar haar eerste gedagte oor die rol in *Hancock* was: "Oh, goody. I get to be pretty." 'n Ander rede is dat dit in Los Angeles verfilm is, naby haar huis. "Ek kon elke aand by my man gaan slaap." Maar op ernstiger noot sê sy dat Smith met haar in die rol van Mary gehoop het om die gaping te oorbrug tussen 'n kommersiële en dramatiese prent deur albei elemente saam te voeg.

Charlize was ná Smith die eerste akteur wat gekies is vir 'n rol en Smith sê: "Sy was die perfekte aktrise wat sou verstaan dis 'n komiese prent, maar ook dramaties. Daar was geen beter manier om seker te maak die tekstuur van die prent word vasgevang nie. Sy bring die krag en eerlikheid wat Tommy Lee Jones na *Men in Black* gebring het."

En Smith behoort te weet, hy het al saam met albei gespeel.

Regisseur Berg voeg by: "Sy bring ook haar skoonheid. Is daar enige aktrise wat so mooi lyk wat beter is? Niemand nie."

Teenoor *W Magazine* skerts Charlize dat sy die rol aanvaar het oor 'n beoogde liefdestoneel tussen haar en Smith (wat toe nie die eindproduk gehaal het nie).

In 'n uur lange gesprek tussen Charlize, Smith en Bateman oor *Hancock* op AmericaOnline se Moviefone in Junie 2008 terg sy haar twee medespelers so dat hulle soms skaars 'n woord kan uitkry van al die lag. Charlize vat hulle aan oor hulle traagheid om 'n bietjie passie vir haar in die fliek te wys.

Charlize aan Bateman (haar man in die fliek): "Moet ek jou daaraan herinner dat ek jou moes betaal, moes smeek en jou moes vasdruk om jou te dwing om my te soen?"

Bateman: "Wie sal dit nou wil doen [om haar te soen]? Ek bedoel, as julle mense hierdie vrou sonder grimering kon sien soos nou . . . sy's nie naastenby dieselfde nie."

Charlize: "Ons is man en vrou en jy wil nie aan my raak nie."

Smith: "Luister, dis baie ongemaklik. Julle sien dit ['n liefdestoneel] in 'n prent met musiek, maar om sulke tonele te doen, is regtig baie ongemaklik."

Charlize: "Dis nie só ongemaklik nie. Moenie dit laat klink na 'n aaklige ervaring nie."

Smith: "Nee, nee. Dit het niks daarmee te doen nie. Dis nie die punt nie . . ."

Charlize: "Nou voel ek regtig nikswerd. Die een wou my nie soen nie, en die ander een noem dit ongemaklik."

Smith: "Jy's soos 'n verkleurmannetjie, jy kan in enige omgewing en omstandighede insmelt, van die Withuis tot die ghetto's. En jou swak punt is dat jy soms windgat is."

Meer as een resensent in Amerika verwys na die rasse-ondertone van die prent, soos Kevin Maher in The Times: "Regisseur Berg en sy twee draaiboekskrywers knoop hulleself vas in pogings om Smith en Theron uit 'n veelrassige liefde te hou – steeds, so bisar in die Obama-era, 'n algehele taboe in studiotreffers."

Manohla Dargis skryf op 2 Julie 2008 onder meer in die New York Times: "Vroeg in die superheldskouspel *Hancock*, voordat die masjinerie vol inskop en die storie nog gehul is in geluksalige dubbelsinnigheid, sien jy die ster Will Smith uitgestrek op 'n bankie in Los Angeles lê. Vuil, verkreukeld, ellendig in uitrusting en karakter, en binne gerieflike slukafstand van 'n bottel, lyk hy verlore en alleen, soos al die menslike uitskot wat in elke stad uitspoel en grootliks onopgemerk bly. Maar moenie jou met Hancock misreken nie, hy't wonderlike kragte. Hy kan vlieg, en gou skiet hy reguit hemel toe, die eerste hawelose superheld in flieks. Superbum! *Hancock* sorg onverwags vir 'n bevredigende en aweregse byvoeging tot Hollywood se superheldkronieke. Hoe kompleks die prent werklik is, besef die kyker eers met die groot onthulling rondom Theron se karakter. Ek is meer getref deur Theron, 'n aktrise wat ek meen tot groter diepte in staat is as wat haar rolle van haar vereis, selfs dié wat haar glans probeer afvryf. Sy help Smith om die storie se emosionele tekstuur te verryk, wat nie maklik is nie, omdat die prent begin wankel net toe dit begin verdiep."

Maar in Suid-Afrika kyk François Bloemhof op 4 Julie 2008 in Die Burger na *Hancock* deur die bril van baie ander mense wat ernstig begin wonder waarheen Charlize se loopbaan dan nou eintlik op pad is. "Met elke rolprent verander sy haar voorkoms om haar só 'n oortuigende karakter te help skep. Sy kan gesofistikeerd of kommin wees. Sy sukkel egter met draaiboek lees. Jy kan vergewe word as jy vermoed dat dit eintlik ma Gerda is wat vir haar die 'regte' projekte kies daar in die haarsalon in Rodeo Drive. Intussen is daar heelparty uitstekende aktrises soos Naomi Watts en Laura Linney wat telkens in interessante rolprente verskyn, al het hulle nog nie die beeldjie wat veronderstel is om beter draaiboeke na jou kant toe te laat kom nie.

"'n Mens kan sien wat me. Theron oortuig het om 'n rol in *Hancock* te aanvaar. Vars van haar *Monster*-triomf het sy jou wrintie besluit sy wil nie in *Casino Royale* tweede viool speel teenoor Daniel Craig nie, maar ná 'n rits flou pogings het sy 'n treffer bitter nodig – en dis amper gewaarborg as Will Smith jou medester is. Dus speel sy nou maar teenoor hóm tweede viool en is dit slegs sy naam wat groot op die plakkaat verskyn. Dis een van haar beteres en ons kan steeds hoop die Bond-mense vra haar weer."

Ook die Suid-Afrikaanse filmkenner Barry Ronge meen Charlize se keuse van intelligente rolprente oor ernstige kwessies benadeel haar loopbaan. "Wat doen sy vir 'n encore?" wil hy weet – veral met jonger aktrises soos Scarlett Johansson, Keira Knightley en Emily Blunt wat al hoe meer die kollig steel met groot rolle.

Hy meen Charlize sirkel soos 'n vliegtuig wat op 'n besige lughawe probeer land. Sy kies ernstige prente oor belangrike sosiale en politieke kwessies, lewer onberispelike vertolkings, maar almal misluk by die loket. "Die feit is: die meeste van Charlize se prente maak nie meer geld nie, en geld is ál wat in Hollywood saak maak. Wanneer jou advertensies meer bekend raak as jou rolprente, is jy op gevaarlike terrein."

Ook is dit 'n waagstuk om jou tot gehalte- of intelligente flieks te verbind, omdat Hollywood nie bekend is vir sy ondersteuning van intelligente idees nie. "Die massagehoor se smaak is presies die teenoorgestelde van intelligent. Dis 'n teleurstellende feit dat Adam Sandler se vulgêre kaalbaskomedie *You Don't Mess with the Zohan* binne twee weke [in 2008] meer geld gemaak het as wat *In the Valley of Elah*, *Sleepwalking* en *Battle in Seattle* in een jaar sou kon verdien."

Of Charlize sal saamstem dat haar keuse van rolle haar loopbaan benadeel, betwyfel ek. Baie van hierdie flieks misluk wel as geldmakers, maar vir twee het sy al Oscarbenoemings gekry (vir een 'n Oscar), en 'n derde, *The Burning Plain*, word later in 2008 aangeprys as nog 'n Oscarvertolking deur Charlize. Haar roeping ná die goue beeldjie lê nie in populistiese vermaak nie, maar in donker plekke waar sy die gees van verwonde vroue kan gaan verken, en terselfdertyd iets oor haarself leer. Die *Hancocks* van hoofstroom-Hollywood is die sporadiese sein dat sy nog daar is, dat sy dit steeds het, dat haar "sterkrag" nog lank nie verdof het nie. Hoofstroom bevestig haar kommersiële waarde, gee haar blootstelling in internasionale glanstydskrifte, stel haar aanhangers gerus dat sy nog nie te veel plooie het nie, en sy vat weer 'n stewige salaristjek huis toe waar Stuart die honde oppas.

In Hollywood, vir 'n blywende loopbaan, gaan alles oor die regte skuiwe op die regte tyd. En wat sy noem die "fucking crap" wat as vermaak vir Vrydagaande opgedis word, is nie deel van haar visie nie. Geldmaak-aktrises lê die slote van Hollywood vol, opgekou en uitgeskop voor dertig, die karkasse van "one-trick ponies". In 'n tyd van kitsbevrediging is daar geen groter risiko as kitsglans of sosiale status wat net van sigbaarheid afhanklik is nie.

In *The Burning Plain* met 'n begroting van sowat $20 miljoen van debuutregisseur Guillermo Arriaga (draaiboekskrywer van onder meer *Babel*) is Charlize, soos in *Sleepwalking*, weer in 'n rol van wroeging, dié slag as Sylvia, dogter van die Kim Basinger-karakter, Gina. Sylvia probeer verhoudinge met haar ouers herstel ná 'n onstuimige jeug. Arriaga sê die prent handel oor twee storielyne wat hulle in die hede en verlede op verskillende plekke afspeel en dan inmekaar geweef word, met karakters wat genesing vind. Charlize is weer eens 'n medevervaardiger.

Jennifer Lawrence speel 'n tienerweergawe van Charlize se karakter en is erg beïndruk met die onpretensieuse Charlize vir wie die jong meisie amper verafgod. Sê Jennifer: "Charlize het nie gevlieg nie, maar vir die verfilming Nieu-Mexiko toe gery omdat sy haar hond van seker vyftig jaar oud by haar gehad het. Sy het nie eens 'n bestuurder gehad nie, sy't self bestuur. En in 'n gewone hotelkamer gebly, nie 'n suite of so iets nie. Op die filmstel het sy in die tou ingeval vir haar kos en saam met die res geëet. En sy's so snaaks. Sy het 'n woordeskat wat 'n matroos sal laat bloos. Nie 'n sin kom uit haar mond sonder die f-woord nie."

Charlize begin op 5 November 2007 (tot 21 Desember) met die verfilming van *The Burning Plain* in Nieu-Mexiko en Oregon skaars twee maande nadat *Hancock* afgehandel is, twee rolle wat so ver van mekaar verwyderd is soos Putfontein van Sunset Strip. Tog skakel sy naatloos in. Sy word nie verniet in die spel van Hollywood 'n meesterskaakspeler genoem nie. Of 'n verkleurmannetjie.

Einde Augustus 2008 word *The Burning Plain* op die Venesiese Filmfees vertoon waar dit goed ontvang word. Hier kry sy op 'n mediakonferensie onverwags 'n "huweliksaanbod" – van 'n filmjoernalis, wat begin met:

"Ek wil graag vir jou iets vra, Charlize Theron. Eerstens, ek hou regtig baie van jou en het groot respek vir jou, maar ek wil met jou trou – en ek het 'n vraag: aan watter kant [van die bed] verkies jy om te slaap?"

Charlize is nie op haar mond geval nie: "Die kant waarop jy nie is nie."

Die joernalis sê afgejak: "O, dan sal dit nie werk nie."

Charlize roep skertsend: "Sekuriteit! Sekuriteit! Die man met die rooi ... Jy's baie oulik, maar jy weet, my kêrel gaan jou vermoor. Ja, ek's getroud, ek behoort aan iemand. Hoeveel geld het jy?"

"Ek's arm."

"Sien, ons sal daaroor moet gesels."

David Gritten van die Londense Telegraph skryf tydens die Venesiese Filmfees: "*The Burning Plain*, geskryf en geregisseer deur die Mexikaanse filmmaker Guillermo Arriaga en met Charlize Theron en Kim Basinger, bevat al die regte elemente: dis ernstig en dramaties, met universele temas en goeie toneelspel. Die storie is ingewikkeld, en word algaande onthul. Dit beweeg heen en weer in tyd en vind op twee plekke plaas: reënerige Portland, Oregon, en 'n stowwerige, afgeleefde Amerikaanse grensdorp. Gebeure op een plek het 'n uitwerking elders, soms jare later. Die prent se eerste toneel brand homself letterlik in die geheue in: 'n woonwa wat in die middel van 'n woestynvlakte deur vlamme verswelg word. Dan beweeg die aksie na Portland waar Theron die wakker, bekwame bestuurder van 'n sjiek restaurant is. Maar sy's 'n geskonde karakter, wat haarself skend en voortdurend met verkeerde mans in die bed spring. Basinger kom in die grensdorp aan as 'n vrou en ma met die geheim van 'n affair. Theron en Basinger lyk albei na voorlopers vir die nuwe toekenningseisoen."

Lee Marshall van Screen: "'n Stewige vertolking deur Charlize Theron wat haar plek by die Oscars kan bespreek, en uitmuntende spel deur die jong nuweling Jennifer Lawrence stuur hierdie potensieel oordadige storie verby die slaggate van ongeloofwaardigheid. *The Burning Plain* het sterk kommersiële gene as gehalteproduk vir die toekenningseisoen. Theron is Sylvia, bestuurder van 'n stylvolle seeuitsig-restaurant bokant die geraas van branders wat haar innerlike onrus vanselfsprekend maar effektief weerspieël. Sylvia se elegante werkspersona verbloem 'n byna oorbeklemtoonde selfhaat: sy slaap by enige man wat haar vra, en 'n paar wat haar nie vra nie, sny haarself, en dwaal deur die lewe soos 'n skuldbelaaide zombie."

Derek Elley van Variety: "Ondanks 'n rolverdeling van matig tot goed met Charlize Theron en Kim Basinger vooraan, bly hierdie prent 'n uitvoerige skryfoefening met min emosionele vatplekke. Van die gehoor word verwag om soveel tyd te bestee om die vroeë prentjie te ontrafel – en by te bly met Arriaga se slimmighede – dat wanneer hulle teen die middel begin asem skep en by die karakters betrokke begin raak, die aaklige waarheid neerdaal: daar's min om by betrokke te raak. Vertolkings is so goed as wat die draaiboek toelaat. Theron (een van elf vervaardigers) lyk elegant en teruggetrokke sonder om veel ware emosie te wys; Basinger is net effe beter as 'n gemiddelde ma wat na meer soek as net 'n gesinslewe."

Battle in Seattle lê byna twee jaar op ys voordat dit uiteindelik in September 2008 ná *The Burning Plain* in skaars 'n dosyn teaters in Amerika uitgereik word. Oor sy eie stryd om sy eerste prent as regisseur (ook as draaiboekskrywer) die lig te laat sien, ondanks 'n Oscarwenner daarin, sê Stuart niemand in Hollywood het belanggestel nie en onafhanklike finansiers het vir hom $7 miljoen gegee. "Dis swaar om as akteur net te sit en wag vir 'n filmrol wat jou werklik aangryp. Dis deels hoekom ek my eie prent wou maak oor 'n storie wat ek regtig wou vertel."

Oor Charlize se kort rol as die swanger Ella wat 'n miskraam het nadat sy in die protesgeweld beland het, sê Stuart: "Dis makliker om haar vir drie dae se verfilming te kry as drie weke, selfs vir my." Akteurs soos Ray Liotta en Woody Harrelson het in die projek geglo, en almal het verniet opgetree, sê Stuart in September 2008 aan Brad Listi van The Huffington Post.

Kirk Honeycutt skryf op 14 September 2008 in The Hollywood Reporter: "*Battle in Seattle* is 'n dramatiese blik op vyf dae in 1999 toe tienduisende aktiviste die strate van Seattle oorgeneem en 'n vergadering van die WTO feitlik tot stilstand gebring het uit protes teen globalisering en omgewingskade deur multinasionale korporasies en magtige regerings. Natuurlik is die prent deur 'n buitelander gemaak, die Ierse akteur Stuart Townsend, wat 'n merkwaardig selfversekerde skryf- en regiedebuut maak. Politieke prente vaar nooit waffers by die loket nie, maar miskien is die tyd ryp vir hierdie prent. Die afgryslikste oomblik in die prent is wanneer 'n polisiekollega van Ella (Charlize Theron) se man haar met 'n knuppel op die maag slaan en 'n bloederige miskraam veroorsaak. Townsend het 'n goeie begrip van wat in Seattle gebeur het en hoe om die gebeure by persoonlike verhale in te weef."

Ná *The Burning Plain* het Charlize enkele tonele, hoofsaaklik in terugflitse, in *The Road* van die Australiese regisseur John Hillcoat. *The Road* is 'n postapokaliptiese prent en word in Pennsilvanië verfilm, 'n draaiboekaanpassing van Cormac McCarthy se gelyknamige boek wat 'n Pulitzer-prys gewen het. McCarthy is ook die skrywer van *No Country for Old Men* wat deur die broers Joel en Ethan Coen vir 'n rolprent aangepas is en in 2008 vier Oscars gewen het, onder meer as beste prent.

In *The Road* pak Viggo Mortensen en sy elfjarige seun (gespeel deur die Australiese kinderakteur Kodi Smit-McPhee) 'n reis aan deur 'n barre landskap nadat rampspoedige gebeure die meeste lewe op aarde uitgewis het. Charlize is in terugflitse die vrou van Mortensen, die akteur wat eens Stuart se plek in die *The Lord of the Rings*-trilogie ingeneem het.

Verfilming van *The Road*, 'n studioprent met 'n begroting van $20 miljoen, duur van 27 Februarie tot 29 April 2008 hoofsaaklik in en buite Pittsburgh, met 'n draai in New Orleans op plekke waar die verwoesting van die orkaan Katrina nog sigbaar was, en by Mount St. Helens, vir beelde van die gevolge van die geweldige vulkaniese uitbarsting.

By Pittsburgh kry die filmspan verlate steenkoolvelde, 'n uitgebrande karnavalpark by Lake Conneaut en selfs 'n stuk teerpad met 'n tonnel wat lankal nie meer in gebruik is nie, ideaal vir die onheilspellende landskap waardeur pa en seun vlug voor 'n kannibalistiese bende in 'n vragmotor.

Hillcoat word in die New York Times uitgevra oor die destydse *Mad Max*-prente met Mel Gibson wat hulle afspeel in dieselfde soort postapokaliptiese wêreld van futuristiese motorfietsbendes. "Ons wou sterker realisme gehad het as die *Mad Max*-ding [...] wegkom van die clichés van apokalips en dit na 'n meer natuurlike katastrofe laat lyk."

Die karakters van *The Road* lyk inderdaad eerder na haweloses as na die *Mad Max*-fratse.

Mortensen sê aan USA Today: "Die ellende en desperaatheid en troosteloosheid is tasbaar. In 'n prent moet jy 'n storie werklik maak op 'n manier wat selfs nie in so 'n goeie boek soos dié nodig is nie." Maar soos die boek gaan die prent oor meer as net 'n onherbergsame landskap. "Ek het met Cormac gesels voor verfilming. Ek dink wat hierdie storie so universeel aangrypend maak, is dat dit eintlik gaan oor hoe jy jou kind beskerm ongeag die omstandighede. In sy wese is dit 'n liefdesverhaal."

Charlize is begin Maart 2008, tydens die verfilming van *The Road*, in Suid-Afrika vir die verfilming van die Sun International-advertensie by Sun City se Palace of the Lost City, 'n paar uur se ry van Johannesburg. Dit word binne vier dae afgehandel en almal prys haar professionele optrede.

Niemand herken die blondine wat een aand met 'n poniestert en skouerlose rok haar plek aan 'n blackjacktafel in die casino inneem nie. 'n Lid van die filmspan sê hulle is verbied om foto's van haar te neem, of selfs haar handtekening te vra. Haar aankoms by die Palace-hotel word beskryf as dié van 'n kroonprinses met haar gevolg 'n eerbiedwaardige paar tree agterna. Charlize vra dat ekstra veiligheidswagte aangestel word om haar teen ongenooide kameras te beskerm.

David Coutts-Trotter, uitvoerende hoof van Sun International, sê Charlize het die grasie, sensualiteit en energie wat volmaak pas by hulle weeldeoorde, en by die tema van die advertensie, "A Million Thrills, One Destination".

"Sy's professioneel met 'n besondere sin vir detail en 'n intuïtiewe begrip van kamera en film."

En dit wys met die verfilming van die verskillende tonele terwyl haar persoonlike span uit Los Angeles skarrel om by te hou, soos Enzo vir haar hare, Shane vir haar grimering, haar stileerder Becks, bestuurder Beth, agent Lisa en persoonlike assistent Ashlee. Op die agtergrond speel "Riders on the Storm" van The Doors terwyl Charlize tussendeur om die beurt aan 'n Coke en Marlboro teug, en iemand op die stel wonder hoe sy, toe byna 33 jaar oud, dit regkry dat nog geen teken van selluliet aan haar perfekte, bruingebrande bobene wys nie.

Met haar vertrek op die lughawe word sy by die aanloopbaan afgeneem in plakkies, hare vinnig vasgebind in 'n kort poniestert en moeë plooitjies om haar oë terwyl sy wag op 'n private straler vir haar vlug na San Francisco, maar reeds gereed vir onderhoude oor *Sleepwalking*. 'n Paar weke later vlieg sy en Stuart Parys toe vir die verfilming van 'n Dior-advertensie.

The Ice at the Bottom of the World is 'n bundel kortverhale, debuutboek van die skrywer Mark Richard wat in 1990 die PEN/Ernest Hemingway Foundation Award wen. Charlize verkry 'n klompie jare later die filmregte op die boek. Sy vra die Britse regisseur, skrywer en akteur Alan Parker om 'n draaiboek te skep vir 'n prent waarvan hy die regisseur is. Charlize is ook weer medevervaardiger en in die vroulike hoofrol, saam met onder andere Meryl Streep en Jennifer Connelly. Dit handel oor 'n skeepskaptein wat aftree, huis toe kom en hom vasloop in 'n gesin wat disfunksioneel geraak het weens sy lang afwesigheid. Charlize is sy dogter, Lisa Lee Doodlum, 'n enkelma en verslaaf aan dwelms.

Dit lyk of Charlize 'n vol fliekprogram voor haar veertigste verjaardag gaan hê en opnuut die internasionale kollig in 'n wye verskeidenheid van rolle gaan betree.

In November 2008 word berig dat sy saam met Nicole Kidman gaan speel in *The Danish Girl* – en getroud met mekaar! Die gebeure is gegrond op die ware verhaal van twee Deense kunstenaars, Einar en Greta Wegener. Einar (Nicole) doen hom as vrou voor vir 'n reeks portretskilderye deur sy vrou, Greta (Charlize). Die skilderye is in die 1920's so gewild in Kopenhagen dat Greta haar man aanmoedig om hom al hoe meer as 'n vrou voor te doen en Einar ondergaan uiteindelik in 1931 die wêreld se eerste operasie vir 'n geslagsverandering, wat die wêreld skok en hulle liefde bedreig.

Gregg Goldstein van The Hollywood Reporter wys in sy berig daarop dat Charlize en Nicole albei Oscars as beste aktrise gewen het vir hulle lesbiese rolle in *Monster* en *The Hours* onderskeidelik.

Ook in November 2008 sê die Ierse akteur (en gewese James Bond) Pierce Brosnan dat hy die vervaardigers van die nuwe weergawe van *The Thomas Crown Affair* gevra het om eerder vir Charlize as Angelina Jolie teenoor hom in die vroulike hoofrol te laat speel wanneer dié prent in 2009 verfilm word. Volgens People.com het hy niks teen Angelina nie, maar Charlize het die grasie, innerlike krag en vroulikheid wat hom erg aanstaan.

Einde 2008 lyk dit ook asof Charlize vir Tom Cruise op haar lys van belangrike medeakteurs in flieks gaan voeg. Variety, gesaghebbende vaktydskrif oor die filmbedryf, sê in November 2008 onderhandelinge is aan die gang dat sy as Interpol-agent (weer in 'n vroulike hoofrol) teenoor Cruise in *The Tourist* gaan speel. Dit is 'n nuwe weergawe van die Franse riller *Anthony Zimmer* (2005) en verfilming is beplan vir Maart 2009.

As agent gebruik sy 'n Amerikaanse toeris om 'n glibberige misdadiger op te spoor met wie sy eens 'n vurige liefdesverhouding gehad het.

Reeds in 2006 was daar gerugte dat Charlize en Tom Hanks ook weer gaan saamspan, dié slag vir 'n bioprent oor die lewe van Marilyn Monroe, met Charlize as Marilyn. Hanks sou belangstel om deur sy Playtime Films 'n prent te help finansier wat gegrond is op 'n biografiese roman, *Goddess*, van Anthony Summers, waarin 'n onverbloemde kyk gegee word op Marilyn se lewe en liefdes, en hoe roem en rykdom 'n brose mens kon afbreek.

Maar dan word Charlize se naam in 2008 ook gekoppel aan 'n ander biofliek, *Face Value*, van regisseur Amy Redford oor die lewe van die aktrise Hedy Lamarr (in Oostenryk gebore as Hedwig Eva Maria Kiesler, 1913–2000). Lamarr was naas aktrise (soos in 1949 se *Samson and Delilah*) in 1941 mede-uitvinder van 'n "frequency-hopping spread spectrum" (FHSS) wat die opsporing van torpedo's in die Tweede Wêreldoorlog sou bemoeilik, maar die tegnologie was nie gesofistikeerd genoeg nie. Later sou dit wel van nut wees vir toestelle soos koordlose telefone en WiFi-internet. In September 2008 sê J.J. Harris, Charlize se bestuurder, egter aan my: "Ons hou van die storie van Hedy Lamarr, maar ons is nie daarby betrokke nie."

In Hollywood is ook gerugte dat Charlize saam met George Clooney sou optree in regisseur Joe Carnahan se *White Jazz*, die laaste van die misdaadskrywer James Ellroy se "LA-kwartet" ná *The Black Dahlia*, *The Big Nowhere* en *LA Confidential* (wat soms verwar word met *Hollywood Confidential*, waarin Charlize in haar beginjare gespeel het). Carnahan sê in April 2008 oor die rol van Glenda Bledsoe: "Ek sou graag vir Charlize in die rol wou hê. Ek het haar geterg en gesê ek gaan haar kom soek. Maar daar's soveel wonderlike aktrises dat mens jouself nie wil beperk nie. Maar Charlize sou beslis 'n vroeë gunsteling wees." Carnahan wou in November 2008 begin het met die verfilming van *White Jazz*, maar Clooney onttrek hom intussen.

'n Groot ateljee het ook al $65 miljoen geoormerk vir *The Brazilian Job*, opvolg op die suksesvolle *The Italian Job*, weer met regisseur F. Gary Gray, en Charlize weer as Stella Bridger. Maar probleme met die finale draaiboek vertraag die prent.

Charlize is lankal baie geïnteresseerd, as filmmaker én aktrise, in die Suid-Koreaanse regisseur Park Chan-wook se trilogie van wraakprente, *Sympathy for Mr Vengeance* (2002), *Oldboy* (2003) en *Sympathy for Lady Vengeance* (2005), wat met die verkorte titel van *Lady Vengeance* in Amerika vrygestel is. Dit handel oor 'n jong vrou, Lee Geum-ja, wat onskuldig in die tronk beland en wraak beplan teen die man, Baek, wat haar verraai het.

Charlize sê in April 2008 sy voel 'n bietjie lugtig vir háár weergawe omdat Park met *Lady Vengeance* 'n byna volmaakte prent gemaak het. "Hy het vir my gesê hy wil regtig hê ek moet 'n nuwe weergawe maak met 'n ander regisseur om die storie in 'n Amerikaanse samelewing te vertel. Die ontwikkeling is egter nog in 'n baie vroeë stadium."

In April 2008 word Charlize se naam genoem as medevervaardiger van en aktrise in *Jinx*, gegrond op 'n strokiesverhaal van Brian Michael Bendis, wat ook 'n draaiboek van sy strokie vir Universal Pictures geskryf het.

Met *Hancock* is Charlize terug op die voorblaaie van die voorste internasionale tydskrifte, met foto's uit modesessies en onderhoude waarin elke joernalis op soek is na iets anders as dieselfde anekdotes wat sy so gereeld ophaal, soms met 'n nuwe stertjie, maar immer op haar hoede om haar privaatheid uit die openbare oog te hou. Dikwels is dit nie wat sy sê nie – dié is oorbekend – maar die indrukke wat sy laat, en die reaksie van ander mense, wat aan haar vel en vlees gee. Maar vir die meeste mense bly sy 'n raaisel, en miskien is dit waarin haar bekoring lê. Sy weet wat sy kan wys, maar sy doen dit nie, gee net 'n vlugtige kykie en maak weer toe. Sy terg, en almal smag na meer.

Alex Bilmes skryf in 2008 in GQ: "Verloor fokus, laat jou gedagtes dwaal, wees vir net 'n oomblik nie op jou hoede nie, en soos 'n besonder aantreklike beroepsbokser gaan Charlize Theron jou straf. 'Wees 'n man!' sê sy, en plant 'n hou teen my bors."

In dieselfde GQ waarsku regisseur Paul Haggis dat jy op jou skerpste moet wees as jy saam met haar vir 'n drankie gaan, want is jy nie op jou tone nie, gaan sy jou ore aansit.

Louise Gannon in Augustus 2008 in Elle: "Charles Theron is 'n enigma. Ons dink ons ken haar soos wat ons Cameron Diaz en sê maar Jennifer Aniston ken. Maar ons ken haar nie. Sy wou ons nog nooit toelaat nie."

En ná die onderhoud staan Charlize op en Gannon skryf: "Sy glimlag. Dis 'n asemrowende glimlag. Sy moet nou gaan. 'Ek het 'n afspraak met 'n Ierse man,' sê sy.

"Jy moet toegee, die meisie het klas."

Op pad na veertig

> Dis interessant hoe mense 'n onstuimige verlede in 'n gesin of mishandeling hanteer. Dis vir my maklik om te verstaan.
> Charlize, 2008

Eie mens

Honoré de Balzac, negentiende-eeuse Franse skrywer en vader van die realisme in Europese literatuur, meen dertig is die volmaakte ouderdom in 'n vrou se lewe. Dit is dán wanneer sy die begeerlikste kombinasie van skoonheid, geestelike groei en intelligensie uitstraal. Charlize sit steeds in hierdie betowerende bel van dertig, al beweeg sy nou aan na veertig, al is sy onverbiddelik vasgevang op die drumpel van die middeljare.

Maar sy het steeds ál daardie elemente waarvan Balzac praat, en die vermoede is dat hulle net nog ryper gaan word, meer gaan blom; sy het die kwaliteite van Hollywoodse langlewendheid wat min ouer aktrises beskore is. Meryl Streep is soos 'n ligtoring.

In Julie 2008 word in rooi rose, die tydskrif waarin sy na die sterrehemel gelanseer is, geskryf Charlize se horison lyk steeds soos 'n Afrikahemel: helder en oop met eindelose moontlikhede. Sy het alles gewen wat die filmwêreld kan aanbied, en maak nou haar eie prente. Is al haar drome dan bewaarheid?

"Gits, nee, glad nie. As jy ophou droom, kan jy net sowel ophou leef. Dis 'n konstante deel van menswees. Daar's altyd meer wat jy wil doen en leer. Dis deel van jou groei as mens."

En elke jaar duik nuwe name en gesigte op wat haar aanmoedig om 'n beter aktrise te wees. "Toe ek Marion Cotillard gesien het, was ek stomgeslaan. Ek het besef daar is soveel meer wat ek kan doen." (Cotillard het in 2008 die Oscar gewen as beste aktrise vir *La Vie En Rose*.)

Maar Charlize bereik ook klein prestasies met talente waarvan niemand weet nie, soos om konfyt te kook. "Dis moeilik om perfekte konfyt te kook as jy nie oefen nie, maar ek het 'n natuurlike aanleg daarvoor. Ek's nogal trots op my konfyt!"

Waarvoor het sy nie talent nie? Tog beskerm sy die "private Charlize" meedoënloos.

"Ek sal nie toelaat dat mense hulle neuse in my private lewe steek nie. Daar's dinge wat vir my belangrik is, dis privaat, dis heilig, dis myne. Ek deel dit nie met die wêreld nie."

Dit is ook daarom dat sy in Julie 2008 bespiegelings verwerp dat 'n fliek oor haar lewe gemaak word, al het dit al die elemente van 'n byna argetipiese feeverhaal.

"Hemel, ek hoop nie so nie. Ek het baie hard gewerk om my lewe privaat te hou. Ek gee nie om as ek voor die kamera is en 'n karakter vertolk met wie ek gemaklik is nie. Maar ek hou nie van die kollig op my [privaatheid] nie, nee, nooit nie. Die idee om by Cannes te gaan sit en na so iets te kyk... ugh. Nee."

Sy vertel ook in dieselfde maand aan GQ van haar eenvoudige lewe saam met Stuart en hulle honde: "Ek's nie lief vir uitgaan nie. Ek word eerder dronk van goeie rooiwyn in die geselskap van mense vir wie ek lief is. Vriende kom kuier naweke by ons in Malibu en ons kook, gaan stap of lê op die strand. Jy weet, oumensgoed."

Sy maak ook nie planne vir haar persoonlike lewe nie, as kinders kom, dan kom hulle. En weer tipiese Theron-speak: "Because, fuck man, ons kry net hierdie een kans. En ek sal dit haat om op my sterfbed te lê en te sê dit het alles net om toneelspel gegaan. Ek wil reis, ek wil die lewe geniet. Ek wil kinders hê. Ek wil elke oomblik geniet."

Maar iewers in Charlize se agterkop moet bedenkinge wees oor die ervarings van ander aktrises wat tyd afgevat het om met kinders te begin, en daarna sukkel om hulle plek in Hollywood te herwin. Selfs Gwyneth Paltrow ervaar dit, en sy is nie 'n liggewig nie. Behalwe vir 'n Oscar en Golden Globe as beste aktrise in *Shakespeare in Love* (1999), en 'n string ander filmpryse, is sy Estée Lauder se parfuumgesig en dien in die direksie van die Robin Hood Foundation wat hom beywer om armoede in New York te verlig.

Gwyneth, drie jaar ouer as Charlize, sê in 2008 nadat sy vir 'n ruk verdwyn het om ma te wees vir haar dogtertjie, Apple, en seuntjie, Moses: "Ek het regtig nie geweet of daar weer vir my 'n plek gaan wees nie. Jodie Foster was reg. As jy 'n vrou is, veral as jy nie meer 25 is nie, is Hollywood taamlik genadeloos en almal het 'n kort geheue. Daar's altyd iemand jonger en mooier en meer sexy. Ek het geweet ek het my plek verloor."

Sy maak ook 'n insiggewende opmerking oor die koestering wat sy as kind van 'n ouer gekry het. Charlize het dit van haar ma gekry, Gwyneth van haar pa: "My pa het hierdie ongelooflike warmte gehad wat ons as kinders regtig ondersteun het. En as jy nege jaar oud is en hoor jy's net die beste, bly dit vassteek en jy dink jy gaan nooit bang wees om dinge aan te pak nie, want wat ook al gebeur, jy verloor nooit daardie liefde nie. Dit breek my hart as ek dink aan hoe gelukkig ek was [om haar pa se warm liefde te hê]."

Maar Charlize het nog háár plek, en dit is die indrukwekkende omvang van haar repertoire wat haar posisie steeds stewig hou. Miskien met 'n tong in die kies sê sy: "Ek sien myself as 'n bietjie van alles; 'n bietjie oudmodies, 'n bietjie oorspronklik, en met 'n bietjie geluk. Maar ek dink nie jy kan groot dinge in jou lewe vermag tensy jy absoluut obsessief is om dit reg te kry nie. Van die oomblik dat ek besluit het wat ek met my lewe wil doen [as aktrise], was dit nooit 'n geval van 'Wel, miskien . . .' nie. Ek was bereid om baie hard te werk. Het geluk 'n rol gespeel? Ek dink jy moet erkenning gee daaraan dat sommige dinge in jou rigting gestuur word, en jy moet gereed wees om daardie dinge aan te gryp en daarmee te woeker.

"As iemand my vra watter raad ek aan jong meisies kan gee, is dit om nooit te vergeet van die vrugte wat jy van harde werk gaan pluk nie. En ek hou nooit op met droom nie, of dit nou oor iets groots is, of oor iets kleins. Dit is baie belangrik. Ek hoop nie ek hou ooit op met droom nie. Dan's dit tyd om die masjien af te skakel."

Háár terapie is om werk toe te gaan. In haar donker rolle verwerk Charlize haar eie verlede, die rimpelinge wat begin uitdein het op 'n winternag in haar ouerhuis op Putfontein. Sy hanteer háár demone deur ligte aan te sit in donker plekke wat sy nog nooit besoek het nie, soos haar rolle in *Monster*, *North Country*, *Sleepwalking* en *The Burning Plain*.

Sy vertel in hierdie klein prente stories van die menslike kondisie en swakhede, gestroop van glans en roem. "As jy iemand soos Josey in *North Country* vertolk, doen jy ontdekkings oor jouself en ander mense, en dit verander werklik die manier hoe jy jouself en die wêreld om jou sien. My doel is nie om stellings te maak nie. My ma het my geleer om 'n individu te wees."

Haar aanvoeling vir die genesende krag van hierdie soort rolle oor disfunksionele gesinne is nader aan die kol as wat sy miskien dink. Want sou sy wél op 'n analis se rusbank besluit het vir terapie, sou sy gehoor het dat die gesin tog die oefenskool is vir elkeen se latere lewe.

In funksionele gesinne word die verhoudings tussen ouers onderling én met hulle kinders gekenmerk deur 'n wesenlike geborgenheid. Dit is die warmte waarvan Gwyneth Paltrow praat, die warmte van liefde wat al die gesinslede se behoeftes in gesinsverband bevredig en hulle verhoudings daarbinne rig, maar ook latere verhoudings buite die gesin.

In disfunksionele gesinne word die samehang van hierdie behoeftepatrone versteur. In die geval van Charlize se gesin, byvoorbeeld, gebeur dit deur 'n pa se alkoholisme en verbale mishandeling. Liefde wat uitgestort word in die vorm van materialistiese dinge soos presente herstel nie die behoefte aan warmte nie. Dit bevestig net maar die leegheid en die behoefte aan iets méér of iets ánders wat dalk daardie geborgenheid sal bring.

Charlize se totale band met haar ma van vroeg af (sy praat van haar ma as 'n vriendin, 'n rolmodel en het selfs dieselfde tatoeëermerk as haar ma) is 'n tipiese reaksie op disfunksionaliteit. Hierdie band is versterk deur die trauma wat ma en dogter gedeel het met die skietery waarin haar pa dood is. Die treurspel word die sement van hulle verhouding genoem.

Anders as die gewone ma-dogter-verhouding waaruit dogters hulle algaande losmaak van die ma-figuur en 'n eie identiteit vind, het daar tussen Charlize en haar ma Gerda 'n al hoe hegter bondgenootskap ontstaan wat sê: "Wat ook al gebeur, ons is saam hierin en sal dit saam oorleef en nie ondergaan nie" – 'n patroon van wedersydse uiterste afhanklikheid. Soos Charlize self sê: "Dit was net ons twee, op mekaar aangewese."

In die konteks van wat Charlize verbale mishandeling noem, is dit ook tipies dat die kind 'n ander rol as dié van blote kindskap speel; sy aanvaar byvoorbeeld verantwoordelikheid vir haar ma en word as 't ware self 'n verantwoordelike ouer. Charlize erken dit: "Ek's 'n mamma se dogtertjie", maar voel ook later soos haar ma se beskermer.

Kinders in sulke gesinne doen dikwels psigiese letsels op wat hulle blywend verrinneweer en hulle eie verhoudingslewe as volwassenes benadeel, soos die onvermoë om gesonde verhoudings te hê, of geneigdheid om in verhoudings te beland waarin hulle beurtelings die slagoffers van mishandeling is, en self mishandeling uitdeel. Dit sien ons in haar prente soos *Sleepwalking*.

Charlize het aan hierdie patroon ontsnap weens haar geestelike gehardheid. Die treurspel met haar pa en die liefdevolle ondersteuning van haar ma het haar gestaal. Haar ma was tegelyk 'n anker en 'n aanspoorder vir haar prestasies. ("Negentig persent van my sukses is te danke aan my ma.")

Boonop het Charlize 'n veelseggende vriendelikheid, geselligheid en aantreklikheid. Mense hou daarvan om in haar geselskap te wees. Maar belangriker vir haar gehardheid: sy het werklike talente en vermoëns wat aan haar as kind al die gevoel van vertroue gegee het dat sy kan presteer, wat ook al die ontnemende omstandighede.

Van vroeg af het sy gedagdroom, gefantaseer, mense vermaak en in flieks ontsnap van 'n onaangename gesinslewe. Sy vertel hoe sy deur haar dansery iemand anders kon word: "Ballet het my geleer om te fantaseer. Met dans word jy 'n prinses. Jy kan enigiets wees. Ek was die grootste drama queen."

Sulke kinders wend hulle dikwels tot die wêreld van die kunste om juis daar, deur die karakterrolle wat hulle speel, uiting te gee aan gevoelens, gedagtes en emosies wat hulle nie maklik op ander maniere kan uitdruk nie. Daarom sou dit 'n terapeut se gevolgtrekking wees dat Charlize se keuses van bepaalde filmrolle haar manier is om 'n onaangename gesinslewe te herleef én genesend te herstel.

Maar hoe sy ook al ontleed, bespreek en beoordeel word, sy het geen geheim vir haar sukses nie. Dit is inherent aan haar wese, soos die vaste morele kompas waarvan Stephan Jenkins melding maak.

Met haar vertolking van Helga se dood is 'n aktrise gebore wat nie net haar land nie, maar die hele filmwêreld oorrompel en Charlize op 'n pad van ongekende roem gesit het. Sy het die vrou geword van Robert De Niro,

Johnny Depp, Keanu Reeves en Patrick Swayze, en die minnares van Ben Affleck, Matt Damon en (amper) Will Smith. Sy was 'n dom blondine, 'n gouddief, reeksmoordenaar, mynwerker, politieke betoger en strokieskarakter. Maar sy is ook die dogter wat verhoudinge met haar ouers probeer herstel ná 'n troebel jeug.

Sy is almal en alles, maar wanneer sy huis toe gaan, is sy Charlize Theron, met die kenmerkende moesie teen die linkerkant van haar keel, die grys oë wat soms blou wil wees, soms groen. Nou is sy ryper, haar pa se dood uit haar gestel verwerk, sy loop nie meer soos 'n eendjie agter haar ma aan nie. "Ek's nie my ma nie en ek's nie my pa nie, ek is my eie mens, wat myself moes gaan soek het op my eie avontuur van ontdekking."

Sy het haarself gekry en sy hou van die alter ego wat sy daar voor haar in die spieël sien: "Ek hou regtig van myself. Ek hou van my eie geselskap."

En aan 'n beter lewe kan sy nie dink nie: "Ek leef 'n droom."

EINDE

Notas

Mark Twain meen tereg dat dit onmoontlik is om oor iemand anders se lewe te skryf, omdat eerder gedagtes as uiterlike dade en woorde 'n lewe vul. Daarom is hierdie boek, soos Charlize se "plaas in Afrika", eweneens skaars 'n vae afskynsel van enige soort biografie. Dit is bloot 'n oorsigtelike huldeblyk aan 'n merkwaardige vrou, byna soos 'n ontdekkingsreis na 'n geparfumeerde landskap, gestroop van droë geografiese beskrywing – om 'n ontlening te misbruik. Sonder almal wat op die een of ander wyse haar pad gekruis het, sou dit nouliks moontlik gewees het. Met dank aan elkeen wat gehelp het om tussen half-waar en half-onwaar te probeer onderskei, ook aan diegene wat nie in die bronneregister wou verskyn nie.

Weens die inherente risiko's van gerugte en sensasie wat enige glanspersoonlikheid omring, is gesteun op publikasies en bronne wat as hoofstroom en gesaghebbend gereken kan word. In sommige aanhalings en parafrases is woorde en passasies weggelaat sonder om dit met ellipse te noteer, nie met sinistere bedoelings nie, bloot om lees te vergemaklik.

Ek het Charlize, helaas vergeefs, deur haar bestuurder, J.J. Harris, genader vir 'n onderhoud. In Los Angeles het Michael Lynn, vervaardiger van E! Entertainment se biografiese TV-reeks True Hollywood Story, aan my gesê Charlize wou ook nie self aan die E!-program deelneem nie, hoewel sy verlof gegee het dat van haar vriende genader mag word.

Bronneregister

p. X "My lewe ís sonder . . ." – Carte Blanche, MNet, 20 April 2008

Haar kleintyd

p. 11 "My lewe as kind . . ." – InStyle, 1998

Pelgrim

p. 12 Boeretaaiheid – Philip Weiss; "South African Queen", Vogue (Kanada), Oktober 2000

p. 12 "Soos die engele . . ." – Johann Rossouw, Beeld, 6 Maart 2004

p. 13 Farmer's Market se toebroodjie – *True Hollywood Story,* E!, September 2008

Herkoms

p. 14 Anglo-Boereoorlog – J.H. Breytenbach, *Kommandant Danie Theron – Baasverkenner van die Tweede Vryheidsoorlog.* Nasionale Boekhandel, 1950

p. 14, 296 Geslagsregister – C.C. de Villiers en C. Pama, *Geslagsregisters van ou Kaapse Families.* Kaapstad: A. A. Balkema, 1966; Dr. Chris Theron, Upington, se artikel in Bulletin Nr. 41 van die Hugenotevereniging van Suid-Afrika

p. 16, 297 Maritz-geslagsregister – Susan Bredenkamp, *Die Maritze van Suidwes;* mededeling aan skrywer

p. 17 "Sy was blond . . ." – Emma Brockes, The Guardian, 2 April 2004

p. 18 Geboortetelegram – Bettie Moolman; persoonlike gesprekke met skrywer

p. 19 "Dis regtig ek . . ." – David Gritten, The Independent, Ierland, 28 Januarie 2008

p. 19 Aankoop van hoewe – Akte van Transport Nr. T15414/1980, Boedel 9173/93, Meester van Hoogeregshof, Pretoria

p. 20 "Sy het 'n halwe . . ." – Christopher Goodwin, Tatler, Maart 2000

p. 21 "Ek het harde slae . . ." – Vogue, 2000; Tatler, Maart 2000

p. 21 "Sy het my met enigiets . . ." – Chris Connelly, Marie Claire, 2005

Rabbedoe

p. 22 "As kind was ballet . . ." – Franz Kemp, Huisgenoot, 16 Februarie 1997

p. 22 "Dit was die soort . . ." – Louis B. Hobson, Calgary Sun, 20 Desember 1998

p. 23 Retseh Jansen – Beeld, Johannesburg, 30 Januarie 2004, bl. 3

p. 24 Neef Kobus Maritz – Rapport, Johannesburg, 7 Maart 2004

p. 24 "Ek het nog altyd . . . " – John Brodie, GQ, Desember 2000

p. 25 "Ek het as kind . . ." – http://www.indielondon.co.uk/Film-Review

p. 25 "Ek was as kind . . ." – Lynn Hirschberg, New York Times Style Magazine, Lente 2008-uitgawe

p. 25 "Natuurlik. Hy het . . ." – Prairie Miller – http://www.nyrock.com/interviews/2000/charlize.asp

p. 26 Pottie Potgieter – Id, Beeld, 30 Januarie 2004

p. 26 "Dit het gelyk of Charlize dit self glo . . ." – Rian Malan, Insig, Januarie/Februarie 2006

p. 27 "Wat die popkultuur . . ." – Kevin Maynard, Movie Talk, Entertainment Magazine, 1996

Ouma

p. 31–32 Briewe aan ouma – Persoonlike onderhoude

Benoni, 1991

Treurspel

p. 34 "Ons wenner . . ." – Rooi Rose, Johannesburg, 3 Julie 1991, bl. 116

p. 34–38 Charles Theron se dood – Chris Karsten, *Dodelike vroue*, Human & Rousseau, Kaapstad, 2007

p. 38 Charlize se toestand – Ibid

p. 38, 298 Verklarings – Ondersoekdossier, Suid-Afrikaanse Polisie Putfontein MR 64/6/91

Raaisel

p. 50 "Die 44-jarige . . ." – Nic Oosthuisen, Transvaler, Johannesburg, 19 Februarie 1992

p. 51 Landdros Rencia Knight se bevinding – Transvaler, 4 September 1992

Op pad, 1991–1992

p. 53 "Sy was soos . . ." – Joan Kruger, Rooi Rose, 25 September 1991

Wenner

p. 54 Eerste tydskrifonderhoud – Ibid

p. 56 Gianfranco Iobbi – Suzaan Steyn, Die Burger, 28 Februarie 1990

p. 57 Celesté Fourie – Beeld, 19 Mei 1994

p. 58 "Ek was in my lewe . . ." – Charné Meyer, Rooi Rose, 12 Februarie 1992

p. 60 Koerantberig – Beeld, 20 Januarie 1992

p. 62 "As omstandighede . . ." – Alex Bilmes, GQ (Britse uitgawe), Julie 2008

Model

p. 64 "Die eerste paar maande . . ." – Id, Huisgenoot, 16 Februarie 1997

p. 65 "Ek het van modelwerk . . ." – Christine Spines, Glamour, 2000

p. 65 Michelle Pommier – Transvaler, 11 Februarie 1993

p. 65 "Ek wou altyd gedans het . . ." – Id, New York Times

p. 66 "Ons het begin praat . . ." – Id, Carte Blanche

Ballet

p. 67 Joffrey – Kate Mattingly, Dance Magazine, 2004

p. 68 Baryshnikov – Id, Entertainment Magazine

p. 68 "Vir my was . . ." – Charlotte Higgins, The Guardian, 24 Augustus 2006

p. 69 "Toe vat ek . . ." – Id, Huisgenoot, 16 Februarie 1997

p. 69 Aktrises met dansopleiding – Vanity Fair, Januarie 1999

p. 70 "Ek het gedink . . ." – http://www.imdb.com/news/wenn, 18 Oktober 2000

Los Angeles, 1993

p. 71 "Daar is mense . . ." – Id, Johann Rossouw

Hollywood

p. 76 "Daar's iets . . ." – Ian Halperin, *Hollywood Undercover*, Mainstream Publishing, Edinburgh, 2007

p. 77 "Flip burgers. . ." – Frederick Levy, *Hollywood 101, The Film Industry*, St. Martin's Griffin, New York, 2000

p. 78 Kredietkaart – Vogue, 2000

p. 78 "Vat my Hollywood toe . . ." – Id, New York Times

Die casting couch

p. 80 "Dit was 'n bietjie . . ." – Chris Connelly, Marie Claire, 2005

p. 80 Argentini – http://www.guidoargentini.com

p. 81 "Die fotograaf . . ." – Franz Kemp, Insig, Johannesburg, April 2004

p. 82 Playmate-omstredenheid – Weekend Argus, Kaapstad, 21 Junie 2008

p. 83 Vanessa Marcil – Michael Lewittes, geocities.com/Hollywood/4616/cosmo1298a.html

p. 83 "Min vermaaklegendes . . ." – Bruce Newman, Stanford Magazine van die Stanford Alumni Association, Julie/Augustus 2007

Vloermoer

p. 86 "Hoewel haar Amerikaanse aksent . . ." – Id, GQ, Desember 2000

p. 86 "Ek het Afrikaans . . ." – Id, The Guardian, April 2004

Eerste rolle, 1994–1995

p. 88 "Theron verrys . . ." – Sam Allis, Boston Globe, 9 Maart 2008

Deurbraak

p. 89 "Ek was verbaas . . ." – Id, Huisgenoot, 16 Februarie 1997

p. 90 "Laat ek jou . . ." – Id, Entertainment Magazine

p. 90 "Dis pateties . . ." – Beeld, 30 September 1996

p. 91 *Valley*-resensie – Schalk Schoombie, Beeld, 8 Januarie 1997

p. 94 Huurhuis – Id, Insig

Diere

p. 95 "Skutdiere is die beste . . ." – Blog, Celebrity Dog Owners, 8 Februarie 2008

p. 95 Dierebeskerming – *The Columbia Encyclopedia*, 6de Uitgawe, 2008, Columbia University Press

p. 96 "Die hanteerder van die filmhonde . . ." – Id, wenn, 12 Februarie 2001

Villa

p. 99 Orlando Bloom se huis – Feeds.feedburner.com

p. 100 Claudette Colbert – Eric Pace, The New York Times, 31 Julie 1996

p. 100 "Dis niemand se besigheid . . ." – Id, Insig

p. 100 Huistransaksies – Big Time Listings, 31 Oktober 2007: http://www.bergproperties.com

"The Next Big Thing", 1996

"Is ek 'n ster?"

p. 103 Talentagent Joel Dean – Id, Frederick Levy

p. 105 Golenberg – Jessica Seigel, The Chicago Tribune Sunday Arts Section, 7 Augustus 1994

p. 106 "Nou word elke vierde . . ." – United Press International via Comtex, 6 September 2001

p. 107 The Viper Room – Brian J. Robb, *Johnny Depp, A Modern Rebel*, Plexus, London, 1995, 2004

p. 107 Harry Morton – Stephen Krcmar, 944, Augustus 2008

p. 108 "I was starstruck . . ." – Id, wenn, 22 Mei 2001

p. 109 "Hy ken die pad . . ." – Marie Opperman, Huisgenoot, 17 April 1997

p. 111 Gerda oor Craig Bierko – Ian Theron, Huisgenoot, 10 Desember 1998

p. 112 *Advocate*-resensie – Leon van Nierop, Beeld, 8 Januarie 1998

p. 112 Regisseur Jon Turteltaub – Id, Frederick Levy

p. 113 "Is ek 'n ster?" – Id, Huisgenoot, 16 Februarie 1997

Uit Afrika, 1997–1998

p. 115 "Haar bene . . ." – Id, Boston Globe

Verraad

p. 115 "Dié rol was . . ." – Id, Calgary Sun

p. 116 "Ek probeer sulke rolle . . ." – William Pretorius, Beeld, 21 Mei 1999

p. 118–120 "Tog is sy . . ." – Id, Huisgenoot, 15 Januarie 1998

p. 118 "So, ons kan sien . . ." – Gabriel Snyder, W Magazine, Junie 2008

Die rocker

p. 119–120 Jenkins – Julian Guthrie, San Francisco Chronicle, 20 April 2003

p. 121 "Ek is genader . . ." – Id, Huisgenoot, 10 Desember 1998

p. 123 "Ek het een keer . . ." – Id, GQ

p. 123 "Sy was gereed . . ." – E! *True Hollywood Story,* Augustus 2008

p. 124 "Ek was die afgelope . . ." – Id, Julian Guthrie

"Ek is hier!"

p. 125 "Ek vermom . . ." – Franz Kemp, Huisgenoot, 23 April 1998

p. 126 *Astronaut*-resensie – Leon van Nierop, Beeld, 5 November 1999

p. 127 "Mense dink . . ." – Id, Huisgenoot, 23 April 1998

p. 128 "I thought . . ." – Jess Cagle, Time, 30 Oktober 2000

p. 128 "Ek gaan leef . . ." – Ibid

p. 129 "Theron se sterstatus . . ." – Ibid

p. 131 "Ek het 'n wonderlike . . ." – Pamela Harland, Entertainment Weekly, 1999

p. 132 Paparazzo-voorval – Page Six, New York News

p. 133 "Ek hou nie van . . ." – Id, New York Times Style Magazine

p. 133 "Wel, dit word genoem . . ." – Id, Carte Blanche

p. 133 "Onse Charlize . . ." – Id, Insig, 2006

p. 134 Kroegtoneel – Esquire, November 1999

Ná die eerste golf, 1999–2001

Pa en dogter

p. 135 "Ja, dit was selfverweer . . ." – Id, Tatler

p.136 "Leef jou pa nog?" – Id, GQ, 2000

p. 137 "My pa was . . ." – Diane Sawyer, Primetime Thursday, ABC TV Network, Januarie 2004

p. 138 "Nie altyd nie . . ." – Id, The Guardian, April 2004

p. 140 Armblankes in Suid-Afrika – "Van armblankes tot voorheen bevoordeeldes", lesing deur Hermann Giliomee in Oopgesprek op die KKNK in Oudtshoorn, Maart 2005

p. 142–143 Theronfamilie – Persoonlike gesprekke met skrywer

p. 145, 299 Charles Theron se boedel – Id, boedeldokumente, hooggeregshof, Pretoria

p. 145, 299 Boedelwaardes – AIER.org/research/cost-of-living-calculator

Razzie

p. 146 *Reindeer*-resensie – William Pretorius, Beeld, 21 Julie 2000

p. 148 *November*-resensie – Laetitia Pople, Beeld, 8 Junie 2001

Hedonis

p. 150 Teutoonse gravitas – Id, GQ, 2000

p. 150 Taboes – Id, Insig, April 2004

p. 151 Vleislus – Id, GQ, 2000

p. 153 Ballerina-grap – Ibid

p. 154 "OK, Clint . . ." – Ibid

Ierse liefde

p. 155 Malibu-strand – Wil S. Hylton, Esquire, Mei 2001

p. 155 "Dis so vals . . ." – Id, wenn/2001–07–11#celeb7

p. 156 *Trapped* -resensie – William Pretorius, Beeld, 11 Januarie 2003

p. 157 Stuart en sweep – Dominic Willis, tiscali.co.uk/entertainment/film/biographies/stuart_townsend_biog.html

p. 158 "Dit is gaaf . . ." – Liane Bonin, Entertainment Weekly, Februarie 2002

p. 159 "Dit was snaaks . . ." – Irish America-tydskrif, Oktober/November 2004

p. 162 "Nee, die Beatles . . ." – Skip Hollandsworth, Glamour, Junie 2008

p. 162 "My biologiese . . ." – Cliff Ford, horizons, Mei 2008

p. 163 "Ek het vergeet 'n plaas . . ." – Vogue, Oktober 2007

Monster-waagstuk, 2002–2003

p. 167 "As ons stories . . ." – Id, Boston Globe

Ma en dogter

p. 167 "My engel . . ." – Beeld, 24 Februarie 2004

p. 168 "Sy's 'n ongewone . . ." – Mademoiselle, Desember 1998

p. 169 "Ek was 'n mamma se . . ." – Id, Vanity Fair

Aileen Wuornos

p. 172 "Ek het moreel gesproke . . ." – Beeld, 27 Februarie 2004

p. 173 "Mense het haar altyd . . ." – http://www.writingstudio.co.za/page343.html

p. 174 Aileen Wuornos – *Serial Killers*: http://members.tripod.com/ahrens/serial

Die moorde

p. 178 Ibid

p. 180 Tronkopname – http://www.dc.state.fl.us/oth/deathrow/execlist.html

p. 180 Wuornos-briewe – http://www.floridasupremecourt.org/pub_info/deathwarrants/wuornos.shtml

p. 181 "Aileen was . . ." – Ingrid Sischy, Interview Magazine, Maart 2004

p. 181 Dawn Botkins – Jena Passut, The Daily Oakland Press, 14 November 2004

Patty Jenkins

p. 182 "School dropout" – The Associated Press, 7 Februarie 2008

p. 183 Oudisies vir *Monster* – Elle, 2002

p. 184 "Ek dink nie . . ." – Id, Interview

p. 185 Begroting vir *Monster* – Decca Aitkenhead, The Guardian, 27 Maart 2004

Lesbiese rolle

p. 187 Dekonstruksie van Aileen – Elle, Junie 2003

Oscartriomf

p. 191 "Theron is 'n . . ." – Id, Boston Globe

Debat

p. 191 Regter Kogan – http://www.clarkprosecutor.org/html/death/US/wuornos805.htm

p. 192 CNN-onderhoud – http://transcripts.cnn.com/TRANSCRIPTS/0402/26/pzn.01.html

"Nuwe" Charlize

p. 204 "Wat almal . . ." – Akteur Nick Stahl, Boston Globe, 9 Maart 2008

Herskepping

p. 208 "Daar's 'n gevoel . . ." – David Thomson, *Nicole Kidman*, Bloomsbury, 2006

p. 209 "Want dit beteken ook . . ." – Kate Midland, featurenet.co.za, Oktober 2005

Naaktheid

p. 213 Strandfoto – Bild, Januarie 2005

p. 213 Verffoto – New York Times Magazine, Februarie 2006

p. 214 "Dis wat my pla . . ." – Id, Glamour, Junie 2008

Omstredenheid

p. 216 Marilyn Monroe – Id, *Hollywood Uncovered*

p. 218 "Ek was nog altyd . . ." – Id, Interview

p. 219–220 Kuba – Id, The Guardian, 24 Augustus 2006

p. 222 Irak – James Mottram, Sunday Herald, Skotland, 26 Januarie 2008

p. 223 Hillary Clinton – Id, Carte Blanche

p. 223 "Ek en Stuart . . ." – Id, Glamour 2008

p. 224 Kersfees – You, Suid-Afrika, 20 Desember 2007

p. 226 "Ek het grootgeword . . ." – Sunday Herald, Skotland, 27 Januarie 2008

Kinderprojek

p. 228 MIV/vigs – Tim Modise, Carte Blanche, 7 Maart 2004

p. 229 Mpilonhle-jeugprojek – Beeld, 12 November 2007

p. 229 "Daardie kinders . . ." – Id, Glamour, Junie 2008

Myners en strokies, 2004–2006

North Country

p. 230 "Erger, die prent vry . . ." – William Pretorius, Beeld, 15 April 2005

p. 231 "Makliker, maar steeds . . ." – Rebecca Murray, about.com, Inc, New York Times-groep, 2007

p. 232 *Sellers*-resensie – Paul Boekooi, Beeld, 27 Mei 2005

p. 232 Opgewonde oor *Æon Flux* – Barry Ronge, Carte Blanche, 7 Maart 2004

p. 233 *Flux*-resensie – William Pretorius, Beeld, 24 Februarie 2006

p. 235 Navorsing vir *North Country* – http://www.tiscali.co.uk/entertainment/film/interviews/charlize_theron/3

p. 235 "Ek kry die vreemdste . . ." – Id, Marie Claire

p. 236 "Wat my getref het . . ." – Margaret Gardiner, Rapport-Tydskrif, 29 Januarie 2006

Lelike rolle

p. 238 "Die persoonderhoude . . ." – Vogue, Oktober 2007

p. 238 "Enigeen kan haarself . . ." – Id, wenn/2004-03-26#celeb5

p. 238 "Toe ek in Hollywood aankom . . ." – Rapport, 30 Oktober 2005

p. 239 "Dit [haar skoonheid] was . . ." – Id, W Magazine

p. 239 "Wát, hierdie . . ." – Id, Time, 2000

p. 240 Margaret Gardiner – Id, Rapport, 2005

Geldsake

p. 243 "Donker prente" – Id, Carte Blanche, 20 April 2008

p. 243 "Next to the ages . . ." – Karl K. Kitchen, Photoplay Magazine, Oktober 1915: cinemaweb.com

p. 244 Goue Era – Fred Stanley, The New York Times, 3 Maart 1946

p. 244 Screen Actors Guild – US Department of Labor, Bureau of Labor Statistics

p. 244–5 *Bimbo*-geld – Id, *Nicole Kidman*

p. 245 Inkomstes – the-movie-times.com

p. 245 Geldverdienstes – The Hollywood Reporter, 19 November 2007

p. 248 Dior-modeskou – Donna Freydkin, USA Today, 12 Mei 2008

p. 249 Raymond Weil – http://dockets.justia.com/docket/court-nysdce/case_no-1:2007cv01786/case_id-301696' thesmokinggun.com

p. 250 "Die wêreld is behep . . ." – Rapport-Tydskrif/Vistalux/Pan Media, 13 Julie 2008

In haar hangkas

p. 254 "Ek's nie gepla . . ." – Louise Gannon, Elle (Britse uitgawe), Augustus 2008

Die filmmaker, 2007–2009

p. 258 "Jy is verantwoordelik . . ." – Christina Radish, MediaBlvd Magazine, 11 Maart 2008

Amerikaanse burger

p. 260 Chateau Marmont – Tom Chiarella, Esquire, 16 Februarie 2008

p. 261 "Tot vandag . . ." – Id, The New York Times Style Magazine

p. 262 Ontbyt – David Colman, Personality, 6 November 1998

p. 262 "Dis huis . . ." – Id, Carte Blanche, 20 April 2008

Verwonde vroue

p. 263 "Vroue *is* . . ." – Id, Glamour, Junie 2008

p. 263 "Dis 'n probleem . . ." – Id, GQ, 2008

p. 263 "Ek dink baie mense . . ." – Id, horizons

p. 266 "Ek weet nie . . ." – Id, GQ, 2008

p. 269 "Wat doen sy . . ." – Barry Ronge, Sarie, September 2008

p. 274 "Die ellende . . ." – Scott Bowles, USA Today, 8 Augustus 2008

p. 275 Sun International-advertensie – Nikki Benatar, Privé, Winter 2008

p. 275 Foto op aanloopbaan – You, 13 Maart 2008

p. 276 Monroe-prent – Cristi Marculescu, news.softpedia.com

p. 277 Joe Carnahan – http://www.cinematical.com

p. 277 "Hy het vir my gesê . . ." – MTV Movies

p. 278 *Jinx* – e-Favata's Comic Book Movies

Op pad na veertig

p. 279 "Dis interessant . . ." – Id, MediaBlvd Magazine

Eie mens

p. 279 "Gits, nee . . ." – Margaret Gardiner, rooi rose, Johannesburg, Julie 2008

p. 280 "Hemel, ek hoop nie . . ." – Starpulse.com, 2 Julie 2008

p. 280 "Ek's nie lief . . ." – Id, GQ, 2008

p. 281 "Ek sien myself . . ." – Id, Privé, Winter 2008

p. 282 "As jy iemand . . ." – Barry Ronge, Psychologies, Junie/Julie 2008
p. 284 "Ek hou regtig van myself." – Id, GQ, 2008
p. 284 "Ek leef 'n droom." – www.indielondon.co.uk/Film-Review

Danie Theron se geslagsregister
a1b2c4d6e16 Willem Wouter * 18.3.1834 ≈ Tulbagh 6.4.1834
      † Tulbagh 11.4.1888 X Kruisvallei 12.5.1856 Maria Aletta RETIEF
      * 1.7.1837 † Tulbagh 1.1.1869 d.v. Frans Petrus Retief en Anna
      Aletta Conradie XX Tulbagh 16.2.1870 Anna Helena Margaretha
      KRIGE * Stellenbosch 26.4.1839 † Tulbagh 9.10.1895 (Wed.v.
      Johannes Lodevicus Pretorius) d.v. Johannes Stephanus Krige
      en Louisa Jacoba Joubert
  f1 Anna Aletta * 9.3.1857 ≈ Kruisvallei 10.5.1857
  f2 Pieter Francois * 31.3.1859 ≈ Kruisvallei 26.6.1859
  f3 Susanna Helena * 12.4.1860 ≈ Kruisvallei 8.7.1860
  f4 Maria Aletta Johanna * 26.4.1863 ≈ Kruisvallei 21.6.1863
  f5 Francois Petrus Retief * 4.11.1864 ≈ Kruisvallei 25.12.1864
  f6 Willem Wouter * 26.9.1866 ≈ Kruisvallei 11.11.1866
  f7 Daniel Stephanus
  f8 Willem Wouter * 18.11.1870 * Tulbagh 25.12.1870
  f9 Daniel Johannes Stephanus * 9.5.1872 ≈ Tulbagh 11.6.1872, Prokureur/
    Boerekommandant en spioen, † in die Gatsrand op die plaas
    Elandsfontein, distrik Potchefstroom 5.9.1900, ongetroud
  f10 Magdalena Petronella * 15.3.1874 ≈ Tulbagh 15.3.1874
  f11 Matilda Elizabeth Louisa * 3.4.1875 ≈ Tulbagh 16.5.1875
  f12 Anna Helena Margaretha * 22.9.1876 ≈ Tulbagh 26.11.1876
  f13 Charles Jacobus * 23.3.1878 ≈ Tulbagh 12.5.1878, Spekulant/Boer,
    † Vioolsdrif 18.9.1887 X Kenhardt 3.8.1917 Wilhelmina Maria Stofberg
    * Calvinia-distrik 10.12.1895, † Vioolsdrif 18.1.1971
    g1 Daniel * 17.7.1918 ≈ Pofadder 2.6.1920, † Windhoek 15.8.1978
      X Namakwaland 8.8.1947 Elizabeth Johanna BEETS * Vioolsdrif
      30.1.1930 d.v. Hendrik Lucas Beets en Johanna Christina Jones
      (Elizabeth Johanna XX Kruger, XXX Moolman)

      h1 Charles Jacobus * 27.11.1947, Sakeman, † Benoni 21.6.1991 X
      Johannesburg 29.1.1971 **Gerda Jacoba Aletta MARITZ** * 27.1.1953
        i1 Charlize * 7.8.1975, Oscarbekroonde aktrise
      h2 Hendrik Lucas * 7.12.1949
      h3 Daniel * 27.7.1954
      h4 Elizabeth Johanna * 8.3.1960
   g2 Anna * 14.8.1920 ≈ Pofadder 14.12.1928
   g3 Willem Wouter * Kaimoeplaagte distrik Kenhardt 1.4.1922
   g4 Charles Jacobus Hertzog * Kaimoeplaagte distrik Kenhardt
      25.6.1924 ≈ Pofadder 1.12.1928
   g5 Emily Hobhouse * Kaimoeplaagte distrik Kenhardt 1.10.1926 ≈ Pofadder
      14.12.1928
   g6 Hendrik Stofberg * Pofadder 15.9.1930 ≈ Pofadder 25.1.1931
   g7 Mathilda Murray * Vioolsdrif 27.10.1935 ≈ Namakwaland
      16.2.1936
 f14 Johanna Catharina * 22.2.1880 ≈ Tulbagh 4.4.1880
 f15 Pieter Johannes Jacobus Marais * 1.7.1883 ≈ Tulbagh

Bron: Theron, dr. C.G.: Inligting vir die opstel van die geslagsregister is verkry uit huweliks- en doopregisters van die NG Kerk van die gemeentes Tulbagh, Kruisvallei, Pofadder en Namakwaland asook sterfkennisse: Maria Aletta Theron gebore Retief – MOOC 6/9/126 5002; Anna Helena Margaretha Theron gebore Krige – MOOC 6/9/346 2472; Daniel Johannes Stephanus Theron – Boedel N60 Pretoria; Charles Jacobus Theron – MOOC 6/9/14761 1031; Daniel Theron – Boedel 334/78 Windhoek; Charles Jacobus Theron – Boedel 9173/91 Pretoria. Verder is gebruik gemaak van inligting wat deur familielede verskaf is.

Maritzvoorsate, genealogies onvolledig: Phillipus Rudolf Maritz X Gerda Jacoba Aletta Kruger; Jacob Johannes Maritz * 24.11.1915 † Otjiwarongo 09.02.1968 X Johanna Maria Barindina Stofberg * 22.11.1916 † Pretoria 01.08.1996. Hulle vier kinders is: Johanna Susanna Elizabeth Maritz * Omaruru 30.04.1940; Phillipus Rudolf Maritz * Prieska 23.07.1942 X Marthie Hester Jacoba Smit * Upington 23.01.1952; Dirk Johannes Martinus Maritz * Prieska 26.06.1946 X Otjiwarongo 02.11.1968 Werna Kuhn * Robertson 24.12.1948; en Gerda Jacoba Aletta Maritz * Prieska 27.01.1953 X Johannesburg 29.01.1971 Charles Jacobus Theron * 27.11.1947 † Benoni 21.06.1991.

Polisieverklarings

Joseph Gawele se verklaring word op 9 Julie 1991 deur Solomon Mabel van Putfontein se polisie afgeneem en beëdig (en is op enkele plekke grammatikaal gekorrigeer ter wille van verstaanbaarheid):

Ek Joseph Gawele, swartman 71 jaar oud, woonagtig [en werksaam] te plot 56 Sewendeweg, Cloverdene, Putfontein, verklaar onder eed in Zoeloe na Afrikaans: Op Vrydag 1991 Junie 21 om ongeveer 22:00 ons was by die vuur buite ons slaapkamers. Dit was ek en Jan. Terwyl ons langs die vuur sit [. . .] die oorledene het my geroep om my sigarette te kom vat. Ek het hom toe gevolg na die rigting van die woning om drank te gaan haal. Die oorledene het in die stoepdeur ingegaan waarop hy die deur van die kombuis probeer oopmaak het sonder sukses. Die oorledene het die hok van die hond geskiet. Toe het die oorledene se vrou uitgekom tot by die deur. Die oorledene se vrou het gesê: "Watse kak gaan aan hier?" Sy het die deur toegemaak en terug in die huis beweeg. Die oorledene het na die bar gegaan waar hy op die slot van die bar geskiet het en [die deur het] oopgegaan. Ek het die oorledene saam met die broer agtergelaat. Terwyl ek by die vuur sit, hoor ek weer 'n skoot in die huis. Ek het toe weer na die huis beweeg. Toe ek naby kom, hoor ek die tweede skoot in die huis. [. . .] die oorledene se broer het uit die huis uitgekom met sy hand vol bloed en aan my gesê die Misses het die Baas doodgeskiet. Hy het toe na die swartes se kamer se rigting gegaan. Die dogter het ook uitgegaan na bure se huis. Terwyl ek daar buite staan, hoor ek die derde skoot in die huis Ek het teruggekeer na my kamer. Daar is drie skote in die huis gevuur. Later het die polisie opgedaag. Ek is vertroud met die inhoud van hierdie verklaring en begryp dit. Ek het geen beswaar teen die aflê van die voorgeskrewe eed [nie]. Ek beskou die voorgeskrewe eed as bindend vir my gewete.

Verklaring van ondersersant Anton Koen, die eerste polisieman op die toneel:

Ek [magnommer verwyder] ondersersant Anton Koen gestasioneer te SA Polisie Putfontein, uniformtak, verklaar: Op Vrydag 1991–06–21 om ongeveer 22:20 is ek na 'n skiettoneel te Plot 56 7de Weg, Cloverdene. Toe ek daar kom, het ek 'n mev. Gerda Theron in 'n geskokte toestand aangetref. Sy het 'n rapport aan my gemaak wat gebeur het. In die hoofslaapkamer van die huis het ek die oorledene mnr. Charles Jacobus Theron aangetref. Daar was verskeie wonde aan die linkerkant van sy liggaam. Volgens my was hy reeds dood. Ek het beslag gelê op een .38-Taurus-rewolwer met no. [verwyder] met vyf leë doppies [en] een .22-Astra-pistool met no. (verwyder] met magasyn en 3 lewendige rondtes en 3 doppies. Ek het dit te Putfontein SAP 13/67/6/91 ingehandig. Ek het ook al die punte uitgewys aan die fotograaf sers. Marser. Ek het 'n plan opgetrek van die misdaadtoneel. Terwyl die liggaam onder my toesig was, het dit geen verdere letsels en of beserings opgedoen nie.

Charles Theron se boedel

Die onroerende eiendom bestaan uit die Cloverdene-hoewe by Benoni en drie strandhuise aan die Oos-Kaapse kus. Hy het in November 1986 Erf 192 (393 m^2) in Dolphinrylaan in Astonbaai by Jeffreysbaai gekoop, in Mei 1988 Erf 685 (560 m^2) in Sunbirdlaan en in 1990 Erf 129 (679 m^2) in Kiewietparklaan. Die roerende goed bestaan onder meer uit vier en twintig voertuie en sewe vuurwapens. Onder die voertuie is Mercedes-Benz-motors, 4x4's, bakkies, 'n woonwa, en swaar grondverskuiwingsmasjinerie soos Gallicons, Dressers en Caterpillars. Onder die vuurwapens is 'n 7.62-jaggeweer met teleskoop, 12-boor-haelgeweer en ander gewere, rewolwers en pistole. Hy het ook versekeringspolisse en verskeie bank- en posspaarbankrekeninge. Hierdie kontant wat deur die eksekuteur gevorder word, beloop meer as 'n miljoen rand.

Ná eise en ander kostes teen die boedel, ook die legaat van R300 000,00 aan Charlize, beloop die netto nie-belasbare boedelbedrag R1 953 979,32. Gebaseer op die lewenskoste-indeks van die Amerikaanse Instituut vir Ekonomiese Navorsing en berekeninge van die Amerikaanse Buro van Arbeidstatistieke op grond van die verbruikersprysindeks, aangepas vir inflasie, word die ekwivalente waarde, of koopkrag, van dié boedelbedrag in 2008 op meer as R11 miljoen geraam.

Die R300 000,00 wat in 1991 deur Charles aan sy dogter bemaak is, het teen die rand/dollar-wisselkoers van 2.88 op 21 Junie 1991 'n dollarwaarde van $104 167,00 – in die jaar toe Amerikaners $12 000 vir 'n nuwe VW Golf GTI betaal en $18 000 vir 'n nuwe Jeep Cherokee. Petrol kos $1,12 vir 'n Amerikaanse gelling (3,8 liter), Reebok-tekkies vir vroue $27, 'n pond (0,45 kg) spek $1,95, 'n dosyn eiers 85 Amerikaanse sent, en 'n fliekkaartjie $4,21. Die gemiddelde Amerikaanse salaris is toe $2 500 per maand en 'n gemiddelde huis kos $120 000.

'n Bedrag van R300 000 in 1991 het teen 2008 die ekwivalente koopkrag van meer as R1 miljoen in Suid-Afrika. In 1991 kos 'n dosyn groot eiers in Suid-Afrika R1,98, 'n liter melk R1,05, 1 kg lamtjops R8,98, 1 kg boerewors R8,29. Jy kan 'n VW Golf GTI, tweedehandse 1991-model, koop vir R40 000, en Charles het in 1990 vir een van sy strandhuise by Astonbaai R100 000 betaal.

Gerda woon teen 1995 in 'n dubbelverdiepinghuis in Benoni en op 2 Desember 1998 word die volgende transport in die Aktekantoor in Johannesburg geregistreer: 'n Halwe aandeel in Erf 2620 (788 m^2) in Rynfield-uitbreiding 30, Benoni, titelakte T86368/1998. Transportgewer: C.J. Theron testamentêre trust; Transportnemer: Charlize Theron.

Die C.J. Theron testamentêre trust, met Gerda as enigste begunstigde, het dié huis in Joycelaan, Rynfield, langs die gholfbaan van die Benoni Country Club, in 1995 (titelakte T56165/1995) vir R59 500 aangekoop. In 1998 bekom Charlize 'n halwe aandeel hierin, en dit word in 2000 vir R716 000 verkoop, teen 'n wins van R656 500. Gerda het haar toe al permanent in Amerika gaan vestig en vertel dat Charlize vir haar (Gerda) 'n pragtige huis in Los Angeles gekoop het, twee minute van Charlize s'n in Hollywood Hills.

Oscarwenners van 2004

Beste rolprent: *The Lord of the Rings: The Return of the King*; beste akteur: Sean Penn, *Mystic River*; beste aktrise: Charlize Theron, *Monster*; beste manlike byspeler: Tim Robbins, *Mystic River*; beste vroulike byspeler: Renée Zellweger, *Cold Mountain*; beste regisseur: Peter Jackson, *The Lord of the Rings: The Return of the King*; beste animasieprent: *Finding Nemo*; beste animasiekortprent: *Harvie Krumpet*; beste kunsregie: *The Lord of the Rings: The Return of the King*; beste buitelandse rolprent: *The Barbarian Invasions* (Kanada); beste kortprent: *Two Soldiers*; beste dokumentêre rolprent: *The Fog of War*; beste dokumentêre kortprent: *Chernobyl Heart*; beste klankbaan: *The Lord of the Rings: The Return of the King*; beste liedjie: "Into the West", *The Lord of the Rings: The Return of the King*; beste grimering: *The Lord of the Rings: The Return of the King*; beste kinematografie: Russell Boyd, *Master and Commander: The Far Side of the World*; beste kostuums: Ngila Dickson en Richard Taylor, *The Lord of the Rings: The Return of the King*; beste redigering: Jamie Selkirk, *The Lord of the Rings: The Return of the King*; beste klankregie: Richard King, *Master and Commander: The Far Side of the World*; beste klankvermenging *The Lord of the Rings: The Return of the King*; beste visuele effekte: *The Lord of the Rings: The Return of the King*; beste verwerkte draaiboek: *The Lord of the Rings: The Return of the King*; beste oorspronklike draaiboek: Sofia Coppola, *Lost in Translation*; ere-toekenning: Blake Edwards.

Filmografie

Titel, regisseur, rol, vrystelling in Amerika, produksiebegroting, Amerikaanse bruto inkomste, wêreldwye bruto inkomste (indien beskikbaar):

1. *Children of the Corn III: Urban Harvest*; James D.R. Hickox; as jong vrou; 1995.
2. *2 Days in the Valley;* John Herzfeld; as sexy Helga Svelgen; September 1996; begroting onbekend; $11,1 miljoen (in VSA).
3. *That Thing You Do!*; Tom Hanks; as Tina Powers, vriendin van lid van popgroep; Oktober 1996; $2,5 miljoen; $25,8 miljoen; $31,7 miljoen.
4. *Hollywood Confidential;* Reynaldo Villalobos; as Sally, 'n private speurder; April 1997; direk op video.
5. *Trial and Error*; Jonathan Lynn; as Billie Tyler; Mei 1997; begroting onbekend; $13,6 miljoen (in VSA).
6. *The Devil's Advocate*; Taylor Hackford; as versteurde Mary Ann Lomax, vrou van Keanu Reeves-karakter; Oktober 1997; $57 miljoen; $61 miljoen; $153 miljoen.
7. *Celebrity*; Woody Allen; as nimfomaniese Supermodel; November 1998; $12 miljoen; $5 miljoen; $6,2 miljoen.
8. *Mighty Joe Young*; Ron Underwood; as Jill Young wat haar oor reusegorilla ontferm; Desember 1998; $80 miljoen; $50,6 miljoen (in VSA).
9. *The Astronaut's Wife*; Rand Ravich; as Jillian Armacost, vrou van Johnny Depp-karakter; Augustus 1999; New Line; $34 miljoen; $10,6 miljoen (in VSA).
10. *The Cider House Rules*; Lasse Halström; as Candy Kendall, jong vrou wat aborsie ondergaan; Desember 1999; $24 miljoen; $57,5 miljoen (in VSA).
11. *Reindeer Games*; John Frankenheimer; as Ashley Mercer, Ben Affleck-karakter se minnares; Februarie 2000; $36 miljoen; $23,3 miljoen (in VSA).
12. *The Yards*; James Gray; as Erica Stoltz; Oktober 2000; $20 miljoen; $882 710; $2,2 miljoen.
13. *The Legend of Bagger Vance*; Robert Redford; as Adele Invergordon; November 2000; $60 miljoen; $30,7 miljoen; $39, 2 miljoen.
14. *Men of Honor*; George Tillman Jr.; as Gwen Sunday, vrou van Robert De Niro-karakter; November 2000; $32 miljoen; $48,8 miljoen; $82,3 miljoen.
15. *Sweet November*; Pat O'Connor; as die sterwende Sara Deever;

Februarie 2001; $40 miljoen; $25,2 miljoen; $65,7 miljoen. (Razzie-nominasie as swakste aktrise.)
16. *15 Minutes*; John Herzfeld; as Rose Hearn; Maart 2001; $42 miljoen; $24,3 miljoen; $56,3 miljoen.
17. *The Curse of the Jade Scorpion*; Woody Allen; as Laura Kensington; Augustus 2001; $26 miljoen; $7,5 miljoen; R18,5 miljoen.
18. *Trapped*; Luis Mandoki; as Karen Jennings, vrou van Stuart Townsend-karakter; September 2002; $30 miljoen; $6,9 miljoen (in VSA).
19. *Waking Up in Reno*; Jordan Brady; as Candy Kirkendall; Oktober 2002; begroting onbekend; $261 603 (in VSA).
20. *The Italian Job*; F. Gary Gray; as Stella Bridger, dogter van Donald Sutherland-karakter; Mei 2003; $60 miljoen; $106,1 miljoen; $175,8 miljoen.
21. *Monster*; Patty Jenkins; as die moordenaar Aileen Wuornos; Desember 2003; $5–$8 miljoen; $34,5 miljoen; $58 miljoen. (Wen Oscar as beste aktrise en dertien ander toekennings.)
22. *The Life and Death of Peter Sellers*; Stephen Hopkins; as die aktrise Britt Ekland, een van Sellers se vroue; Oktober 2004 (Brittanje); onbekend.
23. *Head in the Clouds*; John Duigan; as Gilda Bessé; September 2004; begroting onbekend; $398 000; $3,3 miljoen.
24. *North Country*; Niki Caro; as die vrouemyner Josey Aimes; Oktober 2005; $30 miljoen; $18,3 miljoen; $23,6 miljoen. (Oscarnominasie as beste aktrise.)
25. *Æon Flux*; Karyn Kusama; as die superagent Æon Flux, Desember 2005; $60 miljoen; $25,8 miljoen; $47,9 miljoen.
26. *In the Valley of Elah*; Paul Haggis; as die speurder Emily Sanders; September 2007; $23 miljoen; $6,7 miljoen; $10,2 miljoen.
27. *Sleepwalking*; Bill Maher; as Joleen; Maart 2008; $8 miljoen; onbekend.
28. *Hancock*; Peter Berg; as Mary Embrey; Julie 2008; $150 miljoen; onbekend.
29. *Battle in Seattle*; Stuart Townsend; as Ella; September 2008; $7 miljoen; onbekend.
30. *The Burning Plain*; Guillermo Arriaga; as Sylvia, dogter van Kim Basinger-karakter; September 2008; $20 miljoen; onbekend.
31. *The Road*; John Hillcoat; as vrou van Viggo Mortensen-karakter; 2009; $20 miljoen; onbekend.

32. *The Ice at the Bottom of the World*; Alan Parker; as Lisa Lee Doodlum; onbekend.
33. *The Brazilian Job*; F. Gary Gray; weer as Stella Bridger; onderhandelinge, $65 miljoen.
34. *Sympathy for Lady Vengeance*. Onderhandelinge.
35. *Jinx*. Onderhandelinge.
36. *White Jazz*; Joe Carnahan. Onderhandelinge.
37. *The Danish Girl*. Onderhandelinge.

TV-reekse
1. *Arrested Development*; as Rita in vyf episodes in 2005: "The Ocean Walker"; "Mr F"; "Notapusy"; "Forget Me Now"; "For British Eyes Only".
2. *Robot Chicken*; as Daniel se ma in een episode in 2006: "Daniel's Mom".

Bronne: Internet Movie Database (imdb.com) en Nash Information Services, LLC (the-numbers.com)